PARA MI CUQUITA
LINDA!
NAVIDAD 2019.

El traidor

El traidor

El diario secreto del hijo del Mayo

ANABEL HERNÁNDEZ

Grijalbo

El traidor
El diario secreto del hijo del Mayo

Primera edición: diciembre, 2019

ISBN: 978-607-318-550-9

Impreso en México – *Printed in Mexico*

El papel utilizado para la impresión de este libro ha sido fabricado a partir de madera
procedente de bosques y plantaciones gestionadas con los más altos estándares ambientales,
garantizando una explotación de los recursos sostenible con el medio ambiente y beneficio a para las personas.

Penguin
Random House
Grupo Editorial

Índice

0

La historia detrás de la historia

Era un frío y convulsivo mes de enero de 2011 cuando él me buscó. Hacía un mes había publicado *Los señores del narco*, que al poco tiempo de salir a la venta ya iba en su tercera reimpresión. El libro estaba causando polémica e incomodidad en el gobierno, en los círculos empresariales y en los mismos cárteles de la droga. Incluso su protagonista, Joaquín *el Chapo* Guzmán, lo había leído, según me diría años después su compañera sentimental Emma Coronel.

El retrato que hice del Chapo era un pretexto para narrar lo que había detrás de la impunidad de los integrantes del Cártel de Sinaloa, en particular, y detrás de la llamada "guerra contra el narco" del presidente Felipe Calderón, en general. Desde el primer capítulo, "Un pobre diablo", quise perfilar la dimensión del capo y el mito. Todos le achacaban ser el narcotraficante más poderoso de todos los tiempos. La mente siniestra detrás de la violencia. El fantasma imposible de atrapar porque se desvanecía en cada intento. Pero yo encontré a otro personaje. Sí, un narcotraficante importante, con ingenio, creatividad, audaz, pero sin la inteligencia o el temperamento que se requería para ser el "jefe de jefes" durante el último siglo de narcotráfico en México.

El libro de *Los señores del narco* fue el resultado de cinco años de investigación periodística independiente, sin prejuicios. Cientos de asesinatos se iban acumulando año con año hasta volverse miles en todo el país, lo cual era terrible. Pero quería ir más allá, saber qué era lo que permitía que eso sucediera, cuál era la historia de esa descomposición y quiénes eran los responsables. Cuando investigué la historia del Chapo, cuando hablé con las personas que lo conocían, con integrantes de otros cárteles, con gente de áreas de inteligencia de los gobiernos estadounidense y mexicano, me pareció que era un personaje inflado con el propósito de que las autoridades disfrazaran la corrupción que había detrás de su falta de voluntad para arrestar al que se supone era el fugitivo número uno.

Nunca quise escribir una historia de narcos, como tampoco quiero hacerlo ahora. Por medio de este viaje, que muchas veces implicó llegar hasta el infierno, la intención era compartir la ventana por la que pude asomarme, para conocer y documentar la complicidad que existía desde hacía décadas entre funcionarios públicos, políticos, empresarios, fuerzas del orden y cárteles de la droga, e ir más allá de los retratos pintorescos que parecen hablar sólo de casos aislados.

Aunque las críticas a *Los señores del narco* iban bien, las cosas para mí se estaban tornando muy complicadas. Recién se publicaron los primeros adelantos de mi libro, se exacerbaron los ánimos del secretario de Seguridad Pública, Genaro García Luna, y los de su equipo más cercano, colaboradores corruptos a los que mencioné como parte de los servidores públicos que estaban al servicio del Cártel de Sinaloa desde el sexenio de Vicente Fox.

Felipe Calderón tampoco estaba contento. Documenté que su llamada "guerra contra el narcotráfico" iniciada en 2006, luego de haber llegado a la presidencia con el tufo de fraude electoral, era una farsa. Todos los documentos internos del gobierno a los que tuve acceso, los informantes de los diversos cárteles y de instituciones oficiales lo confirmaban.

A fines de noviembre de 2010, una persona que trabajaba cerca del círculo del jefe policiaco me informó que había un plan para asesinarme. Esa advertencia fue precedida por varios atentados contra mi familia, fuentes de información, contra mí, contra mi casa. Un infierno. Hace pocos meses un funcionario del gobierno americano me dijo que ellos habían confirmado que García Luna y su gente habían hecho un complot para matarme.

En noviembre de 2017 se entregó a la justicia americana un alto mando policiaco, Iván Reyes Arzate, quien fungió como enlace de inteligencia entre las agencias estadounidenses y la Policía Federal durante los sexenios de Calderón y Peña Nieto. Formaba parte del equipo de García Luna desde la Agencia Federal de Investigaciones (2001-2007), luego lo siguió a la Secretaría de Seguridad Pública, donde llegó al nivel de director general de la División de Drogas de la Policía Federal; ahí se quedó incrustado hasta 2017, como muchos otros miembros del equipo corrupto. En noviembre de 2018 fue sentenciado culpable en la Corte del Distrito Norte de Illinois porque "abusó de su posición de confianza y conspiró con una organización internacional de narcotráfico de alto nivel para su propio beneficio, al hacerlo, violó un deber para con la sociedad de los Estados Unidos, México y con los agentes de la DEA para los que trabajaba". En la audiencia en la cual se determinó su culpabilidad, declaró que además de él, Genaro García Luna y otros mandos recibían de manera rutinaria sobornos del Cártel de Sinaloa y los Beltrán Leyva: millones de dólares que se repartían entre todos. La caída de Reyes Arzate fue apenas el comienzo.

Ése era el contexto cuando aquel día de enero de 2011 me informaron que el abogado Fernando Gaxiola, representante de un narcotraficante, quería contactarme y reunirse conmigo. Él me había buscado por medio de un programa de radio donde se había transmitido una de mis entrevistas sobre *Los señores del narco*. El abogado advirtió que el encuentro no podía ser en México, porque ahí yo llamaba mucho la atención, y propuso que se llevara a cabo en Chicago, en un lugar discreto. En México yo vivía con escoltas las 24 horas, lo cual hacía muy difícil continuar mi trabajo de periodista. Yo no los quería, pero tampoco podía vivir sin ellos. Eran tiempos particularmente adversos. No mencionaré sus nombres, pero me consta, por lo que vivimos juntos, que muchos de ellos realmente protegieron mi vida y la de mi familia, y les estaré agradecida por siempre.

En esas circunstancias, tuve que reinventarme, y una parte del proceso fue viajar a Chicago y acudir a esa cita. Si con el plan de asesinarme querían cerrarme la puerta para seguir con mis investigaciones, yo debía abrir una ventana.

La hermosa ciudad atravesada por el río Chicago, otrora dominio del gánster italoamericano Al Capone, se convirtió en la sede de una silenciosa historia que cambiaría para siempre el rumbo de los cárteles de la droga en México. Y estuve ahí, en primera fila, como testigo.

Mi primer encuentro con el abogado Fernando Gaxiola fue a ciegas, en un restaurante cercano al Aeropuerto Internacional O'Hare, el 25 de febrero de 2011. El lugar era de cortes finos de carne, y como es típico de estos sitios en Estados Unidos, todo estaba a media luz. No conocía al abogado, así que no tenía idea de su aspecto físico. Lo esperé unos minutos en el lugar sin saber si ya estaba ahí, si me estaban espiando. Cuando él llegó me reconoció.

Gaxiola medía como 1.75 de estatura, era de complexión media, tez blanca y rondaba los 60 años de edad. Tenía la apariencia de un americano, pero su español estaba impregnado del acento sinaloense. Fue amable, sonriente. Me llamó la atención que de modo insistente se llevaba la mano a un costado del estómago, debajo del saco. Las repetidas veces que lo hizo me pusieron un poco nerviosa.

Comenzamos a conversar. Dijo que era abogado de Vicente Zambada Niebla, hijo de Ismael Zambada García, alias *el Mayo*, a quien yo había mencionado en *Los señores del narco* como el poder detrás del trono en el Cártel de Sinaloa. *Vicentillo*, como lo llama el gobierno americano en la acusación criminal abierta en su contra, había sido detenido en la Ciudad de México el 18 de marzo de 2009, al ejecutarse una orden de aprehensión con fines de extradición a Estados Unidos, a donde lo enviaron en febrero de 2010. En ese momento se estaban haciendo los preparativos en la Corte del Distrito Norte de Illinois para iniciar su juicio.

Gaxiola me dijo que me buscaba a petición de su cliente, quien estaba recluido en el Metropolitan Correctional Center (MCC) de Chicago. Según dijo, Vicentillo escuchó una de mis entrevistas radiofónicas; escuchar la radio era uno de los pocos entretenimientos a los que tenía acceso en las medidas de máxima seguridad en las que estaba recluido.

El abogado mencionó que tenía un despacho en Tucson, Arizona, pero que era originario de Sinaloa, lo cual concordaba con el acento. Intentaba concentrarme en lo que me decía, pero realmente estaba inquieta por el tic de meterse la mano bajo el saco mientras hablaba. Por un instante pensé que el encuentro era una trampa.

"Me acaban de extirpar un tumor", dijo cuando percibió mi inquietud y se levantó la camisa para dejar ver un vendaje. Le habían detectado cáncer y entendí que ésa había sido la primera cirugía. También yo tenía sobre mí una amenaza de muerte, aunque de otra índole.

Narró una historia increíble. Y vaya que había escuchado muchas historias extremas durante la investigación de *Los señores del narco*. El abogado me contó que, desde hacía años, al menos desde 1998, los miembros de la cúpula del Cártel de Sinaloa como el Mayo, el Chapo, Vicente Zambada Niebla y otros, tenían contacto directo con la DEA. Le daban información que la agencia usaba en operativos coordinados con el gobierno de México, principalmente la Marina, para arrestar a líderes y lugartenientes de los cárteles enemigos. A cambio, la DEA les daba protección.

Muchas de las detenciones o los asesinatos de los cabecillas más notorios se habían dado en esas circunstancias: por ejemplo, Francisco Arellano Félix, integrante del Cártel de Tijuana, detenido en 2006, o Arturo Beltrán Leyva, líder del Cártel de los Beltrán Leyva, asesinado en 2009 durante un enfrentamiento con la Marina. Entre muchos otros.

Gaxiola había leído con interés mi libro, cuyo argumento principal era la complicidad del Cártel de Sinaloa con altos funcionarios del gobierno de México y algunas instituciones que durante años les han dado protección. "Usted tiene razón, pero las cosas son aún más graves, más complejas, van más allá", me dijo.

En mi libro yo había hablado del caso Irán-Contra y cómo el gobierno americano, con tal de tener recursos para financiar a la Contra nicaragüense, que buscaba derrocar al gobierno de izquierda que estaba naciendo, había tolerado que la CIA hiciera acuerdos a fines de los setenta y principios de los ochenta con los cárteles colombianos y con las organizaciones mexicanas: en particular el Cártel de Medellín, encabezado por Pablo Escobar Gaviria, y el Cártel de Guadalajara, liderado por Miguel Ángel Félix Gallardo. El intercambio consistía en permitir que su droga llegara a Estados Unidos a cambio de que una parte de las ganancias llegaran a la Contra.

Apenas en diciembre de 2010 había estallado el escándalo de la operación Rápido y Furioso, realizada por la Oficina de Alcohol,

Tabaco, Armas de Fuego y Explosivos (ATF), en la que el gobierno americano permitió la venta de armas a México para supuestamente descubrir las redes del tráfico de armamento, pero con eso ocasionó que más de 2 mil armas entraran ilegalmente en México y llegaran a las manos de los cárteles de la droga. Principalmente al Cártel de Sinaloa.

El 15 de febrero de 2011 acababan de asesinar en una carretera de San Luis Potosí al agente estadounidense del ICE Jaime Zapata, con un arma que había llegado a México a través de Rápido y Furioso. El caso estaba al rojo vivo.

Si era verdad lo que Gaxiola me decía, la historia sobre la relación del gobierno de Estados Unidos con el Cártel de Sinaloa —que según los propios americanos es el grupo de traficantes de drogas más importante del mundo— era un tema de interés público y por lo tanto de interés periodístico. Yo quería conocer el caso hasta el fondo.

Gaxiola me reveló esa misma noche en el restaurante que Vicentillo se había reunido con la DEA horas antes de su detención en 2009, en el hotel María Isabel Sheraton de la Ciudad de México, ubicado a un costado de la embajada de Estados Unidos. El encuentro era parte de los acuerdos entre el Cártel de Sinaloa y diversas agencias americanas.

Nos despedimos. Tenía que regresar de inmediato a México. Le dije que si tenía pruebas documentales de los acuerdos, o acciones judiciales, yo publicaría la historia y seguiría el caso hasta el final. No era de las periodistas que buscaba el escándalo de un día y luego otro, era una corredora de fondo, no de velocidad.

El 4 de marzo de 2011 fue la presentación de *Los señores del narco* en el galerón que entonces ocupaba el restaurante Mi Tierra, en el barrio La Villita, corazón de la comunidad mexicana en Chicago, haciendo alusión a la Villa de Guadalupe de la Ciudad de México. Ahí estuvo presente Gaxiola, y en esos días ocurrió el segundo de muchos otros encuentros que tuvimos durante cinco años consecutivos.

Recuerdo la primera audiencia del juicio de Vicentillo a la que asistí. Fue el 30 de marzo de 2011, en la sala número 2141 de la torre ubicada en Dearborn Street 219, en el centro de Chicago, donde está la sede de la Corte del Distrito Norte de Illinois. No había periodistas, la sala estaba semidesierta, sólo estaban algunos familiares de Vicentillo, el equipo de la fiscalía, agentes de la DEA y otros oficiales.

Ahí vi por primera vez a Vicentillo con el overol naranja, de esos que usan los presos de alta peligrosidad. Por entonces él tenía 36 años, pero se veía muy demacrado. El uniforme le quedaba grandísimo, e incluso le daba un aire ridículo. Quizá por eso en su autorretrato se pintó como payaso, vestido con el uniforme carcelario, un gorro naranja, maquillaje en el rostro y una reluciente nariz roja, el cual es la ilustración que ocupa la portada de este libro.

Cuando vi ese meticuloso dibujo de Vicentillo me quedé impactada. El realismo impreso es una metáfora y una parodia del mundo en que el que había nacido. Príncipe y esclavo. Príncipe y payaso. Condenado, sin salida. Cuando dio el primer respiro de su existencia, su padre ya era el líder del Cártel de Sinaloa. Debajo de ese color rosado y blanco en el rostro, de la redonda bola como nariz y los labios negros, se veía el rostro de su padre, el Mayo, de quien heredó los rasgos.

Gaxiola siempre mostró preocupación de que alguien se enterara de nuestros encuentros y nos viera en público en Estados Unidos, siempre decía que todos me conocían. Él prefería reunirnos en los lugares más discretos posibles, en el metro de Chicago o en cafeterías anónimas. Una ocasión en que intentaba disuadirlo de esa idea estábamos en un café ubicado en la emblemática avenida Magnificent Mile, cuando algunos de los mexicanos que trabajaban en el sitio me pidieron tomarse una fotografía. "¿Ves lo que pasa?", me dijo. Nuestras reuniones dejaron de ser en Chicago y comenzamos a vernos en distintos puntos de la Ciudad de México.

El abogado compartió conmigo documentos y hechos, sobre los cuales publiqué algunos reportajes que de una u otra manera tuvieron impacto en el juicio de Vicentillo y en las negociaciones con el gobierno de Estados Unidos. El hijo del Mayo quería hacer valer en su defensa el argumento de "autoridad pública", señalando que, por medio de los acuerdos entre la DEA, el FBI y el ICE con el Cártel de Sinaloa, estaba implícito un permiso para traficar, por lo cual no podían juzgarlo. Por supuesto, la fiscalía no aceptó ese argumento, no lo aceptaría jamás. En cambio, llegaron a otro convenio: Vicentillo se hizo testigo colaborador, es decir, reveló información sobre miembros del Cártel de Sinaloa que el gobierno de Estados Unidos usaría para iniciar procesos criminales y detenciones.

Mi primer artículo sobre el tema se publicó en marzo de 2011, "Mas rápido y más furioso". Ahí expuse los escritos que la defensa presentó ante la corte, donde se afirmaba que miembros del Cártel de Sinaloa habían llegado a acuerdos con autoridades americanas en los que ellos tendrían inmunidad a cambio de dar información de las organizaciones criminales enemigas. A este reportaje le siguieron muchos.

Sin embargo, la mayor parte de los datos y los documentos que Gaxiola me proporcionó en los encuentros, acumulados durante años, no los publiqué. Era información muy delicada que ponían en riesgo a Gaxiola, a su cliente y al proceso jurídico que estaba llevando. Se trataba de narraciones de Vicentillo que correspondían a su diario, escritos realizados por él y sus abogados durante las negociaciones para colaborar con el gobierno americano, en los que fue reconstruyendo su historia y la historia del Cártel de Sinaloa durante los últimos 20 años, y que comenzaba desde que los Arellano Félix intentaron asesinarlo por primera vez.

Había hojas sueltas, algunas escritas a mano de su puño y letra. Otros papeles estaban transcritos a máquina, traducidos al inglés, como parte del trabajo de Vicentillo con sus abogados de defensa. Y había un escrito muy amplio, de 30 páginas, el cual es una de las primeras declaraciones formales que hizo el 12 de julio de 2012:

> Esta declaración es un preciso y verdadero resumen de lo mejor que recuerdo. Sin embargo, este resumen contenido en esta declaración representa sólo una pequeña parte de mi conocimiento de los temas contenidos aquí. Esta declaración no describe todo lo que conozco acerca de la gente y eventos que describo y también poseo información adicional de otra gente y otros eventos que no están descritos.
>
> Desde que he estado cooperando con el gobierno de Estados Unidos, el gobierno me ha dado ayuda para reubicar a ciertos miembros de mi familia de México en Estados Unidos. Sé que mi familia

> estaría en un gran peligro de ser asesinados si cierta gente de la que he hablado hoy se entera de que yo estoy colaborando. Hasta donde yo sé, nadie de los que he hablado hoy sabe dónde vive mi familia y que estoy bajo custodia protectora.

Por medio de esos escritos de Vicentillo se revelaban los secretos del Cártel de Sinaloa y algunos de su padre. No era una historia que llegaba sólo a la epidermis, sino que, como bisturí, entraba, cortaba y diseccionaba cada parte de la anatomía de la que es considerada la organización de tráfico de drogas más importante del mundo, con presencia en prácticamente 70% del planeta. Vicentillo hablaba de quiénes eran en ese momento los socios más importantes de su padre, o los competidores. Sicarios, lugartenientes, cómo movían la droga, cómo sobornaban a todo el gobierno de México.

Hay dos frases escritas muy significativas: "El 99% de la PGR son corruptos, no hay siquiera uno que no tome dinero"; así como una que le escuchó decir a su padre: "Trabajamos para el gobierno, nos traen a la carrera y aparte trabajando para ellos". Esas frases me resuenan constantemente, más cuando se ven operativos como el del arresto de Ovidio Guzmán López, hijo del Chapo, ocurrido en octubre de 2019, quien tiene cargos criminales en Estados Unidos. Lo tenían ya detenido y lo dejaron ir con la justificación de que sus huestes habían superado al Estado. A través de los escritos de Vicentillo se entiende que eso no fue un accidente o casualidad.

A la par, las narraciones del hijo del Mayo dejaban ver su inteligencia, su tristeza y a veces su ironía mordaz. Su anhelo de ser libre, su conflicto interno de pertenecer al cártel y a la vez repudiarlo. De amar a su padre y querer estar cerca y al mismo tiempo darse cuenta de que cada día se transformaba en un criminal como él. El Mayo decidió convertirse en narcotraficante, mientras que Vicentillo nació cuando su padre ya era el rey de las drogas, más poderoso que ningún otro, por encima del legendario Amado Carrillo Fuentes, el llamado *Señor de los Cielos*.

Gaxiola me puso una condición para compartir conmigo esa información, y la respeté como respeto mis acuerdos con otras fuentes de información. Aún más porque entendí la magnitud de la historia para él y para Vicentillo. Me pidió que no publicara nada de los documentos escritos por Vicentillo sobre el funcionamiento del cártel y sus integrantes, y toda la información que estaba soltando al gobierno americano, hasta que él hubiera muerto. El abogado vivía con la certeza de que el cáncer al final lo vencería. Mientras que yo aún tenía la posibilidad de salvar mi vida.

Durante los cinco años en que tuvimos comunicación, Gaxiola frecuentó al Mayo y al Chapo, a este último lo vio hasta febrero de 2014, cuando lo aprehendieron en Mazatlán. Mucha de la información que me dio provenía directamente de las conversaciones con ellos. También se la daba a Vicentillo, quien a su vez la transmitía al gobierno de Estados Unidos.

En aquellos años, cuando se llegaba a propagar información en los medios sobre una supuesta recaptura de Guzmán Loera, le llamaba al abogado. Todas las veces que él me dijo con certeza que el Chapo seguía en libertad, nunca se equivocó: "A menos que tenga el don de la ubicuidad y haya podido estar conmigo y en otro lugar al mismo tiempo...", bromeaba.

Los atentados contra mí y contra mi familia me obligaron a salir de México en 2014. Me fui a la Universidad de California en Berkeley, donde estuve dos años como *fellow* en el Programa de Periodismo de Investigación. Ahí comencé la investigación sobre los 43 estudiantes de la normal rural Raúl Isidro Burgos desaparecidos el 26 de septiembre de 2014 en Iguala, Guerrero.

Mi último encuentro con Fernando Gaxiola fue el 20 de mayo de 2015. Estaba absorta justo por el trabajo sobre la desaparición de los normalistas. El caso había indignado mucho a Gaxiola porque en el fondo él tenía alma de idealista, de izquierda. Creía en la justicia, en la lucha social. También estoy convencida de que creía en el poder de la verdad. La verdad al servicio de los demás. Me llamó varias veces durante ese año, me pidió que fuera a verlo lo antes posible porque le quedaba poco tiempo de vida. Quería terminar de contarme, quería terminar de darme documentos, escritos.

En ese último encuentro hablamos durante varias horas, tomé apuntes. Me pidió que diera a conocer la historia porque estaba convencido de que así la gente podría entender qué es el Cártel de Sinaloa en realidad, de qué materia está hecho, de dónde emana su poder. Así la gente podría entender que muchas historias que dicen los gobiernos americano y mexicano son falacias. Su familia no tenía ningún conocimiento del contenido de nuestras reuniones.

Cumplí. He esperado todo este tiempo. Sacrifiqué la inmediatez de la noticia presurosa, sensacionalista, por la profundidad que da la investigación y el paso del tiempo, para compartir este relato que espero que aporte a un entendimiento mucho más grande de la dimensión del Cártel de Sinaloa y las consecuencias masivas que ha tenido para México y el mundo.

Quiero llevar de la mano a quien lea este libro a ese mundo que conocí desde la primera fila, de manera silenciosa, solitaria, para que saque sus propias conclusiones de lo que representa el Cártel de Sinaloa, tal vez como un símbolo brutal del mundo en el que vivimos.

Mientras esperé el tiempo oportuno para publicar la historia, algunos de los criminales mencionados por Vicentillo en sus notas fueron detenidos, no fui un obstáculo para que se hicieran las investigaciones. Otros siguen libres.

Esperé incluso a que se llevara a cabo el juicio contra Joaquín Guzmán Loera en Nueva York. Sus abogados me contactaron, pidieron reunirse conmigo porque sabían que tenía información sobre Vicentillo, no sé cómo, quizás el Chapo se los dijo, pues él participó en varias de las reuniones de Gaxiola con el Mayo. El encuentro no se llevó a cabo.

También esperé a que el 30 de mayo de 2019 le dictaran sentencia a Vicentillo. En vez de la cadena perpetua recetada en Nueva York a su compadre Chapo, a él le dieron 14 años, y muy probablemente por el tiempo que ya había estado en prisión, suma de beneficios por buena conduta y otras consideraciones, ya esté en libertad.

A fines de noviembre de 2015 recibí la noticia de que Fernando Gaxiola había muerto, y fui a su funeral. No era sólo una fuente de información, sino que se había convertido en un amigo. Lamenté su muerte. Supe que el hijo del Mayo llamó por teléfono para dar condolencias a la familia. Y por la relación que entendí que se había creado entre ellos, pienso que también para él fue una pérdida sensible.

En mayo de 2019 me encontré con el abogado penalista Stephen G. Ralls en su oficina de Tucson. Él es representante legal de Jesús Beltrán, coacusado de Vicente Zambada Niebla en la Corte Federal del Distrito Norte de Illinois, y fue abogado de Sandra Ávila Beltrán en su proceso en Estados Unidos, entre muchos otros clientes de ese perfil.

Ralls fue amigo y colega de Fernando Gaxiola durante décadas. Así que quise hablar con él para entender mejor el legado de Fernando. Estudiaron juntos leyes en 1979 en la Universidad de Arizona en Tucson. Se hicieron muy amigos, sus familias convivieron por muchos años, y también sus hijos entablaron amistad. Ralls me dijo que Fernando era un hombre con ideas socialistas, defendía en su despacho a muchas personas sin recursos que estaban en riesgo de deportación, era principalmente un abogado civil.

"Fernando era una persona inteligente, hablaba muy claro, no decía una cosa y luego cambiaba de opinión. Era muy directo en su forma de hablar. Hablaba mucho, pero siempre que hablaba lo hacía diciendo la verdad. Apoyaba a grupos de chicanos, por vocación ayudaba a la gente más necesitada. A Fernando le gustaba ayudar a la gente, ése era su carácter. Nunca, que yo sepa, ha sido señalado por alguna irregularidad, fue una persona muy recta, nunca se le acusó de malas prácticas."

Ralls me platicó que la última vez que lo vio fue en la Corte Superior. "He tenido una buena vida, no he tenido ninguna razón para pensar que no ha sido una buena vida, pero no me queda mucho tiempo, no hay remedio para mí", le habría dicho Gaxiola.

"El trabajo de Fernando como abogado fue clave en el grupo de defensa [de Vicentillo] y en el acuerdo al que llegaron con la fiscalía. Pasó muchas horas trabajando en el caso."

Esto es lo que me contó Ralls. No sé lo que podrán decir otros de Fernando Gaxiola, yo sé que conocí a un hombre que asumió el riesgo de compartir conmigo esta historia que de ninguna otra manera hubiera podido conocer. Y que era su deseo que se hiciera pública porque la sociedad tiene derecho a saber.

La historia que presento en las siguientes páginas es el relato contado por el propio Vicente Zambada Niebla a través de sus escritos. Su voz es mayoritariamente literal, solo hice algunas correcciones a su sintaxis y en el orden narrativo para ajustar la secuencia en una línea temporal. Como paréntesis, me pareció interesante el doble discurso de Vicentillo respecto a Joaquín Guzmán Loera. En sus escritos siempre se refirió a él de un modo frío, distante e impersonal: sólo lo llamaba Chapo. En cambio, en su testimonio rendido en el juicio ante los ojos de Guzmán Loera, siempre se refirió a él como "mi compadre Chapo".

El relato del capo júnior está enriquecido con el testimonio que me dio Gaxiola en nuestras conversaciones. Él habló directamente con Vicentillo y el Mayo durante cinco años. Son sus voces quienes conducen principalmente la narración. En un tercer plano está mi voz, con el propósito de dar contexto a lo señalado por ellos dos, y para sumar los resultados de la investigación que hice de forma paralela durante los últimos nueve años con el propósito de confirmar o ampliar la información.

Las lagunas que existían en la historia narrada por Vicentillo en los escritos que me entregó el abogado las pude llenar con su propia declaración en el juicio que se llevó a cabo contra Joaquín Guzmán Loera en la Corte del Distrito Este de Nueva York desde noviembre de 2018. También me fueron útiles los testimonios en el mismo juicio de Jesús Zambada García, Alex Cifuentes, Tirso Martínez Sánchez, Dámaso López Núñez, entre otros. Obtuve la versión estenográfica oficial de las audiencias. Una buena parte de la documentación que describo aquí se puede consultar en el anexo al final del libro.

A través de esas voces se devela el rostro y perfil del verdadero jefe de las drogas en México en el último medio siglo, el verdadero rey del narcotráfico que nunca ha pisado la cárcel. El hombre de 70 años que desde su trono ha visto caer amigos, enemigos, proveedores, socios, competidores, familiares, empleados del gobierno y hasta sus propios hijos, sin que eso haya hecho alguna mella en su poder: Ismael Zambada García, *el Mayo*.

Este libro es el resultado de un viaje de nueve años dentro de los laberintos y secretos del Mayo y el Cártel de Sinaloa. La historia que narro aquí es responsabilidad totalmente mía.

Al lector le corresponde descubrir quién es el traidor.

1

Soy el hijo del Mayo Zambada*

Mi papá es Ismael Zambada García. *El Mayo* es su sobrenombre más común. Pero también le dicen *el Padrino*, *la Doctora*, *la Señora*, y las personas más cercanas como mi compadre Chapo, lo llaman la Cocina. Era un código que se usaba en el teléfono para hacer referencia a mi padre.[1]

Mi padre es el líder del Cártel de Sinaloa.

La meta del cártel como en cualquier otro negocio, en este caso tráfico de drogas, es hacer dinero. Y con el dinero uno gana poder y capacidad de corromper. Las drogas que vende el cártel para hacer dinero son principalmente cocaína, heroína, metanfetaminas y mariguana.

El Cártel de Sinaloa existe de un modo u otro desde los años setenta. Mi padre es uno de los primeros líderes del cártel. Era compadre y socio de Miguel Ángel Félix Gallardo, Amado Carrillo Fuentes y los hermanos Arellano Félix.[2]

En la primera década del 2000, junto con mi padre, los otros líderes del cártel eran Chapo, Juan José Esparragoza Moreno, a quien conozco como el *Azul*, Arturo Beltrán Leyva e Ignacio Coronel, a quien conocí como *Nacho*. El cártel funciona como una afiliación de estos individuos y sus organizaciones.

* *Nota del editor:* A lo largo del libro se intercalan dos textos fundamentales, por un lado, la investigación periodística como tal, y por otro, los testimonios escritos de Vicente Zambada Niebla. Para distinguirlos, se han usado la mayoría de las veces asteriscos y dos fuentes tipográficas diferentes.

Por el poder, por el dinero, por la corrupción, desafortunadamente hay los celos de otras personas, gente que siente envidia de uno y comienzan a haber problemas y así es como inician las guerras.[3]

* * *

Vicente Zambada Niebla es conocido por el gobierno de Estados Unidos como *Vicentillo*, aunque según él mismo también lo llaman *el Niño*, *el Diez*, *el Diego* o *la Mesera*, por aquello de que su padre era la Cocina. Algún tipo de humor negro de narcos.

Es el primer hijo varón del Mayo. Nació el 23 de marzo de 1975, según la credencial de elector expedida en Culiacán, Sinaloa, cuando cumplió 18 años, de la cual tengo copia como parte de los documentos que me entregó el abogado Fernando Gaxiola. Es el único varón de los hijos procreados en el matrimonio del Mayo y Rosario Niebla Cardoza. Sus hermanas son María Teresa (1969), Midiam (1971) y Mónica (1980).[4]

Chayito, como le llama afectuosamente el Mayo a Rosario, es una mujer originaria de El Dorado, una sindicatura de Culiacán, Sinaloa. El capo se enamoró de ella a primera vista cuando tenía 13 años, y aunque formalmente ya no están casados, Chayito sigue siendo la reina de su corazón. Aunque es reina entre muchas otras mujeres, su sociedad es indisoluble como el afecto que el Mayo siente por Vicente.

Según le contó el propio Mayo a Gaxiola, tiene más de 10 hijos, pero de todos, Vicentillo es el más amado, el predilecto. La historia que los vincula va mucho más allá de la relación filial entre hijo y padre. Es una historia de tragedia, dolor, crimen, muerte, venganza y traición. Encuentros y despedidas. La frase "la sangre llama" es entre los dos mucho más que sólo palabras.

Si se compara la fotografía tomada al Mayo para el trámite de su pasaporte, cuando tenía unos 50 años, con una fotografía reciente de Vicentillo, se puede ver que son realmente parecidos. Altos, erguidos. El mismo tono de piel moreno claro, cabello abundante y negrísimo. La misma nariz recta y ligeramente respingada, la mandíbula cuadrada, fuerte, como de rottweiler.

Lo más similar físicamente entre padre e hijo son los ojos inclinados hacia abajo, oscuros, feroces, inteligentes, como dos gotas que caen bajo las cejas.

Cuando nació Vicentillo, su padre ya era el rey de un imperio criminal hasta ahora muy poco explorado. Pero como todo príncipe, nació esclavo. Su círculo social era de traficantes de drogas nacionales e internacionales, sicarios, lavadores de dinero, políticos y funcionarios corruptos. Ante todos, su padre tenía siempre la última palabra. Nadie estaba por encima de él. Nunca tuvo otro tipo de referencia, ése es el mundo que vio y en el que vivió desde su primer parpadeo.

Miguel Ángel Félix Gallardo (1946) se hacía llamar *el Jefe de Jefes*, pero nunca lo fue del Mayo. Originario de Sinaloa, como el Mayo, fue miembro de la Policía Judicial Federal y escolta de Leopoldo Sánchez Celis durante la época en que éste fue gobernador de Sinaloa (1963-1968). A finales de los setenta ya era líder del llamado Cártel de Guadalajara. Junto con Ernesto Fonseca Carrillo (*Don Neto*) y Rafael Caro Quintero (*el Príncipe*), estableció negocios con la poderosa organización de Pablo Escobar Gaviria. El emporio criminal se fue a la ruina cuando asesinaron al agente de la DEA Enrique Camarena en 1985, en complicidad con la CIA. Todos fueron detenidos dando cabida a otros imperios visibles, mientras hubo uno que movía todos los hilos desde atrás.[5] El Mayo y Félix Gallardo llegaron a hacer negocios en común, pero el primero tenía ya su propio imperio independiente.

Amado Carrillo Fuentes (1956) era de Navolato, Sinaloa, sobrino de Fonseca Carrillo. Trabajó para otro policía, Rafael Aguilar Guajardo, en Ojinaga, Chihuahua. Aguilar Guajardo tenían control de Ciudad Juárez y Nuevo Laredo. Tras el deceso de Aguilar Guajardo, quien fue asesinado en 1993 en un muelle de Cancún, Amado se apropió de su territorio y se ganó el apodo del *Señor de los Cielos* por la flota aérea que utilizaba para el tráfico de cocaína de Colombia a Estados Unidos. El Cártel de Juárez era un negocio que administraba con sus hermanos Vicente, mejor conocido como *Viceroy*, y Rodolfo Carrillo Fuentes, llamado *el Niño de Oro*.[6] Nadie lo sabe hasta ahora, pero el Mayo era padrino de Amado y su hermano Vicente. De ahí le pusieron el mote del Padrino. Y el Señor de los Cielos, quien se pensaba era el todopoderoso, pero en realidad, era su subordinado.

Joaquín Guzmán Loera (1954), *el Chapo*, es originario de La Tuna, en Badiraguato, Sinaloa. Cuando el Mayo era ya un jefe, él era un empleado menor de Félix Gallardo y luego de Amado Carrillo. En 1993 su nombre saltó a la fama mundial porque el gobierno de Carlos Salinas de Gortari lo responsabilizó falsamente de haber estado involucrado en el fuego cruzado donde fue asesinado el cardenal Juan Jesús Posadas Ocampo en el Aeropuerto Internacional de Guadalajara, junto con los hermanos Arellano Félix. Amado, para quien el Chapo se había convertido en un problema porque era violento y le gustaba llamar la atención, lo traicionó y le dio al gobierno su paradero para seguir con su negocio criminal sin inconvenientes. Lo malo es que lo disfrutó poco. En 1997 falleció en la plancha de un hospital de la Ciudad de México, cuando intentó someterse a una liposucción y cirugía facial para trasformar su obesa figura.[7]

Los hermanos Beltrán Leyva, originarios de la comunidad de La Palma, también en Badiraguato, son primos del Chapo. Son nueve en total, cinco varones y tres mujeres. Trabajaron mucho tiempo para el Mayo. Los tres hombres más conocidos, Arturo (1961), Alfredo (1971) y Héctor (1965), eran inseparables, y la lealtad entre ellos inquebrantable. Hasta la muerte. Les llamaban los Tres Caballeros. Arturo fue quien ayudó al Chapo a independizarse de su padre cruel, quien lo golpeaba y explotaba llevándolo a la siembra y cosecha de la droga para luego despilfarrar el dinero en alcohol y prostitutas. Fueron los Beltrán Leyva quienes ayudaron al Chapo en su primera siembra de mariguana cuando apenas tenía 13 o 14 años. Fue Arturo quien, gracias al trabajo que le dio el Mayo, proveyó al Chapo de los recursos para sobornar a los funcionarios y guardias del penal de máxima seguridad de Puente Grande, Jalisco, donde fue encarcelado en 1993 y de donde se escapó con ayuda del mismo Mayo y Arturo en 2001.[8]

Por su parte, los hermanos Arellano Félix integraban otro clan criminal conformado en un inicio por al menos ocho hermanos: Enedina, Eduardo, Benjamín, Ramón, Francisco Rafel, Francisco

Javier, Carlos Alberto y Norma Isabel. La mayoría ha enfrentado acusaciones formales por tráfico de drogas. Fueron socios importantes del Mayo cuando éste controlaba el tráfico de drogas a Estados Unidos en la frontera de Tijuana, y sus familias convivían como una sola.

Juan José Esparragoza Moreno (*ca.* 1949), *el Azul*, era de Huxiopa, Badiraguato. En la década de 1970 también fue agente de la Policía Judicial y se hizo amigo de Félix Gallardo, Caro Quintero y Fonseca Carrillo, con quienes empezó una discreta carrera criminal que después de que todos ellos terminaron en prisión, continuó con Amado Carrillo, como negociador de las transacciones de drogas en México y Colombia. Fue el Azul la conexión entre Félix Gallardo y el Mayo. Siempre que había un conflicto entre los grupos criminales, se le convocaba para fungir como mediador antes de que alguien jalara el gatillo primero.[9] Además, fiaba millones de dólares para la compra de droga a las personas de su confianza que se lo requirieran.

Ignacio Coronel (1954) es originario de Canelas, Durango. Algunos afirman que es tío de Emma Coronel, esposa del Chapo, pero ella lo negó tajantemente en una entrevista que le hice en febrero de 2016. Nacho, como lo llamaban sus amigos, entró de lleno en el narcotráfico a la sombra de Amado Carrillo a finales de los ochenta, cuando trabajó al lado de Héctor *el Güero* Palma y el Chapo. En junio de 1993, pocos días después del asesinato del cardenal Posadas Ocampo, su hermano mayor, Raymundo Coronel Villarreal, también narcotraficante, fue abatido por elementos de inteligencia de la V Región Militar.[10] Ignacio Coronel cobró importancia porque fue uno de los visionarios que descubrió que las metanfetaminas eran las drogas del futuro y estableció laboratorios clandestinos en Jalisco.

Todos estos líderes, sus familias y empleados convivían cotidianamente en reuniones de trabajo y fiestas. Los clanes hacían relaciones endogámicas para crear alianzas. La forma más común era bautizar o confirmar a un hijo o casar a hijos de diferentes familias, con lo cual intentaban garantizar relaciones de trabajo pacíficas.

Desde niño, Vicentillo supo que su padre era el jefe no sólo en su familia. Lo veía dictar órdenes a sus socios, premiar o castigar a los que trabajaban para él, pero tardó en saber cuál era el negocio de su padre que lo hacía tan poderoso. Al abogado Gaxiola le confió cómo descubrió que el trabajo de su padre era distinto al de los padres de los otros niños de la escuela: "Un día cuando estaba en el rancho ganadero veo que estaba mi papá y un amigo de él contando fajos de dinero. Estaba el escritorio lleno de dinero con una máquina para contarlo. Fue cuando abrí los ojos y pensé... ¿en qué negocio está mi papá?"

A finales de los ochenta, el Mayo, su esposa Chayito y sus cuatro hijos se establecieron en Tijuana.

* * *

Los Arellano Félix son originarios de Cancún. Pero cuando eran muy chicos se movieron a Tijuana, Baja California, y son conocidos como los Arellano Félix del Cártel de Tijuana.[11]

En aquel tiempo la mayoría de ellos eran socios y compadres de mi padre. Yo los veía muy seguido cuando vivía ahí en los ochenta. Javier Arellano Félix; Francisco Arellano Félix; Ramón Arellano Félix; Eduardo Arellano Félix, era con quienes tenía más contacto.

Conocí a mi compadre Chapo a finales de los ochenta, principios de los noventa, en una de las casas de mi padre. Él fue a visitar ahí a mi papá. Yo tenía entre 15 y 16 años. Estaban presentes otras personas de seguridad que trabajaban para ellos.

Mi papá me presentó a Chapo. Él solo dijo: "Mi compa Chapo". Es el diminutivo de compadre, y es muy común en Sinaloa decir compadre a tus amigos.

El Chapo es el padrino de bautizo de mi hijo más pequeño.

En 1988 Ramón Arellano Félix mató a un compadre de mi compadre Chapo en la fiesta de cumpleaños de mi papá. Se llamaba Armando López, alias *el Rayo López*.

Después del asesinato hubo diversas reuniones en la Ciudad de México. Yo no estuve presente, pero estuvo mi papá y Amado Carrillo Fuentes. Ellos fueron a la Ciudad de México a tener un encuentro. Mi papá, Amado Carrillo Fuentes, mi compadre Chapo,

Héctor Salazar Palma, alias *el Güero Palma*, y los Arellano, para ver lo que había pasado.

En ese tiempo ellos habían estado buscando hacer las paces... todo había estado bien entre los Arellano y mi compadre Chapo, que en ese tiempo estaba viviendo en Guadalajara algunas veces al año. Ellos decían que todo había estado bien con Ramón Arellano.

En 1991 yo estudiaba en la ciudad de Tijuana, estaba en primer grado de preparatoria, tenía 15 años. Cuando un día saliendo de mi casa iba a recoger a mi novia [Zynthia Borboa Zazueta], la que ahora es mi esposa. Ella vivía en Los Ángeles.[12]

Cuando salí de mi casa, como a seis cuadras, se me cierra una van, una camioneta cerrada, se baja una persona que me quiere abrir la puerta y me ordenó a gritos que me bajara. Yo cerré con seguro la puerta y aceleré el carro y cuando arranqué escuché un balazo y el vidrio de mi carro vi que se rompió, o se astilló, porque el carro en el que yo iba era blindado.

Quince días atrás mi papá me envió el auto y me mandó a decir que no saliera a la calle si no andaba en ese carro. Era un Shadow chico de dos puertas. Ése fue mi primer atentado. No sé si era secuestro o en realidad me querían matar.

* * *

A sus 16 años, Vicentillo, el primogénito del Mayo, iba a ser asesinado por los Arellano Félix. Gaxiola señala que el clan había matado días antes a dos socios del Mayo, uno en Culiacán y otro en Tijuana. Lo culparon de los asesinatos para crearle problemas con sus aliados.

Esta situación puso en alerta al Mayo. Le había comprado ya un flamante Mustang convertible a su hijo para que se paseara por California y Tijuana, pero de última hora le envió de repuesto el vehículo blindado y le ordenó que no fuera a ninguna parte sin él. Vicentillo obedecía ciegamente a su padre, y en aquella ocasión eso le salvó la vida. Gaxiola afirma que le dispararon directo a la altura de la cabeza y se salvó gracias al blindaje.

En cuanto el Mayo se enteró del ataque contra su hijo, instintivamente llamó a Ramón Arellano para pedirle explicaciones. Ramón, por supuesto, negó cualquier injerencia en los hechos, dijo que no sabía del ataque y que no tenía nada que ver.

Mientras le disparaban, Vicentillo escuchó que uno de los sicarios recibió una comunicación por radio en la que le informaron que ya se había logrado el primer objetivo en Culiacán.

"Papá, te están mintiendo, yo escuché la voz de Ramón", dijo Vicentillo.

El Mayo decidió trasladar a Chayito y sus hijos a Culiacán, donde se sentía más seguro. Mientras él se replegó, los Arellano Félix tomaron el control de Tijuana, que hasta ese momento estaba dividido con Zambada García.

* * *

Después, unos meses más tarde yo, mi madre y mis hermanas nos regresamos a vivir a Culiacán, Sinaloa. En Culiacán me metí a continuar la preparatoria y yo vivía en la casa de mi hermana más grande [María Teresa Zambada Niebla] con mi cuñado Javier Díaz, esposo de mi hermana.[13]

Una noche, estando en la casa de mi hermana, alguien llamó a la puerta y yo ya iba preparado con la pistola, la traía fajada en la cintura porque en ese tiempo mi papá y los Arellano Félix salieron mal, eran enemigos y empezó una guerra muy fea.

Entonces cuando abro la puerta siento que me golpean en la cara, un puñetazo, y que dos personas se quieren meter a la casa, yo caí hacia atrás.

* * *

El adolescente, reaccionó rápido y alcanzó a cerrar la puerta, pero la mano de uno de sus agresores quedó con el arma empuñada entre la puerta. Le dispararon. Era gente de los Arellano Félix.

Notas

1 Testimonio de Vicente Zambada Niebla en la Corte de Distrito Este de Nueva York, 3/01/2019. La autora tiene la versión estenográfica oficial de la Corte.

2 Texto escrito por Vicente Zambada Niebla, entregado por Fernando Gaxiola a la autora.

3 Testimonio de Vicente Zambada Niebla, 3/01/2019, *loc cit.*

4 En adelante, en este capítulo el número entre paréntesis al lado de los personajes representa su año de nacimiento, a menos que se indique otra cosa.

5 Información obtenida por la autora por medio de testigos directos y documentos judiciales. Publicada previamente en *Los señores del narco* (Grijalbo, 2010).

6 *Idem.*

7 *Idem.*

8 *Idem.*

9 *Idem.*

10 *Idem.*

11 Testimonio de Vicente Zambada Niebla, 3/01/2019, *loc cit.*

12 Texto escrito por Vicente Zambada Niebla, entregado por Fernando Gaxiola a la autora.

13 *Idem.*

2

Érase una vez en América...

En el fastuoso Caesars Palace de Las Vegas, el más deslumbrante y llamativo del Strip, donde las noches eran infinitas y la champaña corría a borbotones con la misma facilidad que los miles de dólares en las mesas de juego, el diligente gerente de caja Donald Klinker estaba al tanto de uno de sus clientes VIP: el prominente cubano Antonio Cruz Vázquez.

Corría el mes de diciembre de 1977 y Cruz Vázquez era uno de los poquísimos clientes del Caesars que tenía línea de crédito de un millón de dólares. Niko, como le llamaban, era el cliente perfecto. Atractivo a sus cincuenta y tantos años, elegante, derrochador, ludópata y buen perdedor. En dos años y medio había perdido 2.9 millones de dólares con la misma gracia que la de su sonrisa.[1]

Como a todos los apostadores de ese nivel del Caesars, a Cruz Vázquez le ofrecían comidas, bebidas, joyas, vehículos de lujo e incluso compañía femenina.[2] Y, además, como estaba construyendo una mansión en Las Vegas para su familia, el hotel-casino le regaló más de 25 mil dólares en mobiliario.

Luego de trabajar en un banco de Las Vegas, en el hotel Fremont, el Horseshoe y el Desert Inn, donde lo había visto casi todo, Klinker no veía con ojos particulares a Niko, quien siempre se conducía de manera elegante y educada, como cualquier otro hombre de negocios. Además, en el Caesars, como en el resto de los casinos en Nevada, era de mal gusto indagar sobre el origen del dinero de sus clientes.

Niko no era un VIP ordinario. Era la cabeza de un importante grupo de traficantes de heroína proveniente de México que vendía anualmente cerca de 300 kilos de heroína, la llamada *chiva*, en Nueva York y Nueva Jersey. Con una ganancia anual de 18 millones de dólares, perder tanto dinero en el casino del Caesars no era algo que le quitara el sueño.

Debido a sus actividades delictivas, Niko tenía poca movilidad. Una gran parte de sus negocios la gestionaba vía telefónica, así que se contentaba en ir de su mansión al Caesars a derrochar el dinero, y del casino a su mansión. Era tan aficionado al lugar que durante las investigaciones realizadas por el gobierno de Estados Unidos sobre sus actividades ilícitas descubrieron que el dinero que usaba el clan para pagar los envíos de drogas estaba envuelto en papel bancario del Caesars Palace. Y que Andrés Rappard, uno de sus principales cómplices, era crupier en la mesa de blackjack del mismo casino.

El 28 de enero de 1978 la buena fortuna de Niko terminó. No fue ninguno de sus hombres el que lo traicionó, sino su llamativo modo de vida y el maldito teléfono. Lo arrestaron en su residencia de Las Vegas en un operativo que de forma simultánea se llevó a cabo en Nueva York y Nueva Jersey. Lo detuvieron a él y otros 10 cómplices.[3]

Durante un año la banda acusada de distribuir la heroína oscura mexicana había sido investigada y estuvo bajo vigilancia e interceptación telefónica. La indagatoria comenzó en Nueva Jersey por la Fuerza de Ataque contra Narcóticos, y continuó por la DEA en Las Vegas.

Mientras Niko iba y venía todos los días del Caesars exhibiendo su encanto y sus lujos, era vigilado las 24 horas. En el juicio llevado a cabo en una Corte Federal del Este en Brooklyn, Nueva York, las autoridades presentaron 200 carretes de grabaciones de interceptaciones telefónicas de sus negocios criminales.[4]

"Sólo puedo cometer un error en mi parte del negocio", dijo Niko amargamente a los agentes en el momento en que lo arrestaron. "Ustedes pueden cometer un error cada semana."[5]

Un año después, Cruz Vázquez fue sentenciado a 15 años de prisión, tras los cuales estaría en libertad condicional de por vida, pagando multas por 125 mil dólares junto con algunos de sus secuaces: Antonio González, José de la Fe Quintas y Rappard.

"En toda mi carrera de casi 18 años jamás había visto tanto dinero en un solo lugar como he visto en este juicio", dijo el juez Jack Mishler después de dictar sentencia.

"Cruz era un operador grande y sofisticado. Habría alcanzado mucha fama si hubiera sido anglo o italiano", dijo un alto funcionario en Las Vegas luego de su captura, dejando asomar un tufo racista contra el latino.[6]

Antonio Cruz Vázquez fue el maestro de Ismael *el Mayo* Zambada. Fue él y nadie más quien lo introdujo en el mundo del tráfico de drogas cuando aún no cumplía 20 años. Niko era su cuñado, estaba casado con su hermana Modesta.

Así se lo reveló el Mayo al abogado Fernando Gaxiola en una de sus muchas conversaciones. Habrá sido por las horas que convivieron durante más de cuatro años en los que Gaxiola sirvió como mensajero entre Vicentillo y su padre, que este último terminó sintiendo confianza. Habló de lo que nunca antes nadie, fuera de su familia, había sabido sobre él. Gracias a ello hoy se pueden reconstruir los antecedentes de la historia criminal del Mayo.

Algunas de estas conversaciones fueron escritas por Gaxiola, quien me envió copia vía correo electrónico.

* * *

"Cruz fue un buen hombre. Me ayudó mucho y siempre le estaré agradecido", le dijo el Mayo a Gaxiola.

Ismael Zambada García nació y creció en El Álamo, una pequeñísima ranchería ubicada a 17 kilómetros del centro de Culiacán, la capital de estado de Sinaloa. La comunidad no tiene más de 200 habitantes, son apenas cerca de 50 viviendas.

Según su hermano menor, Jesús Reynaldo, alias *Rey*, su padre era un comerciante y su madre una maestra de escuela primaria. El Mayo dijo que su padre era un campesino. Sin embargo, en el expediente de Cruz Vázquez las autoridades afirman que era un emigrado de Cuba. Lo cierto es que sus padres procrearon al menos seis hijos:

Modesta, Ana María, Águeda, Vicente, Ismael y Jesús Reynaldo. Todos de apellido Zambada García.

Nadie sabe exactamente la fecha de nacimiento del Mayo. Según la ficha de los más buscados, publicada por la DEA, nació en 1948, pero ni siquiera corre el riesgo de sugerir un mes o día. Mientras que en las áreas de inteligencia mexicanas consideran como sus probables fechas de nacimiento: 27 de julio de 1927, 1 de enero de 1948, 23 de mayo de 1949, 30 de enero de 1950, 21 de julio de 1951, 21 de marzo de 1952 y 27 de julio de 1956. Esto se debe a los diversos alias que el Mayo se ha creado por medio de diversas actas de nacimiento: Gerónimo López Landeros, Javier Hernández García, Jesús Loaiza Avendaño, Javier García Hernández, Ismael Higuera Rentería, entre otros.[7]

Rey dijo que su hermano es 12 años mayor que él. Si Rey nació en agosto de 1961, eso significa que el capo habría nacido en 1949. Gaxiola me confirmó que nació en enero de 1949. Así que en 2019, el Mayo cumplió 70 años.

La confusión creada en torno a su fecha de nacimiento es un reflejo directo de la complejidad de su personalidad y la forma en que conduce su vida personal y sus negocios. El modo en que terminó la carrera criminal de Niko, su mentor, le dio una lección de por vida. Hasta ahora, el Mayo no ha cometido el error fatal que lo lleve a la muerte, o peor aún, a la cárcel.

Quienes lo conocen afirman que vive con bajo perfil, sin ostentación, en el anonimato. Dijo Gaxiola que prefiere vestirse de peón que con traje elegante o militar. La confusión es su mejor aliado. Eso le ha permitido estar durante medio siglo en el tráfico de drogas sin jamás haber sido arrestado y con una riqueza intacta. Un récord trabajado y cuidado con afán. Si hay una cosa que el Mayo odia hasta la muerte, literalmente, es a los ostentosos e indiscretos, sobre todo si hacen negocios con él o para él. Muchos lo entendieron demasiado tarde, incluyendo a Joaquín Guzmán Loera, quien ahora está refundido en una cárcel de máxima seguridad en Estados Unidos luego de ser sentenciado a cadena perpetua por la misma corte que sepultó la carrera criminal de Niko. Una ironía del destino.

* * *

El Mayo le contó a Gaxiola sobre sus días de infancia en El Álamo. Recordó su niñez con la nostalgia de quien tuvo una buena vida en su entorno familiar.

Estudió en la primaria pública Eustaquio Buelna, conocida como "La 8", ubicada en el centro de Culiacán. Sus padres lo enviaron a la capital del estado con familiares que vivían en la colonia Rafael Buelna, esperando que tuviera un futuro.

A los 13 años conoció a Rosario Niebla Cardoza, tres años mayor que él. La llama cariñosamente Chayito y asegura que fue su primer amor y su primera esposa, la madre de Vicentillo.

Chayito es originaria de El Dorado, otra sindicatura de Culiacán, vecina a El Álamo. Morena, guapa. En aquella época un tío del Mayo tenía una carnicería en esa localidad donde la familia de Chayito la enviaba a comprar la carne. El primer encuentro ocurrió cuando el padre del Mayo regresaba en ferrocarril de la Ciudad de México, a donde había ido para un tratamiento médico. Y ahí, mientras el Mayo lo esperaba en la carnicería de su tío, vio a la joven. Para el Mayo fue amor a primera vista.

"No la volví a ver por tres años", le contó el capo a Gaxiola. Y no la volvió a ver porque al poco tiempo murió su padre. El 26 de agosto de 1962. El Mayo tenía 12 años. Apenas había terminado la escuela primaria y ya no pudo estudiar la secundaria porque tenía que ayudar con la manutención de sus hermanos. Rey apenas tenía un año cuando quedó huérfano de padre.

El progenitor del Mayo tenía actividades legales, pero un tío suyo se dedicaba ya a la siembra de mariguana y amapola. Ismael Zambada dejó los estudios y regresó a El Álamo. Trabajó de sol a sol en los terrenos de su tío cortando leña y haciendo cercos; y cuando no, se dedicaba a cualquier otra labor de campesino. En época de sequía iba cerca de Mazatlán para buscar más trabajo. Lo importante era ayudar a su madre con la carga hogareña y él trabajaba en todas las labores honestas que podía encontrar.

Finalmente se fue a El Dorado donde había más trabajo y mejor pagado. La economía del pueblo, más grande que El Álamo, se basaba en el ingenio azucarero El Dorado, uno de los centros de producción de azúcar más importantes de México y ciertamente el más grande en Sinaloa en aquella época. Se extendía sobre un territorio de 3 mil 700 hectáreas.

El Mayo limpiaba el lodo de las llantas de las carretas que transportaban la caña. Al igual que cuando trabajaba en el campo, aceptaba todo tipo de labores para ganar dinero extra y ayudar en la manutención de sus hermanos. Ahí trabajó hasta que llegó el sindicato y perdió su empleo.

A los 17 años, consumido por su amor a Chayito, se la robó. "Me la llevé para El Álamo y nos casamos", narró él mismo al abogado. "Nosotros nos casamos por las tres leyes: la ley del monte, la ley de dios y la ley del hombre", suele decir Rosario Niebla Cardoza cuando habla de su matrimonio con el Mayo, según la escuchó decir Gaxiola.

Se la llevó a El Álamo. Tuvieron su matrimonio religioso en una iglesia de la comunidad de Costa Rica, otra sindicatura de Culiacán, y después por el civil en el pueblo de Chayito.

Cuando el Mayo perdió su empleo en el ingenio azucarero, consiguió trabajo de chofer, manejando un camión que movía productos agrícolas en la zona de El Dorado.

El destino del joven matrimonio Zambada Niebla cambió cuando a finales de los sesenta llegó a la localidad un cubano de nombre Antonio Cruz Vázquez, quien ya llevaba a sus espaldas un largo historial criminal.

* * *

Niko era originario de La Habana, Cuba. Cuando a sus 32 años triunfó la revolución y Fidel Castro derrocó a Fulgencio Batista en 1959, se convirtió en capitán de la policía nacional de su país, según los registros del gobierno americano.[8]

Tiempo después apareció en Nicaragua. Algunos afirman que ahí trabajó para la CIA cuando estaba en el poder el dictador Anastasio Somoza, quien contaba con la simpatía de Estados Unidos. Se afirma que luego de su arresto en Las Vegas, un policía lo interrogó sobre esto, pero Niko se negó a hablar.

En la década de 1960 Cruz Vázquez consiguió un certificado de nacimiento falso que decía que había nacido en Puerto Rico. Más tarde viajó a Estados Unidos, donde fue arrestado por lo menos tres veces antes de convertirse en el señor de la heroína en Nueva York y Nueva Jersey.

La reconstrucción hecha por las autoridades americanas durante su proceso judicial en la Corte Federal del Distrito Este de Brooklyn sobre la fecha en que nació la conexión de Niko con la familia del Mayo no es clara y no coincide con otros hechos y fechas. Lo cierto es que tras su penúltimo encarcelamiento en Estados Unidos viajó a Sinaloa, donde conoció a Modesta Zambada García, la hermana del Mayo. Se casó con ella y adquirió la nacionalidad mexicana.

El nombre de Modesta y el apellido Zambada aparecieron en las investigaciones de las autoridades americanas contra Niko desde 1977, así como en las noticias publicadas sobre el poderoso narcotraficante cubano.

"Las operaciones de contrabando de drogas que dirigió Cruz Vázquez estuvieron bien organizadas y bien engrasadas. Se originaron en la granja familiar Vázquez-Zambada, cerca de Culiacán, en el estado mexicano de Sinaloa", dijo públicamente una de las autoridades cuando explicó el esquema del tráfico de drogas.

La familia Zambada le garantizó la producción de heroína a Niko. Sinaloa era famoso por la extensa producción de amapola de donde se saca la goma de opio, con la que a su vez se produce la llamada heroína oscura. La mercancía se empacaba y se enviaba en maletas vía aérea desde Sinaloa hasta otro destino de México y de ahí, en complicidad con empleados de Aeroméxico, responsables del equipaje, cambiaban las etiquetas de las maletas y éstas viajaban a Tucson, donde otros empleados sobornados de la aerolínea cruzaban las maletas por aduanas, según se supo por medio del expediente criminal.[9]

Así, a los 19 años el Mayo se convirtió en narcotraficante, gracias a su cuñado cubano. Y en padre de familia a los 20, gracias a Chayito. Su primogénita María Teresa, Maytecita, como él le llama cariñosamente, nació el 17 de junio de 1969. Fue cuando Chayito estaba embarazada que el Mayo hizo su primera siembra de droga, le contó él mismo al abogado Gaxiola.

Después nacieron Midiam Patricia, el 4 de marzo de 1971; Vicente, el 24 de marzo de 1975; Mónica del Rosario, el 2 de marzo de 1980, y Modesta, el 22 de noviembre de 1982.

El corazón del Mayo aún está ligado a la historia de El Álamo, ahí tiene una casa de campo, que es en realidad su casa principal, reveló Gaxiola.

Actualmente sigue siendo una comunidad pequeña, pero limpia y organizada. Las calles son empedradas, las casas sencillas de ladrillo y cemento. Llama la atención que todas las bardas son idénticas, de celosía roja y leño. Hay una iglesia blanquísima rodeada por jardines y una reja de herrería tipo colonial. Destaca en ella la torre del campanario y una fuente de ornamento en el atrio. No es casual.

"La iglesia principal de El Álamo se derrumbó en una tormenta, las casas quedaron destruidas y el Mayo reconstruyó las casas y mandó empedrar el pueblo. Llegó un momento en que la comunidad recibió tantos beneficios del Mayo que se hicieron leales, hay obligación de ser leal, es una forma de corrupción", dijo Gaxiola.

"Aún vivo ahí", le confió el Mayo al abogado durante sus encuentros. "Acabo de llegar de ahí", "ahí estuve unos días", eran frases recurrentes.

"Aunque la verdad es que vive en muchos lugares —me dijo Gaxiola—, no puede dormir en un lugar más de una noche. Razones de seguridad y el acoso de sus enemigos le requieren estar en un estado de alerta constante."

* * *

Niko cambió la vida del Mayo y su familia para siempre. Después de la miseria descrita por el capo, su familia pasó velozmente a la bonanza.

En 1975, el pequeño Rey ya había cumplido 14 años cuando se fue a vivir a Las Vegas con su cuñado y su hermana. Ahí estudió seis meses la escuela secundaria. Quien había quedado huérfano al año de nacido y cuya madre había trabajado incansablemente para dar de comer a sus hijos, era seguramente el único chico de la clase que manejaba un flamante Porsche.[10] Niko se lo regaló tal vez para compensar el hueco de su orfandad.

"El Mayo era un campesino, ¿qué opciones de vida hay en el Triángulo Dorado?", me dijo Gaxiola un día. Ante mi respuesta, contestó: "¿Eres arquitecto de tu propio destino? ¡Sí, cómo no! Eso dile a la gente de la sierra de Oaxaca".

"El Mayo ha dicho a su familia que lo hizo para salir de la pobreza. Él no vive en palacios, no usa joyas, no es ostentoso. Nadie que lo conozca podrá decir algo así de él", añadió.

* * *

En una larga entrevista que le hice a un exfuncionario de la Dirección Federal de Seguridad, a quien denominé "el informante" en mi libro *Los señores del narco* (Grijalbo, 2010), me explicó que en 1970 no existían los cárteles de la droga, sino que eran bandas conocidas como "clicas" que se dedicaban a sembrar mariguana y amapola, y luego la traficaban a Estados Unidos. Todo se hacía con permiso del gobierno que entonces presidía Luis Echeverría Álvarez. Para traficar, los sembradores debían pagar una especie de impuesto para que una parte de sus ganancias llegara a los bolsillos del gobierno. "Eran fajos y fajos de billetes verdes, dólares", dijo el exfuncionario. Ese dinero del narco ayudó a crear fortunas de la noche a la mañana de autoridades y empresarios.

El secretario de Gobernación, el secretario de la Defensa, el procurador general de la República y hasta el presidente tenían conocimiento de esos acuerdos y los pagos correspondientes.

"No había casi ningún cargamento que no pasara por el permiso o vigilancia del ejército, la DFS y la Policía Judicial, el narcotráfico era un asunto de Estado." El propio gobierno tenía bajo su control los sembradíos.

"En 1975 inició en México la llamada Operación Cóndor, patrocinada por Estados Unidos, para supuestamente combatir la siembra de mariguana y amapola. El gobierno americano proporcionó equipo aéreo, radares y entrenamiento a oficiales del gobierno mexicano, pero en realidad todo estaba arreglado", dijo el exfuncionario.

El Mayo comenzó a construir su imperio justo a la par de la Operación Cóndor. Por el relato de Vicentillo y lo que el mismo Mayo le dijo a Gaxiola, se corrobora que eso nunca lo detuvo a él ni a otros narcos. En efecto, *todo estaba arreglado*.

"En muchas ocasiones fui yo uno de los hombres que recibía en las oficinas a los narcotraficantes para recibir el pago de sus impuestos." Fue así como el representante de la DFS conoció personalmente al Mayo. "En 1978, en Culiacán, Sinaloa, el Mayo se presentaba con su pago de impuestos en la oficina", aseguró.

Para él, que conoció directamente al Mayo, no había ninguna duda:

> El verdadero jefe del Chapo es Ismael Zambada. El verdadero instrumentador de todo es el Mayo. Él y el Chapo se conocían, tenían amigos comunes, pero al principio no trabajaban juntos. El Mayo siempre ha sido independiente, es gente de temor, gente de mucho respeto. El Mayo cuando mata, mata, pero entonces las reglas de los narcos eran distintas. Eran incapaces de atentar contra la población civil.

* * *

El inicio de la carrera criminal del Mayo a gran escala, contrario a lo que se ha dicho hasta ahora, fue en Estados Unidos. Específicamente en Los Ángeles. Ahí es donde realmente nació el Cártel de Sinaloa y donde tiene asentados muchos de sus intereses operativos y económicos.

El Mayo llegó a vivir con su familia a la llamada "ciudad del vicio" desde 1977. Aunque en 1978 arrestaron a Niko y una parte de su red de tráfico de heroína quedó desmantelada, con sangre fría el Mayo permaneció en Los Ángeles durante cinco años.

"De 1977 a 1982 viví en Los Ángeles, California. Ahí estuve trabajando bien. Todo el dinero que hice lo traje a El Álamo y lo invertí en tierras y siembras. Le daba trabajo a la gente. Todo bien hecho", confió el Mayo a Gaxiola con orgullo.

"Por aquellos días vendí mariguana y algo de *chiva*. Pero todo bien, sin violencia ni nada de eso. Lo malo es que hoy la gente se mete al secuestro, a cobrar piso y derecho de paso, roban y matan. Eso no lo hice yo ni lo hacíamos nadie", aseguró el capo.

Los Ángeles es tan importante para el Cártel de Sinaloa como lo es Culiacán. Para el Mayo las dos ciudades y sus alrededores han sido bodegas donde se concentra la droga que se distribuye en diversos puntos de Estados Unidos, y donde se concentran las ganancias.

A lo largo de 50 años, el Mayo ha construido en Los Ángeles una compleja red de bodegas, empleados, casas de seguridad, empresas, métodos de transporte y cambio de divisas. Los mismos que distribuían las drogas eran los mismos que luego recolectaban las millonarias ganancias que regresaban a las manos del Mayo y de sus proveedores colombianos.

Mientras El Mayo vivió en Los Ángeles viajaba constantemente de un lado a otro de la frontera sin mayor problema. En 1982, cuando Vicentillo tenía 7 años, se mudó con Chayito y sus hijos a Tijuana, aunque su vida cotidiana seguía transcurriendo en los dos lados de la frontera.

* * *

En 1985 el mundo de los narcos y los no tan narcos se cimbró tras el homicidio del agente de la DEA Enrique Camarena. Las autoridades americanas y mexicanas responsabilizaron del hecho a varios amigos del Mayo, como Rafael Caro Quintero, Ernesto Fonseca Carrillo y Miguel Ángel Félix Gallardo. En realidad, lo más probable es que los autores intelectuales hayan sido funcionarios de la CIA, pues Camarena había descubierto la complicidad entre la poderosa agencia estadounidense, Pablo Escobar Gaviria y los cárteles mexicanos.[11] Y hoy circula la versión de que incluso uno de los entonces jefes de Camarena está siendo investigado por el hecho.

De cualquier modo, la situación terminó por beneficiar al Mayo. Ese mismo año, tras las detenciones de Caro Quintero y Fonseca Carillo, Félix Gallardo se alió con él continuó el tráfico de cocaína a Estados Unidos. Según Rey, esa alianza le permitió a su hermano participar en el redituable negocio del alcaloide con el Cártel de Medellín.

Félix Gallardo estuvo libre todavía durante algunos años, hasta que en abril de 1989 lo aprehendieron en Guadalajara. Meses después detuvieron a Amado Carrillo Fuentes, su ahijado, en Sinaloa. Por fortuna para él, se presentó con el nombre de Juan Carlos Barrón y dijo que se dedicaba a la ganadería.

A pesar de que lo acusaban de delitos contra la salud y tráfico de armas, curiosamente a Amado lo liberaron rápidamente. Y quien lo esperaba en el negocio con los brazos abiertos fue justamente el Mayo, su padrino.

En cuanto Amado consiguió la libertad, Joaquín Guzmán Loera comenzó a trabajar para él. En ese entonces, el Chapo era sólo un conocido del Mayo.

* * *

Lo primero que hizo el Mayo con las ganancias que obtuvo del narcotráfico fue dedicarse legalmente a la agricultura y ganadería. Era un hombre de visión, y en realidad le gustaba vivir el campo, pero no como peón. Cuando iniciaba una empresa, al igual que la del narcotráfico, debía ser a gran escala.

No despilfarró todo en mujeres ni lujos, planeó todo de modo tal que su dinero sucio financiara un negocio legal. Así lavaba el dinero y lo movía con más facilidad. Con diversos nombres falsos, el Mayo siempre se presentaba como ganadero. Lo era.

Desde 1984 comenzó a comprar terrenos en las sindicaturas de El Salado, El Dorado, Quila y Puerto Rico.

El 2 de febrero de 1988 el Mayo creó la primera empresa legal de su imperio: Nueva Industria de Ganaderos de Culiacán (Nueva Industria), con la ayuda del notario público Matías Santiago Astengo Verdugo. La empresa tenía 100 mil acciones de un valor de mil pesos de aquella época,[12] y contaba con siete socios o prestanombres enlistados: Jesús García Mendoza (ingeniero civil), Fernando Iribe Picos, Valente Vega Mancillas, Jaime Otáñez García (médico cirujano otorrinolaringólogo), Ascención Urquidez Lara (estudiante de computación), Arcadio Osorio Quintero y Ascención de Jesús Urquidez Echeverría (abogado), con 10 mil acciones cada uno. Llama la atención que estas personas que se prestaron a participar en la operación del Mayo tenían títulos universitarios, y casi todos eran vecinos de la colonia residencial Las Quintas, en Culiacán.[13]

Aunque se supone que era una operación muy discreta, el Mayo mandó a Rosario Niebla Cardoza como "comisionada" de la empresa con el notario para protocolizar el acta de la creación de la compañía.

Tan sólo 27 días después de la creación de la empresa, su capital aumentó de 100 millones a mil 200 millones de viejos pesos.

El propósito comercial de la empresa era industrializar leche por medio de procesos de pasteurización, así como sus derivados; industrializar frutas o esencias de frutas y sus derivados; proporcionar servicios de corrales; comprar ganado, distribuirlo, engordarlo y venderlo ya fuera vivo o en canal. Aunque el domicilio de la empresa se ubicaba en Culiacán, tenían la posibilidad de abrir sucursales en todo el país.

Sí, todo iba muy bien.

"Las cosas cambiaron cuando a los Arellano se les metió la idea de ser dueños de Tijuana", dijo el Mayo a Gaxiola.

NOTAS

1 Lou Cannon, "Drug Smuggling, Gambling and the Shadowland of Vegas", *The Washington Post*, 7 de noviembre de 1978.

2 *Idem.*

3 Sin autor, "3-State Drug Ring Broken, Police Say, With Arrest of 11", *The New York Times*, 29 de enero de 1978.

4 Información obtenida de U. S. Court of Appeals for the Second Circuit-605 F2d. 1269. 2d. Cir. 1979.

5 Lou Cannon, *loc. cit.*

6 *Idem.*

7 La autora tiene copia de las fichas técnicas elaboradas por el Cisen y la SSP federal en 2008, publicadas por primera vez en *Los señores del narco* (Grijalbo, 2010).

8 Lou Cannon, *loc. cit.*

9 *Idem.*

[10] Testimonio de Jesús Zambada Garcia en la Corte de Distrito Este de Nueva York, 20/11/2018. La autora tiene la versión estenográfica oficial de la Corte.

[11] En *Los señores del narco* (Grijalbo, 2010) se presentan varias pruebas del posible involucramiento de la CIA.

[12] Mil viejos pesos equivaldrían a un peso actual.

[13] Acta constitutiva de Nueva Industria de Ganaderos obtenida por la autora de la Secretaría de Economía.

3

Hijo de tigre...

Luego de hacer las paces y después de algún tiempo, mi papá y Amado Carrillo Fuentes, mi compadre, se enteraron de que Ramón había querido matar a mi compadre Chapo.[1]

Mi padre estaba realmente molesto porque él había quedado en medio de todo.

Ramón y mi compadre Chapo estaban en Guadalajara y Chapo se lo encontró. Detuvo su auto para saludarlo, pero Ramón comenzó a dispararle.

Tiempo después yo estaba con mi padre, cuando mi compadre Amado le llamó por teléfono. Le dijo que Benjamín había llamado y había culpado a Chapo, incluso a mi papá, de haberlo querido matar en una discoteca en Puerto Vallarta [1992].

Porque Ramón había querido matarlo, mi compadre decidió matar a los hermanos Arellano Félix. La información que mi compadre Chapo y el Güero Palma tenían es que todos los hermanos Arellano Félix iban a estar en una discoteca en Puerto Vallarta y mi compadre Chapo y el Güero Palma habían enviado a su gente a matarlos.

La discoteca se llamaba Christine. Ninguno de los hermanos Arellano Félix murió en ese enfrentamiento.

* * *

La matanza fue con precisión militar. Así describieron los hechos los medios de comunicación que reportaron el ataque a la discoteca que estaba en el hotel Krystal, ocurrido la madrugada del domingo 8 de noviembre de 1992.

"Dejó un saldo oficial de seis muertos y tres heridos, no logró su objetivo: ultimar a los hermanos Francisco Javier y Ramón Arellano Félix. Los dos se salvaron al esconderse en el plafón del baño para salir por el ducto del aire acondicionado cuando los tiros habían terminado."[2]

Eran las dos y media de la mañana cuando un camión Dina blanco se estacionó frente al local. De él descendieron 50 hombres vestidos de oscuro con chalecos antibala, rifles AK-47 y R-15. Al camión lo escoltaban tres camionetas. El escuadrón formó tres filas: dos cubrieron los flancos para evitar alguna fuga, y otra entró en el lugar abriendo fuego.

Pero ni Ramón ni Benjamín eran estúpidos. Sabían que el Chapo no tenía por sí mismo el poder para tomar esa decisión. Aunque él y el Güero Palma jalaron los reflectores de las autoridades mexicanas y americanas a causa del violento ataque en la discoteca, quien estaba detrás era el Mayo.

"Él [Mayo] se lamentaba del hecho que Ramón no haya sido asesinado porque era un enemigo peligroso", habría comentado su hermano Rey varios años después.[3]

Más que peligrosos, los Arellano Félix le estaban impidiendo al Mayo usar la frontera de Tijuana para el tráfico de drogas, a pesar de que él había invertido durante años capital y gente en crear en esa ciudad y en Los Ángeles una estructura para el contrabando de drogas.

* * *

> Dos meses después de lo que pasó en Christine asistí con mi compadre Amado Carrillo Fuentes a una fiesta en un club nocturno en Tijuana [enero de 1993]. Y después había una reunión con los hermanos Arellano Félix y mi compadre Amado. Estuve ahí, yo estaba con mi compadre Amado y él me dijo que íbamos a ir a ver a Benjamín porque ya había un problema entre ellos y

mi papá. Amado me indicó que debía mantenerme pegado a él y no preocuparme.[4]

Esa misma noche mi compadre Amado y yo fuimos a la reunión con los Arellano Félix. Los vimos en una de sus casas de seguridad. Cuando llegamos había mucha gente armada y Benjamín Arellano ya estaba esperándonos.

Cuando Benjamín saludó a mi compadre Amado, se dio cuenta que yo estaba al lado de él. Se sorprendió y me preguntó: "¿Qué estás haciendo aquí?" Mi compadre Amado dijo: "Él está conmigo, él no hace nada aquí, él sólo está conmigo".

Entramos a la casa. Ellos se fueron a la sala y yo me quedé en la cocina de la casa. Ramón no estaba ahí.

Benjamín y mi compadre Amado me llamaron a la sala donde estaban. Cuando entré, ellos estaban hablando de una persona llamada Rafael Aguilar Guajardo y decían que Rafael Aguilar Guajardo quería matar a mi padre. Benjamín le pidió a mi compadre aliarse con ellos, con los Arellano Félix, para matar a mi compadre Chapo y a mi papá.

Mi compadre Amado dijo: "Sé que tienen un problema con Chapo, pero ustedes se lo buscaron", y ésa era una de las razones por las que él estaba ahí en Tijuana para hablar a nombre de mi padre, de que él no quería ningún problema y que si ellos querían matar a mi padre tenían que matarlo a él primero.

Llegó el momento en que la situación se hizo tensa. Yo estaba presente ahí y llegó el punto en que Benjamín comenzó a gritarme en la cara, me dijo que iba a matar a mi padre. Él dijo, con muchos insultos, que iba a matar al Chapo y al Güero Palma también. "El Chapo y tu padre se van a arrepentir de habernos querido asesinar en la discoteca." Yo solamente me quedé mirándolo, yo no tenía nada que ver con eso.

La reunión terminó como a la una o dos de la mañana. Salimos de la casa y mi compadre Amado dijo que era mejor irnos de una vez, no íbamos a ir ni siquiera a recoger nuestras cosas al hotel. Fuimos al aeropuerto.

Mi compadre Amado tenía dos aviones esperándonos, Learjets. La misma noche volamos a la ciudad de Hermosillo. La razón fue que mi compadre Amado me dijo que no confiaba en Ramón. Estaba seguro que él había estado vigilando la casa y que podía hacer algo contra nosotros.

Permanecí algunas horas en la casa de mi compadre Amado en Hermosillo y luego él me envió a Culiacán en avión privado. Mi padre envió a una persona llamada Gilberto Peraza para recibirme y me llevó con mi papá.

Mi papá me preguntó qué había pasado en Tijuana, y yo le dije que Benjamín me había gritado en la cara, me había maldecido y que él iba a matarlo a él y a mi compadre Chapo. Me dijo que había hablado con mi compadre Amado y que le dijo que no se preocupara, que no prestara atención a esto.

Pero mi papá de lo que sí estaba muy enojado era que se suponía que yo debía de volver a la escuela el día anterior, porque todavía iba a la escuela, pero no fui.

* * *

Luego de encarar la muerte dos veces a sus 17 años, Vicentillo quería demostrarle a su padre que era valiente, un digno hijo de él. Pero no podía entender que el Mayo tuviera muchas otras cosas en que pensar: él no era el único hijo varón en peligro, ni su madre y sus hermanas eran la única familia que proteger.

A la par que el Mayo convivía con Chayito, en 1988 inició una relación con la psicóloga Leticia Ortiz Hernández, 15 años menor que él. Ella era originaria de El Salado, un poblado muy cercano a El Álamo. Su padre, Agustín Ortiz, era sobrino lejano del presidente Lázaro Cárdenas del Río. Trabajaba para el gobierno federal en la protección de flora silvestre y evitando la tala ilegal de árboles, después estuvo en la Secretaría de Recursos Hidráulicos de Sinaloa durante 30 años.

Lety, como la llama el Mayo, cuenta que lo conocía de toda la vida por ser de comunidades vecinas, pero a los 24 años se enamoró de él cuando lo reencontró en Mexicali, Baja California, en 1988. Motivo por el cual su padre dejó de hablarle durante dos años.[5]

En 1990 nació Serafín Zambada Ortiz, y luego Teresita. Ambos tienen nacionalidad estadounidense. El Mayo se llevó a Lety a vivir a Tijuana, tal vez para convivir más fácilmente con sus dos familias. Ella dio a luz en California, como entonces se estilaba.

"Viviendo en Tijuana conocí a toda la familia Arellano Félix y el padre de mis hijos tenía una relación muy estrecha con ellos, en especial con Benjamín, y era tan especial la relación que es padrino de bautizo de mis dos hijos", explicó Lety.

"En 1992, después del nacimiento de mi hija y poco tiempo después del bautizo, las cosas empezaron a estar muy mal con los Arellano Félix. En marzo de 1992 nos tuvimos que venir de Tijuana a Culiacán porque empezó la violencia. Fueron muchos años de peregrinar y de sufrir miedos."[6]

Cuando Serafín cumplió dos años, estalló un carro bomba afuera de su fiesta de cumpleaños. La guerra contra el Mayo era en su terreno y por todos los flancos.

Además de Chayito y Lety, el Mayo tuvo otras mujeres: Rosalinda Díaz García, Dora Alicia Beltrán Corrales, María del Refugio Sicairos Aispuro, Alicia Lara Camberos y Margarita Imperial López, según la información de inteligencia del gobierno de México a la que tuve acceso.

"Mi mal son las mujeres", confesó el Mayo a Gaxiola.

"Hasta la fecha, Chayito es la primera en su corazón, pero lo traiciona su debilidad por las mujeres. Me ha dicho que ha tenido más mujeres y las ha querido o quiere también, pero aclara que Chayito es la primera, y la primera en su corazón", aseguró el abogado que le contó el capo en uno de sus encuentros.

Además de los hijos procreados con Chayito y Lety, según los registros del gobierno de México, también es padre de Ismael Zambada Sicairos, Ismael Zambada Imperial y Ana María Zambada Lara. Gaxiola me dijo que tenía más descendencia, al menos 10 hijos, el más pequeño se llama Emiliano.

* * *

En 1993 los Arellano Félix recrudecieron la cacería contra Vicentillo para darle un golpe mortal al Mayo. Habían entendido que el muchacho era su punto más frágil.

"Vicente estudió hasta la preparatoria, pero no terminó, tuvo que dejar la escuela. Los Arellano mataron a sus compañeros de clase. Casi todos sus amigos de secundaria fueron asesinados", me narró Gaxiola.

Lety, la otra mujer del Mayo, confirmó la historia de que varios adolescentes fueron asesinados en Tijuana por la única razón de que habían jugado en el mismo equipo de futbol que Vicentillo.[7]

A la par que el primogénito del Mayo trataba de salvar su vida, otra venía en camino. El 26 de noviembre de 1993, a la corta edad de 18 años, se convirtió en padre. Nació su hijo Vicente Ismael Zambada Borboa. Su padre fue el padrino de bautizo y Amado Carrillo Fuentes el padrino de confirmación, es por eso que le decía "compadre".

"Vicente se casó con su primera novia, Zynthia Borboa Zazueta, la embarazó cuando eran muy jóvenes y desde entonces están juntos", explicó Gaxiola repitiendo lo que el propio Vicentillo le había contado.

Zynthia, nacida el 30 de enero de 1975, tenía la misma edad que su esposo cuando nació su primer hijo. El primero de tres. Todos varones. Gaxiola la describió como una típica sinaloense. Guapa, blanca, de cabello oscuro, de estatura mediana y cuerpo grande, exuberante.

Ese mismo año, 1993, Ramón Arellano Félix le puso precio a la cabeza del Mayo: 3 millones de dólares. Su hermano Benjamín lo respaldó. En la decisión incluyeron a su pistolero David Corona Barrón y al asesor financiero Everardo Arturo Páez.[8]

Quien se ofreció para hacer el trabajo fue un asesino de nombre Ramiro Ramírez. Pidió la mitad de anticipo, pero se retrasó con el encargo más de un año. "No es tan fácil —se quejaba Ramírez—, el Mayo no se deja ver fácilmente y nunca se queda en el mismo lugar." Y aunque le liquidaron los 3 millones de dólares, Ramírez nunca logró su cometido. Pero los Arellano Félix no se dieron por vencidos.

* * *

Vicentillo conocía a Enrique Fernández Uriarte, alias *Kiki* o *Dos-Tres*, de toda su vida. Kiki era un buen amigo de su padre y a través de los años desempeñó diversas funciones en el tráfico de drogas. Kiki invertía en cargamentos de droga con el Mayo y también tenía contactos en Colombia que le permitían traer cocaína a México por cuenta propia.[9] Esa amistad casi le cuesta la vida al Mayo.

El 10 de junio de 2014 Ismael Zambada fue invitado de honor a los 15 años de Karime Fernández, una hija de Kiki. La fiesta se hizo a lo grande en un salón del lujoso hotel Camino Real de Guadalajara. Las bandas musicales Los Coyonquis y Los Huracanes del Norte amenizaron el baile para los cerca de 300 invitados que venían de Chihuahua, Sinaloa y la Ciudad de México.

De pronto, a las dos y media de la madrugada, una explosión estremeció el hotel. Piso, paredes y techo retumbaron. La escena era dantesca: humo, gritos, vidrios rotos, sangre. Varias personas saltaron en el aire. Cinco murieron al instante y 10 resultaron gravemente heridas. Los pedazos de cuerpos humanos volaron en un radio de 60 kilómetros cuadrados. Al día siguiente los forenses todavía trabajaban con dificultad para reunir los trozos y hacer la identificación de las víctimas.[10]

Un informe militar de la época señaló que varios comandantes de la Policía Federal y estatal estaban entre los invitados a la fiesta de la hija de Kiki.

Las reseñas de los medios de comunicación refieren que la explosión causó daños a parabrisas de vehículos y ventanas de casas a un kilómetro a la redonda, pero el Mayo, blanco del ataque, resultó ileso. Los Arellano Félix tuvieron la información de que él estaría ahí en la fiesta y mandaron a su gente a matarlo. El Grand Marquis cargado con explosivo C4 hubiera cumplido con su objetivo si el teléfono de uno de los encargados del atentado no hubiera sonado de forma anticipada activando el detonador y matando a los perpetradores.

Los coches bomba no eran comunes ni entonces ni ahora en México. Las autoridades de Jalisco llegaron a pensar que el ataque lo había perpetrado el grupo terrorista vasco ETA, aunque Benjamín y Ramón también actuaban como terroristas.

En 1994 el Mayo decidió enviar más lejos a Vicentillo, quien para entonces ya tenía 19 años. Literalmente lo mandó al lado opuesto de Tijuana: Quintana Roo. Específicamente con su hermana mayor María Teresa y su esposo Javier Díaz.

Javi, como le llamaban, era hijo del narcotraficante Baltazar Díaz Vega, alias *el Balta*, a quien se le conoce por haber sido mecenas de Miguel Ángel Félix Gallardo cuando éste ingresó en las filas del tráfico internacional de cocaína. Se le llegó a calcular una fortuna de 500 millones de dólares. Lo arrestaron en 1991, pero duró poco tiempo en prisión.

El Balta era compadre del Mayo y luego se volvió su consuegro. Se trataba de una sociedad benéfica para ambos. Tenían un amigo en común, un militar llamado Marcos Enrique Torres García. Extrañamente su nombre apareció en 1999 como un exmilitar que había participado en los hechos en los que murió el cardenal Posadas. Torres García declaró que ese homicidio fue producto de un plan orquestado por políticos para recuperar documentos que el prelado tenía en su poder y que los involucraban con grupos de narcotráfico.[11]

* * *

En 1994 vivía entre Culiacán y la ciudad de Cancún, en Quintana Roo. En esos dos lugares. En ese tiempo vivía con mi cuñado Javier Díaz. Y él estaba como encargado de mi padre de la plaza de Cancún en ese tiempo. Él recibía cargamentos de droga para mi padre en la costa del Atlántico. Cocaína, que venía directamente de Colombia.[12]

Javier reportaba directamente a mi padre y a mi compadre Amado Carrillo Fuentes porque en aquel tiempo trabajaban juntos.

Viviendo con Javier estuve presente en múltiples reuniones entre los trabajadores del cártel y sus proveedores, y a través de todas esas experiencias me familiaricé con la manera en la cual el cártel operaba en Cancún.

Conocí a Alfredo [Beltrán Leyva] en 1994, los dos estábamos en Cancún. Arturo y Héctor [los dos Beltrán Leyva] eran amigos de mi papá. No íbamos mucho a Culiacán por la guerra con los Arellano.

El Azulito, Juanito [Juan José Esparragoza Monzón], hijo del Azul, era un empleado de Alfredo. También estaba ahí mi tío Rey [Jesús Reynaldo Zambada García]. Lo vi muchas veces. Él también estaba recibiendo cargamentos de droga, coca para el cártel, para mi padre.

* * *

A principios de enero de 1996 el Mayo mandó a llamar a su hijo con urgencia para que fuera a verlo a Culiacán, me narró Gaxiola. Ese mismo día mataron a su cuñado Javi en el estacionamiento de un Sanborns en la Ciudad de México. Un año antes, igual en el mes de enero, el Balta, padre de Javi, había sido acribillado en el lujoso barrio de San Jerónimo, también en la capital de México.

En ese momento estaba por llegar un importante cargamento de cocaína que debía desembarcarse en lanchas rápidas en la costa de Cancún. El Mayo le pidió a su hijo que se hiciera cargo.

Vicentillo no conocía los detalles de la operación, me dijo el abogado, pero conocía a la gente de Javi que sabía cómo hacerlo. Con sangre fría, el muchacho de 20 años dio la orden de continuar con la operación mientras el cuerpo de su cuñado estaba siendo velado.

* * *

Durante todo ese tiempo pude observar cómo trabajaba [Javi] y cómo la gente de mi padre recibía los cargamentos. Así que yo mismo di la orden a la gente de mi cuñado y a la gente de mi padre de recibir el cargamento, de que continuaran haciendo lo mismo que hacían con mi cuñado Javier. Ésa fue mi primera intervención relacionada al tráfico de drogas. Cerca de mil 600 kilos de cocaína.[13]

Después de que esta carga fue exitosamente recibida en Cancún yo me regresé a Culiacán según las instrucciones de mi padre.

En ese tiempo la guerra con los hermanos Arellano Félix continuaba. Ellos estaban matando a muchas personas, familiares y trabajadores de mi padre en Culiacán, y él me dijo de ir con él, de estar muy cerca de él, porque uno de los objetivos era hacerme daño, asesinarme, así ellos podían lastimar a mi padre.

Y como estaba muy cerca de mi padre en ese tiempo, comencé a ver todo lo que él hacía y a hablar con él acerca de su trabajo de tráfico de drogas.

Estaba presente en reuniones con mi compadre Amado, con colombianos haciendo tratos de narcotráfico. Además, reuniones con policías hablando de corrupción. Así fue como yo comencé con él. Empecé a darme cuenta de cómo se hacía todo, y poco a poco comencé a involucrarme en el negocio de mi padre. Y la razón por la que estaba tan apegado a él era por el peligro en el que estaba, porque yo era su hijo. Su hijo mayor.

Notas

1 Testimonio de Vicente Zambada Niebla en la Corte de Distrito Este de Nueva York, 3/01/2019. La autora tiene la versión estenográfica oficial de la Corte.

2 Felipe Cobián, "La matanza de Vallarta con precisión militar; se salvaron dos sobrinos de Félix Gallardo", *Proceso*, 14 de noviembre de 1992.

3 Testimonio de Vicente Zambada Niebla, 3/01/2019, *loc cit.*

4 *Idem.*

5 Carta escrita por Leticia Ortiz al juez Dana M. Sabraw, publicada por primera vez por el periodista Miguel Ángel Vega del semanario *Ríodoce*.

6 *Idem.*

7 *Los Angeles Times*, 24 de marzo de 2018.

8 J. Jesús Blancornelas, "Tres millones de dólares", *La Crónica*, 17 de enero de 2006.

9 Confesión firmada el 12 de julio de 2012, de la cual Gaxiola le entregó copia exclusiva a la autora.

10 Fernando Orgambides, "La explosión de un coche bomba causa cinco muertos y 10 heridos en México", *El País*, 12 de junio de 1994.

[11] *El Siglo de Torreón*, 24 de mayo de 2013.

[12] Texto escrito por Vicente Zambada Niebla, entregado por Fernando Gaxiola a la autora.

[13] Testimonio de Vicente Zambada Niebla, 3/01/2019, *loc cit.*

4

El contador

Los Zambada se sentían y sabían impunes. No era del gobierno de quien debían cuidarse, sino de los Arellano Félix, que les daban caza sin tregua.

En 1994 Jesús Zambada García, alias *Rey*, vivía en la Ciudad de México. Una tarde estaba tranquilamente de compras en una tienda de lujo cuando un grupo de sicarios lo interceptó. Ahí, en plena luz del día, comenzaron a dispararle a distancia y una bala le dio en la cabeza. Fue un rozón, pero él, de más de 1.80 metros de estatura, cayó como tabla al suelo. Para su fortuna, no quedó inconsciente, así que se hizo atrás de inmediato, desenfundó la pistola y comenzó a enfrentarse a sus atacantes, quienes ya lo daban por muerto. Sorprendidos, vieron que Rey sangraba en abundancia de la cabeza y aun así seguía disparando.[1]

Intercambiando tiros, Rey logró herir a uno que aterrorizado gritó a sus acompañantes: "¡Sácame de aquí, sácame porque va a matarme!" El desgraciado no entendía que una de las características de Rey era su sangre fría y su fiereza. Un hombre que no huía ante nada y ante nadie, ni siquiera cuando lo más sensato era hacerlo. Por fin los hizo huir y hasta entonces se dio cuenta de que tenía una zanja en la cabeza.

Esa tarde los Arellano Félix no sólo habían intentado asesinar al hermano menor del Mayo, sino a un valioso operador. Su contador.

* * *

Al igual que Vicentillo, Rey comprendió a temprana edad que su hermano mayor era narcotraficante, y aunque circulaba dinero por montones y los días de miseria habían terminado, todo tenía un costo.

Tras vivir a todo lujo durante seis meses en Las Vegas con su cuñado Niko, a quien después arrestaron, regresó a Culiacán a terminar sus estudios. Él quería ser un muchacho como los demás, pero sus compañeros lo veían mal porque en Culiacán ya era sabido que su hermano era narco. Rey culpaba al Mayo de impedirle hacer una vida normal.[2]

Estudió la licenciatura de contabilidad. Intentó forjarse su propio destino. Comenzó a trabajar legítimamente en un negocio legal. Como era bueno con los números, al poco tiempo se ganó el puesto de gerente general en una compañía de la Ciudad de México.

Luego del homicidio de Enrique Camarena en 1985, se hizo pública la relación de compadrazgo entre Ismael Zambada García y Miguel Ángel Félix Gallardo. Cuando el apellido Zambada salió en las noticias, el dueño y los socios de la compañía donde trabajaba Rey le cuestionaron si había alguna relación de parentesco. "Es mi hermano", respondió. Lo despidieron de inmediato porque dejaron de considerarlo confiable.

En 1987, a los 26 años y desempleado, Rey comenzó a trabajar para el Cártel de Sinaloa. El Mayo tenía dificultades para el registro de los pagos de sus muchos clientes en Estados Unidos. Parecía que alguien le estaba robando y sólo podía fiarse de su propia sangre para descubrirlo. Así que le pidió ayuda a su hermano contador. Aunque era muy poderoso, el Mayo apenas había terminado la primaria.

Rey revisó los números y creó un sistema de contabilidad para llevar un control de los pagos de los clientes. Este sistema le permitió al Mayo detectar que Andrés Peraza, su gerente de drogas del lado gringo, le estaba robando millones de dólares. También descubrió que unos clientes también le robaban: Macario Robles, Héctor Rodriguera, Óscar Rodriguera, José Luis Barrago y Santiago Chaidez. Por increíble que parezca, el Mayo no los asesinó. A Peraza sólo lo despidió y a los otros les ordenó reponer el dinero faltante.

"Era una persona especial", dijo Rey sobre su hermano al narrar el episodio.[3]

Poco a poco el Mayo fue ampliando las funciones de su hermano. Le encargó servicios de inteligencia, seguridad, y más tarde empezó a recibir cargamentos de cocaína de Colombia por cielo, mar y tierra.

Según la versión de Rey, cuando comenzó a trabajar para su hermano, Joaquín Guzmán Loera era sólo un conocido. Fue el Azul quien en 1994 le pidió a Rey que confiara en la gente cercana al Chapo, que ya estaba en prisión: "Y siempre me pedía decir a mi hermano lo mismo, que deberíamos confiar en él, que éramos el mismo grupo."

Durante esos primeros años de trabajo, Rey no dejó de sorprenderse de las hazañas de su hermano mayor. Era el hombre que daba solución a lo imposible.

En 1993 Pablo Escobar fue asesinado durante un operativo policiaco en Medellín. Así que en 1994 el Mayo cambió de proveedor y ahora le compraba la cocaína al Cártel del Norte del Valle. Conocía de tiempo atrás a un antiguo operador, Jorge Cifuentes, pero particularmente hacía tratos con Juan Carlos Ramírez Abadía, *Chupeta*.

En 1994 Chupeta envió un cargamento de 20 toneladas de cocaína en un barco pesquero de Colombia a México, su destino final era Sinaloa. Mientras recorrían el Pacífico mexicano, a la altura de Puerto Vallarta, los miembros de la tripulación comenzaron a sospechar que alguna autoridad podría estar detrás de ellos y fueron presas de los nervios. Así que sin más ni más decidieron hundir el barco con los millones de dólares en mercancía.

En cuanto supo la noticia, el Mayo se trasladó personalmente a Puerto Vallarta, contrató a un grupo de buzos y en una operación extraordinaria logró recuperar las 20 toneladas.

* * *

Después del atentado en la capital mexicana, Rey se mudó a Cancún para ayudar en la operación del arribo de cocaína junto con Javier Díaz y su sobrino Vicentillo.

En aquella época el gobernador de Quintana Roo era Mario Villanueva Madrid (1993-1999), a quien apodaban *el Chueco*.

Siempre se había pensado que el político priista ayudaba a Amado en sus operaciones de droga a cambio de jugosos sobornos. Ahora, gracias a Vicentillo y Rey, se sabe que el verdadero amo del lugar era el Mayo, en sociedad con Amado. Para su suerte, el Mayo siempre había tenido la habilidad de que otros atrajeran la atención de las autoridades y los medios de comunicación, mientras él permanecía en la invisibilidad.

Sólo en una entidad bajo su absoluto control habría mandado el Mayo a vivir a su hijo más querido.

* * *

Rey y Javi dirigían la operación de lanchas rápidas con motores de 400 caballos de fuerza, fuera de borda, súper potentes, lo cual les daba autonomía para hacer en cerca de 24 horas el recorrido de Colombia a Quintana Roo.

Cada embarcación cargaba tres toneladas. Llegaban 50 metros antes de la playa y ahí se organizaban cadenas humanas que iban descargando las lanchas hasta llevar la mercancía a tierra firme.

Las playas del Caribe mexicano, de arena blanca como talco, daban entrada a otro polvo blanco que las invadía frenéticamente: cocaína. Cancún, Cozumel, Chetumal, Playa del Carmen se convirtieron en territorio del Mayo y Amado mucho antes de que otro narcotraficante conocido como Alcides Ramón Magaña adquiriera renombre.

La droga la llevaban a casas de seguridad en camionetas o vehículos que resguardaban funcionarios de la PGR adscritos en Cancún, quienes garantizaban que ninguna autoridad molestara a las unidades cargadas de droga.[4]

Rey separaba la droga por marcas y llevaba un meticuloso registro de los 18 mil kilos que recibían cada tres o cuatro semanas. Así, sabía exactamente a dónde enviar cada paquete hacia Estados Unidos sin cometer errores.

La cocaína la transportaban a la frontera norte en autotanques de gas, perfectamente legales, con documentación en orden. En los vehículos se hacía un compartimento secreto para cargar la droga y luego se llenaban realmente de gas, lo cual hacía que la operación resultara segura. Si por alguna extraña razón alguna autoridad los detenía en las carreteras y realizaba una inspección, al abrir la válvula del tanque, efectivamente salía gas. De este modo la mercancía llegaba hasta Chihuahua o Sonora.

Un viejo amigo del Mayo y de Amado, Eduardo González Quirarte, alias *el Flaco*, se hacía cargo de la ingeniosa operación de los tanques de gas. Para Vicentillo no existía la confusión que sí existía para otros. Para él, quien trató durante años a Lalo, como lo llamaba, éste trabajaba para su padre y para Amado, para el Cártel de Sinaloa.

* * *

Mientras los negocios criminales del Mayo florecían en Cancún, otro integrante de su familia llegó a vivir a ese centro turístico. Su hermano Vicente Zambada García.

Ahí se hizo líder del Sindicato de Transportistas de Carga de Cancún, mejor conocido como Sindicato de Volqueteros,[5] ocupación que resultaba muy conveniente para los negocios de transporte de droga del Mayo.

Al igual que su sobrino Vicentillo y su hermano Rey, también sufrió un atentado, sólo que él no contó con buena suerte. El 5 de abril de 1996 fue cosido a balas por dos sujetos en la puerta de su casa ubicada en el corazón de Cancún. Le vaciaron una metralleta en el cuerpo.

Durante mucho tiempo Vicentillo y Rey pensaron que habían sido los Arellano Félix, pero se dice que en realidad uno de los asesinos fue Luis Alberto Díaz García, uno de los muchos cuñados que el Mayo iba coleccionando junto con sus mujeres.

Como macho alfa, para dejar huella en su territorio del sureste, el Mayo estableció una relación sentimental con Rosalinda Díaz García, señalada como mujer del capo en la información de inteligencia que el gobierno tiene de él. Ella pertenecía a una buena familia de Valladolid, un hermoso municipio de Yucatán. Procrearon dos hijos.[6]

Según reportes publicados por medios de comunicación, la familia de Rosalinda tenía buenas conexiones con el gobernador de Yucatán, Víctor Cervera Pacheco (1995-2001).

Su hermano, Luis Alberto Díaz García, habría seguido los pasos de su cuñado en el narcotráfico. Un reporte militar afirma que asesinó a Vicente Zambada García porque éste le debía mucho dinero, y después del homicidio huyó a Estados Unidos para esconderse por temor a represalias de su cuñado.

El asesinato de Vicente ocurrió poco después del homicidio de Javier Díaz. Ese año, 1996, Vicentillo salió de Cancún y su padre encargó a otros continuar con las operaciones en el Caribe.

* * *

La ejecución del hermano del Mayo fue triste para todos, pero eso no detuvo el negocio. Las toneladas de cocaína siguieron llegando de Cancún a Ciudad Juárez y Sonora. Eduardo González Quirarte se encargaba de transportarlas a Estados Unidos. Para ello contaba con la ayuda de Tirso Martínez Sánchez, un inteligente y ambicioso joven originario de Guadalajara.

La historia de Tirso era similar a la de otros. Estudió hasta segundo de secundaria y luego tuvo que dejar los estudios para ponerse a lustrar calzado, lavar autos y atender un puesto callejero de mariscos. En la calle se inició en el consumo de drogas desde los 13 años. En 1986 se trasladó a Los Ángeles, donde se volvió narcomenudista y más tarde se convirtió en distribuidor de gran escala al servicio del Mayo y Amado. Recibía cargamentos de 1.2 a 1.7 toneladas. Llegó a acumular tanto dinero que Tirso terminó comprando diversos equipos de futbol en Querétaro, Guanajuato y Michoacán, por eso luego se ganó el mote del *Futbolista*.

En la frontera mexicana se vaciaban con mucho cuidado las pipas de gas. Por supuesto, el gas lo vendían para hacer que la empresa fachada fuera creíble. Después abrían el compartimento secreto mejor conocido como "clavo", de donde sacaban la droga que luego metían en camiones de carga legales y documentados, los cuales cruzaban de Ciudad Juárez a El Paso, y de ahí viajaban a Los Ángeles, la gran bodega de drogas del Cártel de Sinaloa.

Entre 1996 y 1997 la ruta se amplió hasta Chicago, donde la cocaína del Mayo tenía aún más valor. Con un equipo de cinco o seis personas, Tirso mezclaba los paquetes de droga entre platos de unicel y cubiertos de plástico. Él lo sabía bien, la mercancía pertenecía al Mayo, Amado y González Quirarte. En ese orden de importancia.

* * *

A pesar de su enorme discreción, el nombre del Mayo comenzó a emerger en diversas investigaciones que el gobierno de Estados Unidos puso en marcha en torno al muy vistoso Amado Carrillo Fuentes. La DEA le seguía los pasos.

En febrero de 1997 el gobierno americano ejerció presión para que se aprehendiera al general Jesús Gutiérrez Rebollo, jefe del Instituto Nacional para el Combate de las Drogas de la administración del presidente Ernesto Zedillo. Lo acusaron de recibir sobornos de Amado a cambio de protección. Fue sentenciado a 40 años de prisión.

Llamaba la atención que el general había parecido muy eficaz en su lucha contra el narcotráfico: en principio, detuvo al Güero Palma, amigo del Chapo y empleado de Amado, y también logró el arresto de Lupercio Serratos, un importante lugarteniente de los Arellano Félix. Después se supo que su buena suerte se debía a que recibía información directa de González Quirarte, a quien Vicentillo identificaría claramente como empleado del Cártel de Sinaloa.

El Flaco y Gutiérrez Rebollo se conocieron desde que el general era el encargado de la V Región Militar en Jalisco, en cuya base llegaron a reunirse. Cuando nombraron zar antidrogas al militar, el Flaco le facilitó un departamento para una de sus parejas sentimentales en Bosques de las Lomas, una lujosa colonia de la Ciudad de México.

En su defensa, Gutiérrez Rebollo afirmó durante el juicio que el secretario de la Defensa, Enrique Cervantes Aguirre, tenía conocimiento pleno de sus encuentros con González Quirarte y que el objetivo era recabar información para hacer arrestos.

Entre tanto, continuó la mala racha de escándalos cercanos al negocio que tanto molestaban al Mayo. El 18 de abril de 1997 medios de comunicación mexicanos divulgaron un video y fotografías en las que aparecía Amado Carrillo Fuentes en la boda de su hermana Aurora en un rancho familiar en Navolato, Sinaloa.

La boda se realizó algunos meses antes, el 5 de enero, cuando el ejército hizo un operativo en el sitio, pero no hubo detenciones, al parecer Amado ya no estaba.[7]

Su madre fue entrevistada sobre los hechos. Cuando le preguntaron qué pensaba de que su hijo fuera el narcotraficante número uno de México, la señora Aurora Fuentes respondió: "Mi hijo no es ningún narcotraficante, eso oigo en la televisión, pero ¿quién se lo ha comprobado? Nada de lo que dicen de él es cierto, le tienen mala voluntad. Estoy muy orgullosa de ser su madre".

El 4 de julio de 1997, como se ha contado en distintas ocasiones, el amigo fiel del Mayo, el Señor de los Cielos, murió mientras le practicaban una cirugía estética. Vicentillo contó a Gaxiola que antes de irse al otro mundo, Amado hizo un último movimiento audaz. Haciendo honor a su apodo, antes de la intervención quirúrgica, preparó un avión DC-6 de cuatro motores, le mandó quitar todos los asientos y lo envió cargado de dólares a Chile, donde había vivido algunos meses antes de morir.

Más tarde, a través de las noticias se supo que a Chile lo habían acompañado su hijo Vicente Carrillo y el ingenioso González Quirarte. Y que por medio de su amigo y prestanombres Manuel Bitar Tafich, el Señor de los Cielos creó una empresa constructora e inmobiliaria. Supuestamente pretendía mudarse a Sudamérica y había regresado a México sólo para hacerse la cirugía plástica.[8]

Tras la muerte de Amado, el gobierno de Estados Unidos comenzó una cacería contra sus cómplices. En julio de 1997 Bitar Tafich fue arrestado en México, mientras que a su esposa y su chofer los detuvieron en Chile. Se acogió al programa de testigos protegidos, lo liberaron en 2001 y se volvió un próspero ganadero y poseedor de franquicias de gasolineras de Pemex en la Laguna, Durango.

Asimismo, las autoridades americanas llevaron a cabo investigaciones por lavado de dinero que involucraban al gobernador Mario Villanueva Madrid y al Cártel de Juárez en la compra del Grupo Financiero Anáhuac (GFA). Todo esto supuso una enorme presión para el gobierno de México.

Poco a poco el nombre del Mayo comenzó a salir de la cloaca. Justamente se le mencionó en las operaciones del Cártel de Juárez para comprar 20% de las acciones de GFA, en las cuales se incluían un banco, una casa de cambio y una arrendadora financiera. Dos altos funcionarios del grupo financiero eran Federico de la Madrid y Jorge Hurtado Horcasitas, hijo y sobrino del expresidente Miguel de la Madrid Hurtado. Los intermediarios en la maniobra fueron Jorge Fernando Bastida Gallardo, líder sindical electricista, y el empresario Juan Zepeda Méndez, quien habría hecho transferencias a Bitar Tafich desde México por medio del Banco Anáhuac. También el hermano del presidente Ernesto Zedillo, Rodolfo, resultó indirectamente implicado, ya que se había asociado con Bastida Gallardo para la construcción de un hotel en la Zona Rosa de la Ciudad de México.

Según las fichas del gobierno mexicano sobre el Mayo, se le giró orden de aprehensión en el expediente judicial de GFA, radicado en el juzgado undécimo de distrito en materia penal. Para buena suerte del Mayo, aunque la operación fue altamente documentada por la Comisión Nacional Bancaria, en 2001 un juez determinó que no se había logrado comprobar con precisión el origen ilícito del pago de 10 millones de dólares para comprar las acciones.

Años después, el propio hijo de Amado, Vicente Carrillo Leyva, arrestado en 2010, confirmaría que efectivamente su padre le dio el dinero a Zepeda Méndez para comprar una parte del grupo financiero. Dijo que cuando reclamó que se lo devolvieran tras la muerte de su padre, Zepeda Méndez y su tío Vicente Carrillo Fuentes negaron haber recibido alguna cantidad de Amado.

El nombre del Mayo también apareció en los expedientes del llamado Maxiproceso, que inició en marzo de 1998 y en el que un juez federal giró 60 órdenes de aprehensión contra miembros y colaboradores del Cártel de Juárez, así como en la averiguación previa 123/MPFEADS/97, abierta por el Ministerio Público de la Fiscalía Especializada para la Atención de Delitos contra la Salud.

Tras la muerte de Amado, su hermano Vicente Carrillo Fuentes tomó su lugar, pero siempre bajo la ascendencia del Mayo, su padrino, a quien pedía autorización para llevar a cabo los movimientos de droga más importantes.

* * *

Después de todo, ninguno de estos incidentes perturbó de modo importante los negocios del Mayo, meticulosamente diseñados en sus procesos de producción y distribución. La visión de contador de Rey le ayudó a tener una clara idea de la "compañía" que dirigía su hermano y la necesidad de tener una eficaz operación industrial.

Para Rey, "el objetivo del negocio es controlar el mercado y los precios del producto que el cártel maneja y también los servicios, gastos de los servicios necesarios para hacer que nuestro producto llegue al consumidor [...] Los principales productos que el cártel maneja son cocaína, heroína y metanfetaminas".[9]

La cocaína se importa primordialmente de Colombia, la heroína se produce en México, al igual que la mariguana, mientras que la efedrina para elaborar las metanfetaminas la importan sobre todo de países asiáticos.

Además de la droga, ofrecen a sus clientes el servicio de transporte, para lo cual se requieren recursos aéreos, marítimos y terrestres con el fin de transportar el producto hasta Estados Unidos, el principal país consumidor.

El Cártel de Sinaloa, como cualquier otra empresa, tiene recursos materiales y recursos humanos. Y los funcionarios públicos corruptos de alto nivel son indispensables para la organización criminal, tanto como la turbosina para que vuelen los aviones, o la gasolina de los tráileres en los que transportan la droga.

Si alguien sabía muy bien eso era el Mayo Zambada, quien hizo de la corrupción al más alto nivel su garantía de impunidad para ser el único narcotraficante mexicano que lleva 50 años en activo sin jamás haber pisado la cárcel.

No era Amado Carrillo Fuentes quien tenía las conexiones al más alto nivel con el ejército mexicano. En absoluto.

Notas

1 Testimonio de Jesus Zambada García en la Corte de Distrito Este de Nueva York, 15/11/2018. La autora tiene la versión estenográfica oficial de la Corte.

2 *Idem.*

3 *Idem.*

4 *Idem.*

5 "Descubren sus dominios", *El Norte*, 5 de octubre de 2001.

6 *Idem.*

7 Alejandro Gutiérrez e Ignacio Ramírez, "Operación llegaron, amenazaron, arrasaron y se llevaron todo… menos al 'Señor de los Cielos' ", *Proceso*, 11 de enero de 1997.

8 *El Clarín*, 14 de agosto de 1997.

9 Testimonio de Jesus Zambada García, 14/11/2018, *loc cit.*

5

Contacto en Los Pinos

Entre aproximadamente 1996 y 2001 viví principalmente en Culiacán y en la Ciudad de México. Iba y venía para protegerme de la organización de los Arellano Félix, con quienes el Cártel de Sinaloa estaba en guerra. Además de Culiacán y la Ciudad de México, también pasé largos periodos en los Estados Unidos, Canadá, España y Brasil.[1]

En 1998 fui a la Ciudad de México y me entrevisté con un general. Mi abogado, o más bien, el abogado de mi familia, me acompañó al encuentro. La cita se llevó a cabo en Los Pinos. Ésta es la única vez que he ido ahí. Los Pinos es la residencia oficial donde el presidente de México vive. Este encuentro fue arreglado por otra persona, un abogado que mi papá envió. Yo no lo conozco ni sé quién es.

Mi abogado y yo llegamos a México. Mi padre me dio un número telefónico para poder contactar al abogado y con quien se había hecho la cita. La cita fue en Paseo de la Reforma, cerca del Ángel de la Independencia, lo recuerdo bien. Fuimos con él en su coche.

Llegamos a Los Pinos. Tan pronto como llegamos entramos, como si ya nos estuvieran esperando. Los soldados que custodian la residencia fueron los que nos dejaron entrar.

El encuentro no era sobre mi padre o sus negocios, pero fue él quien lo arregló. Lo que pasa es que durante ese tiempo era cuando estaba la guerra con los Arellano y era cuando mi familia y yo no sabíamos qué hacer.

Por un lado, eran enemigos que mataban casi a diario a personas, ya fueran familiares, trabajadores de la empresa o el rancho, o nuestros trabajadores. Y yo fui a hablar a mi nombre y a nombre de mi familia. Yo expliqué al general que los enemigos de mi padre nos estaban acosando.

Eso, por un lado, y por el otro estábamos siendo acosados por el gobierno. Ni mi familia ni yo teníamos nada que ver con eso. Una cosa era mi padre y otra éramos mi madre, mis hermanas y yo.

Yo le pregunté qué podíamos hacer para que ellos nos dejaran trabajar y vivir en paz...

Pero estoy hablando sobre el encuentro. El ejército y la PGR estaban acosando a mi familia, a mí y a mi madre cada quince días. Ellos iban a hacer cateos a la casa y la trataban como un criminal, lo mismo que a mis hermanas, a todas, porque ellas tienen sus propias casas. Ellas están casadas. Y cada semana o cada mes el ejército iba a visitarlas y derribaban sus puertas supuestamente buscando al Mayo. Y ellos hacían lo mismo en mi casa y yo quería saber qué podíamos hacer al respecto. Eso es lo que le expliqué al general. Que mi madre no tenía nada que ver con mi padre o sus negocios y que nosotros queríamos saber por qué estábamos siendo acosados por el gobierno.

El general me dijo que él entendía la situación. Que él tenía conocimiento de eso y que toda la presión sobre mi padre era por culpa del gobierno americano, y el gobierno de México hacía esas cosas para que así en la televisión y los periódicos se viera que estaban buscando al Mayo. Y que ésa era la razón por la cual estaban haciendo búsquedas en nuestras casas y ranchos, porque era lógico que Mayo estuviera en la casa de mi madre. Y eso es más o menos lo que dijo el general.

Pero yo sabía a través de mi padre que él le enviaba dinero al general, aunque mi padre no lo conocía personalmente, pero había la conexión a través del abogado que era su amigo.

En aquel momento mi padre quería, y siempre ha querido, el bienestar de la familia. Él nunca había querido envolvernos en sus problemas, mucho menos a mis hermanas y a mi madre.

Comimos el desayuno ahí, en la residencia de Los Pinos. No exactamente dentro de la casa del presidente [la residencia Miguel Alemán], pero al lado, en una casa cercana al jardín. Ésa fue la única vez que vi al general.[2]

* * *

Los Pinos era la residencia oficial donde despachó el presidente de México en turno desde 1934 hasta 2018. Su primer inquilino fue Lázaro Cárdenas, el histórico mandatario que hizo la expropiación petrolera, enfrentándose a las grandes trasnacionales petroleras de Estados Unidos e Inglaterra. Quién sabe qué hubiera pensado de la visita de Vicentillo.

La residencia es un conjunto de edificaciones blancas que emerge entre el verde profundo del majestuoso Bosque de Chapultepec, repleto de milenarios ahuehuetes, cedros, álamos y pinos. Al complejo lo preside la residencia Miguel Alemán, un fastuoso palacete de estilo francés, de pisos de mármol, maderas finas, con cuadros de pintores mexicanos de la talla de Rivera, Tamayo, Siqueiros o de Dr. Atl. Ahí vivían las familias presidenciales, y se hacían desde las cenas de gala oficiales con mandatarios de todo el mundo, hasta las bacanales de los juniors del presidente.

Rodean al conjunto de casas las calzadas de adoquín y piedra que permiten caminar por los jardines con prados y montículos llenos de flores. La más importante es la Calzada de los Presidentes, donde se encuentran las esculturas en bronce de todos los presidentes.

El edificio más antiguo es la casa Lázaro Cárdenas, donde despachó el general. Y fue ahí donde Vicentillo desayunó con el general de división Roberto Miranda Sánchez.

Mientras otros capos de la droga huían, el Mayo enviaba a su hijo más amado a la casa del presidente de la República.

En aquel tiempo, durante la administración de Ernesto Zedillo, Miranda era el jefe del Estado Mayor Presidencial (EMP). El sobrenombre con el que se le conocía en las filas castrenses desde el Colegio Militar era el Pirrín.

El EMP era la guardia pretoriana del presidente en turno. Un órgano desconcentrado con cerca de 8 mil elementos que dependía directamente de la presidencia, integrado por miembros de la Secretaría de la Defensa Nacional (Sedena), la Marina e incluso algunos civiles, sobre todo en las áreas de protocolo. Este cuerpo desapareció oficialmente en mayo de 2019 a instancias del presidente López Obrador.

Según varios militares con los que hablé, ser jefe del EMP suponía tener el mismo poder que el secretario de la Defensa Nacional, muchos recursos económicos y absoluta discrecionalidad. Entrar en la cúpula del EMP era privilegio de muy pocos, y los registros públicos sobre Miranda como parte de esa élite datan al menos desde el sexenio de Miguel de la Madrid (1982-1988).

Aunque el cargo de jefe del EMP estaba bajo las órdenes directas del presidente, el que propuso a Miranda en el cargo fue el general Arturo Cardona, jefe del EMP de Carlos Salinas de Gortari. De 1989 a 1990, al lado de Miranda trabajaron personajes como Luis Rodríguez Bucio, nombrado jefe de la Guardia Nacional al inicio del gobierno de López Obrador. Miranda llegó a ser subjefe del EMP de 1993 a 1994.

El contacto directo del Mayo con Miranda no era cosa menor. En aquella época, la del PRI como partido único en el poder presidencial, quien tenía acceso al jefe del EMP, tenía una llave mágica para abrir cualquier otra puerta dentro y fuera de Los Pinos.

Técnicamente los miembros del EMP eran los responsables de la seguridad cotidiana del presidente y de su familia dentro y fuera de México. Organizaban los eventos y las giras del mandatario. Era Miranda, al igual que sus antecesores y predecesores, quien decidía a quién se le abría la puerta para ver al presidente, quién se sentaba cerca de él en las giras y quién no. Conocía los secretos más íntimos del mandatario y tenía acceso directo a su oído. Ahí los militares conseguían ascensos con mucha mayor facilidad que los que estaban asignados en las zonas y regiones militares, por relaciones públicas, no por meritocracia.

Como todos los jefes del EMP, Miranda también tenía acceso a los jefes de oficina de Los Pinos. Por supuesto, también a los secretarios de Estado, gobernadores, senadores, diputados, jefes de partidos políticos, jefes religiosos, empresarios. Nadie en su sano juicio le negaría un favor a un jefe del EMP, al menos nadie que quisiera estar en buenos términos con el presidente.

El EMP tenía un área de inteligencia que recababa la información sensible relacionada con la seguridad del presidente, incluyendo asuntos de seguridad nacional. En corto también podía hacer tareas de inteligencia para algún secretario de Estado o político del PRI, a cambio de favores. Era una máquina de tráfico de influencias y chantaje.

Posiblemente jamás habría alcanzado esa posición privilegiada de no ser por un giro del destino. El asesinato del candidato presidencial del PRI Luis Donaldo Colosio. El general Domiro García era subjefe del EMP cuando lo designaron jefe de seguridad de Colosio. Como se hacía cada seis años, la guardia pretoriana protegía al candidato del partido oficial. El 24 de marzo de 1994 Colosio fue asesinado en Tijuana. Ernesto Zedillo se convirtió en sucesor de Colosio y Miranda de García, cuya carrera militar quedó sepultada junto con el malogrado candidato asumió oficialmente el mando del EMP.

Aunque el general Miranda fue amable con Vicentillo, quienes lo conocen desde hace décadas lo califican como arrogante, prepotente y arbitrario. Sus ambiciones no conocían límites. Aspiró a ser titular de la Sedena en al menos dos ocasiones: con el primer presidente emanado del Partido Acción Nacional, Vicente Fox (2000-2006), y luego con Enrique Peña Nieto (2012-2018).

Con Fox no logró sus aspiraciones, pero el secretario de Defensa, Clemente Ricardo Vega García, y su sucesor, Guillermo Galván Galván, le concedieron el cargo de comandante de la XI Región Militar con sede en Coahuila (2002-2006), comandante de la XXVI Región Militar, con sede en Veracruz (tres meses en 2006), comandante de la III Región Militar con sede en Mazatlán (2006-2009), contralor general de la Sedena (2009-2011) y oficial mayor de esa secretaría (2011-2012).

Años después del desayuno en Los Pinos, Vicentillo y su padre recibirían nuevas noticias del general Miranda. Ya no sería tan amable y se convertiría en su enemigo.

* * *

En esos tiempos convulsos, Vicentillo probó ser digno hijo de su padre. No sólo demostró temple para sentarse a desayunar en la casa del presidente rodeado por el EMP.

En Sinaloa operaba un importante competidor del Mayo llamado Humberto Ojeda, alias *Robachivas*, quien traficaba cantidades industriales de cocaína a Estados Unidos. En un mes su grupo generaba la nada despreciable cantidad de 100 millones de dólares.

Cuando murió Amado y el gobierno americano tenía la lupa sobre Chihuahua y Sinaloa, Robachivas resultó de alguna forma beneficiado. Antagónico en estilo al Mayo, Ojeda era ostentoso, derribaba iglesias para construir nuevas, presumía carros lujosos, helicópteros y joyas. Y en aquellos días comenzó la edificación de una lujosa residencia en Culiacán.

Un día fue a la estación de gasolina acompañado de su hijo pequeño Valentino. Luego de cargar combustible, en la calle lo interceptó un sicario que le ordenó detenerse y vació el arma contra el auto.

Robachivas llevaba un vehículo blindado y en vez de darse a la fuga se detuvo en actitud retadora, burlándose. No contaba con que luego de 40 tiros, de manera insólita, en una probabilidad de uno en un millón, una bala entró por la cerradura y le dio justo en el corazón. Tras la lesión, aún logró conducir su vehículo hasta llegar a 30 metros de su casa, ubicada en la colonia residencial Las Quintas, murió y el auto se estrelló contra un árbol.

Estaba tan cerca de su casa que su esposa, al escuchar el ruido, salió a ver lo que ocurría y rescató a su pequeño hijo que había quedado atrapado en el carro mientras su padre agonizaba bañado en sangre.

Fue Vicentillo quien envió al sicario para matar a Robachivas por órdenes del Mayo y de Vicente Carrillo Fuentes. ¿La razón? Al Mayo le pareció chocante la casa que se estaba construyendo. No le importó que fuera socio del narcotraficante colombiano Jorge Cifuentes, quien había trabajado para él tiempo atrás y había sido incluso amigo de Vicentillo. La lección aprendida de su mentor Niko lo había marcado de por vida. Cifuentes huyó de México despavorido, con la firme sospecha de que el Mayo había estado detrás del asesinato.

Cuando Vicentillo ordenó su primer homicidio tenía 22 años, y su segundo hijo, Jesús Miguel, era apenas un recién nacido. Llegó al mundo criminal de la familia Zambada el 10 de diciembre de 1997.

Años después, en 2003, Jorge Cifuentes regresó a México y conoció al Chapo. La ambición pudo más que su miedo y buscó la forma de aprovechar la ola de crecimiento del Cártel de Sinaloa, pero también quería garantías, y le pidió al Chapo que le arreglara una cita con el Mayo para saber si era seguro continuar en el negocio de drogas en México. Era sólo el Mayo, no el Chapo, quien podía darle esa garantía.

Cifuentes le dijo al Chapo que también necesitaba saber quién había matado a su amigo Humberto Ojeda. El Chapo le consiguió una cita con el Mayo en la Ciudad de México.

—Mi compadre Chapo quiere que te diga la verdad, yo asesiné a Robachivas. ¿Qué quieres hacer? —dijo el Mayo en tono desafiante.

—Mató a un buen hombre —respondió Cifuentes.

—Bueno, si naciera otra vez, lo mataría de nuevo —dijo el capo—, pero yo no tengo ningún problema contigo, tú eres parte de nosotros. Tú eres parte de la familia. Te conozco desde que eras muy joven y eras cercano a mi hijo [Vicente], tú no tienes que preocuparte. No hay ningún problema contigo.

El Mayo esperó un tiempo prudente para que Cifuentes perdiera el miedo, hasta que por fin el colombiano comenzó a trabajar para el Cártel de Sinaloa.

Años más tarde, el mismo Vicentillo terminó de arruinar la vida de la esposa de Robachivas y sus hijos. Reveló al gobierno de Estados Unidos el nombre de la viuda, Aixa Moreno, y que su fortuna estaba en el estado de Misuri. La información la obtuvo de su padre.

"Cuando el marido fue asesinado, el dinero y los negocios pasaron a manos de Aixa y ella se involucró en el negocio, habló con el Chapo y el Mayo, y les ofreció el servicio de barcos con compartimentos para traficar droga", me reveló Gaxiola en 2013 en una de nuestras reuniones.

Gaxiola detalló que en 1998 Vicentillo estuvo tres o cuatro meses en la capital del país. "Fue en la Ciudad de México la primera vez que pudo salir a la calle, ahí su padre le daba encomiendas: 'paguen este dinero a Fulano y Mengano'. Vicente hacía que se cumplieran las órdenes de su padre."

Había un pacto con los militares, explicó el abogado, para que no molestaran a la familia del Mayo, hijos, esposas y nietos que no tenían nada que ver. "Vicente fue a Los Pinos para hablar sobre la manera en que los soldados estaban tratando a la familia. Nadie debía molestar a doña Rosario."

Vicentillo se fue a vivir a Europa con su esposa Zynthia y sus hijos Vicente Ismael y Jesús Miguel, intentando alejarse de su padre.

"En 1999 se fue a Barcelona, ahí estuvo varios meses, su padre hizo todo lo posible por esconderlo, para protegerlo. Y en el año 2000 se fue a vivir a Canadá, ahí se escondió con su esposa, huyendo. Estuvo bien viviendo en Canadá hasta que los Arellano Félix lo encontraron."

De cualquier manera, Vicentillo no iba a poder distanciarse del negocio durante mucho tiempo. De forma intempestiva, el Mayo perdió una figura clave en su organización: *el Flaco* González Quirarte.

El Flaco andaba borracho y drogado, cuando una patrulla comenzó a perseguirlo. Nervioso por la presión que existía sobre él, en vez de detener el auto huyó. "Primero muerto antes de que me agarren", había advertido a sus amigos. Adentro del coche desenfundó su pistola y se dio un tiro en la cabeza. Milagrosamente sobrevivió al disparo, desafortunadamente para el Mayo perdió la memoria y ya no se dedicó más al narcotráfico.

* * *

Aproximadamente en 1999 mi involucramiento en las actividades de tráfico del cártel comenzó a aumentar.[3]

Un padrino de confirmación de mi hijo más grande [Vicente Ismael] era hermano de mi compadre Chapo, su nombre era

Arturo Guzmán Loera. Lo llamábamos *Pollo* o *Pollito*, traficaba drogas desde los noventa. Después de que Chapo fue arrestado [1993], Arturo comenzó a trabajar con sus primos, los hermanos Beltrán Leyva, y también con mi papá, se hizo muy cercano a mi papá.

Arturo Beltrán Leyva, Héctor Beltrán Leyva y Alfredo Beltrán Leyva, ellos eran con quienes yo tenía más interacción. Pollo y sus primos vivían en Acapulco, Guerrero. Arturo trabajaba en sociedad con mi padre, él controlaba esa área.

Pollo y mi padre también eran compadres, mi compadre Pollo fue padrino de XV años de una de mis hermanas. Mi papá iba dos o tres meses al año a la Ciudad de México y a Acapulco, y mi compadre Pollo siempre lo recibía ahí. Ellos trabajaban juntos en el tráfico de drogas.

Una vez estaba yo en Acapulco con mi compadre Pollo y la familia, y él me dijo que iba a recibir una llamada de su hermano, mi compadre Chapo, así que nos movimos a un departamento donde tenía un teléfono especial donde recibía las llamadas de mi compadre Chapo. Estaba presente cuando recibió la llamada, me dijo que estaba hablando con su hermano y que me enviaba saludos. Y aunque yo no tenía mucha interacción entonces con mi compadre Chapo, y él se refirió a mí como el hijo del Frijol, era un código refiriéndose a mi padre [en referencia a la variedad de frijol conocida como "flor de mayo"].

* * *

Desde el comienzo, el año 2000 no pintaba fácil para el Mayo. En marzo hubo un nuevo atentado contra su familia, ahora de lado de Leticia Ortiz Hernández, la madre de sus hijos Serafín y Teresita, que entonces tenían 10 y 9 años de edad.

Lety fue al tradicional carnaval de Mazatlán con sus hijos, sus hermanos, sus tíos y sus padres (Agustín Ortiz y Amalia Hernández). Estaban en un restaurante comiendo cuando se percató de que su hijo tenía una erupción en la piel que parecía varicela, y estaba llorando mucho. Ella y sus hermanos decidieron regresar a

Culiacán para llevar a Serafín al doctor. Se despidió de sus padres y sus tíos.

No fue hasta la noche cuando Lety regresó a su casa en Culiacán, luego de la visita al médico. Entonces recibió una terrible noticia. Le informaron que sus padres habían sido asesinados en Mazatlán, y poco después sus tíos. Los mataron por tener relación con el Mayo.

Lety tardó mucho en sobreponerse. Se sentía culpable de la muerte de sus padres y después cayó en una profunda depresión y comenzó a padecer delirio de persecución.

"Llegué a pensar que toda la gente quería matarnos y tomé la decisión de irnos a Estados Unidos con mis hijos para que estudiaran y tuvieran un mejor nivel de vida", explicaría años después.[4]

Para el Mayo todos estos muertos en su familia eran cosa menor, siempre y cuando nadie molestara a su hijo Vicente, su álter ego, y los negocios marcharan bien. Nada lo detenía.

* * *

A la par que aumentaba la fuerza y el poder del Mayo en el narcotráfico, aumentaba su presencia en el mundo empresarial. Una jugada audaz. Conforme crecía su emporio criminal, crecían sus negocios legales.

Para avanzar con sus proyectos de ganadería, el Mayo compró grandes extensiones de tierra, cientos de hectáreas, en las mejores zonas de las sindicaturas de El Dorado, El Salado, Costa Rica, El Alhuate, Ejido Comanito, Bachigualatito y Quila: sitios con presas, ríos o pozos de agua que aseguraran el riego, la productividad y la plusvalía. También en los municipios de Mazatlán y Elota.

Con ironía, el Mayo le contó a Gaxiola que fue un banco del gobierno de Estados Unidos, sin saberlo, el que financió la instalación de su fábrica de leche pasteurizada Santa Mónica, la cual lleva a cabo su producción por medio de la empresa Nueva Industria de Ganaderos de Culiacán (Nueva Industria). Es evidente que el capo no necesitaba dinero, pero le sirvió para legitimar el negocio y exportar su leche a Estados Unidos.

La institución bancaria fue Export-Import Bank of United States (Eximbank), la cual es una agencia de créditos del gobierno americano. Su objetivo es, entre otros, financiar el intercambio de productos entre México y Estados Unidos. Por lo que se deduce que la leche Santa Mónica en algún momento habría sido exportada a Estados Unidos.

Desde noviembre de 1993, el Mayo ya tenía en funcionamiento su propia fábrica de envases y tapas de plástico para embotellar la leche Santa Mónica. La planta estaba a las afueras de Culiacán, en la colonia El Alto Bachigualato, en la carretera a Navolato, en el kilómetro 7.5, y trabajaba con las autorizaciones del gobierno local y federal. Se consideraba un establecimiento industrial de jurisdicción federal.[5]

De los viejos socios permanecieron Jaime Otáñez García, Fernando Iribe Picos y Arcadio Osorio Quintero. La mujer del Mayo, en su carácter de "ama de casa", tenía 19 mil 749 acciones de las 20 mil que ahora conformaban la empresa, y quedó como presidenta del consejo de administración.

Años después, en el sexenio del gobernador panista Mario López Valdez (2011-2017), el doctor Otáñez García, socio de la familia del Mayo, recibió el nombramiento de director de Atención Médica de la Secretaría de Salud de Sinaloa, bajo las órdenes de Ernesto Echeverría Aispuro. Al final de ese gobierno, ambos fueron acusados de desvíos millonarios de recursos públicos. Aunque en 2017 se giró orden de aprehensión contra Otáñez García, en 2018 la fiscalía sinaloense pidió al juez retirarle los cargos porque no se encontró "evidencia contundente" en su contra.

El éxito del Mayo en los negocios legales radicaba en que aplicaba el mismo empeño que en sus negocios criminales, los cuales debían funcionar con la precisión de un reloj suizo.

De 1995 a 1998 logró que disminuyeran los costos de la fábrica pasteurizadora, con el apoyo del joven Jesús Urquidez Lara, quien pasó de prestanombres a empleado. Se formaron equipos de trabajo para incrementar la productividad y los controles en las áreas de producción, envasado y almacenes. Y el parque vehicular de los camiones repartidores de la leche se multiplicó de 50 a 250.

* * *

En 1996 Maytecita —como la llama su padre— y sus hijos Javier y Maité Díaz Zambada crearon la empresa Autotransportes JYM en la ciudad fronteriza de Piedras Negras, Coahuila. El objeto de la empresa es la explotación del servicio público federal de transporte de carga, en las rutas de jurisdicción federal o local autorizadas mediante concesiones de la Secretaría de Comunicaciones y Transportes o del gobierno local. Omar Bátiz Mendoza fue nombrado comisario del negocio. Éste resultaba conveniente no sólo por el giro, sino por la ubicación, si se mira desde la perspectiva del negocio del Mayo y se pone atención al relato de Vicentillo. Hasta hoy la empresa sigue activa.[6]

En el año 2000 los Zambada siguieron multiplicando sus empresas. En marzo crearon la empresa Establo Puerto Rico ante el Notario número 81 de Culiacán, José Antonio Núñez Bedoya. Aparecen como primeras socias María Teresa, Midiam Patricia, Mónica del Rosario y Modesta Zambada Niebla. El objeto social de la nueva empresa era actividad agrícola y ganadera de cría, engorda y producción de leche.[7]

No obstante, la abundancia también generaba problemas. Con exceso de confianza, en enero de 2000 Maytecita pretendió cruzar a Arizona con más de 10 mil dólares en efectivo. No los declaró y la detuvieron. En la Corte de Distrito de Arizona se le inició una causa criminal. Fue la primera vez que Fernando Gaxiola actuó como abogado de la familia. La hija mayor del Mayo se declaró culpable, y milagrosamente el asunto no pasó a mayores y la dejaron en libertad.[8]

Ese mismo mes, su hermana Mónica del Rosario Zambada Niebla, tuvo un problema similar. En el cruce de Nogales con Arizona también llevaba exceso de dinero e intentó pasar sin notificarlo, claro, porque no tenía cómo justificarlo. El Servicio de Inmigración de Estados Unidos le retuvo su pasaporte y visa. De nuevo, la familia Zambada recurrió a Gaxiola, quien una vez más logró ganar el caso y que le devolvieran sus documentos a la hija del Mayo. Gaxiola se ganó así la confianza del patriarca del Cártel de Sinaloa.

Sin duda, para Chayito y su familia habían quedado muy lejos los días en que su marido debía limpiar las llantas de las carretas en el ingenio azucarero. Pero como reza el refrán, "afortunado en el juego, desafortunado en el amor". Gaxiola me contó que como el Mayo era un mujeriego, una mujer celosa le disparó a Chayito, quien ha sido y será la reina. Pero Chayito no sólo era el blanco de ataque de las otras compañeras del capo, sino también del gobierno americano.

* * *

Corría el último año de gobierno de Ernesto Zedillo. En ese entonces el procurador general era Jorge Madrazo. El fiscal especial de Atención de Delitos contra la Salud (FEADS) era un personaje llamado Mariano Herrán Salvatti y el coordinador de investigaciones José Luis Santiago Vasconcelos, dos amigos muy cercanos.

Herrán Salvatti siempre presumía su buena relación con el gobierno de Estados Unidos y le encantaba el mote que los medios de comunicación le habían impuesto: "fiscal de hierro". Se hacía pasar por el feroz cazador de corruptos y narcos. Había girado la orden de aprehensión contra el gobernador Villanueva, y estaba a cargo del Maxiproceso, que después terminó en la nada, pero mientras tanto le dio buena imagen pública.

Después del escándalo de Gutiérrez Rebollo, aumentó la presión del gobierno americano. Herrán Salvatti tenía que dar resultados. Y sobre su escritorio estaba la averiguación previa 1144/MPF EADS/2000, donde se mencionaba a Ismael Zambada García.

El 20 de junio de 2000 el ministerio público de la FEADS Francisco Vargas Díaz se presentó en el rancho de Establo Puerto Rico, ubicado en la sindicatura El Salado, en Culiacán, para hacer un cateo en la propiedad y cumplir la orden de localización y aprehensión girada contra el Mayo.

Se trataba de un rancho de más de 660 hectáreas, donde había varias cabezas de ganado bobino, borregos, criaderos de pollos, camionetas, una casa de descanso con mobiliario y los implementos típicos de las actividades agrícolas. Además, contaba con avionetas y una pista de aterrizaje. El Mayo no fue arrestado ahí, pero el 23 de junio Vargas Díaz emitió una orden de aseguramiento a la propiedad. La primera en la vida del capo.

A pesar de todo, el susto no pasó a mayores, ni siquiera el llamado "fiscal de hierro" pudo contra el Mayo. El 24 de junio, contrario a todas las leyes, la FEADS designó como depositario legal de la propiedad y todos sus bienes al contador Jesús Alonso López Díaz, el representante legal de la empresa de la familia del Mayo.[9]

El 5 de julio de 2000 el inmueble pasó a manos del Servicio de Administración de Bienes Asegurados (SERA), pero fue sólo una formalidad, porque el mismo SERA volvió a nombrar como depositario a López Díaz.[10] Sólo al narcotraficante Ismael Zambada García podían asegurarle un bien para dejarlo después en sus propias manos. Esto sucedió con la complicidad del director general de SERA, Santiago Sánchez Herrero. Aunque en la formalidad el SERA dependía de la Secretaría de Hacienda, en la práctica recibía las órdenes de la PGR. Por la importancia del caso, no es posible que Herrán Salvatti y Santiago Vasconcelos no siguieran a fondo el caso.

Aun así, Chayito y López Díaz iniciaron un juicio de amparo (253/2000-3A) para recuperar formalmente la propiedad, aunque informalmente nunca la habían perdido. Al final, el engorroso trámite judicial que habitualmente tarda décadas no fue necesario.

El 5 de diciembre de 2000, apenas iniciado el sexenio de Vicente Fox, el primer presidente emanado del PAN, milagrosamente la PGR ordenó el levantamiento del aseguramiento de la propiedad de Establo Puerto Rico y los bienes muebles e inmuebles que había dentro.

El nuevo titular de la PGR era Rafael Macedo de la Concha, pero el nuevo "encargado de despacho" de la FEADS era Santiago Vasconcelos, quien debió autorizar la devolución del rancho a la familia del Mayo para que ésta fuera posible.

A las cinco de la tarde del 19 de diciembre de 2000 se devolvió oficial y legalmente la propiedad a la familia del Mayo Zambada, en un acto oficial llevado a cabo en El Salado, donde se levantó el "acta de devolución de bienes".[11]

Gaxiola me dio copia de una parte del expediente de aquel aseguramiento, pero nunca me dijo a quién llamó el Mayo para resolver el problema, ¿al general Miranda? A quien quiera que haya llamado, tenía que ser alguien que podía girar órdenes en la PGR. Investigué sobre los hechos y descubrí que el expediente de aquel histórico aseguramiento es un "secreto de Estado" hasta el día de hoy, en la Fiscalía General que preside Alejandro Gertz Manero. Por medio de la Ley Federal de Transparencia negaron la existencia de los documentos que estaban en su poder, y de los cuales el Servicio de Administración y Enajenación de Bienes me dio copia para cumplir con la rendición de cuentas, aunque de la propia FGR les advirtieron no hacerlo.

Así, gracias a la gentileza de la PGR el Mayo inició con el pie derecho su relación con la nueva administración federal.

Justo un mes después, el 19 de enero de 2001, el gobierno de Fox permitió que Joaquín Guzmán Loera saliera de la prisión de máxima seguridad en Puente Grande, Jalisco.

Notas

1 Texto escrito por Vicente Zambada Niebla, entregado por Fernando Gaxiola a la autora.

2 La autora tuvo en su poder el escrito de este relato desde 2015. El hijo del Mayo confirmó el episodio el 4 de enero de 2019, en la Corte Federal del Distrito Este de Nueva York, durante el juicio del Chapo.

3 Testimonio de Vicente Zambada Niebla en la Corte de Distrito Este de Nueva York, 3/01/2019. La autora tiene la versión estenográfica oficial de la Corte.

4 Carta escrita por Leticia Ortiz al juez Dana M. Sabraw, publicada por primera vez por el periodista Miguel Ángel Vega del semanario *Ríodoce.*

5 Por medio de la Ley Federal de Transparencia, la autora tuvo acceso al permiso de operación de la planta otorgado por la Semarnat en 2005, donde están los antecedentes. No obstante, la dependencia calificó como secreta mucha información debido a la Ley de Propiedad Industrial.

6 La autora tiene copia de la escritura púbica.

7 *Idem.*

8 Expediente criminal 4:00cr00099.

9 Expediente juicio de amparo 253/2000 presentado por Rosario Niebla Cardoza ante el Juzgado Septimo de Distrito en el Estado de Sinaloa,

obtenido del abogado Fernando Gaxiola. E Información del Servicio de Administración y Enajenación de Bienes de la Secretaría de Hacienda y Crédito Público obtenida por la autora a través de la Ley Federal de Transparencia, 23/08/2019.

[10] Información del Servicio de Administración y Enajenación de Bienes de la Secretaría de Hacienda y Crédito Público obtenida por la autora a través de la Ley Federal de Transparencia, 23/08/2019).

[11] *Idem.*

6

Mi compadre Chapo

Cerca del 2001 comencé a pasar más y más tiempo con mi padre. Conforme fui pasando más tiempo con mi padre, aprendí más sobre los negocios del cártel y con el tiempo aumentó mi involucramiento con las acciones del cártel para mandar droga a Estados Unidos.[1]

Para 2001, yo era otro jefe, era el hijo del líder y coordinaba cargamentos de Centro y Sudamérica. Yo manejaba la corrupción y manejaba gente para mi padre en toda la República.

Dentro de mi rol yo también estaba a cargo de pasar mensajes de mi padre. Y con esto, me gustaría mencionar que mi padre tiene gente en todo el territorio de México, gente en el sur de la República, en el centro y en las fronteras, y todas esas personas se ponían en contacto conmigo para reportarme lo que estaba pasando en relación al cargamento de droga.

Yo también coordinaba para hacer que las drogas llegaran a Estados Unidos para ser vendidas y traer el dinero de regreso a México, y de todo esto yo reportaba a mi papá.

A pesar de que había alguna coordinación con otros miembros del Cártel de Sinaloa, había mucha más coordinación entre mi padre y Chapo. Esencialmente desde el tiempo en que Chapo escapó de la prisión en enero de 2001, él y mi padre trabajaban juntos para dirigir la organización como iguales.[2]

A Chapo lo vi poco tiempo después [de la fuga] en el Estado de México, en un rancho que pertenece a un compadre mío llamado Barbarino. Yo estaba con mi papá y mi compadre Pollo y por allá pude saludar a mi compadre Chapo.

Mi padre y él tuvieron una conversación, tenía poco tiempo de que mi compadre había escapado y era buscado en todo México. Antes que todo, fue un gran placer verse de nuevo, de poder abrazarse, y de hablar acerca de ellos. Mi compadre Chapo dijo en el tiempo que estuve presente, porque yo entraba y salía mientras conversaban, dijo que estaba muy agradecido con mi padre por lo que él había hecho por mi compadre Pollo y por sus primos los Beltrán Leyva, refiriéndose a todo el apoyo que mi padre les había dado. Y mi papá dijo no, no hay nada que agradecer porque ellos eran amigos, ellos eran socios.

Mi compadre Chapo dijo que en ese tiempo él no estaba bien económicamente y que iba a comenzar a buscar a sus contactos y a su gente, así podía empezar a trabajar de nuevo [en el narcotráfico]. Mi padre le dijo que no debería preocuparse en ese momento. Él debería estar atento porque lo estaban persiguiendo, que él iba a ayudarlo económicamente. Que él estaba trabajando y que en ese momento estaba asociado con los Beltrán Leyva y Vicente Carrillo Fuentes. Mi padre le dijo: "Yo estoy contigo cien por ciento, yo te ayudo con lo que necesites. Y de cada kilo de cocaína que reciba de Colombia te voy a dar la mitad". Y él dijo: "Así que por ahora sólo debes cuidarte y permanecer escondido". Mi compadre Chapo dijo gracias.

Y mi compadre Chapo dijo en ese momento que acababa de salir, pero también debía ponerse en contacto con sus contactos y su gente y que en el futuro cualquier kilo que le llegara sería la mitad para mi papá. Es decir, se convirtieron en socios en ese momento.

* * *

"El Cártel de Sinaloa contribuyó con millones de dólares a la campaña de Fox y del PRI [Francisco Labastida Ochoa], así, ganara quien ganara, estábamos bien", le dijo el Mayo a Gaxiola respecto a las elecciones históricas que se llevaron a cabo en México en julio del año 2000, en las cuales por primera vez un candidato diferente al partido oficial logró ganar la presidencia.

El hartazgo popular de la "dictadura perfecta" del PRI le abrió la puerta al rústico Vicente Fox, cuyas finanzas personales estaban en la ruina cuando inició su gobierno en diciembre del 2000. Según su propia declaración patrimonial, sólo tenía 10 mil pesos en el banco, ése era todo su patrimonio. Después de la fuga de Guzmán Loera de Puente Grande en enero de 2001, las finanzas de Fox, las de sus empresas familiares y sus hermanos cambiaron drásticamente. Pasaron de la bancarrota a la abundancia. Personalmente investigué su evolución patrimonial, y, por decir lo menos, resultaba inexplicable. Los mismos milagrosos cambios ocurrieron con la economía de su vocera, la señora Marta Sahagún, con quien se esposó en segundas nupcias iniciado el gobierno, y con las de dos de sus tres hijos: Manuel y Jorge Alberto Bribiesca Sahagún.[3]

La fuga del Chapo sigue siendo una leyenda incluso para algunos miembros del propio Cártel de Sinaloa. Según Vicentillo, el Chapo le contó que no se había escapado de la prisión con la ayuda del presidente Fox o la del director del penal, Leonardo Beltrán Santana, sino con el apoyo de dos o tres personajes menores, y que efectivamente lo había hecho en el carrito de lavandería con la asistencia de Francisco Javier Camberos, *el Chito*. Según había confesado el Chito, en ese momento se le ocurrió sacar al capo del penal de máxima seguridad, lo escondió en el mentado carrito y lo sacó. No fue así.

Rey cuenta que la fuga fue planeada, no espontánea. Al menos dos o tres veces durante el año 2000, el Mayo le comentó que el Chapo iba a salir pronto de la cárcel, que ya estaban muy cerca de hacer los arreglos para sacarlo. A finales de ese mismo año, después de que Fox fue electo, el Mayo mandó llamar a su hermano menor con urgencia y le dijo: "En poco tiempo él va a salir. Ahora ellos lo van a sacar".[4] No era la voz de un adivino, era la voz de quien tenía la certeza.

Gracias al trabajo que el Mayo le dio al hermano del Chapo, el Pollo, y a sus primos, los Beltrán Leyva, éstos pudieron enviarle dinero para sobornar a los funcionarios del penal: desde el director hasta los custodios de la supuesta cárcel de máxima seguridad antifugas. Puente Grande se había convertido en la casa del Chapo, hacía lo que quería. Ahí conoció a Dámaso López Núñez, *el Licenciado*, subdirector de seguridad de la prisión, quien después de la fuga se convertiría en su principal operador.

Al menos desde 1999, el Chapo asumió el control de Puente Grande en complicidad con funcionarios de la Secretaría de Gobernación del gobierno de Zedillo, como Jorge Enrique Tello Peón, subsecretario de Seguridad Pública; Miguel Ángel Yunes Linares, director de Prevención y Readaptación Social y años después gobernador de Veracruz por el PAN; así como Enrique Pérez, subdirector de Prevención y Readaptación Social bajo las órdenes de Yunes.[5]

Después de las elecciones presidenciales de 2000, el Chapo comenzó a despedirse de los internos del penal. Lo demás era cuestión de tiempo. Con el nuevo gobierno, Tello Peón se mantuvo en la subsecretaría de Seguridad Pública a cargo de las cárceles federales.

A mediados de enero de 2001 ya todo estaba listo. El Mayo y Rey estaban en el entonces paradisiaco puerto de Acapulco, como solían hacer con frecuencia.

—Tenemos que irnos, quiero que vengas conmigo —le dijo el Mayo a su hermano menor—. Tenemos que irnos porque ahora mi compa Chapo va a salir de la cárcel.

—¿Cuándo sale? —preguntó Rey casi con inocencia.

—Se va a escapar, y este lugar, Guerrero, va a ser el primer lugar donde vengan a buscarlo porque aquí es donde Chapo estaba siempre —advirtió el Mayo.

De inmediato se trasladaron a la Ciudad de México, que en aquel tiempo representaba un lugar tranquilo para vivir.

Lo dicho por Rey coincide con el expediente de la fuga del Chapo, del cual tengo copia. Los testimonios revelan que Guzmán Loera no pudo haber huido con el Chito, pues éste salió con un carrito de lavandería del edificio donde están las celdas al estacionamiento a las 20:40, y se fue del penal en su coche entre las 20:40 y las 21:00 horas. El carrito de lavandería que sacó el Chito se quedó vacío en el estacionamiento y se ordenó a un custodio reingresarlo en el penal. De hecho, entre las 19:00 y las 21:05 fue el único momento en que las cámaras de seguridad externa se apagaron. O sea que está registrado que el Chito no salió después de esa hora.[6]

Sin embargo, a las 21:30 el custodio Antonio Díaz Hernández vio al Chapo aún dentro de la prisión, entrando en el consultorio médico. Su relato fue amplio, detallado y congruente con otros testimonios.

> Posteriormente, a las 21:30 horas, encontrándome en el nivel A del módulo 3, observé que del pasillo del nivel 1B, salieron caminando el Chapo Guzmán, seguido de Jaime Valencia Fontes y Mario Vázquez Méndez. Este hecho me llamó mucho la atención porque Mario Vázquez cargaba un colchón doblado a la mitad y una sábana blanca, de las que utilizan los internos para dormir. Por curiosidad, bajé del nivel A para seguirlos y cuando terminé de bajar las escaleras y llegué al nivel C, observé el pasillo y me di cuenta de que el Chapo Guzmán, Valencia Fontes y Mario Vázquez Méndez entraron al cubículo del área médica que se ubica enseguida de la ropería, pasando la ventanita, pero no recuerdo si el carrito aún seguía enfrente de la ropería. Pasaron tan sólo unos segundos, y del cubículo médico sólo salieron Valencia Fontes y Vázquez Méndez. El Chapo Guzmán se quedó en el interior del cubículo médico. Yo llegué a la puerta del cubículo de seguridad y observé que Fontes y Vázquez Méndez se detuvieron a conversar en la entrada del área médica y montaron una especie de vigilancia para que nadie pasara, por este motivo no acudí al lugar para ver qué es lo que sucedía. Enseguida me senté en la silla del escritorio que se encuentra en el cubículo de seguridad, cuando de pronto entró con mucha prisa Víctor Manuel Godoy Rodríguez, se dirigió al cesto de basura y sacó una cajita de medicinas. Sin decirme nada salió por el pasillo que da al "diamante" y se dirigió hacia el interior. Desconozco si iba al cubículo médico, al área técnica o al aula de clases, y también desconozco para qué necesitaba la medicina. Recuerdo muy bien que yo terminé mi turno y me retiré a las 21:52 horas, durante este tiempo, es decir, desde que Godoy entró por las medicinas hasta que yo me retiré del lugar, debieron de haber transcurrido aproximadamente 15 minutos, y Godoy no regresó durante

este tiempo al cubículo de vigilancia. Tampoco Mario Vázquez y Valencia Fontes dejaron de vigilar la entrada al cubículo médico, yo me retiré y ellos se quedaron ahí.

Años después, el propio Chapo le contaría al general Mario Arturo Acosta Chaparro que había pagado un millonario soborno al presidente Vicente Fox para que lo dejaran salir. La misma versión que me daría la DEA en 2006.

"En el Cártel de Sinaloa nadie sabe lo que no necesita saber, por eso sobrevive el cártel", me dijo Gaxiola de modo claridoso. Eso significa que, aunque los narcos sean amigos, socios, compadres y hasta familia, no se cuentan absolutamente todo.

A ningún funcionario del gobierno federal se le responsabilizó por la fuga. De los funcionarios del penal acusados, para 2019 prácticamente ninguno había recibido sentencia. El director Beltrán Santana obtuvo su libertad anticipada. El Chito es el único que ha permanecido 18 años en prisión, ignorado por el Chapo, quien habitualmente nunca olvida un favor, si esto realmente hubiera ocurrido así. Al Chito lo sentenciaron a más de 20 años de cárcel, pero en 2018 un juez ordenó que se rehiciera su juicio por irregularidades.

El rencuentro entre el Mayo y el Chapo se llevó a cabo en un rancho ubicado en Villas del Carbón, Estado de México, propiedad de Barbarino, amigo de la infancia de Guzmán Loera. Ahí se selló la alianza.

Poco tiempo después, el Mayo llamó urgentemente a su hermano Rey. Necesitaba un helicóptero y las coordenadas de un lugar seguro donde aterrizar, pues le habían informado de un operativo contra su nuevo socio. Rey encontró un lugar ideal en el estado de Querétaro, vecino a la Ciudad de México.

* * *

Supe a través de mi padre que sus contactos en la Ciudad de México le preguntaron si mi compadre Chapo estaba en Tepic. Mi papá me llamó por radio, y el contacto que teníamos de apodo *el Estudiante* también me contactó. Me dijo que estaba llamando a nombre del coronel, nosotros le llamábamos *el Chicle*; que ellos sabían que iba a haber un operativo de la fuerza pública contra mi compadre Chapo en Tepic y que por favor le dijéramos a Chapo que se fuera de ahí.[7]

Chapo voló a la ciudad de Sinaloa en un helicóptero de nosotros que pertenecía a mi padre. El piloto se llamaba Patricio Estolano.

* * *

El rescate se coordinó por medio del Pollo. Luego de que Estolano fue a sacar al Chapo de Nayarit, no voló de inmediato a Sinaloa, primero se dirigió a Querétaro.

Eran las cinco de la mañana y aún estaba oscuro, cuando Rey y su inseparable esposa Paty pasaron a recoger al Mayo a una de sus casas en la Ciudad de México. Se trasladaron a San Juan del Río, a una pista clandestina en un paraje semidesierto. A las siete de la mañana se avistó la llegada del helicóptero del cual descendió el Chapo, quien se abrazó con el Mayo. Ahí lo conoció personalmente Rey. [8]

Con sangre fría, Rey, Paty y el Chapo viajaron en el asiento trasero de un vehículo a la Ciudad de México. Para no correr riesgos, el Mayo tomó otra ruta hacia el mismo destino. Cuando pasaron por la caseta de cobro de la autopista México-Querétaro, Rey le dijo al Chapo que se cubriera el rostro con un periódico. Cuando llegaron a la capital, ya los esperaban una motocicleta y una patrulla de la entonces llamada Policía Judicial Federal (PJF). El Chapo se preocupó, pensando tal vez que era su fin.

"No te preocupes —le dijo Rey—, ésta es nuestra gente, están para protegernos, nadie va a tocarnos desde ahora."

Al frente de la PJF estaba Genaro García Luna, un viejo cartucho del sistema que había iniciado su carrera en los ochenta en el Cisen, y que había contado con los apoyos necesarios para ocupar esa posición en el nuevo gobierno de Fox. El mismo jefe policiaco cuyos muchachos habrían estado involucrados en la toma del penal de Puente Grande la madrugada del 20 de enero para sacar al Chapo. En noviembre de 2001, la PJF cambiaría de nombre a AFI (Agencia

Federal de Investigación), pero las prácticas corruptas de décadas permanecerían y crecerían bajo el mando de García Luna, a quien apodaban *la Metralleta* por tartamudo.

Rey dejó al Chapo en una de las residencias que el Mayo tenía en las Lomas de Chapultepec, una de las colonias más costosas de la Ciudad de México donde suelen vivir empresarios, políticos, congresistas, personas de la alta sociedad y narcos. Ahí estaban Primo Toño y dos hermanas que ayudaban en la gestión de la casa. Y ahí estaba el Mayo esperando. Se quedaron conversando. "Todos estábamos súper felices", recordó Rey.[9]

* * *

La persona que le dio la información a mi padre fue el coronel Adams [Marco Antonio de León Adams]. Él es otra conexión que mi papá tiene. Es amigo de mi papá. En 2001 él era el coronel que estaba a cargo de la escolta del presidente Fox. Él estaba en la guardia presidencial.[10]

Mi padre me dijo que se había reunido con él algunas veces en la Ciudad de México. Mi papá me dijo que en ese tiempo él le daba información relacionada a cualquier operativo de fuerza pública que fuera a haber en contra de mi papá. De hecho, meses después de que mi compadre Chapo escapó, él fue quien nos dio información de si localizaban [el gobierno] a mi compadre Chapo.

En México tenemos una marca de chicles que se llama Adams, así que era un código que nosotros usábamos para no decir Adams en el teléfono.

Conocí una vez al coronel Adams. Me reuní con él en la Ciudad de México. Fuimos a cenar al restaurante El Lago, en Chapultepec.

Él recibía pagos mensuales, pero quien tenía contacto directo con él era mi papá, y él no me dijo cuánto dinero le daba.

* * *

Desde que Vicente Fox ganó la elección presidencial, el coronel de caballería Marco Antonio de León Adams se convirtió en su sombra. *El Chicle*, como le decía Vicentillo, formó parte de los guardias del EMP durante la administración de Ernesto Zedillo, y después lo nombraron jefe de escoltas de Fox cuando inició el periodo de seis meses de transición entre la administración saliente y la entrante.

Quien formalmente debió designar a Adams en esa tarea era el aún jefe del EMP, el general Roberto Miranda Sánchez, el viejo amigo del Mayo con el que Vicentillo desayunó en Los Pinos en el año 1998.

Investigando los antecedentes de esa decisión, se me explicó que se requería a una persona que fuera de igual estatura que el mandatario. Uno de los pocos en el EMP que cumplía con esa característica era el coronel Adams, quien además tenía semejanzas físicas con Fox: alto, de piel blanca, cabello castaño y bigote largo.

El 1 de diciembre de 2000 José Armando Tamayo relevó a Roberto Miranda como jefe del EMP y al coronel Adams lo nombraron jefe de escoltas del presidente y su familia, era el responsable de su seguridad física. Si alguien conocía bien cada paso de los Fox-Sahagún, sus secretos y sus debilidades, era Adams, quien se ganó el aprecio de toda la familia, en particular de Manuel Bribiesca, el hijo mayor de la primera dama.

Para el Mayo esto resultaba muy conveniente. Había tenido acceso directo a Los Pinos con el general Miranda, y ahora con su amigo, el coronel Adams, tenía acceso directo al presidente y su familia. Tanto, que Tamayo se sentía amenazado de que Adams le quitara el puesto. Se dice que Adams llegó a embriagarse en restaurantes de la Ciudad de México con botellas de algún costoso coñac XO y gritaba que sería el próximo jefe del EMP.[11]

Aquella vez de Tepic no fue la única en la que el Mayo le salvó el pellejo al Chapo. En alguna ocasión, por medio de otro amigo militar de Rey, se enteraron de que un comando del ejército estaba a media hora de distancia de Guzmán Loera y le seguía los pasos. Rey le avisó de inmediato al Mayo, quien le pidió llamarlo de nuevo en 10 o 15 minutos. Así lo hizo. Era verdad que el Chapo se hallaba en el sitio donde supuestamente lo tenían rodeado. El militar les pidió

250 mil dólares para abortar el operativo y el Mayo ordenó a Rey que los pagara.[12]

—Señor, ahora mismo le voy a mandar el dinero, así que no se preocupe por eso —prometió Rey al militar.

—No se preocupe, todo va a estar bien, nada va a suceder —respondió el capitán corrupto.

Mientras el Chapo jalaba toda la marca del gobierno de México, que lo hacía parecer el enemigo público número uno, el Mayo tomaba sus precauciones. Entraba y salía constantemente de México. Dividía su tiempo entre Coahuila y Durango, pero también llegó a pasar temporadas en Quebec, la bellísima ciudad canadiense ubicada a orillas del río San Lorenzo y sede del majestuoso Château Frontenac del siglo XIX. Mientras el Chapo huía, el Mayo disfrutaba ahí de tranquilos encuentros de negocios y familiares.

* * *

Entre 2001 o 2003, no recuerdo bien, el general [Roberto] Miranda fue cambiado a Torreón, Coahuila. Mi padre estaba en ese tiempo ahí en Torreón y Gómez Palacios [Durango]. Durante ese tiempo él vivía la mayor parte del año ahí.[13]

Mi padre iba y venía de Quebec, donde también vivía Vicente Carrillo Fuentes. En aquel tiempo ellos eran todavía amigos. Yo iba a visitarlo cada mes o cada dos y me quedaba por tres o cuatro días. Algunas veces iban conmigo mis hermanos, los dos niños más grandes, para saludarlo y para que él pasara algún tiempo con ellos. También veía ahí a mi tocayo Vicente [Carrillo Fuentes]. Ellos estaban casi siempre juntos.

Fue entonces cuando escuché de mi padre y mi tocayo hablar acerca de cómo ese general [Miranda], el que yo había visto en México, estaba a cargo de Torreón.

Él era el encargado de la región y [...] mi tocayo Vicente Carrillo dijo [que] él le había mandado dinero y tenía todo arreglado. Eso es lo que le había dicho a mi padre y es como yo me enteré. Que él [Miranda] era uno de los hombres de mi tocayo y él le enviaba dinero.

* * *

El Chapo comenzaba a disfrutar de la fama que había adquirido después de la fuga de Puente Grande. Tenía un carácter muy diferente al del Mayo, le gustaban los reflectores y podía llegar a ser muy imprudente.

Mientras se supone que era uno de los fugitivos más buscados, él se movía cada vez con más tranquilidad. Sin grandes preocupaciones, un día asistió a una fiesta en el rancho de su amigo Barbarino.

* * *

> Mi compadre Chapo era el padrino de bautizo de mi compadre Barbarino [...] En la fiesta, aparte de mi compadre Chapo, estaba mi papá, yo, Pollo, mi tío Rey y muchas otras personas. Mi tío Rey fue quien trajo al sacerdote.[14]
>
> Mi compadre Chapo se presentó a sí mismo ante el cura y le dijo su nombre: "Soy Joaquín Guzmán Loera". No podíamos mirar alrededor y reírnos de esto, porque en aquel tiempo mi compadre Chapo estaba siendo perseguido en todo México y estaba en todas las noticias.
>
> El padre puso una cara así [de indiferencia] y pasó a hacer su trabajo.
>
> Yo me quedé con ellos hasta el amanecer, hasta horas de la madrugada. Ellos estaban en la mesa juntos y hablaron acerca de negocios, del futuro, de su sociedad, de las cosas de las que ya habían hablado en otros encuentros.

* * *

Pobre Barbarino, años después, en 2015, el Mayo ordenó su muerte. Para entonces, el Chapo había sido arrestado por segunda vez y Barbarino era gatillero del cártel.

El Mayo mandó llamar a Dámaso López Núñez, quien era su mensajero con el Chapo. Necesitaba decirle que Barbarino se estaba portando realmente mal, que andaba por ahí robando y abusando de la gente. Que incluso para él mismo era doloroso porque Barbarino también era su compadre, y el compadre de Vicentillo, pero que tenía que poner fin a sus abusos. Así que quería asesinarlo, pero quería saber si el Chapo estaba de acuerdo.

No hay registro de algún episodio en que el Chapo se haya negado a la voluntad del Mayo. Su respuesta fue: "Cualquier cosa que el Mayo haga, está bien". Dámaso le dio en persona el mensaje al Mayo. Días después, Barbarino apareció muerto cerca del nuevo malecón de la ciudad de Culiacán.

* * *

> Un día mi padre me llamó y me dijo si era posible ir a recoger a mi compadre Chapo vía helicóptero a las montañas y llevarlo a una reunión en Gómez Palacio, Durango. Recogí a mi compadre en helicóptero que pertenecía a mi papá y a mí, y volamos a la ciudad de Gómez Palacio.[15]
>
> Llegamos a Gómez Palacio, Durango, me refiero a mi compadre Chapo y yo, y fuimos a mi casa, era de mi propiedad. Mi padre llegó a mi casa. Mi padre y mi compadre Chapo se saludaron y [...] se enteraron que Arturo Beltrán Leyva iba a llegar a Gómez Palacio esa noche o al día siguiente. Y mi padre dijo a mi compadre Chapo que mi tocayo, Vicente Carrillo Fuentes, ya estaba en Gómez Palacio.
>
> Mi casa era frecuentemente usada como punto de conexión, de encuentro. Ellos hablaron de sus negocios, de su sociedad entre mi papá, mi compadre Chapo, Arturo y Vicente en ese tiempo. Y por lo que entendí, ésa fue la primera vez que mi compadre Chapo saludaba a mi tocayo Vicente desde que había escapado de la prisión.
>
> Ellos fueron a encontrarse con mi tocayo Vicente Carrillo Fuentes, pero yo no estuve presente en ese encuentro, así que fue mi papá, mi compadre Chapo y Arturo Beltrán Leyva quienes se encontraron con mi tocayo Vicente. Después de la reunión regresaron a mi casa.

Se sentaron alrededor de la mesa a comer, hablaban de cómo había estado la reunión con Vicente Carrillo. Mi compadre Chapo estaba contento de haberlo saludado después de tantos años. Y mi papá, Arturo y Chapo hablaban de negocios, de tráfico de drogas y del futuro. Y mi compadre Chapo mencionó que también Vicente le había ofrecido ayuda, cualquier cosa que necesitara.

Cuando llegó la noche, mi padre se fue a un lugar que nadie conocía dónde estaba, y mi papá consiguió otro lugar donde Chapo se quedara esa noche y el único que se quedó en mi casa fue Arturo, él dijo que no necesitaba otra casa y se quedaría conmigo.

* * *

En aquella reunión en Gómez Palacio se estaba afianzando la creación de la llamada Federación. Después se hicieron reuniones en la Ciudad de México y en Cuernavaca para sumar esfuerzos individuales para el acopio, traslado y tráfico de droga.

Gaxiola afirmó que el reparto de territorios ocurrió en Cuernavaca, que el Mayo fue en representación de Sinaloa, también estuvieron Héctor Beltrán Leyva, Vicente Carrillo Fuentes, Juan José Esparragoza Moreno e Ignacio Coronel Villareal. El abogado aseguró que en todo momento el Mayo fue el árbitro, lo cual deja clara su ascendencia en el grupo.

Por su parte, el Chapo era útil, necesario para el Mayo. Así se lo dejó saber a su hermano Rey:

> Mira, necesito que vengas conmigo a ver a mi compa Chapo y él va a sentir que tú también eres su amigo.
>
> Mi compa Chapo es una persona muy importante y no es el mismo que conocimos hace tiempo, quiero que se haga tu amigo. Tú no tienes idea del tremendo poder que él tiene, todas las amistades y todos los amigos que tiene. Quiero que te hagas su amigo, sé lo que te estoy diciendo. Él es una persona muy importante que tiene mucho poder. Algún día, si algo me pasara, vas a necesitar buenos amigos, y él es un buen amigo.[16]

El Mayo nunca aclaró por qué el Chapo se había vuelto así de poderoso. ¿Quiénes eran esas amistades? Con el tiempo, Rey y Vicentillo sabrían que esos amigos eran agentes de la Agencia Antidrogas del gobierno de Estados Unidos (DEA), con los cuales el Chapo había hecho contacto desde que estuvo en prisión.

Pese a los acuerdos que el Mayo tenía y la protección que le brindaba al Chapo, la fuga de Puente Grande comenzaba a ser demasiada carga para la administración de Fox, estaban haciendo el ridículo.

El 8 de septiembre de 2001 el gobierno anunció que habían capturado en la Ciudad de México a Arturo Guzmán Loera, *el Pollo*. Fue un golpe emocional para el Chapo, pero el negocio debía continuar.

Notas

1 Testimonio de Vicente Zambada Niebla en la Corte de Distrito Este de Nueva York, 3/01/2019. La autora tiene la versión estenográfica oficial de la Corte.

2 Texto escrito por Vicente Zambada Niebla, entregado por Fernando Gaxiola a la autora.

3 Se ha documentado a detalle el enriquecimiento inexplicable de Fox y su familia en *La familia presidencial* (Grijalbo, 2005) y *Fin de fiesta en Los Pinos* (Grijalbo, 2006).

4 Testimonio de Jesús Zambada García en la Corte de Distrito Este de Nueva York, 15/11/2018. La autora tiene la versión estenográfica oficial de la Corte.

5 La complicidad de estos funcionarios con la corrupción en Puente Grande se documenta en *Los señores del narco* (Grijalbo, 2010).

6 En *Los señores del narco* se reveló que el Chapo no se fugó en el carrito de lavandería, sino que lo sacaron en el operativo policiaco del 20 de enero, uniformado de policía. Esa versión fue la que copió Netflix en sus series.

7 Testimonio de Vicente Zambada Niebla, 3/01/2019, *loc cit.*

8 Testimonio de Jesús Zambada García, 15/11/2018, *loc cit.*

9 *Ibidem.*

10 Testimonio de Vicente Zambada Niebla, 3/01/2019, *loc cit.*

11 *El Sol de México*, columna de Pastor Tapia, 30 de enero de 2004.

12 Testimonio de Jesús Zambada García en la Corte de Distrito Este de Nueva York, 19/11/2018. La autora tiene la versión estenográfica oficial de la Corte.

13 Texto escrito por Vicente Zambada Niebla, entregado por Fernando Gaxiola a la autora. Como ya se ha señalado, repitió una parte de esta historia en el juicio del Chapo. Según la Secretaría de la Función Pública el 1 de marzo de 2002 el general Roberto Miranda Sánchez fue nombrado comandante de la XI Región Militar con sede en Torreón, Coahuila, una ciudad pegada a Gómez Palacio, Durango.

14 Testimonio de Vicente Zambada Niebla, 3/01/2019, *loc cit.*

15 *Idem.*

16 Testimonio de Jesús Zambada García, 19/11/2018, *loc cit.*

7

Hasta que la muerte nos separe

Para 2002, la suma de esfuerzos del grupo que lideraba el Mayo y del cual formaban parte el Chapo, Vicente Carrillo Fuentes, mejor conocido como *Viceroy*, los hermanos Beltrán Leyva, Juan José Esparragoza, Ignacio Coronel y todos sus socios, empleados y afiliados, los convirtió en un gigantesco emporio de narcotráfico: la Federación.

Pero, así como en los matrimonios católicos, la hermandad de la Federación duró hasta que la muerte los separó.

* * *

> En 2002 fui a visitar a mi padre a Gómez Palacio [...] había una oficina de mi papá y de mi tocayo Vicente [Carrillo Fuentes]. Fui allá a saludarlo a él y a mi papá. Estando sentado con ellos en la sala, mi tocayo estaba diciendo a mi papá que había otra forma de cruzar droga a Estados Unidos, una nueva forma. Y más específicamente para llevarla a Chicago, Illinois.[1]
>
> Mi tocayo Vicente dijo que era por tren, y le explicó más a mi papá sobre eso, y al mismo tiempo estaba pidiendo su autorización, ya que era el jefe, y mi papá dijo que estaba bien.
>
> Mi papá le preguntó sobre los detalles y escuché que mi tocayo Vicente dijo que la cocaína iba a ser entregada en la Ciudad de México y que de ahí iba a ser enviada por tren a Chicago, Illinois. Mi tocayo dijo que el tren ya había sido probado.

* * *

El ingenioso responsable de habilitar el plan del tren fue Tirso Martínez Sánchez, *el Futbolista*, quien no iba a quedarse de brazos cruzados sólo porque el Flaco sufría de amnesia.

El Mayo ordenó a su hermano reunirse con Tirso para organizar el transporte de la mercancía. Rey fue a la Ciudad de México a reconocer la zona donde estaban los trenes.[2] En un área de carga le mostraron vagones cisterna que servían para transportar químicos a Estados Unidos. Ahí le explicaron que dentro de los vagones había otros contenedores donde se colocaría la cocaína y que solamente él podría abrirlos y cerrarlos. Por lo demás, la operación se llevaría a cabo en un lugar muy seguro, así que el cargamento no corría riesgos.

Con ese sistema Tirso tenía la capacidad de mover de tres a seis toneladas de cocaína. Según él, la ruta del tren se había usado desde 1997, con la supervisión del propio Mayo. En aquel entonces, los trenes partían de la Ciudad de México, llegaban a Nuevo Laredo, Tamaulipas, y de ahí pasaban hacia el estado de Texas para dirigirse a Chicago, donde Tirso tenía a gente dedicada a sacar la droga de los vagones. Así se movían de ocho a 10 vagones. En cada envío viajaban de 1.2 a 1.8 toneladas de cocaína del Mayo y de Vicente Carrillo.

En 1999 cerraron esa ruta, pero entre los años 2001 y 2003 reabrieron esa modalidad,[3] lo cual coincide con el testimonio de Vicentillo.

En la nueva ruta el tren iba de Guadalajara a Mexicali, y de ahí a Los Ángeles. Otra ruta iba de la Ciudad de México a Chicago y Nueva Jersey. Tirso le reportaba a Vicente Carrillo y éste al Mayo, porque era su jefe.

La droga se transportaba de Cancún a la Ciudad de México, a veces en un tren que partía desde Mérida. En las bodegas de la capital, controladas por Rey, llegaron a acumular de dos a 17 toneladas de cocaína. Tirso afirmó que no les preocupaba la presencia de algún operativo para confiscar la droga "porque el Mayo Zambada tenía compradas a las autoridades".

Una compañía de trenes transportaba los vagones cisterna hasta la puerta de la bodega acondicionada con rieles. Ahí había personas que se encargaban de llenar con su mercancía los compartimentos secretos. Luego llamaban a la misma compañía para que se llevara los vagones cargados con aceite comestible y droga al patio de la estación ferroviaria.

En Los Ángeles los encargados de la operación eran Juan Gudiño y Juan Bugarín. Gudiño preparaba las bodegas con rieles para recibir los vagones y supervisaba las casas de seguridad a donde se transportaba la mercancía; al mismo tiempo se dedicaba a crear empresas con fachada de negocios legales.

Por su parte, Bugarín creó una compañía legal por medio de la cual se compraba aceite comestible o zapatos, los cuales a su vez se exportaban de Estados Unidos a México. De este modo, en los mismos vagones donde viajaba la cocaína, regresaban los millones de dólares de ganancias. Las empresas se llamaban Cuatro Reinas y Azteca Leather.

Cuando la droga llegaba a Los Ángeles, una vez que el vagón era entregado por la compañía de trenes en la bodega indicada ahí, se abría cuidadosamente el compartimento secreto para extraer la droga y limpiaban muy bien el tanque para que no quedaran rastros. Luego los vagones se rellenaban con otra mercancía que viajaba de regreso a México. Vicente Carrillo le daba a Tirso los números telefónicos de los clientes que comprarían la droga y se distribuía a domicilio, como la pizza.

En Nueva Jersey la llegada de la mercancía funcionaba igual, pero la distribución era diferente. La droga la transportaban a Nueva York en una van y entregaban los pedidos a sus clientes en restaurantes como McDonald's y Burger King. En Chicago usaban un método similar.

Tirso llegó a controlar numerosos vagones cisterna: a Los Ángeles llegaban cuatro; a Chicago entre nueve y 10, y a Nueva Jersey entre siete y ocho. En cada cargamento viajaban entre 1.4 y 1.7 toneladas de cocaína. Con el método del tren, el Mayo y sus socios habrían traficado cerca de 50 toneladas, por las que habrían obtenido entre 500 y 800 millones de dólares.

Tirso no era propiamente un miembro del Cártel de Sinaloa. Como muchos otros, era un proveedor, en este caso del servicio de transporte. El cártel no le pagaba con dinero, le pagaba con 200 kilos de droga que él vendía por su cuenta en Chicago.

En 1995 el presidente Zedillo privatizó Ferrocarriles Nacionales de México dándolos en concesión al sector privado. De acuerdo con los trayectos señalados por Tirso y con la información pública de las empresas que operan el ferrocarril en México, la compañía que desde 1997 administra la ruta a Nuevo Laredo es Kansas City Southern de México. Mientras que la compañía que administra las vías de ferrocarril que parten de la Ciudad de México es Ferrovalle, que a su vez es copropiedad de Kansas City Southern de México, en sociedad con Ferromex y Ferrosur. Desde 1998, Ferromex opera la ruta que sale de la Ciudad de México y Guadalajara rumbo a Mexicali. También según la información pública de la empresa, el accionista mayoritario de Ferromex y Ferrosur es Grupo México.

Toda la droga que se traficaba en la ruta del tren la conseguía el Mayo, dijo Tirso. Es decir, era el gran proveedor. Tenía la sartén por el mango. Y cada vez que podía, hacía sentir su autoridad sobre los otros.

"No cualquiera puede ir a Colombia, Perú o Bolivia a comprar droga, como quien va a surtirse a la farmacia una receta médica", me dijo Gaxiola. "En Sudamérica, la organización más confiable a quien venderle cocaína es el Cártel de Sinaloa", pues son buenos pagadores, son formales en sus tratos. "En el mundo de criminales se requiere gente formal que cumpla los acuerdos de un negocio."

Será por eso que en Europa organizaciones criminales de Albania, Italia y otros países usan con frecuencia al Cártel de Sinaloa como puente para comprar cocaína en Sudamérica.

* * *

Antes de que Tirso tuviera lista la ruta de Nueva York, Vicente Carrillo lo mandó llamar a Torreón. Cuando se presentó en el sitio indicado, lo llevaron a una oficina donde el Mayo estaba sentado detrás de un escritorio como rey en su trono. Ahí saludó a Carrillo Fuentes, quien le preguntó cuándo estaría listo Nueva York.[4]

—Estoy trabajando en ello —respondió Tirso.

—¿Qué opinas, padrino? —le preguntó Carrillo al Mayo, solicitando su visto bueno.

—Bien —dijo el Mayo asintiendo con la cabeza—. Está bien.

Cuatro meses después, cuando finalmente la ruta estuvo lista, las cosas no resultaron como quería el Mayo. Alguien cambió su mercancía por una de menor calidad. Y en su negocio la excelencia de sus productos era fundamental.

"Vicente Carrillo me llamó y me dijo que tenía que encontrarme con su padrino para aclarar algo", contó Tirso.

El encuentro fue en la Ciudad de México. Rey y su esposa Paty recogieron a Tirso y lo dejaron en la casa donde estaba el Mayo.

"El Mayo Zambada comenzó a insultarme de inmediato. Me preguntó por qué cambié su mercancía por él. Le dije que no sabía de qué estaba hablando."

—No actúes como si fueras un pinche pendejo. Me diste 311 kilos que no son buenos. ¿Qué vamos a hacer? —dijo el capo.

—Dame la oportunidad de cambiarlos el próximo viaje, te los doy de mi propia cocaína.

El Mayo empuñó la pistola que tenía en la cintura y la apuntó al rostro de Tirso.

—No te voy a matar porque mi ahijado me dijo que no lo hiciera —reprochó.

"Después de eso me fui. Rey y Paty me llevaron de vuelta a donde me habían recogido. Llamé a Vicente para hacerle saber lo que había sucedido, y pensó que esto era gracioso", recordó Tirso. "Mi padrino es un pendejo", dijo Carrillo.

A fines de 2002 la ruta del tren se canceló luego de tres aseguramientos. Uno en Queens, otro en Brooklyn y uno más en Chicago. Tirso dejó su sociedad porque el Mayo quería matarlo responsabilizándolo de la pérdida de la droga.

En febrero de 2014, Tirso fue arrestado en León, Guanajuato, y el gobierno de Estados Unidos solicitó su extradición. Cuando habló con los fiscales, explicó que el Mayo era el principal responsable de organizar las rutas de la droga. Del Chapo no dijo entonces palabra alguna.

Entre tanto, la relación entre el Mayo y su ahijado, Vicente Carrillo, comenzó a enfriarse.

* * *

En 2002, mientras el tren aún corría de sur a norte y de norte a sur, el Mayo se ocupó de borrar del mapa a su acérrimo enemigo usando al Chapo. Ramón Arellano Félix había intentado matar varias veces a Vicentillo, había arrasado con la familia de Lety y había asesinado a su hermano Vicente en Cancún. Era tiempo de ajustar cuentas.

"Mi hermano me dijo que Chapo iba a ayudarlo, con su gente, a matarlo en Mazatlán. Ramón Arellano Félix había matado a amigos de Chapo y amigos nuestros. Había matado a nuestro hermano [Vicente]. Era muy peligroso", dijo Rey.[5]

El Mayo le contó a Rey cómo asesinaron a Ramón. Ocurrió en el carnaval de Mazatlán, el mismo donde dos años atrás habían matado a los padres de su pareja sentimental Lety.

"Me dijo que lo localizaron en Mazatlán y la policía lo detuvo. Ramón no se detuvo. Trató de escapar hasta que estuvo justo enfrente de un hotel. Le dispararon. Le pusieron una bala en el cuello y se cayó muerto."

El policía que detuvo el paso a Ramón era gente del Chapo. El gobierno de Fox no confirmó la muerte del jefe del clan de los Arellano Félix hasta un mes después, pero el Mayo lo supo enseguida.

Al mismo tiempo, otra guerra comenzó.

Arturo Beltrán Leyva tenía como socio a un joven de origen estadounidense llamado Édgar Valdez Villarreal, alias *la Barbie*, de entonces 29 años. En 2002 Valdez Villarreal asesinó a un hermano de Miguel Ángel Treviño (*Z40*), segundo a bordo de Heriberto Lazcano (*Z1*), líder de los Zetas, el brazo armado del Cártel del Golfo.

Valdez Villarreal fue a refugiarse con Arturo Beltrán Leyva a la Ciudad de México. "Los Zetas querían que Arturo les entregara a la Barbie, pero Arturo dijo que no, que la Barbie era su amigo y que le iba a dar protección —recordaría Rey años después—. Luego estalló una guerra entre los Zetas y Arturo Beltrán. Y como consecuencia, de una forma u otra arrastró a todo el Cártel de Sinaloa con ellos."

Rodolfo, el menor de los hermanos Carrillo Fuentes, también conocido como *el Niño de Oro*, trabajaba con el Cártel del Golfo y con los Zetas. Su hermano Amado lo había hecho en el pasado con el antiguo jefe del Cártel del Golfo, Juan García Ábrego, y Rodolfo continuaba la tradición. Cuando estalló la guerra de la Federación contra el Golfo y los Zetas, Rodolfo no dejó de hacer negocios con ellos, lo cual aumentó la tensión entre el Mayo y su ahijado Vicente.

* * *

Aunque el Mayo era bueno para decidir cuándo iniciaban las guerras, no era igual de bueno para combatir en el campo de batalla.

Eso lo probó a finales de 2003, cuando le hizo al Chapo una visita social acompañado de su hermano Rey y su esposa Paty. Viajaron en una pequeña avioneta de su propiedad a Las Coloradas, una ranchería localizada en Tamazula, Durango y aterrizaron sobre una pequeña línea trazada en la boscosa sierra.

Cuando descendieron de la aeronave, el Chapo ya los esperaba con 30 hombres que lo custodiaban. Estaba feliz de recibir visitas. Saludó al Mayo y se quedaron conversando sobre la pista de aterrizaje durante unos minutos, cuando de pronto escucharon el murmullo de un helicóptero. Se miraron uno a otro con estupor.[6]

"Todos corrieron para cubrirse y comenzaron a gritar: están viniendo los soldados —narró Rey—. Yo le dije a mi esposa que regresara a la avioneta y le pregunté al piloto que en caso de que el helicóptero bajara, si él podía despegar, dijo que sí. Mi esposa me pidió que subiera al avión y le dije que no: 'Yo me quedo aquí con él [el Chapo] y mi hermano'."

El sonido del motor se fue haciendo más intenso.

"Mi hermano [el Mayo] corrió a esconderse entre los pinos."

En más de 30 años no había sido arrestado, no sería ésa su primera vez.

En cambio, el Chapo se quedó ahí, en la pista de aterrizaje, desafiante. Rey le pidió que le compartiera un rifle. Le dio un AK-47.

"Ve a refugiarte debajo de un árbol y yo voy a refugiarme aquí. Si bajan, vamos a tener que pelear con ellos, vamos a tener que matarlos porque van a querer pelear con nosotros", le dijo el Chapo.

Ya estaban los dos dispuestos a disparar cuando el helicóptero comenzó a alejarse. Entonces el Mayo salió de su escondite.

—Vámonos —le dijo Rey.

—No, hay que esperar —respondió el Mayo.

—No, vámonos, tenemos que movernos. ¿Qué pasa si regresan? —le dijo Rey.

Sabía que no sería su hermano mayor quien tendría el coraje de enfrentarlos, así que se fueron de ahí.

* * *

Llegó el momento cuando él tomó la decisión de matar a Rodolfo Carrillo Fuentes, quien era hermano de mi compadre Amado Carrillo y de Vicente Carrillo Fuentes.[7]

Rodolfo comenzó a tener problemas con la gente de mi compadre Chapo que estaba en Navolato. Hubo muchas reuniones entre Rodolfo Carrillo, Vicente Carrillo, mi papá y mi compadre Chapo porque él no quería tener problemas con los Carrillo.

La gente de Rodolfo Carrillo Fuentes estaba matando gente de Chapo y querían sacarlos de Navolato. Por eso hubo muchas reuniones en Navolato, donde mi padre fue mediador. Yo estuve presente en todos esos encuentros. Yo llevé a mi compadre Chapo a Navolato a esas reuniones. Mi compadre Chapo no quería pelear con ellos, él quería hablar con ellos [y ver si] así podían resolver lo que estaba pasando.

Salíamos de esas reuniones pensando que todo iba a funcionar bien, y lo mismo seguía pasando con Rodolfo. Me refiero a que continuó causando problemas con la gente de mi compadre Chapo en Navolato. Él había matado a una persona o había hecho que el gobierno hiciera una redada a una oficina que pertenecía a mi compadre Chapo. Estaba molestando a la gente de mi compadre en Navolato. Incluso una de las personas más cercanas a mi compadre Chapo, el licenciado Ríos, fue arrestado y detenido por el ejército y tuvimos información a través de nuestros contactos de que fue Rodolfo Carrillo quien lo envió a capturarlo.

En el cuarto encuentro estaba mi compadre Chapo, mi papá, también el Azul estaba ahí, José Esparragoza, yo estaba ahí, Vicente y Rodolfo Carillo Fuentes. Yo me di cuenta en la reunión de que Rodolfo no quería arreglar las cosas y que quería pelear en lugar de buscar un arreglo. Incluso no dejó a su hermano hablar, no dejó a Vicente hablar, el único que habló fue Rodolfo. Estuvo gritando y diciendo cosas malas acerca de la gente de mi compadre Chapo.

Llegó un momento en que me salí, yo estaba en contacto con mucha gente que estaba en radio. Azul vino afuera conmigo y me dijo que la situación adentro era realmente mala, que él no podía ver que las cosas tuvieran arreglo, refiriéndose a los problemas entre Carrillo Fuentes y mi compadre Chapo.

Y que si había una guerra, la guerra nunca es buena. La verdad es que mi compadre Chapo era quien tenía la razón. Su gente estaba siendo molestada y asesinada y su propia gente le estaba diciendo que él no los defendía.

Tuvimos otras reuniones y no había solución al asunto de Rodolfo Carrillo Fuentes. Y como mi papá había quedado atrapado entre todo esto, mi compadre Chapo dijo que esto no podía continuar así y que tenía que matar a Rodolfo Carrillo Fuentes. Y mi compadre Chapo pidió autorización de mi papá [...] mi compadre Chapo dijo que él sabía de la relación de mi papá con los Carrillo Fuentes y que de hecho por eso los respetaba y se preocupaba por ellos, pero que esto no podía seguir.

Y mi papá le dijo: "No, yo estoy contigo, adelante, esto no tiene solución. Tú estás bien, tú estás en lo correcto y tenemos que matar a Rodolfo, Rodolfo Carrillo Fuentes debe morir".

Mi padre dijo: "Yo estoy contigo y vamos a delante con eso. Nosotros tratamos, pero ellos no quieren entender, ellos no respetan a nadie, ellos no respetan la familia, así que vamos adelante". El Azul también estuvo de acuerdo.

* * *

El 11 de septiembre de 2004 asesinaron a Rodolfo Carrillo Fuentes en Culiacán. El Chapo mandó al Negro, un exmilitar de las fuerzas especiales del ejército que era parte de su equipo de seguridad.

El Chapo jamás habría podido hacerlo si el Mayo no le hubiera dado su consentimiento. El Mayo y Vicentillo siguieron la operación a control remoto. El Negro se enteró de que Rodolfo había llegado a Culiacán y había entrado en un centro comercial. Él y su gente se quedaron afuera esperando a que saliera. Cuando salió lo acribillaron.[8]

Rodolfo iba acompañado de su esposa y del comandante Rodolfo Pérez de la Policía Judicial de Sinaloa. Ella resultó muerta en el tiroteo.

En la huida, el Negro y sus hombres tuvieron un enfrentamiento con la Policía Judicial. Vicentillo, que seguía lo que ocurría por medio de un radio, llamó a su gente de la Policía Judicial, municipal e intermunicipal, para decirles que detuvieran la persecución. Sólo así lograron escapar.

Rey también estaba en Culiacán cuando ocurrió el asesinato de Rodolfo, pero a él nadie le había preguntado su parecer. Cuando se enteró del suceso, se quedó desconcertado.[9]

"Mi hermano me dijo que él había celebrado una reunión entre Chapo y Rodolfo para arreglar las cosas y cuando Rodolfo se marchaba, Chapo extendió su mano y le dijo: 'nos vemos luego, amigo', y Rodolfo lo dejó parado con la mano extendida."

Según el Mayo, el Chapo se había molestado mucho por eso y decidió matarlo, y él había tenido que decidir de qué bando estaba.

"Rodolfo está muerto y yo estoy con él —le dijo el Mayo—, mi ahijado Vicente Carrillo habló conmigo y yo le dije que estaba con mi compa Chapo."

Así "comenzó una guerra interna en Culiacán entre Carrillo Fuentes, mi hermano y Chapo. Al final de ese año ellos mataron a Arturo, el hermano de Chapo, en la prisión".

* * *

Pollo fue arrestado años antes y estaba en la prisión del Altiplano, en Toluca. Cuando fue arrestado hubo el comentario entre mi compadre Chapo, yo, Juancho [Juan Guzmán Rocha, primo del Chapo] y mi papá, para ver si había una opción de sacarlo de ahí.[10]

El comentario fue ver si se podía coordinar un escape. Mi compadre Chapo ya había estado ahí y cuando te sacan al patio tienes la oportunidad de salir una hora a tomar el sol.

Juancho y yo, juntos en la oficina, [dijimos que] la idea era conseguir un helicóptero para poder sacarlo, darle una cuerda para jalarlo, pero mientras lo hacíamos le podían disparar, así que pensamos que para ayudarlo a escapar debíamos hacer una burbuja de acero que lo pudiera cubrir y así pudiera escapar.

Los planes no se llevaron a cabo. Mi compadre Pollo fue asesinado adentro de la prisión el 31 de diciembre de 2004.

Mi padre me llamó y me dijo que sus contactos dentro del gobierno le habían llamado de la Ciudad de México, y le dijeron que en ese momento estaban yendo a la prisión del Altiplano porque mi compadre Pollo había sido asesinado y que aún no quería llamarle a mi compadre Chapo hasta que no estuviera seguro de que lo habían matado, y mi papá quería que yo hablara con Juancho para ver si mi compadre Chapo ya estaba enterado.

Yo estaba realmente en shock [...] le dije a mi papá que hacía menos de una hora que había hablado con mi compadre Pollo desde la prisión, y yo había sido la última persona con la que había hablado y me parecía simplemente imposible que eso haya sucedido.

Fue una llamada entre amigos. Él me preguntó por mi familia, por mi papá, quería saber cómo estaban. Yo le pregunté lo mismo. Era de hecho la primera vez que hablábamos desde que había estado arrestado.

Mi papá, mi compadre Chapo y yo sabíamos de planes de matar a mi compadre Pollo en la cárcel, y según entendí, mi compadre Pollo estaba al tanto de eso. Nosotros le habíamos enviado información de que alguien quería matarlo, y en ese tiempo en la llamada le dije a mi compadre de que se cuidara por favor y que por su bien no saliera afuera porque sabíamos que había el plan de matarlo en la noche de año nuevo. Y él me dijo: "No te preocupes, compadre, todo está bien, sólo dale mis saludos a tu familia, a tu papá".

Detrás de su muerte estuvo Benjamín Arellano Félix, Osiel Cárdenas [del Cártel del Golfo] y Vicente Carrillo Fuentes.

* * *

Las operaciones del Cártel de Sinaloa han sido objeto de interés no sólo de la DEA o el FBI, sino del Departamento de Defensa de Estados Unidos, por el riesgo que implican para la seguridad de ese país. En particular ha estudiado al Mayo y sus alianzas financieras estratégicas.

En 2012, a petición del Comando Norte de Estados Unidos, el Instituto de Análisis para la Defensa (IDA), responsable de brindar asesoría al Departamento de Defensa, realizó un informe basado en fuentes de inteligencia clasificada y fuentes abiertas, donde señala que

> [El Cártel de] Sinaloa, conocido por ser una de las organizaciones criminales trasnacionales más poderosas de México es una coalición de algunos de los principales narcotraficantes mexicanos, que operan en concierto para protegerse mutuamente y mantener sus negocios funcionando sin problemas, funcionando como una federación de negocios. La mayoría de sus integrantes están conectados por familia, matrimonio o comunidad.
>
> Con su liderazgo unido y federado, las empresas de Sinaloa han seguido funcionando incluso cuando los principales líderes desertaron, fueron encarcelados o fueron asesinados. [11]

Enseguida el IDA describe la crudeza del pragmatismo del cártel: "Una de las características del éxito de Sinaloa es su capacidad de ser flexible en sus alianzas: no tiene ningún problema para combatir una organización criminal trasnacional un día, y al día siguiente asociarse con esa misma organización para mantener su base de poder y acceso al mercado".

Los asesores del Pentágono no lo sabían, pero esas líneas eran un auténtico retrato de la personalidad del Mayo.

NOTAS

1 Texto escrito por Vicente Zambada Niebla, entregado por Fernando Gaxiola a la autora.

2 Testimonio de Jesús Zambada García en la Corte de Distrito Este de Nueva York, 15/11/2018. La autora tiene la versión estenográfica oficial de la Corte.

3 Testimonio de Tirso Martínez Sánchez en la Corte de Distrito Este de Nueva York, 10/12/2018. La autora tiene la versión estenográfica oficial de la Corte.

4 *Idem.*

5 Testimonio de Jesús Zambada García, 15/11/2018, *loc cit.*

6 Testimonio de Jesús Zambada García en la Corte de Distrito Este de Nueva York, 19/11/2018. La autora tiene la versión estenográfica oficial de la Corte.

7 Testimonio de Vicente Zambada Niebla en la Corte de Distrito Este de Nueva York, 3/01/2019. La autora tiene la versión estenográfica oficial de la Corte.

8 *Ibidem.*

9 Testimonio de Jesús Zambada García, 19/11/2018, *loc cit.*

10 Testimonio de Vicente Zambada Niebla, 3/01/2019, *loc cit.*

11 El IDA es una corporación sin fines de lucro que opera tres centros de investigación financiados con fondos federales para desarrollar análisis objetivos de los problemas de seguridad nacional, particularmente aquellos que requieren experiencia científica y técnica, y realizar investigaciones relacionadas con otros desafíos nacionales. Sus opiniones y hallazgos no deben interpretarse como una representación de la posición oficial del Departamento de Defensa o de la organización patrocinadora. La autora tiene copia del informe completo titulado "Investigación financiera no clasificada contra amenazas: modelo de componentes financieros de la organización criminal trasnacional de Sinaloa".

8

Por tierra...

Hay personas que trabajan o están afiliadas al Cártel de Sinaloa que están más estrechamente asociadas con Chapo o con mi padre, sin embargo, al final cada persona en el cártel se reporta con mi padre y Chapo, juntos, como colíderes.[1]

Chapo y mi padre trabajan juntos para traer cocaína a México de Centro y Sudamérica. En esta declaración voy a describir algunas de las muchas maneras en que mi padre y Chapo logran el envío de toneladas de droga a México desde sus fuentes de suministro. Luego ellos venden esta cocaína a clientes de grandísima escala.

Chapo y mi padre generalmente venden la cocaína a sus clientes cuando ésta aún se localiza en México y posteriormente ellos la distribuyen en Estados Unidos.

Aunque Chapo y mi padre venden la cocaína en México, ellos siguen involucrados directa o indirectamente con la importación y distribución de cocaína en Estados Unidos. Adicionalmente mi padre y Chapo también trabajan juntos para distribuir otro tipo de drogas incluyendo mariguana y heroína.

* * *

"De Sudamérica llega la cocaína a Sinaloa por tierra, mar y aire. El Mayo y el Chapo son los grandes importadores de cocaína y la revenden en México a otros narcotraficantes", me explicó Gaxiola al hablar de las entrañas de la operación del cártel. Había cosas de su funcionamiento que sólo desde dentro se pueden comprender.

Gaxiola comenzó a trabajar para la familia Zambada desde el año 2000, tenía al menos 11 años de ser su abogado; 15 cuando murió. La información que compartió proviene de los escritos de Vicentillo y de sus conversaciones con el Mayo.

"Ahí en Sinaloa se concreta la venta de más de 80% de la cocaína que traen, la venden a gente de Sinaloa. Ni el Mayo ni el Chapo les dicen qué hacer con la mercancía que compran, cada comprador hace lo que le viene en gana, ellos sólo la venden."

Según Gaxiola, de toda la cocaína que viene principalmente de Colombia, el Mayo y el Chapo se quedan más o menos con 20%, que es la droga que no logran colocar.

"El Cártel de Sinaloa es como la Ford", dijo Gaxiola para explicar mejor el modelo de negocio de la organización criminal.

> Ford no vende directamente los carros, no administra cada negocio que distribuye los coches, Ford sólo los produce, quien vende los coches son las agencias automotrices que pertenecen a particulares.
>
> Entre los compradores al mayoreo suele haber conflictos porque amigos o gente les roban la mercancía o los clientes. Una vez que los mayoristas les compran la droga, cada uno la mueve a Estados Unidos bajo su propio costo y riesgo. Pero quien le compra al Mayo generalmente le pide ayuda para transportar la droga a Estados Unidos. Le dicen: "Quieres dinero o te pago con coca". Al Mayo no le gusta arriesgar, así que prefiere que le paguen con dinero.
>
> El juego del narcotráfico es un juego de inversiones de alto riesgo —advierte Gaxiola—, como en la bolsa de valores. Si ganas, ganas mucho y de inmediato, si pierdes, no te recuperas sino hasta la siguiente inversión riesgosa. Hay muchos que le entran al juego, gente de todo tipo, que ni te imaginas. Entre todos invierten para la compra y transporte de la cocaína, si la operación es exitosa se comparten las millonarias ganancias, si no, comparten las pérdidas.

Además de contar con compradores de droga al mayoreo, clientes que se fían de los 50 años que el Mayo lleva invicto en el negocio, la organización, como ya se ha dicho, tiene proveedores clave para la operación. Hay quienes se encargan de redes de transporte dentro del territorio mexicano, Sudamérica, Centroamérica, Estados Unidos y Europa. Otros crean empresas ficticias o reales para el transporte de la droga y el flujo de recursos para el pago de servicios y el lavado de las ganancias. Unos más son responsables de la compra o renta de propiedades para almacenar la droga y las ganancias dentro y fuera de México. Y están quienes ofrecen los servicios financieros para mover las ganancias millonarias.

De acuerdo con el propio Vicentillo, prácticamente todos estos proveedores operan con compañías legales. Él los conocía, trataba cotidianamente con ellos, eran parte de su vida desde que nació. Algunos incluso se convirtieron en sus parientes.

Cuando conocí los nombres y las historias de los operadores del Mayo gracias a los escritos de Vicentillo, la gran mayoría seguían activos, por eso algunos de los hechos que se narran están redactados en presente.

Tiempo después, tras la delación del hijo del Mayo, muchos personajes fueron arrestados o asesinados y otros los sustituyeron. Los nuevos nombres pueden ser cientos, pero el modelo sigue siendo el mismo.

* * *

A través de esta confesión hablo de una persona llamada Juan Guzmán Rocha, a quien conozco como *Juancho*, *Zanka* y *Virgo*. Juancho era el primo hermano de Chapo y juega un papel principal en muchas áreas del Cártel de Sinaloa.[2]

Además de su rol directo en el cártel, Juancho es cliente de mi padre y de Chapo. Juancho compra toneladas de cocaína a mi padre y a Chapo en Culiacán y vende esa cocaína a diversos compradores en Estados Unidos y México. Yo estoy enterado por mis conversaciones con Juancho que sus dos principales clientes eran Pedro y Margarito Flores, a quienes conocí simplemente como *los Flores* o *los Cuates*.

Supe que los Flores compraban cocaína a Juancho en Estados Unidos y recibían esa cocaína en diferentes lugares incluyendo

Los Ángeles y Chicago. Los Flores vendían la cocaína a sus propios clientes y el dinero que cobraban lo usaban para pagarle a Juancho. Aunque menciono a Juancho muchas veces en conexión con sus interacciones con otras personas mencionadas, yo no hablo mucho de Juancho porque me enteré de que fue asesinado en México aproximadamente en diciembre de 2011.

Sé por la propia boca de Juancho que él además de trabajar con los Flores, también trabajaba con los canadienses. Él me dijo que enviaba mercancía a Los Ángeles y ahí la vendía a canadienses que se la llevaban a Canadá. Algunas veces él mismo enviaba a Canadá y los Flores luego harían lo mismo para ganar un poco más.

Los Flores tienen su propio transporte para llevar la droga de Los Ángeles a Chicago.

* * *

Tras el arresto del Pollo, Juancho se convirtió en el hombre de mayor confianza del Chapo junto con Dámaso López, el exsubdirector de seguridad de Puente Grande que tanto lo había beneficiado. Cuando el Pollo fue asesinado, Juancho se volvió el principal enlace entre el Mayo y el Chapo. Además, era un amigo muy cercano de Vicentillo.

Margarito y Pedro Flores, dos gemelos nacidos en Chicago de padres mexicanos, seis años más jóvenes que Vicentillo, llegaron a ser de los mayores traficantes de droga en esa ciudad. Movían al menos 71 toneladas de cocaína y heroína que compraban principalmente al Cártel de Sinaloa o en la reventa de mayoristas.

Los gemelos, cuya familia estaba involucrada en el negocio ilegal, comenzaron desde los 17 años como narcotraficantes. Fueron clientes de Tirso durante un largo tiempo, hasta que uno de los hombres del Futbolista secuestró a Pedro Flores en México.

El Mayo intercedió para que lo dejaran libre y en 2005 conoció a los gemelos. Felicitó a Pedro y a su hermano Margarito porque, a pesar de su corta edad, ya habían vendido en Chicago cerca de 20 toneladas de su cocaína.[3]

Entusiasmado quizá por la juventud de los Flores, el Mayo habló de su pasado en Estados Unidos cuando vivió allá y emprendió su carrera criminal a alta escala. Eran los tiempos en que se inició con su cuñado Niko.

Les contó cómo personalmente había vendido drogas en Los Ángeles, Nueva York y Chicago. De hecho, estaba familiarizado con el pequeño pueblo de donde eran originarios los gemelos.

"Cualquiera de estos idiotas puede vender toneladas de drogas en México, pero muy pocos podrían hacerlo en los Estados Unidos como éstos", dijo el Mayo delante de todos sin importarle que ofendía a sus propios colaboradores y estrechó la mano de los gemelos. "Ustedes tienen mi respeto, felicidades", soltó una carcajada y agregó: "¡Imaginen si fueran trillizos!"

De 2005 a 2008 los gemelos vendieron cerca de 38 toneladas de cocaína del Mayo y el Chapo, y cerca de 200 kilos de heroína. De esta última el kilo en Chicago se pagaba hasta en 55 mil dólares.

La admiración del Mayo por los gemelos no impidió que ellos lo traicionaran. Desde inicios de 2008 comenzaron a colaborar con la DEA en Chicago y grabaron conversaciones telefónicas con el Chapo, Juancho y Vicentillo, las cuales usaría el gobierno americano para ponerles la soga al cuello.

Los Flores eran tan tramposos que engañaron hasta a la propia DEA. Mientras cooperaban con la agencia, vendieron a sus espaldas 276 kilos de cocaína en Chicago y recaudaron millones de dólares que nunca reportaron.

En noviembre de 2008 se entregaron a la DEA en Chicago, donde les impusieron una leve condena de 14 años gracias a su colaboración con la fiscalía.

Juancho tuvo peor suerte. Su cuerpo apareció abandonado en un camino rural de Sinaloa, maniatado y con varios disparos. Según Dámaso, el propio Chapo mandó matarlo porque le dijo una mentira sobre el lugar donde se encontraba.[4]

* * *

He conocido a Gonzalo Inzunza Inzunza, a quien también conozco como *Macho Prieto*, desde aproximadamente 1999. Primero lo conocí en nombre de mi padre.[5]

En 1999 Gonzalo ya tenía su propia organización de tráfico de droga consistente en cerca de 50 personas. Gonzalo y su gente estaban involucrados en muchos enfrentamientos y violencia alrededor de Culiacán en aquel tiempo, así que mi padre me pidió concertar un encuentro con él para saber por qué estaban ocurriendo esos enfrentamientos.

Algunos días después llevé a Gonzalo al rancho para una reunión con mi padre. Durante el encuentro Gonzalo explicó a mi padre y a mí que tenía problemas con un grupo de gente lidereada por un hombre conocido como Negro Maere. Mi padre pidió a Gonzalo disminuir la violencia porque estaba atrayendo mucha atención del ejército mexicano y de las autoridades. Gonzalo estuvo de acuerdo en reducir las confrontaciones y ofreció sus servicios a mi padre y al Cártel de Sinaloa. Específicamente Gonzalo ofreció usar su infraestructura de transporte para mover drogas y dinero a través de México, y ofreció luchar con mi padre en contra de los Arellano Félix con quienes el Cártel de Sinaloa estaba en guerra desde hace tiempo. Con el paso del tiempo, en consecuencia de ese encuentro, Gonzalo se convirtió en un miembro integral del Cártel de Sinaloa.

Como miembro del Cártel de Sinaloa, Gonzalo supervisaba dos distintos grupos de gente que eran responsables de muy diversas tareas. El primer grupo de gente estaba involucrada en el almacenamiento y transportación de drogas, dinero y armas en diversas partes de México, y del cruce de drogas a Estados Unidos, al igual que de dinero y armas de Estados Unidos a México. El segundo grupo bajo las órdenes de Gonzalo actuaban como "pistoleros" o "sicarios", personas armadas que trabajaban para el cártel para proteger sus bienes, territorio y gente y para hacer la guerra contra los enemigos. A pesar de que yo estoy enterado de los actos de violencia cometidos por Gonzalo y sus pistoleros a nombre del Cártel de Sinaloa, yo tenía contacto limitado con los pistoleros y generalmente no tenía contacto con sus verdaderos nombres o identidades.

La infraestructura logística de transporte de Gonzalo estaba entre la más grande y más extensa usada por el Cártel de Sinaloa. Yo tuve un gran contacto con Gonzalo y su gente responsable del transporte. El método principal de Gonzalo para transportar droga, dinero y armas era usar pipas para transportar gasolina con compartimentos secretos dentro del mismo tanque de gasolina. Gonzalo comenzó a usar estas pipas aproximadamente en 2004. Llegó a tener siete u ocho autotanques de gasolina con escondites donde se podía esconder de una y media toneladas de cocaína a dos, cada pipa.

Los tanques también eran usados para transportar metanfetaminas, dinero y armas en cantidades correspondientes con el volumen de los compartimentos.

Las pipas parecían iguales a los tanques de gasolina usados por Pemex, la industria de energía propiedad del gobierno de México. Los tanques transportaban gasolina real como una carga de fachada. Las pipas contaban con todo el papeleo oficial —dado por Pemex— para hacer parecer los cargamentos legítimos. La gasolina era realmente transportada de un lugar a otro junto con el cargamento que llevaba de contrabando.

Las pipas se metían en bodegas clandestinas organizadas por Gonzalo y su gente. Gonzalo tenía un equipo especial responsable de abrir y cerrar los compartimentos secretos. Gonzalo trasladaba en avión a su equipo de un lugar a otro porque eran los únicos que sabían dónde estaban y cómo abrirlos. Los compartimentos necesitaban ser abiertos con soplete y debían soldarlos de nuevo. En consecuencia, el proceso para abrir y cerrar los compartimentos era muy peligroso cuando los tanques estaban cargados de gasolina.

Una vez que los tanques eran cargados (droga, dinero o armas), eran enviados a su destino seguidos por un grupo de personas en uno o dos carros responsables de alertar de la presencia de oficiales del gobierno de México y militares en los tramos de ruta de los tanques. Las personas que iban en la cola pagaban a los oficiales corruptos del gobierno de México en cada estado o zona, para garantizar el paso seguro de las pipas hasta su destino.

A los oficiales del gobierno se les pagaban mensualmente sobornos, así como pagos adicionales por cada viaje que los tanques hacían de un estado o zona. Estos sobornos mensuales y pagos al contado estaban en el rango entre 50 mil y 150 mil dólares. Una vez que los tanques llegaban a la ciudad de destino final, el mismo equipo responsable de haber cerrado el compartimento era llevado para abrirlo y sacar la carga. La carga es ocultada en bodegas o casas de seguridad mantenidas por Gonzalo hasta que es movida a su siguiente destino.

* * *

Según Rey, Macho Prieto, nacido en Culiacán en 1971, llegó a ser gerente del cártel en Sonora. Durante la guerra contra el Golfo y los Zetas, y luego contra Arturo Beltrán Leyva, fue un hombre leal al Mayo.

Comenzaron a distanciarse en diciembre de 2010 cuando Inzunza asesinó a Paulo Osorio, un hombre muy cercano a otro narcotraficante llamado José Manuel Torres Félix, *el Ondeado*, consuegro del Mayo. Su hija Ellameli estaba casada con Serafín, el hijo que el Mayo procreó con Lety.

En 2012, cuando Vicentillo reveló su nombre, santo y seña al gobierno de Estados Unidos, ya había caído de la gracia del Mayo. Gaxiola afirmó que gracias a la colaboración de Vicentillo, en 2013 autoridades estadounidenses y mexicanas hicieron un operativo para capturarlo en Puerto Peñasco.

"Los gringos cruzaron la frontera en un operativo rápido, se supone que las fuerzas mexicanas ya estaban coordinadas, pero comenzó una balacera", explicó Gaxiola. Inzunza murió en el enfrentamiento.

* * *

Cenobio Flores Pacheco, a quien generalmente llamo simplemente Pacheco, también es conocido como *Checo* o *Seis*. Era el lugarteniente principal de Gonzalo en el equipo de transportación.[6]

Conocí a Pacheco aproximadamente en 2000 o 2001. Estoy enterado de que Pacheco comenzó como pistolero, chofer y mensajero general de Gonzalo. Con el tiempo, Pacheco comenzó a subir de nivel en la organización de Gonzalo y aproximadamente en 2006 se convirtió en jefe de la plaza de Mexicali, Baja California, de la organización de Gonzalo. En 2006 mi padre envió a Gonzalo a acondicionar y cuidar algunas locaciones e infraestructura en Mexicali para ser usadas para pasar droga de México a Estados Unidos. Gonzalo personalmente se hizo cargo de que las cosas comenzaran a funcionar e instaló a Pacheco para supervisar la operación.

En general, Pacheco tenía el rol de supervisar la recepción de las pipas cargadas de droga de Culiacán a Mexicali. Después Pacheco supervisaba el cruce de la carga a Estados Unidos. Pacheco fue promovido y comenzó a ser el responsable de recibir el dinero y las armas que venían de Estados Unidos. Cuando Pacheco recibía el tanque con el cargamento en Mexicali, primero supervisaba al equipo que abriera el compartimento y removiera la droga. La droga era almacenada en casas de seguridad. Los cargamentos eran fraccionados en cantidades mucho más pequeñas que eran traficadas en la frontera para entrar a Estados Unidos.

A pesar de que podía variar el suministro de cocaína disponible, algunas veces Pacheco tenía aproximadamente hasta cinco o seis toneladas de cocaína en Mexicali en espera de ser trasladadas a Estados Unidos.

Yo me enteré por mis conversaciones con Gonzalo y Pacheco de que las drogas eran transportadas a través de la frontera en coches con compartimentos que podían cargar aproximadamente entre 20 y 30 kilos a la vez. Adicionalmente a la red de coches con escondites, Gonzalo y Pacheco también tenían un buen número de semi-trailers con compartimentos que podían contener aproximadamente 100 kilos de cocaína. Las drogas eran llevadas a bodegas y casas de seguridad en California. Pacheco esperaba hasta que se acumularan 300 kilos en la bodega y luego él enviaba un mensaje para avisar que la droga estaba lista para ser recogida en California para ir a la siguiente ciudad de destino dentro de Estados Unidos. La transportación en Estados Unidos era generalmente manejada por una persona a quien conocí como Germán Olivares y [también por] Ulysses.

Tengo conocimiento de que largos cargamentos de droga regularmente son transportados de México, a través de California y luego a Chicago, usando la infraestructura combinada de Gonzalo, Pacheco, Germán y Ulysses. El mismo sistema funciona a la inversa para traer de Estados Unidos armas y dinero. El dinero en efectivo proveniente de la venta de la droga es recolectado en todo Estados Unidos y después es dejado en bodegas y casas de seguridad en California. El dinero es pasado en efectivo a través de la frontera y es entregado a Gonzalo y Pacheco en Mexicali. El dinero es transferido en los mismos tanques de gasolina y transportado a Culiacán donde es dejado en casas de seguridad y bodegas que pertenecen a mi padre, Chapo y otros miembros del Cártel de Sinaloa.

A pesar de que Gonzalo y Pacheco tenían línea de comunicación directa con mi padre y otros, yo a menudo servía como respaldo cuando la gente no podía localizar a mi padre o a personas que trabajaban para él. En este rol, yo seguido ordenaba a personas transportar dinero a las personas responsables de pagar sobornos a los funcionarios corruptos en la ruta de los tanques. Adicionalmente transmití mensajes de Gonzalo y Pacheco a mi padre y otros, para actualizarlos del estatus de los cargamentos en tránsito en los tanques y luego llevaba órdenes de regreso de mi padre con instrucciones de cómo fraccionar los cargamentos en distintas cantidades y otras instrucciones. Por ejemplo, recuerdo un cargamento de seis toneladas de cocaína a inicios de 2009 que mi padre, Chapo y otros recibieron de sus fuentes de suministro de Colombia.

* * *

En mayo de 2013, luego de que Vicentillo compartiera la identidad de Pacheco con el gobierno de Estados Unidos, el Departamento del Tesoro de ese país boletinó por primera vez a Cenobio y otros jefes de plaza importantes que trabajaban para el Cártel de Sinaloa, y los incluyeron en la lista negra de la Oficina de Control de Bienes Extranjeros (OFAC). En realidad, se trataba de socios del Mayo a quienes podía traicionar sin grandes costos para su padre, quien siempre tenía nuevos clientes.

* * *

Otro de los colaboradores más importantes de Gonzalo en la operación de transporte era una persona que conocí como *Carcovich*. Creo que el nombre de Carcovich era Jorge, pero no sé su apellido.[7]

Gonzalo me presentó a Carcovich aproximadamente en 2004. Él supervisaba las operaciones de Gonzalo en Guadalajara y Ciudad de México. Además, era directamente responsable de supervisar el negocio aparentemente legítimo que da cobertura a la red de transporte de pipas. Especialmente Carcovich estaba a cargo de conseguir los permisos legítimos para transportar gasolina de un lugar a otro. Este proceso incluía obtener los permisos necesarios de Pemex, la empresa petrolera que pertenece al gobierno de México. Carcovich compraba los tanques en los cuales se hacían los compartimentos y compraba o rentaba las bodegas y las casas de seguridad que Gonzalo operaba en Guadalajara.

Aproximadamente en 2007 y 2008, a nombre de mi padre y Chapo, Gonzalo comenzó a establecer una ruta de transporte de cocaína por tierra desde Costa Rica, a través de Guatemala, hasta México. Estoy enterado de que últimamente la meta de mi padre y Chapo es establecer una ruta terrestre desde Colombia hasta México, y la ruta de Costa Rica es parte de este proceso. Gonzalo puso a Carcovich a cargo de establecer la infraestructura en Costa Rica, incluyendo la compra o renta de bodegas o casas de seguridad, comprando semi-trailers en Centroamérica, y obteniendo todos los permisos necesarios de cargamentos legítimos fachada que serían usados para transportar las drogas.

En un cierto punto, Gonzalo y Carcovich me informaron que la infraestructura ya estaba lista y que comenzaron a hacer exitosas pruebas de transporte de Costa Rica a México. Mi padre trabajaba con una fuente de suministro en Colombia para comprar media tonelada en Costa Rica y probar el nuevo sistema. Esta primera prueba fue decomisada por las autoridades de Costa Rica, pero fui enterado de que las siguientes cargas fueron exitosamente transportadas a través de este método.

* * *

Gonzalo tenía a otro lugarteniente a quien conocí como *Mongol* y *Cabezón*, no sé su nombre real. Conocí a Mongol aproximadamente en 2004. Estaba a cargo de las operaciones de transporte de Gonzalo en Culiacán. Esencialmente tiene el mismo rol que Pacheco en Mexicali.[8]

Mongol supervisaba que los cargamentos de droga fueran metidos en los tanques en Culiacán y fueran enviados a la frontera, y a su vez supervisaba la recepción de dinero o armas transportadas en los mismos tanques de la frontera a Culiacán. Mongol era responsable de establecer y mantener las bodegas y casas de seguridad en Culiacán para almacenar las drogas y cargarlas en los tanques, al igual que el dinero y las armas mientras eran enviados a su destino final.

Para garantizar la seguridad de las pipas cuando estaban cargadas de la droga, Mongol servía como intermediario entre la gente que dejaba la droga en Culiacán y la gente responsable de transportarla en los tanques a la frontera. Cuando mi padre y Chapo recibían la droga en Culiacán, Mongol era avisado. Mongol a su vez tenía contacto con una persona a quien conocí como "Monito", y otros, y tenían el mismo rol: arreglar para Mongol los carros con los escondites en los que iba la cocaína u otras drogas.

Mongol personalmente manejaba los carros, o de otro modo arreglaba que los carros fueran recogidos en las bodegas o casas de seguridad para ser cargadas en los autotanques. Una vez que estaban cargados, Mongol despachaba las pipas a Pacheco en la frontera. Antes de que cada tanque saliera, Mongol contactaba con Carcovich para adquirir todo lo necesario en documentación para que los tanques pudieran hacer el recorrido de Culiacán hasta su destino. Mongol también era responsable de asegurarse que todos los sobornos estuvieran alineados por la ruta donde los tanques iban a transitar. Los tanques eran recibidos por Pacheco en Mexicali, como previamente describí, y después regresaban cargados con dinero y armas para Mongol en Culiacán.

Adicionalmente a su tarea en Culiacán, Mongol actuaba como el "secretario" de Gonzalo para todas sus operaciones. Mongol era el responsable de pagar la nómina de Gonzalo en las dos partes de su operación: transporte y pistoleros. La gente de Gonzalo era pagada regularmente por mes o quincenalmente. Generalmente el dinero usado para pagar a los trabajadores de Gonzalo venía de mi padre.

Mi padre autorizaba el dinero usado para la nómina, era sacado de diversas casas de seguridad y entregado a Mongol. Mongol estaba también a cargo de distribuir las armas a la gente de Gonzalo donde quiera que se encontrase en México. Las armas generalmente eran transportadas masivamente a Culiacán y después distribuidas entre los grupos de sicarios donde las necesitaran.

Yo tuve contacto con Mongol directa o indirectamente en muchas ocasiones para asegurarme de la correcta operación de las pipas. Por ejemplo, ordené a Monito llevar dinero a Mongol muchas veces para pagar los sobornos mientras los tanques se estaban moviendo, al igual que para hacer los pagos a los equipos de transporte y pistoleros de Gonzalo.

* * *

Aproximadamente en 2008 mi padre y Chapo compraron una grande cosecha de mariguana en diferentes locaciones de México. Mi padre ordenó a Gonzalo establecer un sistema para cruzar esa droga a Estados Unidos a través de Sonoyta, la cual está localizada en el estado de Sonora, al sur de Lukeville, Arizona.[9]

Mi padre dio a Gonzalo aproximadamente tres millones de dólares para comprar la infraestructura necesaria para cruzar la droga. Adicionalmente a la típica infraestructura de bodegas, casas de seguridad, carros, camiones, etc., Gonzalo también adquiría rampas transportables para superar rápidamente las vallas de la frontera, y sofisticados equipos de comunicación y electrónicos para monitorear la presencia de agentes de la patrulla fronteriza y de la guardia aduanera del gobierno de Estados Unidos del otro lado de la frontera. Gonzalo puso a una persona al que llamaban *Ruso* a cargo de la operación de Sonoyta. Yo no sé el nombre real de Ruso y yo nunca lo conocí en persona. Como sea, estoy enterado por mis conversaciones con Gonzalo, mi padre y otros, de que Ruso maneja las operaciones en Sonoyta. Adicionalmente a estas responsabilidades en Sonoyta, Ruso también tenía un equipo de 20 a 30 pistoleros bajo sus órdenes. El equipo de Ruso operaba bajo la dirección de Gonzalo y estaba disponible para pelear contra los enemigos del Cártel de Sinaloa.

La persona de Gonzalo encargada de los pistoleros era una persona a quien le decían *Caimán* o *Chore*. Yo no conozco el verdadero nombre de Caimán. A pesar de que es completamente posible que haya estado en encuentros con Caimán en múltiples ocasiones, no recuerdo haber sido presentado directamente con él. En mi conocimiento, Caimán no estaba involucrado en la red de infraestructura de transporte de Gonzalo, sino que estaba sólo encargado de supervisar a los sicarios. Caimán era responsable de comprar o rentar oficinas o casas de seguridad para ser utilizadas como centros de operación de los pistoleros. Cuando la guerra con los Zetas y los Beltrán Leyva comenzó en 2008, la responsabilidad principal de Caimán era pelear contra los enemigos del Cártel de Sinaloa.

* * *

Gracias a la revelación de Vicentillo, el gobierno de Estados Unidos pudo ubicar al Ruso. Su nombre real es Jesús Alexánder Sánchez Félix, y desde 2014 se abrió una causa criminal en su contra en la Corte del Distrito Sur de California, y se giró una orden de arresto hasta ahora vigente.

Notas

1 Texto escrito por Vicente Zambada Niebla, entregado por Fernando Gaxiola a la autora.

2 *Idem.*

3 Testimonio de Pedro Flores en la Corte de Distrito Este de Nueva York, 18/12/ 2018. La autora tiene la versión estenográfica oficial de la Corte.

4 Testimonio de Dámaso López Núñez en la Corte de Distrito Este de Nueva York, 22/01/2019. La autora tiene la versión estenográfica oficial de la Corte.

5 Texto escrito por Vicente Zambada Niebla, entregado por Fernando Gaxiola a la autora.

6 *Idem.*

7 *Idem.*

8 *Idem.*

9 *Idem.*

9

... en buques de Pemex...

"Cuando el Mayo hace 100 millones de dólares, alguien en Estados Unidos hace 200 por la misma operación", me dijo Fernando Gaxiola en 2012, en una de nuestras conversaciones en la Ciudad de México.

"Si el gobierno de Estados Unidos le atribuye al Cártel de Sinaloa billones de dólares en ganancias en Estados Unidos, hubo quien ganó el doble."

Rey explicó por qué. Las matemáticas del narcotráfico son tan claras como las de cualquier otra empresa en el mundo. Y si bien la explicación la dio con cifras de 2008, el precio no ha variado.[1]

El Cártel de Sinaloa compra la cocaína en Colombia a 3 mil dólares por kilo. En México, en Culiacán, el mismo kilo se vende en 13 mil dólares. Ese precio incluye 6 mil dólares del costo de la materia prima, es decir, la cocaína, y los costos de transportación, que a la vez incluyen el pago de sobornos para que la droga haya llegado de Colombia a Culiacán.

Eso significa que si el Mayo vende ahí la cocaína, su ganancia es de 7 mil dólares por kilo; 7 millones de dólares por tonelada. Por supuesto, si hace esa venta, su riesgo termina ahí.

En cambio, en Los Ángeles, el precio de venta del kilo de cocaína es de 20 mil dólares, de los cuales 4 mil dólares son de costos de transportación, que incluyen el pago de sobornos para hacer que la mercancía llegue. Los costos de materia prima y transporte son de 7 mil dólares por kilo, eso significa una ganancia directa de 13 mil dólares por kilo, 13 millones de dólares por tonelada. Sí, casi el doble de lo que gana quien lo vende en Culiacán.

Si el mismo kilo de cocaína llega a Chicago, el precio es de 25 mil dólares, 9 mil de materia prima y gastos de transportación. Eso significa una ganancia de 16 mil dólares por kilo, 16 millones de dólares por tonelada.

En Nueva York el precio de venta del kilo de cocaína es de 35 mil dólares. Los costos son los mismos 9 mil dólares que en Los Ángeles, de modo que la ganancia es de 26 mil dólares por kilo, 26 millones de dólares por tonelada.

Rey explicó que el precio es más elevado en Nueva York "porque es más difícil de vender, la policía es muy activa, así que es muy complicado completar la operación cien por ciento".

Rey señaló que cuando el Cártel de Sinaloa compra toneladas de droga en Colombia lo hace con un *pool* de inversionistas. Los gastos, las ganancias y los riesgos se dividen entre todos:

> Para el Cártel de Sinaloa es la forma de fortalecerse y proteger el capital de los inversores, y al mismo tiempo hacerlos poderosos financieramente [...] Si estás invirtiendo 9 millones para obtener un total de 45, la ganancia es muy, muy importante para un pequeño riesgo [...] Si algo se pierde dividido entre los inversionistas cada uno de ellos pierde una pequeña cantidad y pueden seguir adelante y continuar invirtiendo en otro envío, pierden algo de capital, pero no mucho. Un solo "inversionista" llega a invertir hasta en 2.5 toneladas.

* * *

Benny ha sido amigo de mi padre por lago tiempo. A pesar de que yo recuerdo haber escuchado de él antes, la primera vez que recuerdo que tuve un encuentro con él fue en 1994, cuando Benny vino a ver a mi padre después de que había salido de la cárcel en Estados Unidos.[2]

Mi padre ayudó a Benny a regresar al negocio del narcotráfico después de ser puesto en libertad. Aproximadamente en 1997 o 1998, Benny construyó una importante infraestructura en el sur de México para recibir cargamentos de cocaína de Colombia y transportarlas hasta la frontera con Estados Unidos. Benny tenía personas en el lugar para recibir los botes que venían de Colombia. Los botes eran principalmente barcos de pesca que cargaban de tres a cuatro toneladas de cocaína por bote. El equipo de Benny tenía base en Chetumal, en el estado de Quintana Roo.

Benny tenía pequeños botes que iban de las playas de Chetumal mar adentro donde se encontraban con los barcos de Colombia. La droga era transferida a los botes de Benny y llevados a playas solitarias. Tenía también una red de vehículos, camiones y casas de seguridad para transportar y almacenar la droga. Luego la cocaína era transportada al norte en pipas que eran propiedad de mi padre. Los compartimentos que tenían los tanques de mi padre eran menos elaborados que los de Gonzalo, pero eran más grandes y podían cargar hasta 10 toneladas de cocaína a la vez.

La droga era llevada de Quintana Roo a la Ciudad de México en un día, y al día siguiente salía a Culiacán. La operación del tanque era similar a la de Gonzalo en el pago de sobornos pagados a los oficiales del gobierno de México para asegurar el paso seguro de la cocaína del sur hasta Culiacán.

Las personas generalmente encargadas de la transportación del sur a Culiacán eran el hombre de más confianza de Benny a quien conocí como *Marquitos* y una persona a la que conocí como *Chepe*, de quien hablaré más tarde. Benny, Marquitos y Chepe tenían líneas de comunicación entre ellos, así como con las personas necesarias para facilitar la transferencia de la droga del sur a Culiacán, así como personas responsables de seguir los tanques e ir pagando los sobornos a las autoridades. Sé por esta experiencia que el costo total de recibir la mercancía en el sur y transportarla hasta Culiacán era cerca de un millón a un millón 200 mil dólares.

Yo también transmitía los mensajes de Benny, Marquitos, Chepe y otros a mi padre para mantenerlo al tanto del estatus de la mercancía que había sido enviada a Culiacán.

Desde aproximadamente 1997 o 1998 hasta 2002 Benny también tuvo una infraestructura de aviones que cargaban la cocaína de Colombia a México. Los aviones tenían capacidad de cargar cerca de dos toneladas. Benny recibía estos aviones en una serie de pistas clandestinas en los estados de Chiapas y Campeche. Después de que los aviones aterrizaban, Benny tenía infraestructura en el lugar para almacenar y transportar la droga hasta que fuera enviada al norte.

Benny, Marquitos y mi padre tenían otro socio a quien conocí como Genaro Payán, también lo conocí como *Gringo*. Aproximadamente de 2007 a 2008 Gringo trabajó con Marquitos para traer la cocaína del sur de México a Culiacán en los tanques. Gringo tiene su propio proveedor en Colombia, vendía su cocaína en Culiacán y luego usaba parte de ese dinero para pagar a sus proveedores en Colombia.

* * *

Fue hasta que Vicentillo dio los pormenores de Benny y el Gringo que el gobierno americano pudo ubicarlos. Antes eran prácticamente "invisibles" para las autoridades. El nombre de Benny es Armando Contreras Subías. Por sus apellidos podría ser hermano de José Antonio Contreras Subías, quien fue detenido en Utah en 1988 por su participación en el homicidio del agente de la DEA Enrique Camarena, ocurrido en 1985.

La verdadera identidad del Gringo es Genaro Payán Quintero, quien era un muy importante competidor del Mayo, y que nadie tenía en el radar hasta que Vicentillo lo mencionó.

Vicentillo también dio detalles de Luis Enrique Fernández Uriarte, *Kiki*. El de la hija cuya fiesta de 15 años fue arruinada en 1994 en Guadalajara, cuando un coche bomba hizo saltar por el aire a varios invitados en un atentado de los Arellano Félix contra el Mayo.

* * *

Kiki invierte en cargamentos de cocaína con mi padre y también tiene sus contactos en Colombia que le permiten traer cargamentos de cocaína a México por su propia cuenta.[3]

Yo estuve presente en muchas ocasiones mientras mi padre y él discutían sobre cargamentos específicos de cocaína que habían comprado. Kiki tenía aproximadamente de 20 a 30 personas que trabajaban para él y realizaban diferentes funciones relacionadas con el tráfico de droga. Desde que comenzó la guerra en 2008 con los Zetas y los Beltrán Leyva, las personas de Kiki tenían líneas de comunicación directa con los equipos de pistoleros de M1, Gonzalo, y la gente de Chapo, y peleaban contra Zetas y Beltrán Leyva. El lugarteniente más cercano de Kiki era Pariente y Nachito.

Pariente estaba a cargo de los pistoleros de Kiki. Supervisaba un grupo de aproximadamente 15 hombres armados responsable de proteger un sector específico del Cártel de Sinaloa de sus enemigos. Me reuní con él sólo una vez, la cual fue aproximadamente en 2008 en Mazatlán, Sinaloa. A pesar de que Pariente fue reclutado por Kiki y estaba bajo las órdenes de Kiki, era mi padre quien pagaba el sueldo de Pariente cada 15 días. Adicionalmente, mi padre le daba dinero para rentar aproximadamente cinco o seis oficinas por sector, para él y sus hombres responsables de proteger a mi padre. Mi padre también le daba dinero adicional para comprar autos blindados y carros normales para sus hombres, y les proveía a él y a sus hombres de armas. En pocas palabras, mi padre equipó a Pariente y su gente para servir como músculo del cártel.

Desde mi conocimiento, Pariente no servía de ninguna otra cosa al cártel más que de pistolero y supervisando su grupo de asesinos.

Kiki tenía otro familiar llamado Ignacio Fernández, a quien conocí como Nachito. Eran primos. Yo tengo conocimiento de Nachito desde fines de los ochentas. Desde que lo conozco, Nachito ha trabajado con Kiki y para sí mismo en la compra y venta de cocaína y mariguana. Nachito compraba cocaína de mi padre y otros en Culiacán y la vendía a sus propios clientes en Estados Unidos.

* * *

Además de compartir el mismo trabajo como traficantes de drogas, el Mayo y Kiki tienen otra cosa en común, a este último también le gusta criar ganado. En la lista de la Asociación Mexicana de Criadores de Cebú, aparece como socio número 994, criador de la raza de ganado Indubrasil, en su rancho El Colomo, en Acatlán de Juárez, Jalisco.

Tal vez su afición no perdure por mucho tiempo más. En el mismo expediente criminal abierto en 2014 contra el Ruso en la Corte del Distrito Sur de California se incluyó a Contreras Subías, a Payán Quintero, a Kiki y su primo Ignacio Soto Fernández, alias *Nachito*. Contra todos hay una orden de aprehensión.

El único arrestado ha sido Payán Quintero, quien fue detenido por la Secretaría de Marina en junio de 2015 en el municipio de Mocorito, Sinaloa.

* * *

Aproximadamente en 2006 conocí a una persona a quien le llaman *Capi Beto*. Aproximadamente en 2008, Chapo y mi padre comenzaron una operación en la que el Cártel de Sinaloa compró barcos en el Golfo de México arreglados con compartimentos secretos, y después eran traídos a través del Canal de Panamá al lado del Pacífico. La persona encargada de esta operación era Capi, quien conseguía los barcos y la tripulación para manejarlos a través del canal.[4]

Una vez que los barcos estaban del lado del Pacífico mexicano, Capi, coordinado con Dámaso a nombre de Chapo y mi padre, arreglaba que los botes trajeran la cocaína a costas mexicanas. Tengo conocimiento de que esa cocaína traída en barcos era eventualmente distribuida en Estados Unidos.

Capi estuvo relacionado con un decomiso hecho cerca de Panamá de 10 toneladas [2007]. Antes de la confiscación, Capi proveyó a mi padre con un barco contenedor para usarlo para el tráfico de cocaína de Centro y Sudamérica a México. El barco estaba ligado a una empresa de Panamá que aparecía en el papeleo como propietaria y operadora de la nave. La compañía estaba en el negocio del transporte de diferente mercancía como fertilizante, cemento y caucho a México de países de Centro y Sudamérica, incluyendo Brasil.

En 2006 Arturo Beltrán Leyva seguía siendo parte del Cártel de Sinaloa. Estaba trabajando con proveedores de Colombia para traer la cocaína a México. Arturo le pidió prestado el barco contenedor a mi padre. Mi padre estuvo de acuerdo y puso a Capi a cargo de coordinar el uso del barco con Arturo y otros. Arturo, Capi y otros terminaron las operaciones y estaban listos para mover la cocaína. La persona al frente de la empresa en Panamá vino a ver a mi padre para decirle acerca de unos cambios para cubrir los cargamentos y la estructura del negocio fachada. La persona explicó que el cargamento de cocaína debía ser llevado al barco mientras estaba en altamar, debían meterla en los contenedores, los nuevos sellos de aduanas que se habían obtenido debían ponerse en los contendores después de que la cocaína se había descargado. El plan era traer el barco contenedor cargado de droga cercano a México, ahí encontrarse con los botes donde iba a ser transferida la cocaína y después llevarla a tierra. Capi, Arturo y otros se coordinaron para tener listos los botes para recibir la droga. A través de Capi, Arturo y mi padre, supe que el barco fue detenido cuando dejaba Panamá y toda la cocaína fue asegurada.

* * *

El barco del Mayo confiscado al que se refería Vicentillo se llamaba *Gatún* y medía más de 19 metros de largo. El 18 de marzo de 2007 lo interceptó el oficial Clifton Montgomery Harrison, guardacostas del gobierno de Estados Unidos. La tripulación del *Gatún* la conformaban tanto mexicanos como panameños.

"El primer contenedor que abrimos estaba lleno hasta la cima con sospecha de contrabando", recordaría años después Montgomery.[5]

Era un embarque que Arturo Beltrán Leyva había planeado en sociedad con el Mayo y el Chapo. Arturo había conseguido cocaína del narcotraficante Harold Poveda, quien en ese tiempo era proveedor del Mayo y otros, pero principalmente de los Beltrán Leyva. El Mayo ofreció su barco y los servicios del Capi Beto.

Cuando el Gatún fue interceptado, Arturo culpó al Capi Beto del decomiso. Dijo que fue interceptado por la DEA cuando estuvo llamando a Panamá para dirigir el embarque y esas llamadas habrían sido interceptadas por la DEA. Para su fortuna, no decomisaron toda la mercancía, lograron rescatar una parte que aún no habían cargado en el barco del Mayo.

En 2004 el *Gatún* usaba la bandera de Egipto y pertenecía a Pan-Arab Shipping Co. Ese mismo año cambió de propietario, lo compró una empresa llamada Naviera Pedro Miguel S. A., creada en Panamá el 13 de agosto de 2003 por el despacho Lara & Asociados. Pese al decomiso de drogas, esa compañía sigue activa hasta hoy según los registros públicos de Panamá. Su presidente y director es Leopoldo Zazueta Gómez, tío de Heriberto Zazueta Godoy, alias *Capi Beto*.

Gracias a Vicentillo, el gobierno de Estados Unidos pudo identificar la identidad del Capi Beto, en 2014 lo boletinó en la lista negra de la OFAC como cabeza del Cártel de Sinaloa, y se inició en su contra una causa criminal en la Corte del Distrito Norte de Chicago, como coacusado del Mayo. A pesar de todo, el Capi no era una pieza esencial, podía ser sustituido, como todos.

En julio de 2016 las travesías del Capi terminaron al ser arrestado en la Ciudad de México con fines de extradición.

El decomiso del barco no le causó daño al Mayo, quien tenía muchas otras alternativas marítimas para su negocio. Una de ellas se la ofrecían funcionarios de Pemex.

En 2015 Gaxiola me aseguró en una reunión que, así como traficaban droga con pipas autorizadas por Pemex, también lo hacían en buques facilitados por la petrolera del gobierno mexicano.

"Esa relación comenzó durante el sexenio de Fox, había relación con altos mandos del PAN que estaban en Pemex", aseguró el abogado. Además, dijo que Vicentillo le contó que un grupo de políticos y funcionarios de Pemex querían compartir el tráfico de cocaína en uno de los viajes del barco para usarlo como "fondo electoral". La versión fue corroborada por el hijo del Mayo cuatro años después.

* * *

Fui contactado por un amigo de México quien me pidió si podía llevarlo a ver a mi padre. Esta persona era de mi gente, Capi Beto. Él fue quien me trajo a esta persona, era un licenciado de la Ciudad de México. Esa persona me dijo que tenían un barco de Pemex, que venía a nombre de algunos hombres de negocios de Pemex y algunos funcionarios públicos de México.[6]

Esa persona me dijo que no quería darme los nombres de los políticos por su propia seguridad, pero que ellos estaban buscando a mi papá para proponerle un negocio, prestarle un barco de Pemex, y que ellos mismos estaban interesados en invertir en un cargamento grande de cocaína. Y la razón por la que buscaban a mi padre y a mi compadre Chapo era por la seriedad de mi papá en los negocios.

Entonces arreglé la cita con mi papá. Mi papá me dijo llevar a esas personas a conocerlo, y él le explicó la situación a mi compadre Chapo y tuvimos una cita en las montañas en una locación específica que pertenecía a mi papá. Y fue en el estado de Durango en un área llamada Vascogil, donde mi papá se estaba escondiendo.

En aquella reunión estuvo presente mi papá, mi compadre Chapo, Jorge Cifuentes, yo, los representantes de Pemex, los representantes de los políticos y Capi Beto.

Yo a ese punto ya había enviado a Capi Beto a tomar una foto del barco de Pemex que ellos nos querían enseñar para ver que había confianza y que había la disponibilidad de esos políticos de dejarnos usar el barco.

En la reunión los funcionarios de Pemex y políticos dijeron que querían transportar 100 toneladas de cocaína. Y ellos querían saber si mi papá y mi compadre Chapo podían proveer esa cantidad de cocaína.

Mi papá y mi compadre Chapo llamaron a Jorge Cifuentes para ver si él podía proveer esa cantidad.

El barco era del gobierno, así que era muy bueno saberlo porque significaba que el cargamento iba a ser exitoso.

* * *

El narcotraficante colombiano Jorge Cifuentes, quien desde los cuatro años ayudaba a su padre a cargar camionetas con contrabando, era uno de los encargados de la operación con el buque de Pemex. Había regresado a trabajar con el Mayo en 2003 pese a que éste había asesinado cruelmente a su exjefe Robachivas.

En 2007 Jorge Cifuentes era el representante del Cártel de Sinaloa en Ecuador y arreglaba los envíos de cocaína desde ese país. Como estaba del lado del Pacífico, los embarques llegaban directamente a Sinaloa. En aquella época la droga se la compraban principalmente a las FARC, quienes controlaban ese lado de la frontera entre Colombia y Ecuador. La droga la transportaban en camiones del ejército de Ecuador a cargo del capitán Telmo Castro.

Cifuentes viajó de Ecuador a las montañas de Sinaloa para reunirse con el Mayo, el Chapo y un funcionario de Pemex que se presentó como Alonso Acosta y les ofreció buques de la paraestatal para traficar. Viajarían con petróleo a Ecuador y regresarían cargados de cocaína, la cual, dejarían en el puerto de Lázaro Cárdenas.

Hubo muchas reuniones en sitios como El Dorado o Quila donde siempre estuvo presente la gente de Pemex. Gaxiola me aseguró que la operación se llevó a cabo. "Cuando Vicente habló de cómo transportaban droga en buques de Pemex, la DEA no quiso saber más del asunto", me dijo el abogado en 2015, lo cual no dejaba de parecerle extraño.

Además de los buques de Pemex, el Mayo compró barcos pesqueros de tiburón en Perú. La cocaína la adquirían en la frontera entre Colombia y Ecuador, la transportaban a Quito y Guayaquil, y de ahí la enviaban en lanchas rápidas a barcos de pesca que navegaban rumbo a México en aguas internacionales, donde se encontraban con barcos atuneros que cargaban la droga y luego la depositaban en lanchas rápidas que descargaban en la costa de Mazatlán. Los barcos de Perú los coordinaba Cifuentes y los atuneros, el Mayo.

Las ganancias de la venta de la droga en Estados Unidos las transferían por medio de casas de cambio en Nueva York, Chicago, Canadá y México, a la financiera Monedeux, de Juan Pablo Londoño Ramírez, quien usaba tarjetas prepagadas autorizadas por Visa. Así, el cártel y sus proveedores podían tener acceso rápido y fácil a sus ganancias en cajeros automáticos.

Pablo Londoño, de 54 años de edad, es un hombre ingenioso y ávido. De 1994 a 2011 creó al menos siete empresas: cuatro en Florida y el resto en diversas partes del mundo, entre ellas Londono Enterprises Corporation, Cabinetry Work y 777 Enterprises Inc. En 2004 su esposa Jimena Botero registró a su nombre la empresa Istations Networks Inc., con dirección P. O. Box 14310 en Coral Gables, Florida. En 2005 la misma dirección quedó registrada para la empresa Monedeux Finantial Services North America, en Florida.

En 2006 Londoño creó Monedeux International Services Inc. en Panamá, la cual sigue activa. A principios de 2008 amplió su red al Reino Unido donde creó Monedeux Finantial Services Worldwide, Ltd, la cual se declaró inactiva en 2009. Y aunque en febrero de 2011 Londoño y Monedeux fueron boletinados por el Departamento del Tesoro americano como parte de la red de lavado de dinero de Cifuentes, en julio de 2011 creó una filial en España llamada Monedeux Europa SL, para comercializar tarjetas de prepago. En 2015 le cambió el nombre a Mercadeus JPA SL, con sede en Madrid, la cual está activa.[7]

A su vez Aguilar Bustamante es representante legal de Grupo Amygo (San Miguel Cutting & Sewing S. de R. L. de C. V.) con sede en el municipio de Lerma, Estado de México; en España y Reino Unido, dedicado a mudanzas nacionales e internacionales ya sea por tierra, mar y modo aéreo. En países como Italia, el simple hecho de que un representante legal de una compañía directamente conectada con el crimen organizado esté en otras compañías sería de facto un motivo de sospecha e investigación profunda.

A fines de 2008, gracias a Jorge Cifuentes y su sistema de envío de drogas y reciclaje de dinero, en plena guerra con los Beltrán Leyva, el Mayo recibió exitosamente seis toneladas de cocaína.

El propio Jorge viajó a Cosalá, Sinaloa, para festejar. Ahí lo recibieron todos con felicitaciones: el Chapo, Dámaso, Iván Archivaldo, Vicentillo y "otros familiares y asociados del Mayo y su proyecto", recordaría Cifuentes con precisión. No era el proyecto del Chapo, con todo y que él había desempeñado un papel importante en la operación, sino del Mayo.[8]

"¿Quieres un pase de coca? —le preguntó el Mayo a Cifuentes—. Es parte de lo que tú enviaste." Y juntos la probaron. El Mayo se quejó de que no era de la mejor calidad, pero al menos tenía calidad comercial.[9] Él mismo vendió gran parte de la mercancía en El Dorado, y otra parte la envió a Los Ángeles, Chicago y Canadá.

Jorge Cifuentes y su hermano Álex llegaron a ser tan importantes en las operaciones del Mayo, que cuando a Álex lo detuvieron en Costa Rica y lo entregaron a la Secretaría de Marina en México, el padre de Vicentillo pagó un millón de dólares en sobornos para que lo dejaran libre.

Pero como suele suceder en este negocio, aquella amistad duraría hasta que el propio Jorge Cifuentes organizó un complot para asesinar al Mayo. Y como ha ocurrido desde que comenzó su carrera criminal, el Mayo venció, está libre y operando, mientras que Jorge y su hermano Álex están en la cárcel.

Notas

1 Testimonio de Jesús Zambada García en la Corte de Distrito Este de Nueva York, 14/11/2018. La autora tiene la versión estenográfica oficial de la Corte.

2 Texto escrito por Vicente Zambada Niebla, entregado por Fernando Gaxiola a la autora.

3 *Idem.*

4 *Idem.*

5 Testimonio de Montgomery Harrison en la Corte de Distrito Este de Nueva York, 13/12/2018. La autora tiene la versión estenográfica oficial de la Corte.

6 Testimonio de Vicente Zambada Niebla en la Corte de Distrito Este de Nueva York, 3/01/2019. La autora tiene la versión estenográfica oficial de la Corte.

7 En 2017 el Departamento de Justicia de Estados Unidos reiteró que Monedeux formaba parte de la red de lavado de dinero del Cártel de Sinaloa ante la Corte Federal del Distrito Este de Nueva York.

8 Testimonio de Jorge Cifuentes en la Corte de Distrito Este de Nueva York, 12/12/2018. La autora tiene la versión estenográfica oficial de la Corte.

9 Según Álex Cifuentes, el Mayo llegó a consumir tanta cocaína que le tuvieron que operar la nariz. Testimonio de Álex Cifuentes en la Corte de Distrito Este de Nueva, York 14/1/2019. La autora tiene la versión estenográfica oficial de la Corte.

10

… y hasta en camiones de Bachoco

Conocí a Germán Olivares [Germán Magaña Pasos] aproximadamente en 1994. No creo que Olivares sea el verdadero apellido de Germán, pero sé que es uno de los nombres con los que Germán se identifica.[1]

Puedo describir a Germán como uno de los más grandes compradores de mi padre, pero también el Cártel de Sinaloa le confió en gran medida a él y a su infraestructura muchas funciones. De 1990 a principios del 2000, Germán tenía su base de operaciones en Ciudad Juárez, Chihuahua. Germán compraba droga a mi padre y a otros en diversas partes de México, después enviaba las drogas a El Paso, Texas, para distribuirla entre sus clientes en Estados Unidos. Germán realizaba grandes operaciones con infraestructura que le permitía almacenar y transportar drogas y dinero, incluyendo una red de bodegas y casas de seguridad en México y Estados Unidos, y una red de automóviles con compartimentos secretos para traficar la droga.

Germán tenía muchos empleados, muchos de los cuales eran funcionarios activos del gobierno de México y policías de Ciudad Juárez y otras partes.

Cuando a Germán lo sacaron de Ciudad Juárez por la guerra que se vino con Vicente Carrillo, se tuvo que salir junto con su gente que tenía en Juárez y entonces se llevó como a seis personas junto con sus familias, y me dijo a mí y a mi papá que les iba a rentar casa ahí en Culiacán y que ahí iban a vivir mientras les buscaba un lugar a dónde mandarlos a vivir, y mi papá le dijo que no había problema y que ahí podían estar en Culiacán. Nos dijo Germán que si se ocupaba algo, que ahí estaban, que él les pagaba su sueldo y que estaban sin hacer nada, que esa gente se encargaba ahí en Juárez de guardarle el dinero y llevar los apuntes de todos los gastos, así como un contador.

Yo le dije a mi papá que los usara para eso, y así yo no me metía en más responsabilidades, y así quedamos. Se les rentó casas y se fueron con sus familias. Germán le presentó a un compadre de él que era el encargado de todos los demás. Yo no conozco a los demás muchachos, yo le presenté a los muchachos de nosotros a los que iba a entregarles dinero y a nadie más.

Le presenté a Ramón, que es el mandadero de mi papá y el que se encarga de las compras de mi papá y de sus mujeres, o de pagar cualquier cosa que mi papá compre.

Le presenté a [Omar] Wiwi y a Perico, los muchachos que andan conmigo para los mandados, y ya ellos intercambiaron teléfonos y radios. Y ya, ésa fue la única vez que vi a ese compadre de Germán, y ellos guardan el dinero, llevan los apuntes y las fechas de las entregas a Fulano y cosas así. Pero yo no miraba dinero, ni contaba dinero ni se dónde se guardaba. Yo vivía en Mazatlán y a veces desde acá todo lo hacía por un teléfono o Nextel.

Lo que yo menos quería era estar cada día más adentro y enredado en negocios de mi papá. Pero las circunstancias siempre me tenían ahí y era una forma de ayudarlo y a la vez no ayudarlo, no sé cómo explicarlo.

* * *

Gaxiola siempre me dijo que Vicentillo en realidad quería tener otra vida y había buscado la forma de salir del mundo de su padre, pero ese mundo lo devoraba. Su propio padre, encargándole cosas, pidiéndole favores, siempre lo hacía regresar al mundo criminal, aunque él quería estar lejos. Y como amaba a su padre, no podía decirle que no, porque además la única forma de verlo, de estar cerca de él, era estar en ese ambiente.

"No hay necesidad y ahí están, están condenados. El Mayo no se dio cuenta de que sus hijos no tenían alternativas... Vicente, el *Gordo*, Serafín."

El verdadero nombre de Germán Olivares es Germán Magaña Pasos, operador del Mayo en Chihuahua. Contrataba "familias enteras" que pudieran manejar los coches arreglados, explicó Vicentillo. "Familias que podían cruzar la frontera cada día, personas que venían a Juárez a trabajar y por eso esas familias podían cruzar tres o cuatro veces al día con cargamentos de cocaína." No eran sospechosos. Luego Germán se hizo cargo de Mexicali. Ahí estableció toda su estructura.

Aunque Vicentillo no sabía su nombre verdadero, la información que proporcionó acerca de Germán desde 2011 sirvió para que la DEA descubriera su verdadero nombre e infiltrara sus operaciones. Nadie sabía de él hasta que en 2014 se dijo en los medios de comunicación quién era, y pudieron abrir un caso criminal en su contra en la Corte Federal del Distrito Oeste de Texas.

Actualmente Germán está libre.

* * *

La principal persona de Germán Olivares en Estados Unidos era Ulysses. No conozco su verdadero nombre y no creo haberlo conocido en persona. Aun así, por mis conversaciones con Germán y otros, sé que Ulysses es responsable del transporte de la droga dentro de Estados Unidos, incluyendo el reparto de droga a los clientes de Germán. Y recolecta y transporta el dinero de las ventas de esos mismos clientes.[2]

Ulysses organizaba un sistema de bodegas y casas de seguridad en Los Ángeles, Chicago, Nueva York, El Paso y otras partes donde se almacenaba la droga y el dinero. Ulysses coordinaba con Pacheco y otros recibir la droga en esas locaciones, después de que la droga llegaba a Estados Unidos de México. De 2006 hasta cuando yo fui detenido en 2009, la base de operaciones de Ulysses estaba en Los Ángeles. Antes de 2006, estaba en El Paso. Ulysses juntaba la droga en una locación central mientras se acumulaba suficiente cantidad para un cargamento y luego la droga era cargada en tracto trailers con compartimentos secretos. De ahí la droga era transportada a otras bodegas y casas de seguridad en Chicago y otras locaciones de Estados Unidos. Una vez que llegaba a su destino, la droga era fraccionada en pequeñas cantidades y repartida entre los clientes de Germán. Ulysses hacía la misma operación a la inversa para el dinero de las ventas de la droga. Supervisaba la recolección de dinero de Germán de sus clientes donde quiera que estuvieran.

Aproximadamente de 2006 a 2009 el dinero era reunido en varias locaciones hasta que era bastante como para hacer un traslado en tráiler a Los Ángeles. En Los Ángeles el dinero era entregado a gente de Pacheco que era responsable de moverlo a México. Antes de 2006 el mismo sistema era usado en El Paso.

Ulysses mantenía totalmente separadas las operaciones de reparto de la droga y la recolección del dinero. Las personas responsables del tráfico y distribución de droga no eran la mismas que las que recolectaban el dinero. Aunque yo no me comuniqué directamente con Ulysses. Yo estando con Germán éste le llamó varias veces a Ulysses por radio en altavoz, de tal modo que pudiera escuchar las dos partes de la conversación. En estas ocasiones Ulysses proporcionaba a Germán reportes actualizados del estatus de los cargamentos de droga y dinero, y Germán le daba órdenes de qué hacer con el dinero o la droga.

Conocí a una persona a la que le decían *Arellanes* o *Rayo* aproximadamente en 1995. Creo que el apellido de Rayo era Arellano, pero no conozco el nombre de Rayo. En 1995 Rayo era policía municipal activo de Ciudad Juárez, Chihuahua. Rayo trabajaba directamente para Amado Carrillo Fuentes en Juárez. Cuando mi padre iba a visitar a Amado en Juárez, Rayo fungía como su chofer y guardaespaldas.

Cuando Amado murió en 1997, Rayo fue a trabajar con otro integrante del Cártel de Sinaloa llamado Arturo Hernández González, a quien conocí como *Chucky*. Cuando Chucky fue arrestado en 2005, Rayo contactó a mi padre y le pidió ayuda para conseguir otro trabajo. Rayo trabajó como guardaespaldas de mi padre hasta 2007 cuando se fue a trabajar con Germán. Aproximadamente en 2008 Rayo fue nombrado jefe de operaciones de Germán en Mexicali. Rayo era el responsable del cruce de drogas a Estados Unidos cuando Germán cruzaba drogas por él mismo. Rayo tenía comunicación directa con Pacheco. Cuando las drogas que pertenecían a Germán llegaban a Mexicali en los tanques de Gonzalo, Pacheco llamaba a Rayo para coordinar el recibimiento de la droga y así Rayo podía moverla a través de la frontera. Rayo también se coordinaba con Pacheco cuando Pacheco cruzaba drogas a Estados Unidos, que eran entregadas a la gente de Germán en Estados Unidos.

De igual forma Rayo supervisaba el cruce del dinero de Estados Unidos a Mexicali cuando Germán lo hacía para sí mismo y Rayo se coordinaba con Pacheco cuando Pacheco cruzaba el dinero de Germán.

* * *

En 2012 la DEA logró identificar a Rayo. Su nombre es Fernando Arellano Romero. Era un hombre de guerra. Cuando comenzó la guerra contra Vicente Carrillo Fuentes, trabajaba como asesino a las órdenes de José Antonio Torres Marrufo, quien dirigía para el Mayo y el Chapo a Gente Nueva, un grupo de sicarios que luchaba contra Barrio Azteca y la Línea del Cártel de Juárez. En esa época Juárez era un campo de batalla tan violento que llegó a considerarse la ciudad más mortífera del mundo.

Uno de los episodios más cruentos fue cuando un comando de Gente Nueva irrumpió en la ceremonia religiosa de una boda en Ciudad Juárez y secuestró al novio, a su hermano y a un tío porque trabajaban para Vicente Carrillo. El novio nunca llegó a la noche de bodas. Días después hallaron los cuerpos de las víctimas abandonados en una camioneta en plena ciudad.

Germán era el jefe de todos.

* * *

Conocí en persona a un hombre de Germán responsable de sus operaciones en Culiacán como *Perales*. No sé si ése es su verdadero nombre. Perales primero trabajó con Germán en Ciudad Juárez, pero fue reubicado cuando Germán movió sus operaciones de Juárez a Mexicali. Perales era responsable de comprar o rentar oficinas, bodegas y casas de seguridad para Germán en Culiacán. Perales supervisaba el almacenamiento de dinero y droga en estos locales. Perales también era el responsable de la contabilidad. En este rol Perales mantenía un récord de todas las actividades de tráfico de droga y financieras de Germán. Además de trabajar para Germán, también trabajaba para mi padre y realizaba el mismo trabajo de contabilidad.[3]

Los "libros" que Perales tenía de mi padre no contenían todo, pero contenían una buena cantidad de la información financiera de mi padre y de la droga vendida a sus clientes y transportada a través de México y Estados Unidos. Mi padre nunca ordenó ese rol a Perales. Más bien Germán nombró a Perales como responsable de almacenar el dinero a nombre de mi padre. Con el tiempo, ese rol fue convirtiendo a Perales en responsable de llevar los registros de mi padre. Una vez que ya había asumido esa función, mi padre lo autorizó a que continuara. Perales supervisaba un equipo de seis personas responsables de almacenar droga y dinero de Germán en Culiacán.

Perales dividía al equipo en dos grupos, tres responsables del dinero y tres de la droga de Germán. También tenía trabajadores adicionales que eran responsables de proveer seguridad a las operaciones de Germán y a su infraestructura.

* * *

En 1999 y principios del 2000 mi padre se asoció con una persona llamada Javier Torres Félix. Javier era cliente de mi padre y también realizaba algunas funciones para el Cártel de Sinaloa. Uno de los trabajadores de Javier en este periodo era su hermano Manuel Torres Félix, a quien conocí como M1. Javier fue arrestado en 2004 y M1 se hizo cargo de las operaciones de su hermano. Cuando fue arrestado, Javier tenía aproximadamente un equipo de 50 personas que le reportaban. Sus trabajadores comenzaron a reportarle a M1, pero últimamente es mi padre el que paga sus salarios.[4]

Desde 2004, M1 y su gente le reporta a mi padre y sirven como pistoleros del Cártel de Sinaloa. En 2008, cuando comenzó la guerra con los Zetas y los Beltrán Leyva, M1 y su gente eran uno de los principales grupos que peleaban de parte de las fuerzas de Gonzalo [Macho Prieto] y Chapo en contra de los enemigos del Cártel de Sinaloa. El grupo de hombres armados de M1 creció a cerca de 100 personas. Yo sé que M1 y su gente son directamente responsables de muchos enfrentamientos en los que resultaron muchas personas muertas y actos de violencia.

Cuando mi padre pagaba directamente el salario a los pistoleros de M1, él no pagaba en dinero a M1, sino que le daba una parte de los cargamentos de cocaína y él, M1, la vendía a clientes. Generalmente mi padre le daba a M1 50 kilos por cada cargamento que mi padre movía. Mi padre usaba este mismo sistema para pagar a otras personas, incluyendo a mí. A quienes pagaba de esta forma mi padre les daba a elegir si querían físicamente kilos de cocaína para venderlos ellos mismos o si querían que mi padre la vendiera a su nombre y les entregaba las ganancias. Mucha gente, incluyéndome a mí, simplemente elegia recibir el dinero de la venta de los kilos.

M1 generalmente elegía recibir directamente los kilos y venderlos a sus propios clientes. Yo estaba directamente involucrado en estas transferencias de cocaína a M1 en muchas ocasiones. A nombre de mi padre recuerdo dos ocasiones en que ordené a Monito entregar a M1 aproximadamente 30 kilos de cocaína, y otras tres ocasiones ordené a Monito entregarle 50 kilos.

* * *

El legendario M1 murió en octubre de 2012 durante un enfrentamiento con el ejército en la sindicatura de Quilá, Culiacán, la tierra del Mayo.

Lo que no dijo Vicentillo es que Manuel Torres Félix era parte de su familia política. Su hija Ellameli se casó con su hermano Serafín Zambada, hijo del Mayo y la psicóloga Leticia Ortiz.

M1 ya no fue testigo de cómo su hija dividió a la organización criminal. Ellameli tuvo varios amantes dentro del Cártel de Sinaloa, pero de uno se enamoró: Dámaso López Serrano, alias *el Mini Lic*, hijo de Dámaso López Núñez, brazo derecho del Chapo. Esto causó un cisma en la familia, según me contaron familiares.

"Serafín es un buen muchacho —comentó Gaxiola—. En las primeras audiencias iba a Chicago a ver el proceso de su hermano, un muchacho sencillo, de inteligencia promedio, ningún don ni carisma, pero era solidario con Vicente."

Gaxiola me explicó cómo lo arrestaron. Dado que Serafín es de nacionalidad americana, recibió una carta del gobierno de Estados Unidos donde le decían que podía hacer los trámites legales para que su esposa también fuera americana. De modo que hizo una cita en Tucson a la que acudió con ella. Todo era una trampa. En 2013 lo arrestaron en la frontera entre Nogales y Tucson. "Cuando lo arrestaron venía con su esposa, quien no estaba acusada de nada, y la dejaron libre."

En 2019 lo liberaron luego de llegar a un acuerdo con la fiscalía y colaborar con ellos. Ahora es padre soltero. Su madre Leticia iba a las audiencias y siempre estuvo cercana a él.

Cuando arrestaron por tercera vez al Chapo en 2016 y su fin parecía cerca, se desató una guerra entre sus hijos y Dámaso López Núñez por el control de su facción. A Dámaso lo detuvieron en mayo de 2017, y su hijo, el Mini Lic, se entregó al gobierno de Estados Unidos en julio del mismo año para salvar su vida.

* * *

Aproximadamente en 2006 mi padre me presentó a los hermanos Cabrera Sarabia. Ellos eran de las montañas entre Sinaloa y Durango y estaban involucrados en el narcotráfico en diferentes niveles. Los Cabrera-Sarabia tenían sus propias operaciones para sembrar mariguana y amapola, y ellos mismos la procesaban en heroína. Así, ellos vendían la mariguana y heroína a sus clientes en México y los Estados Unidos, incluyendo Chicago.[5]

Adicionalmente a la mariguana y heroína, compran cocaína en México a mi padre y a otros, la cual ellos venden a sus propios clientes en Estados Unidos. Yo primero conocí a Felipe Cabrera Sarabia en Culiacán y después conocí al resto de los hermanos Cabrera Sarabia al mismo tiempo durante un encuentro en uno de sus ranchos en 2007. En ese tiempo mi padre se estaba escondiendo en el rancho de los Cabrera Sarabia y estaba bajo su protección.

De mi interacción con los hermanos Cabrera Sarabia tuve conocimiento que ellos coordinaban sus acciones de narcotráfico entre ellos, y por otra parte tenían importantes responsabilidades duplicadas. Sin embargo, cada hermano estaba especializado en aspectos específicos de la operación.

Felipe Cabrera Sarabia, *el Inge* o *el Uno*, era el jefe de la organización de los hermanos. Felipe era el principal responsable de enviar la mariguana y heroína a Estados Unidos y de entregar la mercancía a sus clientes. También estaba a cargo de comprar la cocaína en México y enviarla a Estados Unidos para distribuirla entre sus clientes.

En 2009 Felipe compró una tonelada de cocaína a mi padre en Culiacán. Esta cocaína fue transportada a la frontera en uno de los tanques de Gonzalo [Macho Prieto], cruzó a Estados Unidos por Pacheco, y fue entregada a la gente de Germán en Los Ángeles, y al final dejada a los clientes de Felipe en Chicago. Adicionalmente a mi rol de dar instrucciones a Pacheco para cruzar la cocaína, yo estuve más consciente de los detalles del envío por conversaciones con mi padre, Felipe y otros. Adicionalmente estuve enterado de los múltiples kilos de transacciones de heroína, la cual Felipe entregaba a Pedro y Margarito Flores en Chicago. Estoy enterado de que fue mi padre quien presentó a Felipe con uno de los hermanos Flores en un encuentro en el rancho de Felipe aproximadamente en octubre de 2008.

Alberto Cabrera Sarabia tenía la función de supervisar la seguridad de los Cabrera Sarabia. En este rol, Alberto era el responsable de defender a la gente de su grupo y su infraestructura. También era el responsable de mantener la comunicación con los militares corruptos en apoyo a las actividades de tráfico de drogas de su familia. Creo que Alberto fue asesinado en México en diciembre de 2011.

José Luis Cabrera Sarabia estaba a cargo de los ranchos cuando Felipe no estaba. Tenía líneas de comunicación con la gente que vivía alrededor de las ciudades y pueblos que rodeaban sus ranchos. La gente de los alrededores monitoreaba los caminos que llevaban a los ranchos y los alertaba si había gente sospechosa o fuerzas del gobierno aproximándose a los ranchos. José Luis también ayudaba a vender la mariguana a sus clientes y con la logística para transportarla a sus clientes.

Alejandro Cabrera Sarabia era el responsable de la parte agrícola de los cultivos de mariguana y amapola. El resto de los hermanos reconocían a Alejandro como responsable de los cultivos y seguían sus instrucciones sobre cómo manejar las operaciones para cultivar la mariguana y [producir] heroína. Alejandro era el responsable de todos los trabajadores que cuidaban los cultivos mientras crecían, y estaba a cargo de la cosecha de los cultivos. Era también responsable de comprar mariguana y amapola que otras personas sembraban cuando los Cabrera Sarabia necesitaban más mariguana y amapola de la que podían sembrar ellos mismos. Alejandro tenía este rol por su experiencia en agricultura que le permitía valorar la cualidad de los cultivos de otras personas antes de comprarlos.

El primer lugarteniente de Felipe era una persona a quien conocí como Guadalupe o Lupe. Pienso que Guadalupe es el nombre real de esta persona, pero no conozco su apellido. Conocí a Lupe al mismo tiempo que conocí a los hermanos Cabrera Sarabia. Mi padre se hizo cercano a Lupe durante el tiempo que estuvo en los ranchos de los Cabrera Sarabia. Lupe comenzó a acompañar a mi padre cuando él fue a otros lugares y tenía varias funciones, por ejemplo, cargar los radios que mi padre utilizaba para comunicarse.

* * *

A finales de la década del 2000 uno de los principales clientes de cocaína de mi padre era Lamberto Verdugo. Lamberto compraba en Culiacán la cocaína a mi papá y luego la distribuía a sus clientes en Estados Unidos. El primer hombre de Lamberto era su hermano Ramón Verdugo. Ramón estaba a cargo de llevar el récord del dinero y la droga, y se encargaba de que la cocaína fuera transportada y almacenada en diferentes lugares hasta que fuera entregada a los clientes de Lamberto.[6]

Lamberto fue asesinado por el ejército mexicano aproximadamente en enero de 2009. Después de la muerte de Lamberto, Ramón vino con mi padre y le dijo que él tenía conocimiento detallado de varias partes de la operación de Lamberto. Ramón informó a mi padre que él quería seguir comprándole la droga y venderla a los clientes de Lamberto de la misma manera en que se hacía cuando estaba vivo.

* * *

"Lamberto Verdugo Calderón era uno de los compradores más grandes del Cártel de Sinaloa", dijo Fernando Gaxiola. "Era originario, como el Mayo, de la sindicatura El Salado, él también, como el Mayo, se había ido a Estados Unidos de mojado para ayudar a mantener a sus 11 hermanos, y en Arizona comenzó en el trasiego de droga." Su hijo Luis Enrique es ahijado del Mayo.

El 22 de enero de 2009 militares asesinaron a Lamberto Verdugo Calderón cuando se negó a detenerse en un retén en la carretera a Sinaloa.

Gracias a Vicentillo, el gobierno americano pudo identificarlo a él y a sus hermanos. En 2013, el Departamento del Tesoro los boletinó como operadores del Cártel de Sinaloa. Señalaron a la esposa de Lamberto, Tomasa García Ríos, y a Mónica Verdugo García, como parte de la red criminal.

Su hija es propietaria del parque acuático Los Cascabeles, en la sindicatura de Costa Rica, en el territorio que domina el Mayo. Se trata de una instalación con albercas, toboganes, cabañas de hospedaje y salones de eventos. Alrededor hay varias granjas de pollo Bachoco.

Los Cascabeles se constituyó en 2006 con el notario de cabecera del Mayo, Núñez Bedolla, y con los prestanombres Germán Ponce Mendívil, Israel Ontiveros Sarabia, José Alejandro Velázquez Rojo y Samuel Lemus Vázquez, quienes en 2011 cedieron sus acciones a la hija de Lamberto y a Santiago García Pereda, María de los Ángeles Ríos Campos y María Delia Cárdenas Morelos.

Esa empresa está vinculada con otro parque acuático llamado Jardines la Rinconada, que hasta ahora ha pasado desapercibido por las autoridades. Se creó en 2006, al mismo tiempo que Los Cascabeles y con los mismos prestanombres: Germán Ponce Mendívil y Samuel Lemus Vázquez.

Gracias a la información que proporcionó Vicentillo, en 2014 en la Corte de Distrito de Arizona se abrió un expediente criminal contra el hijo de Lamberto, José Lamberto Verdugo Barraza, y su hermano, Samuel Verdugo Calderón. En 2014 la DEA arrestó en Phoenix a José Lamberto, quien firmó un acuerdo de culpabilidad y ahora purga una sentencia de seis años de prisión. A su hermano Luis Enrique Verdugo Barraza lo detuvieron en 2017.

Pero el Mayo tenía otros clientes. Por ejemplo, Benjamín Jaramillo Félix, alias *Nene Jaramillo.* Según Gaxiola, este personaje es uno de los compradores más grandes de cocaína que hay en México.

También estaba Marco Paredes, alias *Elena,* quien trabajaba para Nene. En 2011 un grupo especial de la Policía Federal entrenado por la DEA detuvo a Paredes en México. Lo torturaron y después lo interrogó la propia DEA. Más tarde lo extraditaron a Estados Unidos a petición de la Corte Federal de Columbia y, tras la colaboración de Vicentillo, se abrió en su contra un expediente criminal a finales de 2012. Posteriormente lo trasladaron a una corte federal de Michigan donde el 1 de octubre de 2019 firmó un acuerdo de culpabilidad y confesó que trabajaba para Nene Jaramillo.

* * *

José Rodrigo Aréchiga Gamboa, a quien también conozco como *Chino Ántrax*, creció junto con mi hermanastro más joven, Ismael Zambada Imperial, a quien también conozco como *Mayito Gordo*.[7]

Aproximadamente en 2004, Chino, a los 24 años de edad, comenzó a trabajar para el Cártel de Sinaloa en un nivel muy bajo, generalmente se limitaba a manejar para Gordo y llevar recados. Chino continuó en este rol hasta aproximadamente 2008, cuando comenzó a tener más responsabilidades después de que inició la guerra con los Beltrán, Zetas y Carrillo. Chino comenzó a actuar como guardaespaldas de Gordo. Se le dieron armas y se le autorizó traer a más personas para ayudar a proteger a Gordo.

Después de un tiempo de proteger a Gordo, Chino comenzó a escoltarme a mí. Yo le di a Chino un Jeep a prueba de balas para que pudiera hacer la vigilancia y autoricé a Chino a contratar a cerca de 20 personas que trabajaban con él. Chino y toda su gente era pagada por mi padre.

Después él se involucró más en el Cártel de Sinaloa protegiéndome a mí y a Gordo. Chino me dijo que desde 2007 también estaba trabajando en el transporte de drogas de Culiacán a la frontera y traía de regreso dinero a Culiacán. Intentó usar este mismo sistema para mover la droga y el dinero de otras personas y cobrarles por el servicio.

El sistema de Chino consistía sólo en llevar la droga a la frontera, donde la droga era pasada a Estados Unidos por otros. Chino me dijo que generalmente entregaba las drogas a los mismos clientes que le habían pagado el transporte a la frontera. Sus clientes eran responsables de cruzar la droga a Estados Unidos por ellos mismos. Chino me informó que usaba dos trailers refrigerantes para transportar la droga.

Me confió que tenía una fuente dentro de la compañía Bachoco, la cual es una empresa legítima que se dedica al transporte de pollo, huevo y otros productos en México. Chino corrompió a una persona dentro de la compañía que le proporcionaba toda la documentación apropiada y necesaria para disfrazar las cargas de droga con la carga de pollos congelados, para moverla de Culiacán a la frontera. Me dijo específicamente que tenía en los trailers que transportaban pollos congelados un sistema para esconder la mariguana. Chino aseguró que en cada tráiler podía transportar dos toneladas de mariguana.

Fue mi guardaespaldas cuando fui a uno de los ranchos de los Cabrera Sarabia en 2009. Durante esta visita llevé a Chino con mi padre para que le explicara este método de transporte de mariguana. Como lo mencioné anteriormente, en aquel tiempo mi padre y Chapo compraron una gran cosecha de mariguana, que intentaron cruzar a Estados Unidos, una parte por un nuevo punto de cruce que Gonzalo arregló en Sonoyta. Como era una cantidad muy grande de mariguana, mi padre necesitaba diversos medios de transporte para llevarla a la frontera.

Durante el encuentro en el rancho de los Cabrera Sarabia, Chino le platicó a mi padre que trabajaba con la compañía de pollos [Bachoco] y que él podía enviar cuatro trailers que podían contener cada uno dos toneladas de mariguana. Chino le explicó a mi padre que ya había hecho muchos viajes y que todos habían sido exitosos. Chino explicó que la mariguana debía ser llevada a las oficinas de la compañía y así podía ser escondida dentro de las cajas refrigerantes. Chino explicó que como los trailers iban a transportar legalmente los pollos de la compañía, él no podía establecer el itinerario de los trailers. Más bien los trailers iban a seguir el itinerario de la compañía. Mi padre dijo que para él este arreglo estaba bien y aceptó usar el método de Chino para transportar la mariguana.

Después del encuentro entre Chino y mi padre tuve conocimiento que al menos tres cargamentos de mariguana fueron enviados a la frontera usando el método de Chino, en trailers de Bachoco. Específicamente Chino transportó de este modo al menos seis toneladas de mariguana que pertenecían a los Cabrera Sarabia. Chino se puso en contacto con Felipe y con Lupe para trabajar en el modo de recibir la mariguana en la compañía de pollos. Poco después, la mariguana fue transportada en aviones del rancho de los Cabrera Sarabia y entregada a la gente de Chino.

Estoy enterado por las pláticas con mi padre y Chino que toda la mariguana fue exitosamente entregada en la frontera. La mariguana fue entregada a Pacheco en Mexicali y almacenada en un lugar seguro, pero no sé quién fue responsable de cruzarla a Estados Unidos. Por mis conversaciones con Felipe, mi padre y otros, estuve enterado de que el plan era entregar las seis toneladas de Felipe en California.

Adicionalmente al movimiento de la mariguana en la frontera, Chino usaba los trailers de pollos para mover el dinero de la frontera a Culiacán. Como la entrega de seis toneladas fue exitosa, mi padre quería arreglar un segundo envío de seis toneladas. Yo fui detenido antes de que el envío fuera completado.

Aunque Chino comenzó su operación de transporte de droga, él continuaba el rol como guardaespaldas y pistolero del cártel. Antes de mi arresto en 2009, Chino tenía líneas de comunicación directa con M1 y otros. Chino y su gente estaban disponibles para pelear contra los rivales del cártel cuando fuera necesario.

* * *

De los muchos métodos con que el Mayo y su gente se las arreglan para transportar la droga, sin duda el de los tráileres de Bachoco ha sido uno de los más creativos e insospechados. Quien en México está familiarizado con Bachoco y su amigable y en ocasiones irónica campaña publicitaria de los simpáticos pollos y huevos disfrazados, difícilmente podría imaginar que los camiones de pollos congelados van cargados con droga. Ni siquiera Gustavo Fring en *Breaking Bad* lo hubiera podido planear mejor. El negocio de Los Pollos Hermanos no parece tan imposible comparado con lo que logró hacer el Chino Ántrax.

Bachoco es una empresa fundada en 1952 en Sonora. Se considera "líder en la industria avícola en México y sexto productor de pollo a nivel mundial". Cotiza en la Bolsa Mexicana de Valores y en el New York Stock Exchange desde 1997. Sus principales productos comerciales son pollo procesado, huevo y cerdo. Cuenta con nueve complejos productivos en México y uno en Estados Unidos.[8] El presidente del consejo de administración es Francisco Javier Robinson Bours Castelo. Su hermano, Eduardo Robinson Bours Castelo, fue gobernador de Sonora de 2003 a 2009 por el PRI.

Chino Ántrax, alto, joven y atlético, era un viajero del mundo. Sin embargo, sus travesías en los camiones de pollos y en distintos países terminaron en diciembre de 2013 en el aeropuerto de Ámsterdam. Diversos medios aseguraron que las imágenes del Chino publicadas en Instagram lo habrían llevado a la cárcel, pero más bien fue la colaboración de Vicentillo.

En 2014 se ejecutó su extradición y lo presentaron en la Corte del Distrito Sur de California. El 20 de mayo de 2015 hasta el duro Chino Ántrax llegó a un acuerdo y se declaró culpable de que al menos de 2005 a 2013 se convirtió en un integrante de "alto nivel" del Cártel de Sinaloa y que en complicidad con otros traficó drogas a Estados Unidos y participó en acciones violentas del cártel contra sus rivales. Chino era el líder del grupo de sicarios llamados los Ántrax. Se le impuso una multa de 10 millones de dólares y su sentencia ha sido pospuesta al menos por tres años, en los que ha cooperado con la fiscal Laura Duffy de California.

Notas

1 Texto escrito por Vicente Zambada Niebla, entregado por Fernando Gaxiola a la autora.
2 *Idem.*
3 *Idem.*
4 *Idem.*
5 *Idem.*
6 *Idem.*
7 *Idem.*
8 Perfil público de la empresa publicado en octubre de 2019 en la CNVB.

11

Más de la mitad del mundo es territorio Sinaloa

El poderoso grupo criminal italiano 'Ndrangheta, que opera en Calabria y hoy es uno de los más potentes en Europa, tiene un refrán que sus integrantes dicen con orgullo: "El mundo se divide entre lo que es Calabria y lo que se convertirá en Calabria". En el medio siglo que el Mayo lleva como mandamás del Cártel de Sinaloa ha logrado una buena parte de ese sueño. Y es que su organización criminal opera en más de 50% del territorio mundial.

Si uno ve el mapa diseñado por el IDA, el instituto responsable de asesorar al Departamento de Defensa de Estados Unidos, se queda sin aliento. El cártel del Mayo tiene presencia prácticamente en todo el continente americano, a excepción de Surinam, Guyana Francesa, Haití y Groenlandia. Opera en Europa Mediterránea, Balcánica y Central. En Asia abarca países como Rusia, Turquía, India, China, Tailandia, Laos, incluso Corea del Norte y Corea del Sur. Y en África tiene presencia en países como Marruecos, Mauritania, Guinea, Costa de Marfil, Ghana, Togo, Nigeria. Llega hasta Australia y Nueva Zelanda.

El Mayo está vinculado con una red financiera en Dubái, Emiratos Árabes, por medio de Leopoldo Ochoa Juárez, un importante fabricante de metanfetaminas que provee al Cártel de Sinaloa, a quien Vicentillo conoció directamente. Esa misma red tiene empresas en México asociadas con canadienses, de acuerdo con los hallazgos de mi investigación y con un integrante de la familia directa de los Robinson Bours, de Bachoco.

Si se ve el precio de venta de kilo de cocaína en varios de los países mencionados, se puede entender la motivación que impulsó al Cártel de Sinaloa a salir del continente americano y expandirse. Rey dijo que el precio del kilo en Nueva York llegaba a 35 mil dólares, en Rusia y China a 200 mil, y en Australia y Nueva Zelanda hasta 300 mil.

El informe del IDA señala que:

> Las operaciones de narcotráfico de Sinaloa continúan expandiéndose a nivel mundial. Tradicionalmente, la TCO [organización criminal trasnacional] ha operado ampliamente en América Central y del Sur, administrando redes sofisticadas de células de transporte y otras filiales financieras en estas regiones para mover la cocaína hacia y a través de México.
>
> Sinaloa continúa expandiendo su presencia en áreas clave, especialmente con el establecimiento de centros logísticos en la región.
>
> Las operaciones de Sinaloa en África Occidental son fundamentales para abastecer su mercado europeo, que sirven como un punto de referencia clave para los envíos de drogas.
>
> Para su producción de metanfetamina y actividades de lavado de dinero, Sinaloa tiene operaciones en China para adquirir productos químicos precursores y bienes utilizados en el comercio, basados en esquemas de lavado de dinero.
>
> Las autoridades atribuyen el éxito y el alcance global de Sinaloa a una serie de factores, incluidas sus amplias redes de transporte, su fuerte aparato de inteligencia, sus sofisticadas actividades de lavado de dinero y su capacidad para corromper a los funcionarios públicos y privados".[1]

Las decenas de ejemplos que señala Vicentillo, quien fue testigo en primera línea de todas las formas en que el cártel trafica droga, dan una idea de las ilimitadas operaciones de la organización criminal.

Según Gaxiola, la principal razón por la cual las detenciones y fracturas del Cártel de Sinaloa no han implicado su debilitamiento es la presencia del Mayo y su capacidad de conseguir proveedores de servicios y nuevos clientes que le compren droga de forma masiva.

Para muchas organizaciones internacionales que trafican cocaína, el cártel ha sido un intermediario obligado para llegar con los productores de Colombia, Perú y Bolivia.

"En Colombia el Cártel de Sinaloa es el más confiable, en la cadena de tráfico de drogas nadie hace tratos con un extraño, el único que habla con un extraño es el consumidor final."

Gaxiola me contó que el Chapo estaba comprando tierras en Colombia para producir la coca él mismo y ya no pasar por ningún intermediario. Aunque en nuestro último encuentro no me pudo confirmar si el plan se había concretado.

El procurador Nicola Gratteri de Catanzaro, capital de la región de Calabria, Italia, comparte lo dicho por Gaxiola. Afirma, por ejemplo, que la mafia albanesa, que trabaja junto con la 'Ndrangheta, está teniendo un rol cada vez más importante entre productores directos de cocaína.

> El motivo más razonable es la acreditación que los clanes albaneses tomaron de los cárteles mexicanos a través de la 'Ndrangheta. Es muy complicado acreditarse frente a los productores sudamericanos de la nada. Todavía recuerdo que quienes lo intentaron fueron asesinados en México. Eran criminales de origen serbio-montenegrino. Hemos registrado contacto en México entre hombres de la 'Ndrangheta y de la mafia albanesa.[2]

Como se ve, no importa que el nuevo gobierno del presidente Andrés Manuel López Obrador borre de sus discursos oficiales y de sus conferencias de prensa de cada mañana la existencia del Cártel de Sinaloa y otras organizaciones criminales mexicanas que trafican droga, pues éstas siguen ahí: existen, operan y son la matriz que engendra la violencia y corrupción en la vida cotidiana de México.

* * *

Conocí a Antonio Beltrán, a quien también le dicen *el Tony*, desde la década de los noventa. Tony trabajaba con otra persona a quien conozco como *Yiyo* para cruzar drogas a Estados Unidos.

Conozco a Yiyo aproximadamente desde finales de 2006, inicios del 2007, pero no conozco el nombre real de Yiyo.[3]

Estoy enterado por mis conversaciones con Tony, Yiyo y otros, que Tony y Yiyo cruzaban la cocaína y mariguana a Estados Unidos a través de túneles y compartimentos secretos en automóviles. Además de cruzar la droga, Tony también tenía clientes de cocaína en California.

A menudo Tony coordinaba con *Juancho* [Juan Guzmán Rocha] para distribuir droga a los clientes de Juancho y Tony en California. Aproximadamente en 2009 Tony y Yiyo pidieron a mi padre ayuda con los funcionarios corruptos del gobierno de México en Sonora, específicamente con la Policía Federal en Nogales. Yo pregunté a una persona llamada Rodolfo Beltrán Burgos, de quien hablaré más tarde en esta declaración, si él conocía a la Policía Federal de Nogales. Beltrán Burgos respondió que sí, así que puse en contacto a Beltrán Burgos con Tony. Beltrán Burgos presentó a Tony con el comandante a cargo de la Policía Federal y a partir de ese momento Tony comenzó a pagarle sobornos mensualmente.

* * *

En la época que relata Vicentillo, 2009, el general Armando Treviño Briseño era el coordinador de la Policía Federal en Sonora. Facundo Rosas Rosas era el jefe de la PF a nivel nacional y Oswaldo Luna Valderrábano era jefe del Estado Mayor, responsable directo de los nombramientos de la policía en cada estado.

En 2011 Treviño Briseño fue nombrado secretario de Seguridad Pública de la ciudad fronteriza de Río Bravo, Tamaulipas.

* * *

Los hermanos Limón Sánchez, Alfonso y Óscar, están asociados con el Cártel de Sinaloa. Ellos tienen otro hermano llamado Ovidio a quien no recuerdo conocer. También sé que el apodo de Alfonso es *Poncho*.[4]

Conocí a Alfonso y Óscar aproximadamente en 2006 a través de un amigo mutuo en una carrera de caballos. Aproximadamente en 2007 mi padre supo a través de un comandante corrupto que trabajaba en la PGR que los hermanos Limón Sánchez estaban siendo investigados y vinculados a mi padre. Yo traje a Poncho [Alfonso Limón Sánchez] a ver a mi padre y mi padre le explicó lo que sabía de la investigación. En ese momento, cuando fue el encuentro, no pienso que los hermanos Limón Sánchez estuvieran haciendo ningún negocio criminal con el Cártel de Sinaloa, sin embargo, después del encuentro, los hermanos Limón Sánchez lentamente tomaron un rol en las operaciones de tráfico de drogas del Cártel de Sinaloa.

Los Limón construyeron su propia infraestructura para mover drogas en México y cruzarla a Estados Unidos. Los Limón compraron muchas veces cocaína a mi padre en Culiacán. Aproximadamente en cuatro ocasiones en 2008 mi padre me pidió dar instrucciones a Monito de entregar cocaína a los Limón que ellos habían comprado a mi padre. De estas cuatro transacciones yo ordené a Monito entregar aproximadamente 500 kilos de cocaína para los Limón dos veces, y aproximadamente 300 kilos en dos ocasiones. Monito se reportó conmigo cuando la mercancía fue entregada exitosamente.

Yo estaba presente con mi padre cuando Poncho le informó que estos cargamentos de cocaína eran destinados a California para ser distribuidos entre sus clientes en Estados Unidos. Poncho después informó a mi padre y a mí que uno de los cargamentos de 500 kilos fue asegurado por el gobierno de México cerca de Hermosillo, Sonora, antes de cruzar a Estados Unidos. El cargamento fue asegurado porque los Limón no habían pagado a tiempo los sobornos en Sonora. Mi padre le dijo a Poncho que él siempre debía pagar los sobornos en tiempo para prevenir el riesgo de aseguramientos.

Aproximadamente en 2009 los Limón jugaron un papel activo en la transacción de una tonelada de cocaína. Específicamente Óscar y Poncho trabajaron con Pacheco [Cenobio Flores Pacheco] para cruzar aproximadamente 300 kilos en Mexicali por la frontera a Calexico, California. Una vez que los kilos llegaron a Mexicali, yo le llamé Pacheco por radio y le transmití la orden de mi padre de dar a Óscar y a Poncho 300 kilos para pasarlos. Después Pacheco y los Limón coordinaron a sus respectivos trabajadores para dividir los kilos y moverlos a través de la frontera en pequeñas cantidades. Yo estaba presente con mi padre y Germán [Germán Magaña Pasos] cuando mi padre preguntó a Germán de recibir la cocaína en Los Ángeles después de que fuera cruzada, así la gente de Germán podía entregar la mercancía en Chicago.

Estoy enterado por mis conversaciones siguientes con mi padre y Germán de que toda la cocaína cruzada por los Limón fue exitosamente recibida en Los Ángeles y movida a Chicago donde fue entregada a la gente de Felipe.

* * *

En noviembre de 2011 Ovidio Limón fue arrestado en México a partir de la colaboración de Vicentillo con el gobierno estadounidense. Según la información de las autoridades mexicanas, la captura "se realizó sin ningún disparo gracias a las actividades de explotación de información y seguimiento" realizadas por el ejército mexicano, pero la realidad fue otra.

A Alfonso Limón lo detuvieron en noviembre de 2014 por la misma razón, junto con Martín Avendaño Ojeda, Jesús Beltrán León, hijo de Raúl Beltrán Uriarte, y Rafael Guadalupe Félix Núñez, alias *Changuito Ántrax*, quien trabajaba para Chino Ántrax.

En septiembre de 2013 la fiscalía del gobierno de Estados Unidos inició una demanda criminal contra Poncho, pero éste se fugó en marzo de 2017 del penal de alta seguridad de Aguaruto, Culiacán, junto con Juan José Esparragoza Monzón, apodado *Azulito*, hijo de Juan José Esparragoza Moreno, *el Azul*.

* * *

Otra persona asociada al Cártel de Sinaloa es un hombre a quien sólo conozco como Roberto. Lo conocí aproximadamente en

2005. Sé por mis conversaciones con Roberto, Juancho y mi padre, que Roberto tiene clientes de cocaína en California. Algunas veces Roberto trabajaba con Juancho para vender cocaína que Juancho ya había transportado a California. Roberto también compraba cocaína a mi padre en Culiacán. Sé por mis conversaciones con mi padre y Roberto que éste compraba aproximadamente de 300 a 500 kilos de cocaína en cada transacción con mi padre. Roberto tiene su propia infraestructura de transporte, pero a veces usa los tanques de Pemex de Gonzalo [Macho Prieto] para mover la cocaína de Culiacán a Mexicali para cruzar la frontera a Estados Unidos. Yo personalmente estuve involucrado en vender cocaína a Roberto aproximadamente en tres ocasiones en 2007 y 2008.[5]

En cada una de estas transacciones yo ordené a Monito dar aproximadamente 100 kilos de cocaína a Roberto y después recoger el pago de la mercancía. Aproximadamente en otras cinco o seis ocasiones transmití órdenes de mi padre a Monito y otros de entregar cocaína a Roberto que él había comprado a mi padre.

* * *

Sergio Barrera [Sergio Armando Barrera Salcedo], a quien conozco como *el Secre*, ha estado asociado con mi padre al menos desde los noventa. Mi primer encuentro con él fue aproximadamente en 1997 o 1998. Sé por mis pláticas con Secre, mi padre y otros, que Secre tiene su propia infraestructura para recibir toneladas de cocaína de Colombia. Secre recibe en México botes cargados de cocaína de Colombia a nombre de otros de los cuales él recibe una porción del cargamento como pago de sus servicios.[6]

Secre también tiene infraestructura que le permite recibir en Oaxaca aviones cargados de cocaína provenientes de Colombia. Estos aviones aparentemente tenían documentos legítimos y autorizaciones para volar desde Colombia a México. En aproximadamente 2008 o 2009 yo seguido veía a Secre con M1, cuando ellos venían a ver a mi padre.

Secre tenía contactos con funcionarios corruptos del gobierno de México, incluyendo su hermano, cuando fui detenido su hermano era teniente coronel o coronel en activo en las fuerzas especiales del ejército mexicano conocidas como GAFES.

* * *

En agosto de 2012, luego de que Vicentillo compartiera información con el gobierno de Estados Unidos, casualmente fue el propio ejército mexicano el que detuvo al Secre. Aseguraron que viajaba a Cuba, Venezuela y Nicaragua para coordinar el tráfico de droga.

* * *

Aproximadamente en 2007 conocí a un socio de mi padre y Juancho, a quien conocí como *Polo* y *Polo Ochoa*. Pienso que el verdadero nombre de Polo es Leopoldo Ochoa. Aproximadamente en 2008 Polo usaba los tanques del Cártel de Sinaloa para transportar efedrina de Cancún a Culiacán. Estoy enterado que Polo usaba los tanques para este propósito por mis conversaciones con mi padre y Juancho y porque yo tuve contacto con Chepe en relación a los tanques cuando eran usados para transportar la efedrina de Polo. Estuve enterado por mis conversaciones con mi padre y Juancho que Polo tiene infraestructura para procesar la efedrina y otros precursores químicos en metanfetaminas.[7]

Después Polo vende esta metanfetamina en Culiacán a Juancho y otros clientes, quienes mandan la metanfetamina a Estados Unidos para distribuirla. La persona encargada de recibir en Culiacán los cargamentos transportados en los tanques a nombre de Polo era Francisco Félix, a quien también conocí como *Pancho*. Pancho fue arrestado en México durante la misma operación militar en la que fue asesinado Lamberto Verdugo.

* * *

Polo Ochoa Juárez se inició en el negocio criminal muy joven, a sus 32 años ya era un importante proveedor de metanfetaminas del Mayo, el Chapo y otros.

Polo no actuaba solo, se asoció con Ezio Benjamín Figueroa Vázquez, su hijo Hassein Eduardo Figueroa Gómez —quien tiene pinta de árabe y usa el alias *Ernesto Fernández Gómez*— y Rodrigo Romero Mena. Así logró impulsar su negocio de metanfetaminas y crear empresas por medio de las cuales conseguía productos para su fabricación, encubría su transporte y lavaba dinero.

Se trata de al menos 27 compañías ubicadas en México (18), Panamá (2), Dubái (3) y Chipre (4). Manejaban todo tipo de negocios: autos de carreras, granjas acuícolas, desarrollo inmobiliario, elaboración de productos químicos y farmacéuticos, y hasta la fabricación de tequila.

Ezio y su hijo Hassein fueron señalados en abril de 2012 por el gobierno de Estados Unidos como traficantes de precursores químicos como efedrina y pseudoefedrina provenientes de Europa y África que vendían a organizaciones criminales mexicanas para producir metanfetaminas, principalmente al Cártel de Sinaloa. Desde 2011 padre e hijo fueron acusados de lavado de dinero por una corte federal en Virginia y se giró orden de aprehensión contra los dos.[8]

En septiembre de 2011 Ezio fue arrestado en México bajo el cargo de venta de suministros químicos a los cárteles.

Polo tenía acceso a un amplio círculo empresarial y político por medio de Figueroa Vázquez y su hijo Hassein.

En una de las empresas creadas en 2005 en Cancún, la cual sigue activa hasta hoy, el socio de Ezio es Alejandro Murat Hinojosa, actual gobernador de Oaxaca, hijo del exgobernador José Murat. Y en otra empresa encabezada por Hassein, el primo del presidente de Bachoco, Germán Ignacio Ruiz Robinson Bours, es el apoderado legal.

En la empresa Squadra Fortia, creada en 2002, Ezio y su hijo Hassein son socios de Roberto Figueroa Aguirre, y de un ciudadano canadiense llamado Allen Bernard Berg Black, según el acta constitutiva de la compañía creada en Guadalajara. En Aquiatic Depot, S. A.

de C. V., también establecida en Guadalajara, Figueroa Vázquez está asociado con los colombianos Héctor Fabio y Luis Fernando Castillo Ocampo. Las dos siguen abiertas.

Desarrollo Arquitectónico Fortia se fundó en 2003 y sigue abierta. Sus socios son Hassein Figueroa Gómez, Rodrigo Romero Mena y Lucero Espinoza Vargas. Ninguno pasaba de los 30 años cuando la crearon. La compañía construyó la fastuosa Torre Citadel, también conocida como Heritage Grand Tower en Guadalajara, de 26 pisos de altura, en el lujoso fraccionamiento Puerta de Hierro, con 50% de capital mexicano y 50% árabe, según publicitó la misma compañía en febrero de 2011. En realidad, las dos compañías eran de Hassein. Actualmente algunos departamentos siguen a la venta, el precio es de 22 millones de pesos.

Desde 2009 el abogado Germán Ignacio Ruiz Robinson Bours fue designado por el propio Hassein como apoderado legal de la empresa Desarrollo Arquitectónico Fortia, nombramiento que hasta octubre de 2019 sigue vigente. Es un hecho, según lo dicho por Vicentillo, que en 2009 Chino Ántrax ya movía la cocaína en camiones de Bachoco.

En ese mismo año Desarrollo Arquitectónico Fortia creó una filial en Dubái. Más tarde, Hassein, ya de 46 años, creó otras compañías en esa ciudad: Maestro Investment LLC, Sona Valley & Diamonds, Mexico Lindo Trading, Ergonas Trading, Forcata Holdings, Rio Timto, y Greenfield Studios.[9]

En 2011 a Figueroa Vázquez lo arrestaron en México. Pero no fue hasta abril de 2012, tras la colaboración de Vicentillo con las autoridades de Estados Unidos, cuando el gobierno de ese país catalogó a Ezio y Hassein como "grandes traficantes de precursores químicos en México" y de tener un "papel significativo" en el tráfico de drogas. En esa fecha se prohibió a cualquier empresario y compañía americana hacer negocios con ellos y con al menos 16 de las compañías que lograron ubicar.

Polo fue ejecutado en diciembre de 2012 mientras viajaba en una camioneta de lujo en el Nuevo Malecón de Sinaloa. El Chapo lo mandó matar. Estuvo acabado desde que Vicentillo firmó en julio de ese año una declaración jurada al gobierno de Estados Unidos, pero fue gente del Chapo quien lo aniquiló, gracias a que el Mayo proporcionó su ubicación exacta. La razón es que el Chapo se enteró de que Polo estaba ofreciendo a los americanos información para capturarlo y deshacerse de conflictos con los gringos que ya tenían en la mira a sus socios Ezio y Hassein.

* * *

Dámaso López Núñez, a quien también conozco como *Licenciado, Lic* o *Belisario*, era uno de los principales lugartenientes de Chapo. Primero conocí a Dámaso aproximadamente en 2003, pero yo estaba enterado de él desde mucho tiempo antes. A nombre de Chapo, Dámaso interactuaba con las fuentes de suministro de Colombia de mi padre y Chapo. Específicamente Dámaso era responsable de coordinar con los colombianos para establecer el encuentro entre los botes y submarinos que transportaban la cocaína desde Colombia y los barcos enviados desde México para llevar la cocaína a tierra mexicana.[10]

Aproximadamente en 2008 mi padre y Chapo negociaron la recepción de aproximadamente 20 toneladas de cocaína de sus fuentes de suministro en Colombia. Estoy enterado por mis pláticas con mi padre, Chapo y otros, que Dámaso era responsable de coordinar la recepción de ese cargamento. Dámaso trabajaba con *Capi Beto* [Heriberto Zazueta Godoy], que tenía dos barcos que tenían compartimentos ocultos que pasaban por el Canal de Panamá. Adicionalmente, por su cuenta, Dámaso envió otros dos botes que pasaran por el Canal de Panamá. Dámaso coordinó el encuentro en el mar entre los cuatro barcos y los barcos que habían partido de Choco, Colombia, cargando las 20 toneladas. Una vez que la cocaína fue transferida dentro de los botes que habían pasado por el Canal de Panamá, Dámaso arregló que los botes llegaran a la costa mexicana y de ahí a Sinaloa. Cuando los botes estuvieron en la costa de Sinaloa, Dámaso se coordinó con una persona a quien conocí como *Colas*, para enviar pequeños botes a encontrarse con los barcos que traían la cocaína, y éstos la llevaron a playas o locaciones aisladas en Sinaloa. Una vez que la cocaína estaba en tierra, Dámaso contactó a gente de mi padre y de Chapo incluyendo a Monito y a una persona a quien conozco como *Keta*, quienes transportaron la droga a casas de seguridad en El Dorado y en Culiacán. La mayor parte de las 20 toneladas de cocaína fueron llevadas a México de esta manera. La cocaína restante fue enviada en submarinos directamente de Colombia a Sinaloa. Cuando los submarinos llegaron a costas de Sinaloa, Dámaso arregló de nuevo que pequeños botes fueran por la mercancía del mismo modo que con los barcos. Después de que la cocaína era sacada de los submarinos éstos eran hundidos y la tripulación colombiana era llevada con Dámaso.

Aproximadamente a finales de 2008 Dámaso estuvo envuelto en otra operación para traer cocaína de Colombia a través de Guatemala y Belice a México, a través de aviones de fumigación, entre otro tipo de aviones. Estoy enterado por conversaciones con mi padre, Chapo, Juancho y otros que estos aviones podían cargar hasta media tonelada de cocaína cada uno. Dámaso era encargado de conseguir pistas de aterrizaje en Guatemala, Belice y el sur de México para esta operación. Mi padre también daba órdenes a *Benny* [Armando Contreras Subías] y *Marquitos* [Marco Antonio Paredes Machado] para ayudarle a conseguir pistas de aterrizaje debido a su familiaridad con esas áreas. Yo estuve presente cuando Chapo informó a mi padre que los cargamentos de cocaína habían llegado exitosamente a México utilizando este método. Dámaso también tiene infraestructura para mover droga a través de Honduras. Una de las personas que trabajaba con Dámaso en Honduras era una a quien conocí como Marisquero, su nombre era César. Aproximadamente en 2008 a nombre de Chapo y Dámaso, César recibió por vía terrestre cocaína en Honduras. Luego esta cocaína fue enviada a Guadalajara y Culiacán donde fue vendida.

* * *

El nombre del *Marisquero* es César Gastélum Serrano. Según Gaxiola no era empleado ni del Mayo ni del Chapo. Era un traficante de cocaína muy importante radicado en Honduras que a veces los abastecía a ellos, pero más que un aliado era un competidor.

Gaxiola me habló de él desde 2011, me dijo que la cantidad de droga que traficaba se podía comparar a la de todo un cártel. Pregunté a gente de la DEA si alguien lo conocía, si les sonaba el nombre. Nadie. Gastélum fue invisible hasta que en 2011 Vicentillo le habló sobre él al gobierno de Estados Unidos.

En diciembre de 2014 el Departamento del Tesoro boletinó como narcotraficantes a César Gastélum Serrano y a sus cuatro hermanos: Francisco Javier, Jaime, Alfredo y Guadalupe Candelario.

Vicentillo conocía la dirección de una residencia del Marisquero en Honduras, me dijo Gaxiola. Gracias a eso le siguieron la pista y lo arrestaron en Quintana Roo el 12 de abril de 2015. Ese mismo año lo extraditaron.

Poco antes, en 2014, arrestaron al narcotraficante hondureño Héctor Emilio Fernández Rosa, quien era proveedor de cárteles mexicanos desde 1998 y llegó a construir el Cártel de los Soles en su país. Fernández Rosa pagó 2 millones de dólares de soborno a Manuel Zelaya, quien fuera electo presidente de Honduras en 2006 y cuyo breve mandato terminó con un golpe de Estado en 2009. Luego financió la campaña política del diputado que se convirtió en presidente en 2009, Roberto Micheletti, y con esto obtuvo carta abierta para llevar a Honduras cargamentos masivos de cocaína.[11]

Entre 2008 y 2010 Fernández Rosa comenzó a venderle metanfetaminas al Cártel de Sinaloa. Recibió grandes cargamentos de efedrina en Honduras e hizo realidad un proyecto del que habló Vicentillo, que tenía que ver con el montaje de un laboratorio de metanfetaminas. Fernández Rosa lo estableció en el Departamento de Cortés, donde está el puerto más grande de Honduras y donde recibían la efedrina "hasta la mesa".

En esa operación Fernández Rosa trabajaba con el Marisquero, de quien el Departamento de Justicia de Estados Unidos afirmó que era "lugarteniente de Chapo", pero en realidad tenía un peso propio y era más cercano al Mayo por medio de Polo Ochoa. Era de esa red de corrupción en Honduras de donde provenían las metanfetaminas que Polo le llevaba al Mayo.

En noviembre de 2018 Juan Antonio Hernández, *Tony*, exdiputado federal de Honduras, hermano del actual presidente, Juan Orlando Hernández, fue arrestado en Miami, Florida. Se le acusó de ser un traficante a gran escala y el Departamento de Justicia lo relacionó con Fernández Rosa. El 18 de octubre de 2019 la Corte del Distrito Sur de Nueva York declaró culpable a Tony Hernández, quien según la fiscalía habría recibido dinero del propio Chapo para su hermano.

Según el gobierno americano, la crisis actual que se vive en Honduras y Venezuela se debe "en parte a las actividades y corrupción de algunos miembros del Cártel de los Soles", socios del Mayo y el Chapo.

En su confesión, el Marisquero dijo a las autoridades estadounidenses que él mismo sobornó a candidatos presidenciales para mover droga a través de los puertos y aeropuertos en Guatemala. Y que también pagó a funcionarios hondureños, incluidos el presidente de Honduras. Del Chapo dijo que no tenía dinero, que siempre pedía préstamos y andaba con la mano estirada.

* * *

La familia Cázares han sido amigos de mi padre, Chapo y Beltrán Leyva por un largo tiempo. Emilio Cázares trabajó con mi padre, Chapo y los Beltrán para recibir cocaína de Centro y Sudamérica y transportarla a USA para su distribución.[12]

En el pasado Emilio trabajó más cerca de los Beltrán que de mi padre o Chapo. Yo estuve presente en algunas de las reuniones con mi padre y Chapo en las que Emilio los invitó a invertir en un cargamento de cocaína que pensaba traer a México de Guatemala. Mi padre y Chapo trabajaron directamente con Emilio en traer esta carga, pero no estoy muy familiarizado con los detalles.

Por mis pláticas con Emilio y otros supe que Emilio frecuentemente compraba entre 500 y mil kilos de cocaína en Culiacán a Mochomo Beltrán. Emilio tenía su propia red que le permitía transportar la cocaína a Mexicali y cruzarla a USA. Algunas veces

Chapo confiaba a la estructura de Emilio en Mexicali para cruzar cocaína a USA.

La hermana de Emilio es Blanca Cázares. Yo conozco a Blanca desde que era joven. Es propietaria de diferentes casas de cambio o instituciones financieras en Culiacán y otras partes de México. Mi padre y otros miembros del Cártel de Sinaloa a menudo usaban la infraestructura financiera de Blanca para cambiar dólares a pesos o viceversa dependiendo de la moneda que se requiriera. Específicamente estoy enterado que mi padre usaba la infraestructura de Blanca para cambiar dólares por pesos y pagar sobornos y a la gente que estaba en su nómina.

* * *

Blanca Margarita Cázares Salazar es mejor conocida en el Cártel de Sinaloa como *la Emperatriz*. Ahora tiene 64 años de edad, y si Vicentillo la conoce desde joven es porque ella y su hermano son parte del Cártel de Sinaloa desde siempre.

En 2007 el gobierno de Estados Unidos identificó a Emilio y Blanca Cázares como parte de la red criminal del Mayo y los acusó de tener al menos 19 empresas en México que utilizan para el tráfico de droga y lavado de dinero. Se encuentran en Culiacán, Tijuana, Guadalajara y la Ciudad de México.

Las empresas son de objeto social diverso: constructoras, desarrolladoras de zonas urbanas, importadoras y exportadoras, distribuidoras de ropa, electrodomésticos. También se dedican a la seguridad privada, compra y venta de productos de comunicación. Y negocios que se hacen llamar "casas de cambio", como Agbas Consultores, creada en 2004, que opera en la colonia popular Valle del Rubí en Tijuana, pero no cuenta con ningún permiso de la Comisión Nacional Bancaria ni de la Secretaría de Hacienda. El Departamento del Tesoro de Estados Unidos la clasificó como una empresa vinculada con el narcotráfico.

A pesar de ello y de que las autoridades mexicanas conocen la relación entre los Cázares y el Mayo, todos los negocios boletinados siguen operando según el registro público de la propiedad. Las únicas excepciones son Comercializadora Joana y Comercializadora Toquin, cuyo registro en Culiacán señala que la PGR las aseguró en 2008.

Existen otras empresas vinculadas a la Emperatriz o a los prestanombres que usó para constituir compañías que no están consignadas en el Departamento del Tesoro, como Unión de Crédito Agroindustrial del Valle de Culiacán, que hacía préstamos y cerró operaciones en 2019; Los Milagros de los Santos, en Guadalajara, y Comercial Magitoy, en Culiacán.

Por su parte, la consultora IDA ha identificado a otras tres "casas de cambio" relacionadas con la Emperatriz que el gobierno de Estados Unidos comenzó a investigar como parte de la red financiera del Cártel de Sinaloa: Servicios de Cambio Culiacán, Servicio de Cambio Cuquis o Coquets, y Oro Verde Casa de Cambio. No tienen ningún permiso para operar, pero se presume que funcionan como la caja chica del cártel.

* * *

Conocí a Rodolfo Beltrán Burgos, a quien conozco como el *Doctor*, aproximadamente a finales de 2007, inicios de 2008. En ese tiempo Doctor ya conocía a Chapo y [éste] nos pidió a Juancho y a mí presentarnos con Doctor para así poder comunicarnos entre nosotros. El Doctor servía como uno de los principales contactos entre el Cártel de Sinaloa y miembros del gobierno de México. En particular, el Doctor tenía muchos contactos con la Secretaría de la Defensa Nacional, la PGR, la Marina y la Secretaría de Seguridad Pública federal.[13]

El Doctor era el responsable de pagar semanal o mensualmente los sobornos a los altos mandos de dichas corporaciones. Los pagos especiales o bonos también los entregaba el Doctor y otros en relación con ciertas actividades como la transportación de cocaína [por parte de las autoridades] a una dirección dada.

Adicionalmente al Doctor, la otra gente generalmente responsable de hacer los pagos de sobornos a los funcionarios corruptos eran personas a quienes conocí como *el Estudiante*,

Licenciado Carlos, *Sergio* y *Keta*. Estoy enterado de que Estudiante fue asesinado en la Ciudad de México.

Dependiendo del funcionario y el tipo de pago, el pago de sobornos hecho por Doctor y otros que desarrollaban un rol similar, variaba según de algunos miles de dólares hasta cientos de miles de dólares. A cambio de los sobornos, los funcionarios del gobierno de México proveían: 1) Información relacionada a operaciones contra el Cártel de Sinaloa, sus miembros y asociados. 2) Asistencia directa cuando miembros del Cártel de Sinaloa y sus asociados eran detenidos o sujetos a aseguramiento de droga. 3) Hacían acciones para arrestar o asesinar a enemigos del Cártel de Sinaloa.

El Cártel de Sinaloa seguido desarrollaba información sobre las identidades, paradero y actividades de los enemigos y rivales del cártel. Esta información era proveída por el Doctor, y otros, a los funcionarios corruptos del gobierno quienes a su vez usaban esta información para sus operaciones para arrestar o asesinar a los enemigos y rivales del cártel.

Yo tuve contacto directo con el Doctor en muchas ocasiones relacionadas con el pago a funcionarios corruptos y para coordinar la recepción y uso de la información que esos funcionarios suministraban al cártel. La persona que conocía como *Keta* era una de las personas responsables de mi protección. Yo ordenaba a Keta estar en contacto con el Doctor para asegurarme de que Keta estaba informado si había alguna amenaza para mí y mi familia del gobierno o de enemigos del Cártel de Sinaloa.

Yo también dirigía a una persona a quien conozco como Monito para llevar dinero a Doctor para el pago de los sobornos. El rol general de Monito era proteger y transportar el dinero y drogas del Cártel de Sinaloa en los alrededores de Culiacán. El Doctor habitualmente era capaz de conseguir el dinero necesario para pagar los sobornos sin mi ayuda personal. Aun así, yo ordenaba a Monito llevar el dinero para el pago de sobornos a Doctor y en algunas ocasiones yo mismo llevé dinero a Doctor para hacer el pago de sobornos en al menos dos ocasiones.

* * *

El 29 de mayo de 2009 el ejército arrestó al doctor en la colonia Saludero de Culiacán. La Sedena dijo en un comunicado de prensa que el Doctor viajaba en una Hummer con personas armadas, y que cuando lo detuvieron llevaba más de 3 millones de pesos y 350 mil dólares en efectivo, así como equipos de comunicación, armas de fuego y "documentación diversa".

Oficialmente Rodolfo Beltrán Burgos era un exitoso vendedor de suplementos dietéticos de la compañía Omnilife, propiedad del empresario Jorge Vergara, y hasta tenía acciones del equipo de futbol Chivas. Extraoficialmente hacía el trabajo descrito por Vicentillo.

El Doctor llevaba consigo datos clave de maniobras antidroga de la Policía Federal e incluso informes que la DEA le daba a México sobre sus estrategias, así como datos de operativos de la Marina y de la SIEDO.[14]

Asimismo, como parte del trabajo cotidiano que hacía para el cártel, el Doctor tenía documentos con la descripción de grados y cargos en clave, correos electrónicos y números de celulares y de radiofrecuencia de los principales mandos de las Fuerzas Federales de Apoyo de la Policía Federal que presidía Facundo Rosas y su jefe superior, Genaro García Luna, el hombre más cercano del presidente Calderón y el de mayor poder en el gabinete.

Por si fuera poco, el Doctor tenía una lista meticulosamente organizada con nombres en clave de diversos funcionarios federales, de diversas dependencias, con montos y fechas de pago. Él siempre dijo que era un simple empresario que no tenía nada que ver con el narcotráfico.

Aunque a partir de las revelaciones de Vicentillo, quien lo conoció directamente, no había ninguna duda de que el Doctor trabajaba para el Cártel de Sinaloa, lo liberaron en septiembre de 2014. El argumento fue que la PGR no pudo presentar pruebas en su contra.

La lista del Doctor era apenas una pequeña muestra de la inconmensurable red de corrupción del cártel que atravesaba el río Bravo e iba más allá, al norte.

Notas

1 U. S. Northern Command, "Mexican Transnational Criminal Organizations Counter Threat Finance Study Series. Modeling Financial Components of the Sinaloa Transnational Criminal Organization", IDA, abril de 2012.

2 Giuseppe Legato, "Nicola Gratteri: 'La 'Ndrangheta punta a diventare il supermarket di tutte le droghe' ", *La Stampa*, 9 de septiembre de 2019.

3 Texto escrito por Vicente Zambada Niebla, del cual me entregó copia el abogado Fernando Gaxiola.

4 *Idem.*

5 *Idem.*

6 *Idem.*

7 *Idem.*

8 Departamento del Tesoro de Estados Unidos, comunicados de prensa del 12 de abril de 2012, y Corte del Distrito Este de Virginia, 1:11-cr-00529.

9 Informe de la firma privada Centro para Estudios Avanzados de Defensa, en Washington D. C.

10 Texto escrito por Vicente Zambada Niebla, entregado por Fernando Gaxiola a la autora.

11 Contenido del expediente criminal 1:12-cr-00894 abierto contra Héctor Emilio Fernández Rosa en la Corte del Distrito Sur de Nueva York.

12 Texto escrito por Vicente Zambada Niebla, entregado por Fernando Gaxiola a la autora.

13 *Idem.*

14 EFE, "Tiene cártel de Sinaloa información de la SSP", *Reforma*, 11 de mayo de 2010.

12

"Trabajamos para el gobierno"

Cómo se le paga al gobierno y en qué forma yo participaba ayudando a mi papá.

Se les paga por mensualidades, se le paga al comandante de la AFI [ahora Policía Ministerial Federal], que es el que manda en todo el estado, se les paga a los comandantes de la Policía Judicial del estado, a la policía municipal, a la PF. Para este tipo de cosas estaba encargado el Doctor y también Dámaso [López Núñez], y por parte de nosotros o de mi papá está el comandante Cordero que le paga a la judicial, y está Keta que es el que miraba a los de la PFP, a los de la AFI y a los judiciales.[1]

Como mi papá siempre está en la sierra, a mí me avisaba la Keta o Cordero, "oiga, ya llegó la mensualidad", y yo le hablaba al de los encargados del dinero de mi papá, que lo tienen guardado. Por ejemplo, se le pagaba al comandante de Culiacán 50 mil dólares al mes, se le pagaba al comandante de Mazatlán 30 mil dólares, a los de la PFP de Culiacán, Mazatlán, La Cruz de Elota, 20 mil dólares a cada uno. Yo lo que hacía era hablarle al [Omar] Wiwi, muchacho mío, y a otro al que le digo *Perico*, y le decía "oye, ve y pide tanto allá donde está guardado el dinero y entrégaselo a Keta", y cuando se le pagaba a la judicial del estado o a la municipal les decía lo mismo "entrégale tanto a Cordero", y yo les decía que apuntaran la cantidad y fecha para que mi papá lleve sus cuentas.

Se les paga al [coordinador de la PF y AFI] de Sinaloa, al de Nayarit, al de Jalisco, al de Baja California, al de Chiapas, al de Chetumal. Cuando cambian de comandante en las plazas, antes de que el encargado se vaya, él mismo te presenta al nuevo. El Doctor y la Keta me hablaban a mí, y yo ya le avisaba a mi papá de que ya habían puesto nuevo comandante y que todo estaba bien. Y ya mi papá o el Chapo lo miraban en persona para saludarlo y ponerse a sus órdenes y mi papá me decía "te encargo que me recuerdes de la mensualidad o tú dale el dinero al Doctor o la Keta para que cada mes estén pagando". Y era la parte de la función con la que ayudaba a mi papá, no siempre, porque yo al año me pasaba tres o cuatro meses fuera de Culiacán, me iba a la Ciudad de México, pero todo lo hacía por teléfono o Nextel.

Varias veces sí conocí a comandantes de la AFI por medio de mi papá, cuando estaba con él y en ese momento él les llamaba para saludarlos y me los presentaba. Mi papá siempre ve a los comandantes que van llegando o cuando los cambian, y ya después se encarga el Doctor o la Keta de estarles dando su mensualidad. Mi papá siempre los saluda y platica con ellos, más bien como una cortesía de él, no sé cómo llamarlo, pero él siempre los ve.

Con los comandantes de la Policía Judicial del estado es el mismo mecanismo, se les paga cada mes. Se le da al director, al subdirector, al de los operativos y al de cada partida, las partidas son las que hay en cada ciudad del estado, por ejemplo, se le da al de Mazatlán, La Cruz, El Salado, Costa Rica, El Dorado, Escuinapa, El Rosario, Navolato, Pericos, y yo lo que hacía era hablar para que le entregaran el dinero a Cordero, o a veces también les pagaba otra persona. Mi función a veces era sólo agarrar el teléfono, hablar y decir "entrégale tanto a fulano" y ya era todo, y así para todos los gastos hablaba yo.

La PGR tiene delegados regionales y subdelegados. Todos los delegados y subdelegados son amigos de mi padre y Chapo, y de todos los demás. Cada delegado que llega a Culiacán, si no es conocido, el delegado saliente lo presenta. Todos ellos en toda la República son amigos.

El 99% de la PGR es corrupta y nosotros les damos todo el dinero. Cada año o cada determinados meses son rotados en toda la República. Pero son los mismos y se conocen entre ellos. Y a cualquier estado que van, ellos reportan a quien esté encargado en el estado. Si ellos están en Culiacán, entonces mi padre y Chapo les dan dinero, si se mueven a otro estado como Tamaulipas, entonces es lógico que con quien se reportan es con los Zetas o el Cártel del Golfo. Pero no hay ni un solo funcionario que no tome dinero.

Nosotros le damos dinero al director de la policía municipal, policía estatal y al de la Policía Federal. Estaban dando un pago mensual al comandante de Guadalajara de la PGR y la PF. Lo mismo en Nayarit, Sonora y Baja California igual. Y en esos estados les dan dinero no porque mi padre o Chapo tengan gente, sino se lo dan en caso de que pase un cargamento por el estado o en caso de que necesiten alguna cosa.

Yo sé que les dieron dinero a muchos de la PF. Lo sé por boca de mi padre y Chapo. El que manejaba todo eso era el Doctor y Keta.

* * *

El Mayo acuñó dos refranes que Gaxiola le escuchó decir varias veces. Son la regla de oro que le ha permitido al capo ser líder de las drogas en México durante medio siglo sin jamás haber pisado la cárcel: "Con suficiente dinero todo se puede" y "El gobierno siempre va a tener más balas, no tiene caso pelearse con ellos".

"La infraestructura del cártel está compuesta por [...] recursos marítimos, en aire, tierra, también recursos humanos, también territorios y también las autoridades corruptas. Los funcionarios del gobierno de alto rango son muy importantes para la infraestructura del narcotráfico", dijo Rey en su testimonio ante la corte estadounidense.[2]

Si bien el Doctor, Keta y Cordero eran en aquel tiempo los responsables de pagar la mayor parte de los sobornos, cuando se trataba de un funcionario de máximo nivel, el Mayo enviaba directamente a su hermano Rey.

Según Rey, quien durante años fue pieza integral del Cártel de Sinaloa, el aparato de funcionarios corrompidos que año con año cobran dinero por proteger al cártel formaba parte de los activos de su empresa criminal.

Entre más alto era el funcionario público sobornado, más valioso y útil era el "activo". En los sexenios de Vicente Fox y Felipe Calderón, el Mayo, el Chapo y los Beltrán Leyva llegaron hasta el máximo nivel. Los sobornos salpicaban a todos.

Por ejemplo, durante la administración de Fox, el responsable de la AFI, Genaro García Luna, recibió 3 millones de dólares de sobornos por parte del Mayo. Se los entregó Rey en mano propia. El objetivo era, entre otros, que se nombrara a Norberto Vigueras Beltrán como jefe regional de la AFI en Culiacán.[3]

El Mayo obtuvo lo que quería. Vigueras Beltrán, quien había trabajado en la AFI (antes Policía Judicial) desde 1986, se encontraba en Hidalgo y en el periodo de García Luna lo transfirieron como jefe regional a Culiacán, donde estuvo de 2003 a 2006. Rey dijo que el Mayo lo quería ahí porque "lo tenía en el bolsillo". Luego lo enviaron como jefe regional de la AFI en Durango, otro territorio del Mayo y el Cártel de Sinaloa, donde sirvió de 2006 a 2011. En octubre de 2019 Vigueras Beltrán fue nombrado secretario de Seguridad Pública de Cuernavaca.

Durante su gestión en la AFI, García Luna y su equipo de colaboradores más cercano: Luis Cárdenas Palomino, Francisco Javier Garza Palacios, Facundo Rosas Rosas, Édgar Millán Gómez, Roberto Velasco, Armando Espinoza de Benito, Igor Labastida, Luis Manuel Becerril Mina, Gerardo Garay Cadena, Ramón Pequeño, entre otros, fueron señalados en la unidad de asuntos internos de la PGR por corrupción y vínculos con el Cártel de Sinaloa.

García Luna y su gente desquitaban los sobornos. Durante la guerra del Cártel de Sinaloa contra el Golfo y los Zetas, la AFI fue un brazo armado del Mayo, el Chapo y Arturo Beltrán Leyva en más de una ocasión.

En el sexenio del Felipe Calderón, el propio presidente recibió millones de dólares en sobornos cuando públicamente decía tener una guerra contra los narcotraficantes en México. Habría recibido dinero del Mayo y de los Beltrán Leyva, según confesó al gobierno de Estados Unidos el narcotraficante Álex Cifuentes, estrecho colaborador de ambos grupos.[4]

Esto fue incómodamente ventilado al público durante el juicio de Chapo en Nueva York en 2018 y 2019. Aunque Calderón dijo que no era cierto, el gobierno de Estados Unidos no desmintió la acusación porque viene directamente de uno de los testigos colaboradores más importantes del Departamento de Justicia.

En 2012 Édgar Valdez Villarreal señaló públicamente que el presidente Calderón llegó a presidir reuniones con narcotraficantes para llegar a acuerdos.[5]

Rey afirmó al gobierno de Estados Unidos que en 2007 entregó directamente a García Luna 5 millones de dólares en efectivo: a mayor rango mayor pago. Y aseguró que el mismo García Luna aceptó 50 millones de dólares de Arturo Beltrán Leyva, la Barbie y su socio José Gerardo Álvarez, *el Indio*.[6]

En el otro nivel de funcionarios federales de diversas instituciones, Rey confesó que gastaba mensualmente cerca de 300 mil dólares en sobornos. Pero si se trataba de un director de alto rango de la PGR o de un general del ejército, los pagos ascendían a medio millón de dólares por cada uno.

No fueron pagos estériles, el dinero sucio fue el abono que hizo crecer la eficaz colaboración entre los policías y el Cártel de Sinaloa. Los "activos" de la SSP y la PF, como los llamaba Rey, daban servicios útiles. No sólo les ayudaban a combatir a los Zetas, cuando estaba la guerra contra ellos, sino también a mover droga tanto en el Aeropuerto Internacional de la Ciudad de México como vía terrestre.

Álex Cifuentes, el narco colombiano cercano al Mayo, contó que en una ocasión el Cártel de Sinaloa envió maletas cargadas de cocaína en un vuelo comercial de Argentina a México. La PF recuperó las maletas en el aeropuerto. Para no fallar, le enviaron las fotos de las maletas que debían buscar, no fuera que se trajeran la valija equivocada.[7]

Al final, la SSP de García Luna y la PF llegaron a estar tan compenetradas con el Cártel de Sinaloa que hasta se volvieron clientes. Sí. Les compraban droga que luego los propios mandos de la PF vendían por su cuenta.

Cifuentes comentó que esos servicios de recuperar maletas y vender droga no sólo se lo brindó la servil gente de la SSP a él, sino también a la Barbie.

* * *

Gaxiola me contó que en el sexenio de Vicente Fox la colusión con el Cártel de Sinaloa tuvo diversas facetas, pero la que él conoció de Vicentillo fue respecto a los hijos de la primera dama Marta Sahagún.

"Los hijos de Marta Sahagún tenían controladas todas las aduanas y ellos vendían el precursor químico [pseudoefedrina] al cártel para producir las metanfetaminas, el dinero de Zhenli Ye Gon era de ellos", me afirmó Gaxiola. Y aseguró que Vicentillo habló directamente sobre esto con la DEA a pregunta expresa de la agencia en 2011 y 2012.

Aunque no era la primera vez que se relacionaba a los hijos de Sahagún con Zhenli Ye Gon, sí era la primera vez que alguien directamente vinculado con el cártel lo confirmaba al gobierno de Estados Unidos.

"Los hijos de Marta no sabían qué hacer con el dinero, sótanos llenos de billetes", abundó el abogado haciendo énfasis en su voracidad.

Durante el sexenio de Fox, a los hijos de su esposa los señalaron por múltiples actos de corrupción. En México han permanecido impunes, pero en Estados Unidos, en la Corte del Distrito Sur de California, se abrió un expediente criminal en 2008 contra Manuel Bribiesca Sahagún por haberse hecho pasar por propietario de una empresa de gas, y se giró orden de arresto en su contra. En 2012 Manuel se presentó en ese tribunal y se declaró culpable. No tenía muchas opciones, quien estaba tras de él era la dura fiscal Laura E. Duffy, casualmente experta en temas de narcotráfico.

El caso del empresario farmacéutico de origen chino Zhenli Ye Gon traspasó las fronteras de lo bizarro. En marzo de 2007 la PGR hizo un cateo en una residencia de un lujoso fraccionamiento en Lomas de Chapultepec, en la Ciudad de México, y lo que encontró fueron metros cúbicos de billetes que sumaban 205 millones de dólares, 17 millones de pesos y 11 centenarios, según informó el gobierno de Felipe Calderón.

Zhenli Ye Gon estaba entonces en Estados Unidos, desde donde declaró que miembros del PAN, partido al que pertenecían Fox y su esposa, lo habían amenazado de muerte. Específicamente acusó a Javier Lozano, secretario del Trabajo en 2007, quien le habría dicho el célebre "cooperas o cuello".

Ye Gon fue detenido ese mismo año en el estado de Maryland. Se le acusó de importar pseudoefedrina que luego se entregaba a cárteles de la droga para la fabricación de metanfetaminas. Su caso se anuló en la corte norteamericana y fue extraditado a México en 2016, donde está en prisión bajo proceso.

"Si yo denuncio los nombres [de los políticos] uno por uno para mí no es bueno porque yo enfrento una extradición y si regreso me van a hacer pasar muy mal", dijo el empresario en 2015.[8]

En septiembre de 2019 Juan Luis Gómez, el abogado del empresario chino, reveló que no eran 205 millones de dólares, sino 275 millones, además de que había lingotes de oro que fueron sustraídos de la casa durante el cateo y que el gobierno de Felipe Calderón nunca presentó ante la PGR.[9]

* * *

Vicentillo reveló muchos de los nombres de la gente de García Luna que estaba al servicio del Cártel de Sinaloa, dijo Gaxiola.

El jefe policiaco Armando Espinosa de Benito, reveló el hijo del Mayo, era el contacto entre la DEA y la Policía Federal. Personalmente escuchó hablar "cientos de veces" sobre él en conversaciones del Mayo y el Chapo. Dámaso era el contacto entre el policía y el cártel.

Sabía que Gerardo Garay Cadena, comisionado de la Policía Federal en 2009, tenía contacto con el Mayo. Cuando se desató la guerra con los Beltrán Leyva, el propio Garay le envió al Mayo una grabación para probar que Beltrán intentó matarlo por los servicios que le prestaba al capo.

"Grabaciones de llamadas telefónicas interceptadas fueron enviadas a Culiacán", dijo Gaxiola. "En ellas se escuchaba la voz de Mochomo tratando de calmarlos para que no mataran a Garay. Después nos enteramos de que Garay también recibía dinero de los Beltrán."

El encargado de pagar los sobornos a Garay Cadena por parte del Mayo era el Estudiante, quien también pagaba sobornos a otros altos funcionarios.

* * *

La estructura de pagos del Cártel de Sinaloa era una cascada que corría de arriba abajo. Rey explicó que los blancos de los sobornos eran muy claros:

> Si estamos hablando de los estados, principalmente el gobernador y el procurador general, el director de la Policía Judicial, el director de la policía estatal y municipal. En el nivel nacional el procurador general de la República, y para los diferentes departamentos de la PGR, la Policía Federal y la SIEDO [...] en el tiempo que estuve trabajando para el cártel éste era el grupo más importante de inteligencia y operaciones de la PGR.[10]

El hermano del Mayo detalló que la mayor parte de los funcionarios corruptos prefería su pago en dólares.

* * *

En 2015 Gaxiola me explicó que gran parte de los acuerdos del Cártel de Sinaloa con el poder Ejecutivo se establecen desde los tiempos de las precampañas o campañas electorales. El abogado señaló que el cártel financiaba recurrentemente las campañas políticas de diversos candidatos a gobernadores y presidentes municipales, incluso de diferentes partidos políticos, porque así ganara uno o el otro, la organización nunca perdía.

Gaxiola aseguró que en 2010 el Cártel de Sinaloa apoyó la campaña de Mario López Valdez (*Malova*), candidato de la coalición PAN-PRD-Convergencia, a la gubernatura de Sinaloa. En aquella ocasión el candidato del PRI era Jesús Vizcarra, amigo muy cercano del Mayo, dueño de SuKarne, secretario de Economía de Sinaloa de 2005 a 2006 y alcalde de Culiacán de 2007 a 2010.

Malova ganó las elecciones, convirtiéndose así en el primer gobernador proveniente de un partido diferente al PRI en la historia del estado, y dirigió los destinos de la matriz del cártel de 2011 a 2016.

El nuevo gobernador colocó en puestos clave de su gabinete a hijos de dos exgobernadores del PRI: Juan S. Millán y Francisco Labastida Ochoa. Nombró como subsecretario de Agricultura a Óscar Félix Ochoa, sobrino de Manuel Torres Félix, consuegro del Mayo, pues su hija Ellameli Torres Acosta estaba casada con Serafín Zambada Ortiz. El principal negocio legal que el Mayo tiene en Sinaloa está justamente relacionado con agricultura y ganadería.

Malova también nombró como comandante de la Policía Ministerial de Culiacán a Jesús Aguilar Íñiguez, a quien en el Cártel de Sinaloa llaman afectuosamente *Chuy Toño*. Chuy ya había ocupado el cargo en el gobierno de Millán, y el Mayo pidió que Chuy estuviera ahí, me dijo Gaxiola, según sus conversaciones con Vicentillo. Duró en el cargo de 2011 a 2016.

El 29 de abril de 2017 se celebró en Culiacán la boda de Doris Antonia Aguilar, hija de Chuy Toño. *Toñita*, como la llaman, había trabajado en el registro civil de Mazatlán, otro territorio del Mayo, mientras su padre había sido jefe policiaco. Como si de toda una celebridad se tratara, en el evento se dieron cita desde el exgobernador Antonio Toledo Corro, señalado en informes de la DEA de 1986 de proteger al Cártel de Sinaloa, hasta el exsecretario de Seguridad Pública del estado, Genaro García Castro, y el exsecretario de Gobierno, Gerardo Vargas Landeros, quien fue el padrino de bodas. Al final no podía faltar Malova, quien no llegó a la misa, pero sí al alegre festejo.[11]

* * *

Yo pagaba a muchos policías en el estado de Sinaloa, y tenía amigos que eran militares, en la Policía Federal, en la PGR.

A comandantes de la Policía Judicial del estado, policías municipales, los directores de las fuerzas públicas. Estos pagos se hacían para recibir protección para nosotros, me refiero para mi papá, para mi compadre Chapo, para mí, para gente del Cártel de Sinaloa.[12]

Nos pasaban información acerca de cualquier operativo de la policía en el estado, y cuando recibíamos cargamentos, para que esos cargamentos estuvieran a salvo. Muchas veces al final del mes mi papá enviaba un regalo extra, cuando un cargamento de cocaína llegaba bien a Culiacán.

Para la Policía Federal teníamos el código "Los Azules", Yankee era el comandante de la PGR en cada estado. "Zapatones" les llamábamos a los militares.

En la Policía Judicial del estado [Sinaloa] había muchos comandantes que protegían al Cártel de Sinaloa. De hecho, ellos estaban en esos puestos por mi papá. Ellos lo protegen, ellos ven por él.

Uno era Chuy Toño, Jesús Antonio Aguilar Íñiguez. Él era muy amigo de mi papá. Él estaba a cargo de toda la Policía Judicial del estado de Sinaloa, nos daba información y protección acerca de cualquier operativo policiaco en el estado.

Tuve reuniones con él y mi padre. Mi padre le dijo que quería que ubicaran a comandantes amigables que él conocía en las zonas donde él estaba: El Salado, Costa Rica, El Dorado, Cruz de Elota [la zona donde el Mayo tiene su refugio y bienes económicos].

Si había cualquier información, si había algún operativo en contra de mi padre en esas áreas, entonces los comandantes de la Policía Judicial nos avisarían.

El pago mensual era, con todo, de más de un millón de dólares.

* * *

En uno de sus encuentros con el Mayo, una noche Gaxiola pudo conocer exactamente cómo funciona su sistema de corrupción, con la precisión del robot quirúrgico Da Vinci.

Era un camino de los muchos que hay hacia el poniente de Culiacán. El Mayo viajaba acompañado de un puñado de sus escoltas. Iban en carros comunes y corrientes, nada de blindaje, pues consideraban que la zona no estaba "caliente". De repente y sin el menor aviso se encontraron con un retén militar. Al menos eso parecía por el tipo de uniformes y las armas que portaban los oficiales en el puesto.

En realidad, eran integrantes de un grupo especial de la policía estatal antisecuestros. Equipados y entrenados militarmente. El convoy del Mayo tenía el retén de frente y a un grupo cuidando la retaguardia para cerrar las vías de escape. De inmediato el jefe de escoltas tomó una decisión y se bajó de su carro dejando a bordo al Mayo. Avanzó a pie hacia el retén y se enfrentó al grupo militarizado.

Cuando el jefe de escoltas narró después el episodio, entre risas, dijo que pensó para sus adentros que iba a ser el fin de su vida: "Estos sardos me van a partir la madre". Cuando llegó a donde estaba el retén respiró con alivio. Se percató de que eran policías.

Pidió hablar con el comandante y explicó que venía desarmado, lo demostró alzando la camisa por encima de su abultada barriga. Esperó la respuesta. Después de un larguísimo silencio, un hombre dio unos pasos al frente, se quitó el pasamontañas y le espetó: "¿Qué quiere?" El gordo, aún con la camisa arriba, pero con más calma, le preguntó quién era y para quién trabajaba. El oficial respondió que era el comandante del grupo.

De pronto el jefe de escoltas recordó que este individuo tenía a su cargo a 300 hombres armados y entrenados en tácticas militares. También le vino a la memoria que el comandante, hasta ese momento, no era propiedad de grupos enemigos. Enseguida el jefe de escoltas le confesó al comandante que en el convoy que acababan de detener iba el Mayo Zambada. Sorprendido, incómodo por la situación, el comandante le dijo que no era él al que buscaban.

Para evitar futuros problemas, acordaron que la gente del Mayo le daría al comandante un radio para comunicarse directamente con él y avisarle de antemano si iban a entrar en su área de acción. El comandante no quería problemas con el Mayo ni el Chapo. No era policía pagado por ellos, pero simplemente quería libertad para hacer su labor sin mayores sobresaltos ni contratiempos.

El acuerdo de mutuo beneficio se pactó ahí mismo. Ese día, que podría haber sido el último en su carrera como narcotraficante, fue tan sólo uno más en las labores del Mayo. Sin abrazos ni saludos de mano, el jefe de escoltas regresó al carro del Mayo y el retén se abrió para dejarlos seguir su camino sin más contratiempos.

> Todo esto —recordó Gaxiola— se logró por la rápida y razonada intervención del jefe de escoltas aunado con la inteligencia sobre las operaciones de policías y enemigos en el área. Un analista equivocado alegaría que el jefe de escoltas del Mayo es un simple sicario más del Cártel de Sinaloa. Pero no, y por esta razón este hombre es el jefe de escoltas. El Mayo escoge a su gente con cuidado y es por eso que goza de su libertad después de este día.

* * *

Muchos militares también recibían dinero. Lo sé porque conocí al licenciado Carlos. Yo lo conocí en Culiacán a través de un amigo mío y dijo que quería conocerme o conocer a mi padre porque tenía muchos amigos en el ejército con quienes podía hablar; y que los miliares querían hacer un trato con mi padre, ya que ellos iban a ser los que iban a estar en las calles haciendo los operativos y que ellos no querían hacer tratos con nadie más, sólo con mi padre, por su modo de ser y el tipo de persona que es.[13]

Los militares querían que mi padre y Chapo trabajaran con ellos para ayudarlos con los Zetas, con Arturo y con Vicente Carrillo, porque ellos eran quienes tenían al país en el caos. Y que sabían que ellos, me refiero a mi padre y Chapo, eran personas diferentes.

Llevé al licenciado Carlos con mi padre y ellos hablaron y el licenciado Carlos era quien tenía contacto con los militares. Yo algunas veces recibí órdenes de mi padre de darle dinero al licenciado Carlos para hacer los acuerdos con los militares. Digo esto porque en una ocasión [2008] un mayor o capitán del estado de

Chiapas estaba en Culiacán y se lo presentaron a mi padre, así pudimos comprobar que el licenciado Carlos no estaba mintiendo y que no se estaba robando el dinero. Pero siempre era difícil contactar a mi padre cuando estaba en la montaña; le informé y mi padre me dijo que por qué no me encontraba con ellos, así el licenciado Carlos podía ver que los atendemos y que confiamos en él, por eso yo me encontré con ellos.

Había dos militares y ellos me dijeron que estaban adscritos al estado de Chiapas, en Comitán, el cual era el nombre de la ciudad. Dijeron que estaban disponibles para lo que mi padre necesitara. Ellos me preguntaron que si nosotros podíamos ayudarlos con los Zetas, porque sabían que estaban en ese lugar y que estaban secuestrando, robando y asesinando personas, y que ellos [los militares] querían saber si nosotros tenemos las direcciones de sus casas de seguridad y ranchos en Chiapas, así podían atraparlos. Yo le informé a mi padre y él dijo que estaba bien, que él iba a ayudar a capturar a los Zetas con todo lo que necesitaran para lograrlo.

Mi padre me dijo que dijera al licenciado Carlos de presentarlos con Marcos, uno de los hombres de mi padre que están en Chiapas, así los militares podían tener contacto directo con él para que él les pagara y los ayudara a capturar a los Zetas. Establecieron contacto.

Asimismo, un mes antes de que yo fuera arrestado, el licenciado Carlos presentó con mi padre a un mayor de Durango que estaba en Santiago Papasquiaro. Todo el territorio donde estaba el rancho de Felipe [Cabrera Sarabia] estaba bajo su control, y como mi padre estaba allá, quería ver si el licenciado Carlos podía "hacerse cargo de eso", es decir, contar con los servicios del militar. El licenciado Carlos dijo que sí, que él conocía al mayor; y fue a ver al mayor y lo presentó con uno de los hermanos de Felipe, así podían tener contacto directo y notificar a Felipe acerca de todo, si había un operativo o si algo pasaba por la zona donde estaban mi padre y Felipe.

Mi padre fue una vez a Culiacán porque el licenciado Carlos le dijo que quería presentarle a un general, que no quería ver a ninguna persona excepto a él. Mi padre dijo que sí y es como conoció al general. Yo estaba con él en el encuentro. Nadie más podía ver al general, sólo yo, Casillas, y su chofer, y el secretario de mi padre, así no estaría solo.

La reunión fue en la mañana, a las 9:30 a. m. El general viajó en un vuelo comercial de la Ciudad de México y regresó el mismo día. El licenciado Carlos fue al lugar acordado en la ciudad de Culiacán. [El general] llegó acompañado de tres hombres vestidos como militares. Entraron y el licenciado Carlos los presentó con mi papá. El general era un hombre de cerca de 70 años, blanco, con un poco de sobrepeso, se presentó a sí mismo y dio su nombre. Mi padre me llamó y me presentó al general. El general introdujo a otras dos personas.

Uno era un capitán y el otro no dijo su rango, pero eran como una especie de escoltas del general. Ellos comenzaron a platicar con mi padre en la sala de nuestra casa. Nosotros nos apartamos. Lo que escuché es que era jefe en la Secretaría de la Defensa Nacional.

Después mi padre y él tomaron el desayuno juntos y es cuando mi padre me invitó a sentarme con ellos en la mesa.

* * *

El general con el que desayunaron el Mayo y Vicentillo era Humberto Eduardo Antimo Miranda, quien ocupó el cargo de oficial mayor de la Sedena durante el sexenio de Felipe Calderón. El secretario de la Defensa era Guillermo Galván Galván, quien tiempo después enviaría a su propio emisario con el Mayo.

Según Vicentillo, el Mayo le pagaba al general Antimo un soborno de 50 mil dólares al mes. El general ha negado públicamente su relación con el Cártel de Sinaloa.

* * *

También conozco a un teniente coronel. Lo conocí a través de mi padre en Culiacán. Fui a ver a mi padre una tarde y mientras estaba con él me dijo que iba a ver a una persona y no quería que nadie estuviera ahí. Quería que cuando la persona llegara entrara directamente a un cuarto en la casa y que sólo permaneciera su secretario Casillas en caso de que necesitara algo. Y que yo podía quedarme, por supuesto. Que no había problema conmigo. Yo le dije que mejor me iba, que era lo mejor, pero yo sabía que él no iba a aceptarlo porque yo soy su hijo y no había problema si me quedaba.[14]

Mi papá me lo iba a presentar para cualquier cosa que yo necesitara, y fue cuando mi padre me dijo que era un miembro del ejército que en ese momento trabajaba en Culiacán en la IX Zona Militar y que se lo iba a presentar su compadre Alfredo Beltrán. Esto fue antes del arresto de Alfredo y por supuesto en ese momento no había enemistad con Arturo. En aquella época todos ellos eran amigos. Y fue entonces cuando Alfredo llegó con el hombre que iba vestido de militar. Ellos entraron y Alfredo se lo presentó a mi padre. Alfredo nos saludó y le dijo a mi padre: "Compadre, dejo al hombre aquí, me voy, así ustedes pueden platicar. Tú lo puedes enviar de regreso a donde él indique". Alfredo se despidió y se fue.

El hombre se quedó. Dijo que era teniente coronel, que él estaba ahí en Culiacán y había esperado conocer a mi padre durante mucho tiempo, pero que no había encontrado la forma, que era un placer verlo y conocerlo.

El militar y mi padre se hicieron amigos y se hicieron compadres, al menos así se decían el uno al otro, porque no había sido posible convertirse en compadres como debe ser, en una iglesia, pero así se decían.

Un mes antes de que me arrestaran, supe que lo mandaron a Sonoyta, Sonora, a cargo del regimiento. Mi padre lo contactó. Un día mientras yo estaba hablando con él me pasó el teléfono para saludarlo. Yo lo llamaba "tío" como código y él me llamaba "sobrino". Mi padre lo contactó para que Gonzalo pudiera verlo en Sonoyta y así el encargado del regimiento pudiera ayudarlo en lo que necesitara para recibir mariguana que mi padre y Chapo iban a cruzar ahí. Y así trabajaban hasta el día que fui arrestado.

El licenciado Carlos también presentó a un coronel con Marcos. No sé el nombre del coronel, pero sé que en ese momento estaba en Cancún, Quintana Roo. Mi padre ordenó que se lo presentaran a Marcos porque él era el responsable en Chetumal y de toda la zona del sur. Estoy seguro, sé que el coronel recibía dinero de mi padre.

El licenciado Carlos era el encargado de ver a muchos militares. Cuando había operativos en Culiacán siempre había alguien que informaba, y siempre que llegaba alguien nuevo se lo presentaban. Él nos avisaba y nosotros le dábamos el dinero para los militares cada mes, dependiendo cuánto tiempo se quedaban en Culiacán. La mayoría eran sargentos o capitanes y se les daban 10 mil dólares al mes, y a los de menor rango 5 mil.

Mi padre les diría cuándo hablaban personalmente o cuándo enviaba a alguna persona en su nombre, como es el caso del licenciado Carlos. El acuerdo es que los militares le iban a decir dónde iban a estar, dónde iban a hacer cateos y dónde iban a poner los retenes, él no iba a pedir más información, él no iba a pedir lo imposible. Ellos sólo le debían dejar saber y nosotros teníamos que movernos y salir de ahí. No porque él les estaba dando dinero ellos iban a hacer lo que quisiera. El licenciado Carlos no quería problemas con el gobierno, y es lo mismo que mi padre siempre decía. Ése es el tipo de arreglo que mi padre siempre ha tenido con el gobierno.

Gonzalo [Macho Prieto] tenía otra persona que trabajaba con él de nombre Sergio. Al menos es así como me lo presentaron, no sé si ése es su verdadero nombre. Era un teniente del ejército y él también hacia acuerdos con otros tenientes y sargentos que él y yo conocíamos. Ellos participaban en los operativos y era lo mismo. Ellos nos hacían saber cuándo y en qué partes de la ciudad iban a estar patrullando o poniendo retenes, así nosotros no pasaríamos por la zona y ser detenidos en un retén. Ése era el acuerdo y por eso nos tenían que avisar desde antes, porque ellos no podrían hacer nada si alguno de nosotros era detenido en un retén. Y Sergio era cercano a Gonzalo y se encargaba de los acuerdos con militares.[15]

* * *

Cuando llegó el momento de la guerra con los Beltrán Leyva, el Mayo y el Chapo tuvieron que aumentar sus pagos al ejército.

Álex Cifuentes narró que el Chapo pagó al menos de 10 a 12 millones de dólares a militares para que atraparan a su primo Arturo vivo o muerto.

Ha llegado a ser tan costoso el pago de sobornos a los diversos funcionarios públicos, desde el presidente hasta abajo, que el Mayo se ha quejado de que en realidad, a fin de cuentas, trabaja para el gobierno.

* * *

Un día Felipe [Cabrera Sarabia] le dijo a mi papá que él tenía clientes en Chicago a los que les vendía mariguana, siempre le habían pedido coca, pero él, Felipe, pues no tenía cómo mandarles coca y mi papá le dijo que sí, que él iba a mandar, que también él, o sea mi papá, tenía mucho tiempo sin mandar coca a Estados Unidos, pero que quería mandar una tonelada para ganar un poco más porque apenas alcanzaba para pagarle al gobierno. Ésas fueron las palabras de mi papá: "Trabajamos para el gobierno, nos traen a la carrera y aparte trabajando para ellos".[16]

Y en eso quedaron, que Felipe le iba a ayudar en Chicago y Germán [Magaña Pasos] se la iba a cruzar y traer a Chicago para entregársela a Felipe, y Felipe y Germán se pusieron en contacto para que ellos hicieran todo lo correspondiente. Y esto lo sé porque yo le di el teléfono de Germán a Felipe, así me lo indicó mi papá, que si podía conectar a Germán con Felipe para que ellos tuvieran comunicación y así no meterme en que yo estuviera de enlace entre los dos.

Y es que mi papá decidió enviar coca a Estados Unidos porque se había quedado sin gente que se la comprara en Culiacán. A finales de 2007 le mataron a Mario Aguirre, uno de los que le compraban, y en enero de 2009 mataron a Lamberto [Verdugo], que eran los dos más cercanos y socios de mi papá. Los mató el ejército a los dos, y los únicos que le compraban cosas ahí en Culiacán eran Germán y Juancho, pero no tanto como lo hacían Lamberto y Mario. Fue por eso que se ofreció Felipe a ayudarle.

Notas

[1] Texto escrito por Vicente Zambada Niebla, entregado por Fernando Gaxiola a la autora.

[2] Testimonio de Jesús Zambada García en la Corte de Distrito Este de Nueva York, 14/11/2018. La autora tiene la versión estenográfica oficial de la Corte.

[3] Testimonio de Jesús Zambada García en la Corte de Distrito Este de Nueva York, 20/11/2018. La autora tiene la versión estenográfica oficial de la Corte.

[4] Testimonio de Hildebrando Alexánder Cifuentes Villa en la Corte de Distrito Este de Nueva York, 15/01/2019. La autora tiene la versión estenográfica oficial de la Corte.

[5] Carta entregada por Édgar Valdez Villarreal a la autora, publicada en *Reforma* el 28 de noviembre de 2012.

[6] Testimonio de Jesús Zambada García, 20/11/2018, *loc cit.*

[7] Testimonio de Hildebrando Alexánder Cifuentes Villa en la Corte de Distrito Este de Nueva York, 15/01/2019. La autora tiene la versión estenográfica oficial de la Corte.

[8] Entrevista de Zhenli Ye Gon en Univisión, septiembre de 2015.

[9] Entrevista de Juan Luis Gómez con Azucena Uresti de Grupo Fórmula.

[10] Testimonio de Jesús Zambada García en la Corte de Distrito Este de Nueva York, 15/11/2018. La autora tiene la versión estenográfica oficial de la Corte.

[11] Cayetano Osuna, "Reúne a malovistas boda de hija de 'Chuy Toño'", *Ríodoce*, 30 de abril de 2017.

[12] Testimonio de Vicente Zambada Niebla en la Corte de Distrito Este de Nueva York, 3/01/2019. La autora tiene la versión estenográfica oficial de la Corte.

[13] Texto escrito por Vicente Zambada Niebla, entregado por Fernando Gaxiola a la autora.

[14] *Idem.*

[15] *Idem.*

[16] *Idem.*

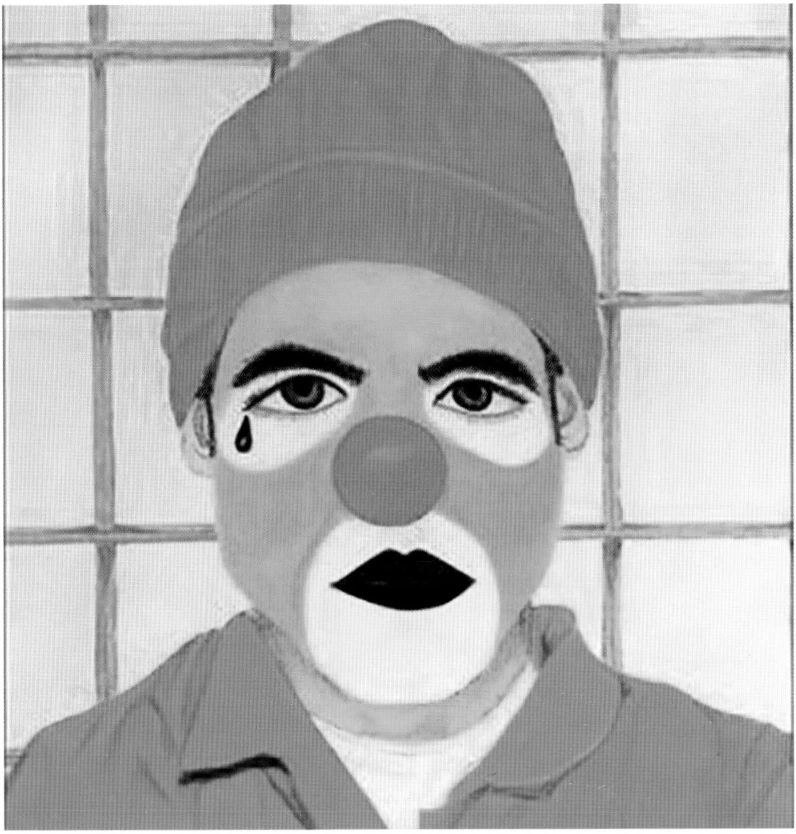

Autorretrato de Vicente Zambada Niebla realizado mientras estuvo preso en el Metropolitan Correctional Center de Chicago.

Dibujo de Vicente Zambada Niebla de su celda mientras estuvo preso en el Metropolitan Correctional Center de Chicago.

Ismael Zambada García, *el Mayo*, durante la entrevista que le hizo Julio Scherer García en abril de 2010.

La mañana del 19 de marzo de 2009 el general Luis Arturo Oliver, subjefe operativo del EMP, anunció la sorpresiva captura de Vicentillo. Una tarde antes, el hijo del Mayo se había reunido con la DEA para buscar un acuerdo de cooperación.

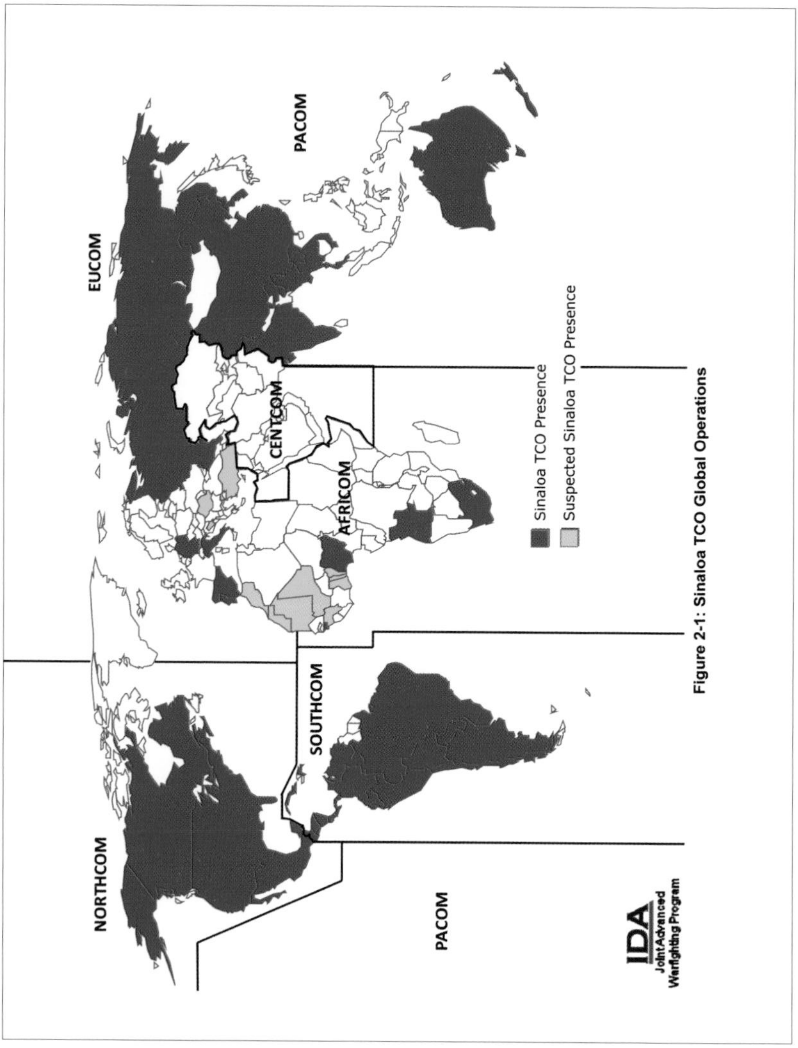

Mapa del Instituto de Análisis para la Defensa (IDA) donde se pueden apreciar en rojo los países en los que el Cártel de Sinaloa tiene presencia comprobada (2012).

Identificaciones de Vicentillo. Izquierda, su credencial de elector, donde se consigna un domicilio en la colonia Las Quintas de Culiacán. A la derecha, la credencial que lo identifica como gerente de finanzas de Santa Mónica, uno de los múltiples negocios legales de su padre.

Serafín Zambada Ortiz e Ismael Zambada Imperial (*Mayito Gordo*), dos hijos del Mayo.
"Yo les digo que no, que no tienen necesidad y no se ayudan y se meten en el negocio", se le ha escuchado decir al capo según el abogado Fernando Gaxiola

Manuel Torres Félix, consuegro del Mayo, con Mayito Gordo.
Su hija Ellameli se casó con Serafín Zambada. Tras la colaboración de Vicentillo, Torres Félix fue detenido en un operativo en Puerto Peñasco.

Serafín Zambada con Ellameli Torres Acosta (derecha), hija de Manuel Acosta Félix.

Humberto Loya, abogado del Cártel de Sinaloa, personaje clave por haber firmado un convenio con la DEA que consistía en dar información acerca de sus rivales a cambio de protección por parte de la agencia.

Rodolfo Beltrán Burgos, *el Doctor*. Según lo escrito por Vicentillo, "servía como uno de los principales contactos entre el Cártel de Sinaloa y miembros del gobierno de México".

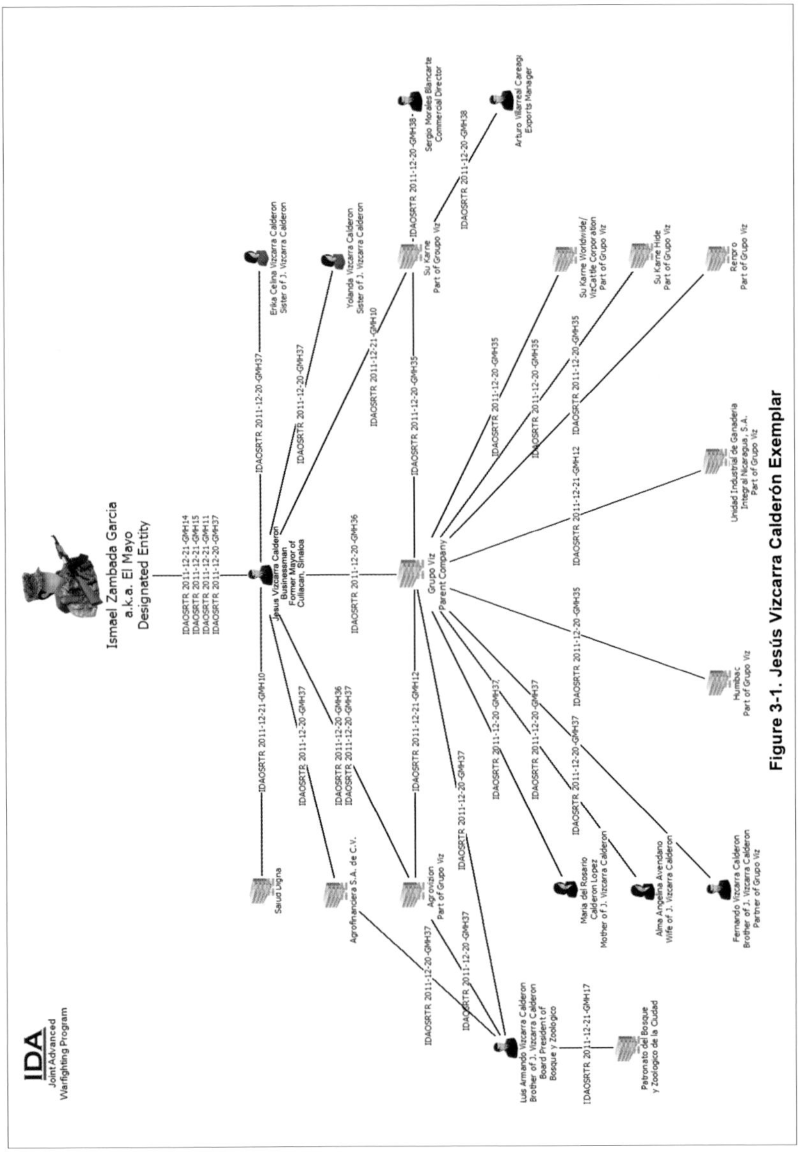

Figure 3-1. Jesús Vizcarra Calderón Exemplar

Esquema del IDA donde se pueden ver los vínculos entre Jesús Vizcarra Calderón, alcalde de Culiacán de 2007 a 2010

(Unclassified Counter Threat Finance Research: Modeling Financial Components of the Sinaloa Transnational Criminal Organization, IDA)

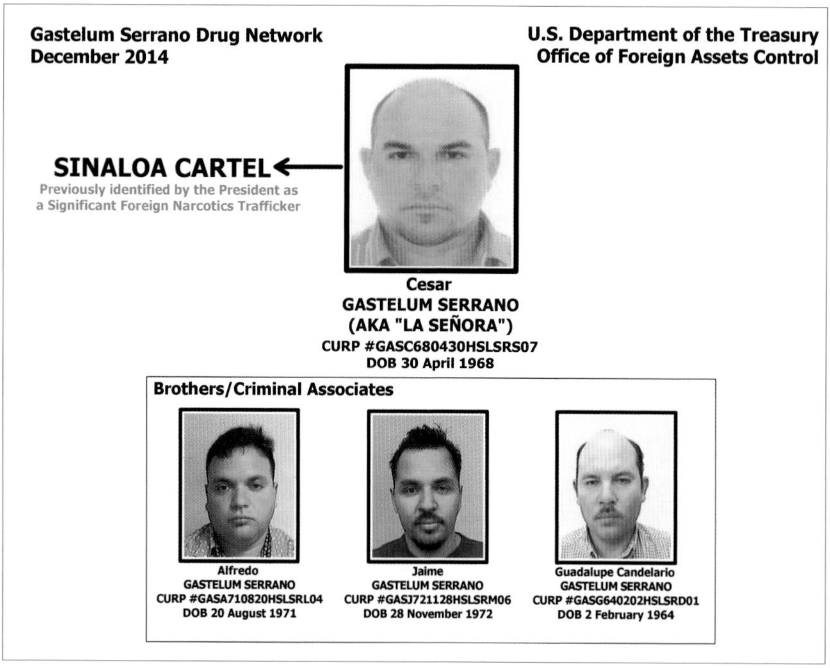

César Gastélum Serrano, *el Marisquero*, era un traficante de cocaína muy importante radicado en Honduras que a veces abastecía al Cártel de Sinaloa, pero más que un aliado era un competidor.

(Unclassified Counter Threat Finance Research: Modeling Financial Components of the Sinaloa Transnational Criminal Organization, IDA)

13

El imperio

"El Mayo tiene establos productores de leche a nombre de mucha gente, es dueño de muchas casas, de muchos negocios legítimos. Ellos [el Mayo y su familia] tienen entradas de dinero legal. Si mañana terminaran los negocios de la droga, ellos seguirían siendo multimillonarios por muchas generaciones", me dijo Fernando Gaxiola sobre los negocios legales del líder del Cártel de Sinaloa.

"Tiene muchísimo ganado, jitomate, frijol, compañías constructoras, talleres mecánicos, gasolineras, hoteles en toda su zona de influencia: Sinaloa, Jalisco, Quintana Roo, Chiapas, Oaxaca, durante años creó una estructura financiera de tapadera."

La pasión del capo era no sólo encontrar nuevas y mejores formas de traficar la droga, sino también la ganadería. "Está enamorado de las vacas", dijo Gaxiola al explicarme que el Mayo siempre habla con orgullo de sus miles de cabezas de ganado prémium, útiles tanto para carne como para producción de leche y sus derivados.

"Nada le han incautado", dijo Gaxiola, pese a que el gobierno de Estados Unidos ha identificado varias de sus compañías ganaderas como Nueva Industria Ganadera de Culiacán y Establo Puerto Rico. "Lleva años trabajando legalmente en México, hasta ha recibido subsidios del gobierno."

Ismael Zambada García hace todo en grande. Así como construyó un imperio criminal que abarca una buena cantidad de países, también construyó un imperio de negocios legales, de los cuales la parte de ganadería y agricultura es la que más le gusta y atiende personalmente. El hombre tiene una triple personalidad: capo feroz que ordena quién vive y quién muere en el Cártel de Sinaloa, hombre de negocios que se codea con importantes empresarios y campesino.

No le quita el sueño que tenga abiertas acusaciones criminales en su contra de sur a norte y de este a oeste en Estados Unidos. En la Corte del Distrito Norte de Illinois, junto con Vicentillo, desde 2009; en la Corte del Distrito Este de Nueva York, junto con el Chapo; y una más en la Corte del Distrito Oeste de Texas desde 2012. La más reciente está en la Corte del Distrito Sur de California, que data de 2014. Será que confía en su eterna buena fortuna. La primera acusación criminal es de 1997, se abrió en la Corte del Distrito Este de Arizona, donde lo acusaron de tráfico de mariguana y cocaína. Se giró una orden de aprehensión en su contra que nunca pudo ejecutarse y en 2001 los cargos se anularon de forma inexplicable. No corrió con la misma suerte su cómplice Raúl Palacios Barreda, a quien detuvieron y sentenciaron a 11 años de prisión.

Por medio de distintos nombres falsos, Ismael Zambada García se hace pasar como un importante ganadero. Lo era. Se hace llamar Gerónimo López Landeros, Javier Hernández García, Ismael Mario Zambada García, Mario Ismael Zambada García, Jesús Loaiza Avendaño e Ismael Higuera Rentería.[1]

"Mayo nunca dejó de ser un campesino", comentó Gaxiola. Le gusta el campo, le gusta ensuciarse las manos en la tierra, y pasa horas recorriendo sus cultivos y cosechas de vegetales legales.

Sus negocios lícitos en Sinaloa, en especial los agrícolas, se desarrollan en una vasta extensión de cerca de 4 mil 700 km^2 y comprenden sobre todo el municipio de Culiacán, particularmente las sindicaturas de El Salado, donde se encuentra la ranchería El Álamo (su lugar de nacimiento), Quilá, Costa Rica y El Dorado; y los municipios de Mazatlán y Elota. Además de negocios en Baja California, Sonora y Guadalajara.

La red de compañías vinculadas al Mayo es como una matrioska. Como la muñeca rusa, de una sola empresa se derivan muchas más, una tras otra, por medio de los accionistas, administradores, comisarios y representantes legales. Los mismos notarios públicos crean constantemente muchas de las nuevas empresas.

Las firmas tienen objetivos diversos: transporte de carga, construcción, industria de lácteos, agricultura y ganadería, obra pública y privada, desarrollo inmobiliario, gasolineras, escuelas, guarderías, importación y exportación de equipos y aparatos de refrigeración, talleres mecánicos, fabricación, distribución y venta de todo tipo de calzado, accesorios, lencería, perfumería y ropa en general, etcétera.

Algunas de estas compañías han logrado "legitimarlas" usando recursos públicos o subsidios —evidentemente no porque les falte el dinero— y participando en eventos financiados por el gobierno. El gobierno de Estados Unidos ha identificado algunas y otras han estado fuera de su radar. Gaxiola me dio acceso a actas de asambleas, actas constitutivas y contratos. Pero eso era sólo la punta del iceberg.

En ninguno de los documentos escritos por Vicentillo habla de la red empresarial de su padre. En las pocas líneas que dedicó al tema defiende a su madre diciendo que estaba formalmente divorciada de su padre desde hacía años y que por lo tanto nadie debía molestarla ni en su persona ni en sus bienes. El punto frágil de su argumento era que Chayito —que en todo momento se identifica como "ama de casa" y mujer "soltera" ante las notarías en las que hace y deshace con las empresas— no tiene cómo justificar la procedencia de las millonarias inyecciones de capital que ha recibido en algunas de las compañías.

En Italia, uno de los países con leyes más avanzadas contra la mafia, el lavado de dinero y el crimen organizado, ningún mafioso pondría las propiedades a nombre de ningún familiar, pues en automático la ley considera que forman parte de la red financiera criminal, en el mismo concepto que lo hace el Departamento del Tesoro de Estados Unidos. Máxime si la esposa y los hijos, quienes aparecen como socios, no tienen ningún sustento económico más que el proveniente del mafioso. Y aunque después de varios años casi no quede rastro del dinero ilegal con el que se creó la empresa, queda señalada por su origen y por la presunción de que puede continuar lavando dinero.

Estudiando el complejo sistema de investigación italiano, los ministerios públicos y fiscales, una vez que localizan una empresa claramente con vínculos mafiosos —más que evidente si es la propia familia—, investigan los vínculos de esa empresa primaria con cualquier otra empresa, rastreando el nombre de socios, comisarios, directores, administradores y apoderados legales, ya que es común que el mafioso utilice la misma red que le da seguridad y que podría parecer anónima. Esto produce un efecto cascada que permite investigar minuciosamente cada una de las compañías secundarias, llegando incluso a compañías terciarias, provocando una nueva cascada de compañías vinculadas.

Este método hace de Italia uno de los Estados más eficientes en confiscar recursos de la mafia, las organizaciones criminales y las empresas que lavan dinero. Es tan eficiente que muchos mafiosos prefieren llevar sus inversiones a otros países.

De acuerdo con los patrones de conducta de la mafia, también es frecuente que busquen no sólo socios comunes y corrientes, sino grandes empresas que cotizan en las bolsas de valores, pues podrían ser poco sospechosas.

Tomando como punto de partida los nombres de las empresas, socios, apoderados, directores, administradores y notarios señalados por el gobierno de Estados Unidos desde 2007 de pertenecer a la red de tráfico de drogas del Mayo, encontré más de 40 compañías asociadas.

Las empresas primarias son: Nueva Industria de Ganaderos de Culiacán (1988), Autotransportes JYM (1996), Multiservicios Jeviz (1998), Establo Puerto Rico (2000), Jamaro Constructores (2001), Rancho Ganadero Las Ánimas (2001), Estancia Infantil Niño Feliz (2001), Zarka de Occidente (2001), Zarka de México (2004), Autódromo Altata (2001), Arte y Diseño de Culiacán (2000), Frizaza (2002). En todas se registran claramente como socios familiares del líder del Cártel de Sinaloa, incluyendo a Vicentillo, su esposa y sus hijos.

Colegio Azteca de Culiacán, Construmármoles y Granito, Comercializadora El Chamuko, Construcciones de la Costa, Armadillo International Commerce, entre muchas otras.

Los notarios de Sinaloa más socorridos por la familia del Mayo son el número 81, José Antonio Núñez Bedoya, el número 116, Matías Santiago Astengo Verdugo, y el número 79, Lamberto Alfonso Borboa Valenzuela.

"Nadie en Sinaloa trabaja sin el permiso del Mayo", sentenció Gaxiola.

"Desde hace tiempo dicen que el Mayo se va a retirar, que está enfermo, él no habla de eso conmigo, no se ven señales de ninguna enfermedad seria, todavía manda traer muchachas a cada rato", ironizó el abogado.

A diferencia del Mayo, el Chapo no supo hacer lo mismo, o no tuvo los mismos beneficios de quien necesitaba el aval. Cuando Rafael Caro Quintero fue liberado por órdenes de un juez en 2016, y a los pocos días se convirtió en un prófugo, los hijos del Chapo lo buscaron para pedirle consejos acerca de cómo crear un patrimonio legal.

Cuando formó parte del Cártel de Guadalajara, Caro Quintero invirtió en terrenos y propiedades en Guadalajara que con el tiempo adquirieron un valor millonario. Ahora, los hijos que tuvo con su primera esposa María Elizabeth Elenes Lerma tienen un patrimonio inmenso.

* * *

Nueva Industria de Ganaderos de Culiacán (Nueva Industria), creada en 1988, es uno de los pilares de los negocios legales del Mayo. Cuando se creó, el presidente era Jesús García Mendoza, el secretario Fernando Iribe Picos, y como responsable de los dineros, la parte más importante, el doctor Jaime Otáñez García.[2]

Para 1996, Chayito, sus hijas Midiam Patricia, Mónica del Rosario y Modesta Zambada Niebla (estas dos últimas aún eran menores de edad), ya eran propietarias formales de la empresa, junto con el propio Otáñez García, Iribe Picos y Arcadio Osorio Quintero. En las asambleas de accionistas que se realizan, Chayito siempre ha sido designada como "presidenta" según las actas a las que me dio acceso Gaxiola.

La compañía creció velozmente. En 2003 el capital social era de 20 millones de pesos y en 2006 aumentó a 62 millones de pesos. Chayito se convirtió en socia mayoritaria con la inyección de capital de más de 40 millones de pesos. El domicilio oficial que ella proporciona en los actos notariales es calle Ciudad de Hermosillo número 1168, fraccionamiento Las Quintas, en Culiacán.

En 2007 la madre de Vicentillo nombró como apoderado de la empresa a José Antonio Peregrina Taboada, quien era representante desde 1996 y cuyo poder sigue vigente. Y en 2009 designó también a Humberto Castellanos Ávalos, cuyo poder también sigue vigente de acuerdo con el Registro Público de la Propiedad. Según los últimos cambios asentados, el doctor Otáñez García y Fernando Iribe siguen siendo socios de la empresa con la familia del Mayo.

En 2011, a nombre del exsocio del Mayo, Arcadio Osorio, se creó la empresa Productora y Comercializadora de Cítricos Osorio, dedicada también a actividades agrícolas, de pesca, mineras y turísticas.

Así como el Mayo definía en México y Estados Unidos el precio del kilo de cocaína, mariguana y heroína, al mismo tiempo se ha sentado a la mesa gubernamental, junto con grandes compañías lecheras trasnacionales, para definir el precio en el que se compra la leche a los productores.

Aunque desde 2007 Nueva Industria de Ganaderos de Culiacán estaba identificada por el gobierno de Estados Unidos como parte de la red criminal del Mayo, la empresa participó en la Comisión Estatal de la Leche de Sinaloa. Ahí se toman las decisiones sobre el sector, como los apoyos federales, y se definen las políticas públicas para los ganaderos, como las obras de infraestructura que impulsarán el sector, el financiamiento y las normas sanitarias. Pero sobre todo se toma la decisión de fijar el precio del litro de leche.

Es difícil pensar que con el poder del Mayo y con su conocida reputación de intimidar o asesinar a socios, amigos y competidores, alguien se podría oponer a sus deseos en la comisión. Nueva Industria, controlada por el "ama de casa" Chayito, participó en al menos tres ocasiones en reuniones de la Comisión Estatal de la Leche de Sinaloa, entre 2011 y 2012. El gobernador era Mario López Valdez, el mismo que había puesto como jefe de la Policía Judicial a Chuy, el empleado del Mayo.

La comisión la presidía el secretario de Agricultura y Ganadería, Juan Nicasio Guerra Ochoa; el subsecretario de Ganadería, Francisco Javier Castillo; el director de Desarrollo Ganadero, Alfonso Valdés Gaxiola, y el presidente de la Unión Ganadera Regional de Sinaloa, Faustino Hernández Álvarez, quien ahora es diputado local del PRI.

"Son los integrantes de la actividad, como son los productores lecheros y empresas pasteurizadoras de la leche, en coordinación con el gobierno estatal, con el único propósito de llegar a un acuerdo para el pago de litro de leche", así justifica el gobierno actual de Sinaloa la presencia de la empresa del Mayo en las reuniones de la comisión.[3] Qué fortuna para el capo que el subsecretario de Agricultura justo en ese tiempo fuera Óscar Félix Ochoa, primo de su consuegro.

A las reuniones envió a José Antonio Peregrina Taboada como representante de Nueva Industria. Según lo que el mismo Peregrina informó en su perfil público, también fue gerente de Lechería Santa Mónica de 1993 a 2012. Aunque públicamente ya estaba señalado desde 2007 como parte de la red financiera del Mayo, eso no fue obstáculo para sentarse con el secretario estatal de Agricultura.

El 13 de diciembre de 2011 Peregrina participó en la reunión al mismo nivel que Lala Mazatlán, de Grupo Lala, uno de los productores de lácteos más importantes del continente americano, Lechera Guadalajara y Pasteurizadora Sinaloa. Ahí se fijó el precio de compra de leche fría a 5.70 pesos, se aprobó el informe financiero de la comisión y se les informó a los asistentes de las gestiones que se estaban haciendo ante el Congreso para proteger a los productores de leche.

En 2012 la empresa del Mayo estuvo presente en las reuniones del 23 de mayo y del 14 de junio, al lado de empresas como Cremería Santa Clara y Lyncott Unidos Luna. Ahí se definió un alza en el precio de la compra de leche a productores y se fijó en siete pesos por litro.

Nueva Industria ha sido hábil para legitimarse. Fue beneficiaria indirecta del Consejo Directivo del Fondo de Pequeñas y Medianas

Empresas de la Secretaría de Economía, al participar en eventos financiados por el consejo. Uno de ellos lo organizó en 2009 el Centro de Ciencias de Sinaloa con el nombre de "Segundo Foro PyME de Competitividad". Y en 2010 y 2011 fue invitada al "Encuentro Nacional de Proveedores de la Industria Alimentaria", organizado por la Canacintra, de la cual es el asociado número CNI-27. De nuevo, en esas fechas la compañía ya era públicamente señalada como parte de la red de lavado de dinero del líder del Cártel de Sinaloa, pero eso no parecía importar.

De acuerdo con información revelada por empleados, Nueva Industria estaba a la vanguardia y hacía compras nacionales e importaba maquinaria para contar con el mejor equipo.

"Participé en la planeación de la estrategia para el crecimiento de la planta pasteurizadora, logrando la disminución de costos de producción durante los primeros tres años de activado el plan, y pese a la inflación de los tiempos. Formando equipos de trabajo para incrementar la productividad y controles en las áreas de producción, envasado y almacenes", dice Ascención Urquidez Lara en su currículum público, quien afirma que trabajó para Nueva Industria de Ganaderos de Culiacán de 1995 a 2000, periodo que representa una de las etapas de mayor crecimiento en el negocio del narcotráfico para el Mayo. Es curioso que no diga que fue socio de la compañía, como aparece en los documentos de constitución, aunque según su propia información en aquella época estudiaba los primeros años de la carrera en el Instituto Tecnológico de Culiacán (1986-1990).

Urquidez Lara, prestanombres o socio del Mayo, dice estar vinculado con otras empresas dentro y fuera de México, como K+S Agro México, S. A. de C. V. y/o Compo Agro México S. A. de C. V., en Zapopan, Jalisco, dedicada a la venta de "abonos especiales de alta calidad en el segmento de la agricultura especializada". En al menos una ocasión registrada, esta empresa exportó 14 mil 335 kilos de fertilizantes a Barcelona. La mercancía salió por el puerto de Altamira, Tamaulipas.

No obstante, Urquidez Lara omite decir que también aparece como socio en la empresa Construcciones de la Costa, creada en 1993 en Culiacán y dedicada a la construcción. Y como administrador único en Armadillo International Commerce, creada en Guadalajara en 2007 y dedicada a la "compraventa de mercancías, cualquiera que sea su tipo, para su exportación o importación, para su venta en territorio nacional o en el extranjero".

Al igual que el Mayo transporta droga de un lado a otro por territorio mexicano, la empresa Nueva Industria transporta leche. Aunque se supone que la produce en Sinaloa, de 2011 a 2019 ha obtenido 104 permisos de la Secretaría de Agricultura del estado para transportar "leche cruda" vía terrestre de Guadalajara a Culiacán. En ese lapso la empresa movió un mar de leche, más de 12 millones de litros.[4] De acuerdo con la narración de Vicentillo, esa misma ruta terrestre es clave para las actividades de narcotráfico de su padre. Me recordó al viaje de las pipas con gasolina de Gonzalo, Macho Prieto, o los camiones con pollos congelados de Bachoco del Chino Ántrax.

Por su parte, Autotransportes JYM está a nombre de María Teresa Zambada Niebla, hermana de Vicentillo y exesposa del narcotraficante Javier Díaz, asesinado en la Ciudad de México. Sus socios son sus hijos Javier Ernesto y Maité Díaz Zambada. Su objeto social es "el establecimiento y la explotación del servicio público federal de autotransporte de carga, en las rutas o tramos de jurisdicción federal o local".

Esta empresa compró a crédito en junio de 2004 una flotilla de cuatro tráileres de Daimler Chrysler Services de México por 101 mil dólares. La misma María Teresa rentó los camiones a Nueva Industria. Quien firmó el contrato de arrendamiento por la empresa lechera fue José Antonio Peregrina Taboada. Como María Teresa era también accionista de la empresa se estaba arrendando a sí misma.

Notas

1 Información de la ficha de la PGR sobre el Mayo.

2 Información del Sistema Integral de Gestión Registral (Siger), programa informático por medio del cual se realiza la administración de la información del Registro Público de la Propiedad.

3 Éste fue el argumento que dio la Secretaria de Agricultura y Ganaderia del gobierno del estado de Sinaloa en la respuesta a la solicitud de información hecha por la autora a través de la Ley Federal de Transparencia. Mayo 2 de 2019.

4 Información obtenida de la Secretaría de Agricultura, Ganadería y Pesca por medio de la Ley Federal de Transparencia, 8 de agosto de 2019. Según los permisos, la leche se transporta en camión. Cuando pregunté a la secretaría de qué rancho agrícola o empresa provenía la leche, dijo que no contaba con la información.

14

El gobierno de México paga millones a empresa del Mayo

El sueño de cualquier hombre que se dedique a lo que se dedica el Mayo debe de ser tener su propio aeródromo, y más si funciona con el permiso del gobierno para que nadie fastidie. A nombre de Chayito, la mamá de Vicentillo, opera el aeródromo denominado Campo Puerto Rico. Se trata de una franja de pavimento ubicada a un costado de la ranchería Valle Escondido y Presa El Alguate, en medio de los campos de riego, propiedad de la familia, donde cultivan una parte de su gran producción agrícola. La rústica pista cuenta con un bodegón que en el techo tiene las siglas CPK, que es la clave de operación asignada por la Secretaría de Comunicaciones y Transportes (SCT) que se utiliza para planes de vuelo y radiocomunicación.

En 2004, durante el gobierno de Vicente Fox, la Dirección de Aeronáutica Civil de la SCT le otorgó el permiso a Chayito de operar un aeródromo de servicio particular luego de acreditar que tenía la capacidad jurídica, técnica, administrativa y financiera. Incluso le autorizó prestar servicios a terceros, siempre y cuando ofrezcan el servicio de transporte aéreo nacional, ya sea privado o comercial. El permiso se concedió para aterrizaje y despegue de aviones de hasta 15 metros de longitud.

En 2016, en el gobierno de Enrique Peña Nieto, la directora general de Aeropuertos Maricruz Hernández García le renovó a Chayito el permiso de operación de la pista durante los próximos 15 años, es decir, hasta 2031. En el documento quedó plasmada la firma de la madre de Vicentillo, quien está identificada por el gobierno americano como parte de la red de lavado de dinero de los negocios criminales del Mayo. Y también quedó plasmado que se envió una copia al Centro de Mando y Control del Sistema Integral de Vigilancia Aérea de la Sedena —lo cual no deja de ser irónico—, el cual hasta ahora no se ha opuesto a la operación de la pista aérea.[1]

Es difícil no pensar en los relatos de Vicentillo acerca de cómo su padre sube y baja de sus propias avionetas y helicópteros cuando le da la gana. Qué ventaja que el propio gobierno le facilite la infraestructura hasta de las pistas áreas.

* * *

Establo Puerto Rico se creó en el año 2000 ante el notario Núñez Bedoya. Las accionistas son las hijas del Mayo y Chayito: María Teresa, Midiam Patricia y Mónica del Rosario Zambada Niebla. En 2001, en una extraña operación a raíz de una supuesta deuda de la empresa con Rosario Niebla Cardoza de 40.3 millones de pesos por la "adquisición de ganado vacuno, maquinaria agrícola, equipo de transporte y otros activos", se le hizo accionista y se autorizó un aumento de capital social de 40.3 millones de pesos, convirtiéndose así en socia mayoritaria, al igual que en Nueva Industria de Ganaderos de Culiacán.

Como parte de la estrategia de legitimación de las compañías, al menos de 2012 a 2019 Establo Puerto Rico se ha beneficiado del Programa Especial de Energía en materia de electricidad para uso agrícola. El subsidio se le ha dado para bombeo o rebombeo al equipo localizado en el predio El Alhuate, en la sindicatura de Costa Rica, que abarca al menos 100 hectáreas.[2]

La dirección del recibo de luz de Establo Puerto Rico es una propiedad agropecuaria localizada en Canal Principal km. 16.5 de la localidad Laguna Colorada, en El Dorado, Sinaloa. Esta dirección está del lado opuesto del valle de siembra con irrigación donde está la pista aérea, lo cual da una idea de la amplitud de los dominios.

No es que al Mayo o a Chayito les haga falta el dinero del gobierno de México, pero gracias al subsidio, los recibos de la CFE del Establo Puerto Rico llegan en ceros. La gestión de los subsidios corrió a cargo del representante legal de la empresa, Jesús Alfonso López Díaz, identificado por el gobierno de Estados Unidos desde 2007 como parte de la red del Mayo. En noviembre de 2018, antes de que terminara el gobierno de Peña Nieto, la delegación de la Secretaría de Agricultura, con Patricio Arturo Robles Luque al frente, le renovó su permanencia durante 2019 en el Programa Especial de Energía, obteniendo así su tarifa subsidiada.

También la Comisión Nacional del Agua, por medio del Organismo de la Cuenca Pacífico Norte, le ayuda al Mayo. Le dan agua de ríos y pozos a través de los canales de riego de la zona para que sus cultivos crezcan mejor. Por ejemplo, tiene acceso al Canal Principal Nuevo San Lorenzo, cuya agua proviene del río San Lorenzo, para nutrir otras 100 hectáreas ubicadas en las sindicaturas de Quilá y Costa Rica.

Quien le dio acceso al agua fue la Asociación de Usuarios Productores Agrícolas Quilá-Costa Rica. Ellos tienen la concesión de Conagua para extraer el líquido desde 1992, la cual se renovó en el año 2000 por 20 años, para administrar, operar, conservar y mantener las obras de infraestructura hidráulica y el aprovechamiento de aguas nacionales de más de 200 millones de metros cúbicos al año.[3] Desde 2017, Sergio Alfonso Zambada Zazueta —sobrino del Mayo, hijo de su hermano Vicente— es presidente de la asociación.

Por si todos estos apoyos no fueran suficientes, Establo Puerto Rico también fue beneficiario del programa de apoyo Diésel Agropecuario hasta 2008.

Sergio Zambada a su vez tiene la empresa Agrícola Zamgom, S. A. de C. V., dedicada también a la producción agrícola. Se creó en 2010 con los servicios del notario de cabecera del Mayo, Núñez Bedoya.

* * *

Dos sobrinos del Mayo se establecieron en Los Ángeles, California: Vicente Zambada Zazueta y Modesta Zambada Zazueta, mejor conocida como *Motita*. Se hizo conocida cuando Mario López Valdez comenzó su gestión como gobernador de Sinaloa en enero de 2011 y ella pagó un desplegado en el periódico para felicitarlo.

"Felicitamos muy cordialmente al C. Mario López Valdez por su toma de posesión como gobernador. Le deseamos el mayor de los éxitos para el desarrollo y progreso de nuestro estado. Nuestro respeto y admiración. Sinceramente, María Modesta Zambada Zazueta, Motita, y familia."

Vicente Zambada Zazueta creó en 2005 la compañía Ruby Latino Publications, la cual era una publicación, ubicada en 5712 E Beverly Boulevard, en Los Ángeles, California, que actualmente ya no está activa. En 2009 cambió súbitamente de giro empresarial y creó la empresa Fresh Packing Corp. con un amplísimo campo de negocios:

"El propósito de esta corporación es participar en cualquier acto y actividad legal para la cual una corporación puede ser organizada bajo la ley de corporaciones generales de California, aparte de negocio bancario, compañía fiduciaria o la práctica de cualquier profesión autorizada por las corporaciones de California", señala el acta constitutiva de la empresa registrada en la oficina de la Secretaría de Estado, de California. Tiene autorizado emitir una sola clase de acciones, y el número total de acciones que puede emitir la corporación son 250 mil. Como directivos quedaron registrados Vicente Zambada Zazueta, Vicente Zambada López Jr, y Mónica Zambada López.[4]

Fresh Packing Corp se dedica a la producción, importación, exportación y venta de hortalizas y frutas. La primera vez que supe de ella fue en 2013. Una de las marcas de sus productos se llama Don Vicente, y en su logotipo aparece un hombre con sombrero y bigote, y unos cultivos detrás.

Al principio, la empresa tenía sus bodegas de carga, descarga y almacenamiento en el corazón de Los Ángeles, en 2183 11th Street. Actualmente se encuentran en 4333 S Maywood Ave, en una zona industrial de Vernon, California, como a media hora del centro de Los Ángeles. Aunque se supone que toda compañía está interesada en captar nuevos clientes, la manera de actuar de ésta es muy peculiar. Yo llamé en varias ocasiones para tener información de sus productos pero fui interrogada por un hombre que hablaba español que me preguntó insistentemente cómo había obtenido la información de la empresa —cuando los datos son públicos—, de dónde llamaba, y que cualquier información que quisiera debía ir hasta sus bodegas. La misma actitud tuvieron con otras personas a quienes solicite intentar conocer mejor el funcionamiento de la empresa. Incluso su sitio de internet que en 2013 era público, ahora es cerrado, y dicen que cualquier información se debe llamar o acudir a la compañía cuya vida, se supone, depende de la mayor cantidad de ventas. No dicen qué productos venden ni de dónde provienen, ni quiénes son sus clientes.

En mayo de 2019 hice una visita al lugar donde se encuentra la empresa. Observé que se trata de una amplísima bodega con forma de trapecio, pintada de blanco, de mil 958 metros cuadrados de construcción, según un anuncio de renta previo a que fuera ocupada por los Zambada. Está flanqueada convenientemente por dos vías ferroviarias y apenas cuenta con un discreto letrero Fresh Packing Corp en una de las paredes. Pude ver que cuentan con una flota de tráilers con largas cajas refrigerantes de mucha capacidad, con los logotipos Fresh Packing Corp y Don Vicente en las puertas y en la parte trasera. Pero en el momento en el que fui estaba descargando en su bodega un tráiler con las siglas JAGV.

En 2013, en su sitio de internet decían que son una empresa innovadora en cultivo y distribución de frutas y vegetales en el sur de ese estado americano. Que hacen entregas a Oregon, Nevada, Texas y Washington. En su información pública anunciaban:

> Nos hemos asociado con productores seleccionados en California y en México, de Michoacán, Sinaloa y Baja California. Constantemente hacemos nuestro debido trabajo para expandir nuestra base de productores. Así que constantemente tenemos productos de la más alta calidad y sabor.
>
> Nosotros apoyamos el desarrollo de nuestras comunidades en Sinaloa, México. Cerca de 400 familias son beneficiadas y sus escuelas son mejoradas. Así es como trabajamos hombro con hombro con nuestros productores.

La empresa asegura cumplir con las normas del Departamento de Agricultura de Estados Unidos (USDA) y con las de la Secretaría de Agricultura y Ganadería del gobierno de México para importar los productos agrícolas de México a Estados Unidos. Y se encuentran actualmente inscritos en el Programa de Verificación de Proveedores Extranjeros (FDA) para garantizar que sus productos cumplen con los estándares americanos y sean seguros para los consumidores de ese mercado. A través de este programa se hace la verificación de proveedores de alimentos extranjeros.

En su perfil de Facebook, Vicente Zambada Zazueta afirma que es presidente del Club Costa Rica USA, el cual es una institución creada para apoyar proyectos comunitarios en la sindicatura de Costa Rica, Sinaloa. La tierra de los dominios del Mayo.

De acuerdo con personas cercanas a la familia, con las que hablé, la empresa de los sobrinos del Mayo era proveedor de vegetales y frutas de Walmart, al menos en 2013. Motita ha contado a sus conocidos en California que una parte de los productos que comercializan los adquieren en la misma zona donde el Mayo tiene su producción ganadera y de hortalizas y ganadera, y que según Gaxiola es controlada totalmente por el capo.

* * *

En 2002 Núñez Bedoya, el mismo notario que creó la Estancia Infantil Niño Feliz, creó la empresa Colegio Azteca de Culiacán, A. C. Aparecen como propietarias Beatriz Amalia y Josefina de Jesús Ortiz Hernández, pero quienes tienen inscritos a sus hijos en el colegio señalan que quien se ostenta como propietaria es Leticia Ortiz Hernández, madre de Serafín, el hijo del Mayo. Ella cuenta que en su cumpleaños el padre de sus hijos siempre le regala un mundo de rosas rojas porque ella misma se autodenomina *la consentida*.

La escuela es una primaria con cerca de 200 alumnos y 12 profesores, ubicada en Río Quelite Poniente número 210, en la Colonia Guadalupe, en Culiacán. El edificio es de dos plantas, cuenta con seis salones, cocina, comedor, sala de cómputo, recepción, dirección, bodega y dos patios. La colegiatura asciende a 2 mil 400 pesos mensuales. También tienen otro plantel de preescolar con 82 alumnos, localizado en Río Quelite número 225, en la misma colonia.

* * *

Frizaza fue creada en Culiacán en 2002 por Mónica del Rosario Zambada Niebla y Marco Antonio Zazueta Osuna, su esposo. Oficialmente se dedica a la "compraventa, importación, exportación, reparación e instalación de equipos y aparatos de refrigeración para usos domésticos, automotrices, comerciales e industriales", pero también a "adquirir, construir, operar, vender, poseer, arrendar y subarrendar en cualquier forma permitida por la ley, toda clase de bienes muebles e inmuebles".

Zazueta Osuna a su vez aparece como accionista de la empresa Comercializadora El Chamuko, creada en 2011 en Culiacán. Está dedicada a la "compra, venta, distribución, importación, exportación, almacenamiento, comercialización, maquila de empaque, de toda clase de frutas, hortalizas, granos, semillas, productos del campo, insumos agrícolas, material de empaque, toda clase de carnes, pescados, mariscos y productos del mar, lácteos y derivados, productos alimenticios, bebidas, vinos y licores".

* * *

Al igual que las hijas de Chayito, los hijos de Vicentillo, aunque eran menores de edad, y su madre Zynthia Borboa Zazueta fueron usados para abrir empresas como Rancho Ganadero Las Ánimas, Multiservicios Jeviz, Zarka de México y Zarka de Occidente.

Jeviz es una compañía que se creó en 1998 en Culiacán. Oficialmente se dedica a la "compraventa, consignación e importación de autos y camiones nuevos, seminuevos y usados en general, y de *jet ski*, lanchas deportivas y de pesca, partes y motores marinos".

Según la historia que cuenta Vicentillo, éstos son instrumentos que se usan constantemente en el negocio de drogas de su padre. Aparecen como socios Zynthia Borboa Zazueta, esposa de Vicentillo; sus hijos Vicente Ismael y Jesús Miguel Zambada Borboa; Ofelia Félix Salazar y José Guadalupe Peraza Osuna. Zynthia tenía sólo 22 años cuando se creó esa compañía y aparece como administradora única. En 1999 las acciones pasaron a Francisco Salvador Borboa Félix, que también creó la empresa Autódromo Altata en 2001.

Rancho Ganadero Las Ánimas se creó en 2001 para "realizar actividades agrícolas, ganaderas, siembra, importación y exportación, compraventa de toda clase de ganado y aves". En ella aparece como socia la esposa de Vicentillo y sus hijos; y también quedó integrado él mismo. Posteriormente las acciones pasaron a favor de Ofelia Félix Salazar y Rosario Niebla Cardoza.

* * *

Estancia Infantil Niño Feliz opera desde 2001 y se ubica desde entonces en Manuel Vallarta número 2141, Colonia Centro de Culiacán. Ha sido avalada por el gobierno de Culiacán y el IMSS, instancias de las cuales ha recibido las autorizaciones necesarias para operar.

Quien le dio el reconocimiento de validez oficial de su puño y letra fue el secretario estatal de Educación Pública, Antonio Malacón Díaz. Y Ricardo Robinson Bours, que, en 2001, como delegado estatal del IMSS, incorporó la guardería en el programa de gobierno "expansión de servicio de guarderías de esquema vecinal comunitario". Y ese mismo año Robinson Bours firmó un contrato entre el IMSS y la guardería del Mayo para la "subrogación de servicio de guardería", es decir, dar servicio de guardería a trabajadores afiliados al instituto, el cual paga mensualmente el propio IMSS. El primer contrato se firmó en 2001 con duración de cinco años.

De acuerdo con la investigación que hice, la guardería sigue en funcionamiento, según la SEP, aunque sigue boletinada por el gobierno de Estados Unidos como parte de la red criminal del Mayo. Desde 2001 el IMSS le ha renovado el contrato de prestación de servicios de guardería. Labora en turno matutino y atiende a menores de edad, desde lactantes y maternal hasta preescolar. En total tiene a 182 menores bajo su cuidado.[5]

Ante las autoridades, Chayito aparece como propietaria o representante legal. Aunque en los documentos los únicos socios son su hija María Teresa Zambada Niebla y sus nietos Maité y Javier Ernesto Díaz Zambada, así como Rosa María Zazueta Zambada. Como parte de las simulaciones administrativas, el inmueble pertenece a Chayito, y ella se lo renta a sí misma, de acuerdo con los contratos de arrendamiento a los que tuve acceso.

La representante legal ha sido Carmen Amelia Araujo Laveaga, a quien también ha señalado el gobierno americano como parte de la red financiera del Mayo. Ella a su vez aparece como propietaria de la empresa Construmármoles y Granito, creada en Culiacán en 2007 y dedicada a la "compraventa de materiales para la construcción y a la construcción misma, desde casas habitación hasta carreteras y desarrollo inmobiliario". Cuando en 2010 aumentó la presión sobre ella, traspasó sus acciones.

La guardería ha sido un buen negocio para la familia del Mayo. Será por el Karma, pero de cierto modo muchos de los millones que él paga de sobornos a funcionarios públicos le retornan a través de los contratos que Estancia Infantil Niño Feliz ha hecho con el IMSS durante años. Información obtenida de la Secretaría de Educación Pública de Sinaloa por medio de la Ley Federal de Transparencia, 15 de mayo de 2019.

De acuerdo con los contratos, en el sexenio de Felipe Calderón, entre 2010 y 2012, la delegación del IMSS en Sinaloa dio un contrato a Estancia Infantil Niño Feliz por adjudicación directa, y le pagó 2 mil 081 pesos por niño atendido. La guardería declara en el contrato que tiene una capacidad de 209 alumnos, eso significa que la empresa de la familia del capo habría recibido de pago hasta 10.4 millones de pesos, más IVA, en esos dos años.

Para 2013, ya en la administración de Enrique Peña Nieto, bajo la misma modalidad, el gobierno le dio un contrato anual de 5.6 millones de pesos, mas IVA. En 2014 la delegación del IMSS volvió a darles un contrato de dos años por 13.15 millones de pesos más IVA.

Y de nuevo, el 26 de diciembre de 2016 el delegado estatal del IMSS en Sinaloa, Ariel Leyva Almeida, por adjudicación directa, dio a la guardería de la familia del Mayo un nuevo contrato, ahora con duración de 5 años, 2017-2021, para atender a 209 menores.

El 26 de enero de 2018 Leyva Almeida firmó con Estancia Infantil Niño Feliz, representada por Beatriz Edith Fernández Gastélum, un convenio modificatorio por medio del cual se aumentó la cuota que el IMSS paga al mes por niño. La cuota vigente es de 3 mil 773.87 pesos. Y se determinó que de 2017 a 2021 el IMSS haría un pago a la guardería mínimo de 18.42 millones de pesos y máximo de 46.06 millones de pesos a lo largo de ese periodo.[6]

Es una ironía. Mientras las huestes del Cártel de Sinaloa imponen su ley de plomo a la sociedad de Culiacán, el gobierno deja en las manos de los parientes del Mayo, jefe supremo del cártel, a los mismos niños, quienes fuera de la guardería deben vivir en el terror creado por la organización criminal.

Según la información proporcionada por el IMSS, dicho convenio millonario sigue vigente hasta hoy.

* * *

En el análisis de 2012 que el IDA realizó para el Departamento de Defensa del gobierno de Estados Unidos, determinó como uno de los probables integrantes de la red financiera del Cártel de Sinaloa al empresario mexicano Jesús Vizcarra Calderón.

Nacido el 17 de marzo de 1960 en Culiacán, Vizcarra Calderón es dirigente del Grupo Viz, considerado líder del sector agropecuario en México. "Jesús Vizcarra Calderón, reconocido empresario y exalcalde de Culiacán, ha sido asociado con Ismael Zambada García", señala el informe. Ya decíamos que en 2010 Vizcarra perdió la gubernatura de Sinaloa en 2010 contra Mario López Valdez. Aunque según lo dicho por Gaxiola, el Mayo había apoyado a los dos candidatos por igual.

El reporte indica textualmente:

> En 2009, *Reforma*, un periódico nacional mexicano, publicó fotos de 1989 que mostraban a Vizcarra Calderón y Zambada García asistiendo a una celebración religiosa en el rancho de Zambada, El Puerto Rico, también conocido como Establo Puerto Rico. En ese momento, Vizcarra Calderón, entonces alcalde y candidato a gobernador, se negó a comentar sobre la naturaleza de su relación con Zambada García.
>
> Desde entonces, Vizcarra Calderón dejó la política para regresar a sus negocios. Debido a la capacidad de Sinaloa de corromper a los funcionarios públicos y privados, vale la pena explorar a estas personas y empresas con posibles vínculos con el Cártel de Sinaloa. Información adicional está disponible a través de fuentes clasificadas.
>
> En 1969, los padres de Vizcarra Calderón, José Isabel Vizcarra Rodríguez y María del Rosario Calderón López, fundaron el negocio SuKarne Pacífico S. A. de C. V. Vizcarra Calderón lo transformó en Grupo Viz, una compañía *holding* con numerosas filiales. Incluyendo SuKarne S. A de C. V., SuKarne Worldwide / Viz Cattle Cor-

poration, SuKuero, Renpro, Unidad Industrial de Ganadería Integral Nicaragua (Ginsa), Humibac, Agrovizion Integradora S. A. de C. V., 38 y Empresa Agroindustrial.

Hoy, Grupo Viz es la compañía principal en la industria agrícola de México. Anualmente, la compañía exporta mil millones de dólares en carne de res, cerdo y pollo a cuatro continentes diferentes, incluidos los Estados Unidos y Japón. La compañía produce casi 2 mil millones de dólares en ingresos anualmente.

El Mayo habría presumido en diversas ocasiones a sus invitados especiales en los dominios de Costa Rica y Quilá que parte de sus cabezas de ganado se las vende a SuKarne.

* * *

Gaxiola afirmó que ni al Mayo ni a su familia les han asegurado ninguna propiedad, excepto en aquella ocasión en el año 2000, cuando el asunto se resolvió con gran rapidez. Pero saber esto con certeza es uno de los secretos que mejor deben guardarse, incluso en el gobierno del presidente de izquierda Andrés Manuel López Obrador.

Solicité la información de bienes muebles e inmuebles asegurados a Ismael Zambada García y a su hijo Vicente Zambada Niebla. Ya fuera bienes asegurados ministerialmente a ellos o a Rosario Niebla Cardoza, María Teresa, Midiam Patricia, Mónica del Rosario y Modesta Zambada Niebla. Así como Zynthia Borboa Zazueta, Ismael Zambada Imperial, Leticia Ortiz Fernández, Serafín Zambada Ortiz, Margarita Imperial López e Ismael Zambada Sicairos.

La Fiscalía General de la República que preside Alejandro Gertz Manero se negó a dar la información porque hacerla pública puede causar una "alteración profunda que sufre una persona en sus sentimientos, afectos o creencias, decoro, honor, reputación".[7]

La Subprocuraduría Especializada en Investigación de Delincuencia Organizada clasificó como "confidencial" el pronunciamiento de la existencia o no existencia de aseguramientos de bienes en contra de las personas solicitadas. Y el Instituto Nacional de Transparencia les dio la razón.

Tal vez el motivo de no abrir la información sea otro. Los mismos argumentos se habían dado antes para negar la información de los bienes muebles e inmuebles asegurados al Chapo y su familia. Al final, cuando en ese caso el instituto sí obligó a la Procuraduría a entregar la información, respondieron que en los últimos 18 años (2001-2019) lo único que le habían asegurado al segundo del Mayo, que según el gobierno americano acumuló 14 mil millones de dólares en 20 años de traficar estupefacientes, fueron tres relojes, un inmueble, cinco armas de fuego, 171 cartuchos, cinco cargadores, un equipo de cómputo y tres celulares.[8]

Mientras las múltiples empresas del Mayo en México existen sin complicaciones, según los documentos que me mostró Gaxiola, desde 2008 la familia del capo ha tratado de sacar de la lista negra del Departamento del Tesoro estadounidense a Nueva Industria de Ganaderos de Culiacán, Establo Puerto Rico, Jamaro Construcciones, Multiservicios Jeviz y a la propia Rosario Niebla Cardoza, por medio del despacho de abogados Berliner Corcoran & Rowe, de Washington D. C., pero hasta la fecha no lo ha logrado.

NOTAS

1 Información obtenida de la Secretaría de Comunicaciones y Transportes por medio de la ley Federal de Transparencia, 6 de mayo de 2019.

2 Información obtenida de la Secretaría de Agricultura y Desarrollo Rural por medio de la ley Federal de Transparencia, 26 de marzo de 2019.

3 Información obtenida de la Comisión Nacional del Agua por medio de la Ley Federal de Transparencia.

4 Documentos de la Secretaria de Estado en California obtenidos por la autora.

5 Información obtenida de la Secretaría de Educación Pública de Sinaloa por medio de la Ley Federal de Transparencia, 15 de mayo de 2019.

6 Información obtenida del Instituto Mexicano del Seguro Social por medio de la Ley Federal de Transparencia, octubre de 2019.

7 Información entregada por el Instituto Nacional de Transparencia por medio de la resolución RRA/10760/19, notificada el 19 de octubre de 2019.

8 Información obtenida de la Fiscalía General de la República por medio de la Ley Federal de Transparencia, 8 de mayo de 2019.

15

La guerra según Vicentillo

Aproximadamente en enero de 2008 el hermano de Arturo Beltrán Leyva, Alfredo, quien también es conocido como *Mochomo*, fue detenido por autoridades mexicanas. Arturo acusó a mi padre y Chapo por el arresto de Mochomo, lo cual trajo una cadena de eventos.[1]

Aproximadamente en abril de 2008 los Beltrán rompieron completamente con el Cártel de Sinaloa y una guerra muy violenta comenzó entre los dos. Los Beltrán Leyva hicieron alianza con el Cártel de los Zetas, quien luchó al lado de los Beltrán contra el Cártel de Sinaloa. Además, durante este mismo periodo el Cártel de Sinaloa estuvo en guerra con otro de sus antiguos aliados, la organización de los Carrillo Fuentes. Debido a estas guerras, las cuales continuaban cuando fui arrestado en 2009, mucha gente fue asesinada.

Yo estoy enterado de muchos aspectos de la violencia que ha sucedido en México como resultado de esta guerra de cárteles.

* * *

El 21 de enero de 2008 el ejército arrestó a Alfredo Beltrán Leyva en Culiacán, territorio del Mayo. Se trató de un aparatoso operativo en el que participaron alrededor de 100 militares y múltiples vehículos Hummer artillados. El Mochomo iba saliendo de una cita, viajaba a bordo de una camioneta BMW blanca, con sólo tres escoltas, y llevaba un importante lote de joyas con un valor de varios millones de pesos.[2]

En ese momento el Mochomo tenía 37 años, era apenas cuatro años mayor que Vicentillo. Muy joven también se había ido a vivir a Cancún, donde ambos convivieron bastante. De los Beltrán Leyva era el menor y con quien el hijo del Mayo tenía una relación más cercana. Al igual que Vicentillo, quedó inmerso de manera obligada en los negocios de la familia. Arturo estaba muy ligado a él.

La relación de Arturo Beltrán Leyva con el Mayo y el Chapo se había enfriado desde hacía tiempo. Y la detención del Mochomo fue el cerillo que encendió la gasolina.

En 2007 Rey estuvo presente en la reunión entre el Mayo y el Chapo donde decidieron comenzar la guerra. El preludio fue el asesinato del jefe policiaco de la PGR Nemesio Lugo en la Ciudad de México, lo cual había molestado mucho a Arturo porque era de su gente. Tras el suceso, Arturo se negó a hablar con el Chapo. "Y como ya había varios problemas con él [Arturo], se decidió declararles la guerra", dijo Rey.[3]

"Bueno, hablamos sobre el hecho de que si la guerra fuera a explotar, había muchas personas que eran peligrosas, como Arturo, la Barbie, Rafita y pequeños detalles como ése [...] sería una guerra muy violenta. Eso es lo que les dije de mi parte, dije que realmente no pensaba que sería bueno para ellos declarar la guerra a Arturo", argumentó Rey en aquella discusión.

Y tenía razón. Estaba por venir la peor guerra entre narcos de la historia en México. Peor que la que hubo con los Arellano Félix. Peor que la de la Federación contra los Zetas. Había muchas señales de que la guerra era inminente. Gracias al general Humberto Eduardo Antimo Miranda, el Mayo supo que en la Sedena un grupo de generales se estaba yendo del bando de los otrora socios, ahora adversarios.

* * *

El general Antimo en 2007 era mi contacto, y lo llevé a ver a mi padre.[4]

El general estaba tratando de hablar con mi papá porque había el rumor en la Secretaría de la Defensa de otros generales, y eso fue lo que el general Antimo dijo, que había un rumor de que algunos generales iban a dividirse. Lazcano, la gente de los Beltrán Leyva y los Carrillo Fuentes estaban buscando tener más conexiones con otros generales, así podrían atacar a mi papá y a mi compadre Chapo. De hecho, él y otros generales habían sido contactados por los Carrillo Fuentes, los Beltrán Leyva y Zetas [con el fin de] enviarles dinero para que los ayudaran a detener a mi papá y a mi compadre Chapo.

El general había hablado con otros generales y les dijo que era mejor buscar a mi papá y era mejor estar del lado de mi papá por cómo era mi papá y cómo era mi compadre Chapo, y porque todo lo que estaba pasando en México con los Zetas y los Beltrán y la guerra que había estallado en toda la República.

Mi papá habló cerca de cinco horas con el general y dijo "gracias". El general dijo que si él tenía más información que fuera para perjudicar a mi papá y mi compadre Chapo, que él nos diría.

* * *

En 2008 fue cuando vi más veces seguidas a Chapo y a mi papá juntos, fue cuando vino la guerra con Arturo, o más bien cuando Arturo se unió a los Zetas y los Carrillo Fuentes para pelear contra Chapo y mi papá. El Chapo ya sabía lo que andaban tramando, él le dijo a mi papá que tuviera cuidado, y a todos nosotros también. En esas reuniones siempre íbamos Juancho y yo, y mi papá y Chapo nos dijo: "están metiendo a gente en Culiacán, los Zetas y Vicente Carrillo en conjunto con Arturo", y que estaban tramando matarlos a ellos y a todos los de su alrededor.[5]

Mi papá le decía a Chapo que lo dejara hablar con Arturo a ver si podía parar todo eso, que no era bueno otra guerra, y el Chapo decía que él tampoco quería eso, pero que era lo que estaban tramando porque Arturo andaba mal de la cabeza y le habían metido en la cabeza de que mi papá y el Chapo habían entregado a su hermano Alfredo Beltrán.

Mi papá lo que dijo fue que estaba mal Arturo, que cómo podía pensar eso. Que a Alfredo no lo agarraban porque no querían, que siempre estaba en la calle y en donde sea, que no necesitaban ponerlo ellos. Mi papá dijo que iba a hablar con Arturo a ver si podía parar esa guerra.

Mi papá habló con Arturo. Que cómo era posible que siendo primo de Chapo y amigo de él, de toda la vida, se fueran a descomponer las cosas, que qué era lo que pasaba. Arturo le dijo que porque ellos, el Chapo y mi papá, habían tenido que ver con la detención de su hermano, pero que no era contra él, era contra el Chapo, que el Chapo había hecho eso a cambio de que soltaran a su hijo Iván [Guzmán Salazar], el que estaba detenido. Mi papá le dijo que se dejara de chismes, que eso era pura mentira.

Pero Arturo andaba en las drogas y le caían mal. Después hablaba con mi papá y decía que no, que ya sabía cómo había estado lo de Alfredo, que había sido por otro lado y que todo estaba bien. Pero a los días hablaba ondeado o loco, así se dice allá, o sea, drogado o borracho, y decía lo contrario y que los iba a matar y cosas así.

* * *

Para Arturo Beltrán Leyva era imposible no pensar que el Mayo y el Chapo lo habían traicionado. Sobre todo, porque mientras detenían a su hermano en Culiacán, la Policía Federal, comandada por Édgar Millán, realizó cateos sorpresivos a tres de sus casas en la Ciudad de México: en San Ángel, en Romero de Terreros y en el Pedregal de San Ángel.

Cuando ocurrió la detención del Mochomo, yo ya tenía conocimiento de las formas de operar de distintos cárteles, pues estaba inmersa en la investigación de *Los señores del narco*. Cotidianamente me reunía con unos y con otros, muchas veces en la Ciudad de México. En su mayoría, mis informantes no eran traficantes de drogas ni asesinos, sino bisagras entre el mundo legal e ilegal que cada cártel necesita para subsistir.

Una fuente de información muy cercana a Arturo Beltrán me advirtió que el capo estaba convencido de que el Mayo y el Chapo habían entregado a su hermano, que no los perdonaría jamás y muy pronto cobraría venganza. En febrero de 2008 publiqué un artículo en *Reporte Índigo* donde informé que una guerra estaba por venir.

Arturo Beltrán contaba con el apoyo de Vicente Carrillo Fuentes y de Heriberto Lazcano, el líder de los Zetas con el que recientemente había hecho una alianza.

* * *

A principios de año [2008] nos comenzamos a dar cuenta de que estaban metiendo a mucha gente en Culiacán y en todo el estado, empezaron a contratar gente y a rentar casas para oficinas en toda la ciudad, y como Culiacán es chico y todo mundo nos conoce sabemos cuando algo anda raro.[6]

Empezaron a contratar gente por todas partes, en las colonias y ranchos aledaños a la ciudad. Y mucha gente que contrataban ya les decían para qué los querían, pues mucha gente no quiso y desertó y esa gente nos buscó y nos dijeron todo lo que estaban haciendo o planeando, pues casi toda la gente está agradecida con mi papá y con el Chapo, y cuando les decían que los estaban contratando para pelear contra ellos pues mucha gente no quiso y les desertó.

Les habían dicho que les iban a pagar 20 mil pesos a cada uno al mes y que querían conseguir 500 o más personas de ahí de Culiacán y la gente se acercaba con ellos porque pensaban que Arturo era lo mismo que el Mayo y el Chapo. Como todo mundo sabía de la amistad, y aparte que eran primos de Chapo, pues mucha gente sí se acercó a ellos. Pero cuando ya los tenían encerrados en varias casas les dijeron que con los que iban a pelear era contra el Chapo y el Mayo, mucha gente desertó, dijeron que ellos no peleaban contra el Chapo y el Mayo, y esa gente nos avisó y así confirmaron más el Chapo y mi papá lo que estaban tramando desde antes.

Entonces mi papá me mandó llamar y a Juancho también, y nos dijo que tuviéramos cuidado porque nos querían matar a todos. Entre los blancos estaba yo en la lista por el lado de mi papá, y Juancho por el lado de Chapo, pero mi papá dijo que él iba hacerle la lucha para no pelear, que iba a hacer el último intento de hablar con Arturo para ver qué pasaba y hablaron con él. A mí me dijo mi papá días después que Arturo había negado todo, que él no andaba contratando gente ni nada de eso y pues ya fue la última vez que hablaron con él.

* * *

El 2008 era el segundo año de gobierno de Felipe Calderón. El secretario de Seguridad Pública Federal era Genaro García Luna, quien ya había recibido sobornos de al menos 8 millones de dólares del Mayo, y al menos otros 50 millones de los Beltrán Leyva.[7] El jefe de la Policía Federal era el ya citado Édgar Millán, subordinado y amigo personal de García Luna. El secretario de la Defensa era Guillermo Galván, en cuyo ejército había algunos generales más cercanos al Mayo y otros a Arturo Beltrán y Vicente Carrillo Fuentes. Lo mismo ocurría en la PGR, cuyo titular era Eduardo Medina Mora.

Cuando me enteré de que iba a comenzar una guerra entre los miembros de la Federación, me pareció claro que el gobierno de Calderón también entraría en una guerra interna. Quedaría fracturado entre aquellos que estaban con el Mayo y el Chapo y los que permanecerían leales a Arturo. Otros se quedaron a la mitad.

* * *

Mi papá me mandó a llamar de nuevo, estaba muy preocupado por todo lo que estaba pasando. Me dijo que eso ya no tenía lucha [remedio], que tanto batallar y tantas muertes con la guerra pasada con los Arellano, y tan bien que estaba todo, y ahora esta gente. Que tanto que había hecho la lucha de mediador para que hubiera paz, pero que era en vano, que esa gente no entendía.[8]

Que él había sido uno de los mediadores meses antes para que Arturo arreglara con los Zetas, y que al final había sido peor que se juntaran todos ellos para matarlos a él y al Chapo, ¡después de todo lo que había hecho él!

Me dijo que lo más importante era la familia, que Arturo y Vicente Carrillo y los Zetas no piensan en nadie, no les interesa nada, pero que a él sí, y pensaba qué iba a pasar con la familia y otra vez conmigo. Que ya había librado la otra guerra y ahora ésta, otra vez. Que yo le avisara a mis hermanas y hermanos lo que pasaba y que se fueran de la ciudad [Culiacán] y se fueran todos a Canadá y otros para la Ciudad de México, y así.

Yo le dije que quería irme también, que él sabía que a mí nunca me había gustado esa vida, que ya estaba enfadado de vivir presionado, una vida que uno no quiere vivir, pero que cada vez estaba peor. Que ahora era diferente porque ya el gobierno me buscaba, que era más difícil para mí.

Me dijo que para él también era difícil, que él nunca quiso eso para nosotros y que nunca me iba a dejar meterme en sus negocios, que por eso él estaba como andaba, para darnos algo mejor y estudios y que por las circunstancias ya hasta me buscaba el gobierno. Me dijo que yo me cuidara y que me mantuviera lo más fuera y aparte de todo. Que él y Chapo andaban viendo cómo arreglarme y zafarme de todo y a ver si podía vivir una vida mejor y lo que yo siempre había querido.

Entonces le dije que me iba a ir para Mazatlán con mi familia, que al cabo nadie sabía, que yo siempre me movía ahí con discreción con mi esposa y con mis hijos, y metí a mis hijos a estudiar a Mazatlán. Y me dijo que sí, que yo nomás estuviera pendiente y que me cuidara, que ellos tenían a gente para pelear y que yo no me metiera en nada.

* * *

No sólo el Mayo estaba en dificultades, también el presidente Calderón. Sería aquél uno de los peores años de su vida. Él mismo fue cómplice de la protección a la Federación. Su gobierno usó al ejército y a la PF para combatir al lado de ese grupo criminal contra los Zetas. Recibió millonarios sobornos de ellos[9] y, según la Barbie, incluso encabezó reuniones con narcos.[10]

Habría muchas bajas de todos los bandos.

* * *

El 30 de abril de 2008 fue cuando la guerra con Arturo Beltrán comenzó.[11]

Nosotros ya conocíamos sus intenciones meses antes. Para entonces ellos ya tenían a mucha gente contratada y estaban aliados con los Zetas y Vicente Carrillo. Compraban y rentaban casas en Culiacán y tenían contratada a gente armada para matarnos y habían planeado todo lo que iban a hacer en Culiacán.

Entonces Chapo y mi padre me dijeron a mí y a Juancho tener gente que investigara dónde estaban las casas de seguridad y la gente armada porque habían decidido ayudar a la Policía Federal con algunas redadas y así fueran a arrestarlos.

Mi padre y Chapo hicieron esto con el fin de pelear lo menos posible y que no hubiera demasiada violencia, porque si ellos enviaban a su propia gente a las casas de seguridad la guerra iba a ser peor aún. Iba a haber muchos muertos incluyendo gente inocente, y ellos no querían eso, mucho menos en Culiacán, donde ellos controlaban todo. Y así no demasiado gobierno estaría involucrado.

Chapo y mi padre nos pidieron a Juancho y a mí checar todas las direcciones de los enemigos porque íbamos a trabajar con el gobierno y ellos no querían que la información se filtrara. Ellos también querían mostrar que estaban trabajando sin mucha violencia ni muerte.

Una vez que hubiéramos tenido las direcciones, las más que pudiéramos, se las debíamos dar al Lic. Dámaso y él se las iba a dar al grupo de la PFP. Chapo dijo que ya había hablado con ellos y que ellos se comprometieron a que se harían cargo de las búsquedas y redadas.

Aproximadamente el 30 de abril le dimos las direcciones a Dámaso. Las fuerzas federales ya estaban en Culiacán, pero no sabían para dónde ir. Adicionalmente a las direcciones, pidieron que les prestáramos gente que los guiara y así no equivocarse.

Chapo les prestó a alguna de su gente vestida de policías federales que fueron junto con los policías federales verdaderos y ese día, 30 de abril, la Policía Federal hizo operativos en las direcciones que les dimos.

Hicieron cinco redadas simultáneas y en cuatro de las casas arrestaron gente que no opuso resistencia, seis o nueve en cada una, y confiscaron muchas armas y carros. Hubo un enfrentamiento con la PFP en la última casa. Duró cerca de cuatro horas con el ejército y la PFP, finalmente se rindieron y arrestaron a 13 personas y muchas armas y carros. El mismo día, pero tres horas después, hubo una confrontación con nuestra gente.

El 30 de abril se celebra el día del niño en México. Yo estaba a las afueras de Culiacán en una casa de campo que tengo, para celebrar el día del niño con mis hijos y sobrinos, mis cuñados y otros amigos.

Mis guardias estaban vigilando la zona periférica de donde yo estaba. Ellos nunca estaban donde yo me encontraba, pero se quedaban en casas cercanas. Ellos estaban vigilando la entrada del lugar donde yo estaba con mis hijos cuando me avisaron que estaba en camino un convoy de carros de los enemigos, que tuviera cuidado.

Me avisaron que en ese momento había confrontaciones en la ciudad en algunas direcciones y había varios muertos, y que estuviera alerta por si debíamos movernos del lugar donde estábamos. Luego me llamaron para decirme que los carros enemigos se estaban acercando al lugar donde estaba y cerca de 15 minutos después comenzamos a escuchar disparos alrededor.

Le grité a mis hijos, a mi esposa y a las otras mujeres para que de inmediato entraran a la casa y mis guardias me llamaron por radio para decirme que estaban peleando con el enemigo.

Me preguntaron si iban a donde yo estaba para protegernos mientras sacábamos a mi familia de ahí. Que ellos habían pedido refuerzos y ya todos venían.

Yo sólo tenía a ocho personas custodiándome, sólo dos carros con cuatro personas cada uno, pero su trabajo es sólo cuidarme y hay otras personas para pelar. En esa confrontación cuatro enemigos murieron y dos de mis guardias resultaron heridos.

En las redadas fueron detenidas más de 30 personas y luego nos enteramos de que algunos muertos eran de la policía estatal de Sinaloa que trabajaban para Alfredo Beltrán, y ése fue el día en que la guerra comenzó en Culiacán. El mismo día al atardecer fueron atacadas varias camionetas de la PFP y muchos agentes murieron en represalia por las redadas y la gente que habían arrestado. En esos meses todos los operativos y detenciones hechos por la Policía Federal fueron porque nosotros los ayudamos, de otro modo ellos no hubieran hecho nada.

La Policía Federal pidió ayuda a Chapo y mi padre, así ellos podrían ayudarlos y podrían hacer los operativos sin tantos muertos. En esos meses arrestaron a cien personas del bando enemigo y confiscaron varias armas. Pero si no lo hubieran hecho, en vez de haber cien detenidos, habría habido cien muertos. Hubiera habido más tiroteos si hubiéramos mandado sólo a nuestra gente a tomar por asalto esos lugares.

* * *

Los miembros del equipo más cercano del secretario García Luna comenzaron a caer como bolos en una chuza. Las lealtades de quienes habían trabajado para la Federación se pusieron a prueba. El primero en caer fue Roberto Velasco, director de Crimen Organizado de la AFI. Desde *Los señores de narco* afirmé que a Velasco lo asesinaron por su colusión con el crimen organizado. Rey contó directamente la historia.

Previendo la guerra contra los Beltrán Leyva, el Mayo y el Chapo no sólo orquestaron ataques usando como fuerza armada a la PF, con la complicidad de García Luna y Millán, sino que pusieron en marcha un plan para neutralizar a los policías federales y a los agentes de la AFI que trabajaban para Arturo Beltrán.

"Roberto Velasco trabajaba para los Beltrán Leyva", dijo Rey. Nacho Coronel le informó que Velasco le comentó a quien no debía que iba a atacar al Mayo y al Chapo por órdenes de Arturo.

"Una vez que hablé con mi hermano, me dijo: 'ni siquiera necesitas preguntarme, adelante, haz ese favor'", explicó Rey, cuyo ahijado, Édgar Bayardo, era subdirector de la División de Operaciones de la PF y pertenecía al círculo de García Luna. El hermano del Mayo le pidió a Bayardo que ubicara a Velasco. Un día después del ataque del día del niño en Culiacán, a las seis de la tarde, en plena hora pico de la Ciudad de México, el Mechudo, un sicario del Mayo, asesinó a Velasco mientras el jefe policiaco se dirigía a su domicilio. Una bala le dio directo en la cabeza y en automático tuvo muerte cerebral, aunque no fue hasta que llegó al hospital cuando perdió la vida.

"Llegado el momento Mechudo me dijo que avisara a los jefes que el trabajo estaba hecho", dijo Rey.

Un par de días después del homicidio de Velasco, el 3 de mayo de 2008, la secretaría de García Luna dio a conocer el asesinato de cuatro policías federales tras enfrentamientos ocurridos en Culiacán. Eran de la gente del Mayo y el Chapo que había ido a reventar casas de los Beltrán Leyva: Manuel García Pérez, Víctor Hugo Martínez Bravo, Genaro Francisco Nicolás y Guillermo Martínez Alvarado.

"Fallecieron la noche de ayer al enfrentar con valor y profesionalismo al crimen organizado", se informó en comunicado de prensa. Lo que no se dijo es que murieron al servicio del Mayo y el Chapo, no de la nación. En la Ciudad de México les rindieron homenaje de héroes.

El mismo 3 de mayo en la madrugada asesinaron en la capital a Aristeo Gómez Martínez, director de la jefatura del Estado Mayor de la Policía Federal, también cercano a García Luna.

Llegó el turno de Édgar Millán, el comisionado de la PF, el mismo que envió a sus elementos a Culiacán para ponerse al servicio del Mayo y el Chapo y atacar a los Beltrán Leyva.

Al igual que a sus jefes, la reputación de corrupto acompañaba a Millán desde hacía tiempo. Un documento de asuntos internos de la PGR de 2005 lo acusaba de ser parte de la red de policías corruptos que dirigían García Luna, Luis Cárdenas Palomino y Facundo Rosas Rosas. En la AFI era el encargado de asignar las plazas a los agentes adscritos en todo el país, esto lo hacía uno de los funcionarios más poderosos de la agencia. Lo acusaron de cobrar a los narcotraficantes, sobre todo a los socios de la Federación, de 200 mil a un millón de dólares por nombrar a un determinado jefe regional, así como una mensualidad de 50 mil a 100 mil dólares para el director general en turno. Los escritos de Vicentillo corroboraron esto ampliamente, lo mismo el testimonio de Rey, quien habló de los millones que se entregaron a García Luna a cambio de designar a modo a un jefe de la AFI en Culiacán.

La madrugada del 8 de mayo de 2008 asesinaron a Millán en una vecindad del barrio de Tepito en la Ciudad de México. Le dieron ocho tiros, tres en la cara. El gobierno de Calderón y su jefe policiaco, García Luna, corrieron la versión de que el Cártel de Sinaloa lo había matado por su labor de combate al narcotráfico, nunca dijeron que lo ejecutaron por trabajar para el Mayo y el Chapo. Se le hizo un funeral de héroe que presidieron García Luna y Calderón, quien rindió guardia de honor y les entregó la bandera de México a sus familiares. Ésa habría sido la respuesta de los Beltrán Leyva al ataque en Culiacán.

Ese mismo día por la noche hubo una baja sensible del lado del Chapo. Su hijo Édgar Guzmán López de 22 años, procreado con Griselda López, fue asesinado en un enfrentamiento en una plaza comercial de Culiacán. Los medios aseguraron que fueron los Beltrán Leyva, pero no fue así, fue Gonzalo Inzunza, *Macho Prieto*, gatillero al servicio del Mayo.

"Hubo la orden de que todos se quedaran en sus casas porque iba a haber un enfrentamiento", me dijo Gaxiola, confirmando la versión que narré en *Los señores del narco*. "Se dijo que una persona del grupo de Arturo Beltrán Leyva iba a andar por esa zona del City Club y se iba a encontrar con alguien. Incluso se sabían las características del coche. A Édgar se le ocurrió salir con su esposa de compras y dejó el radio, no se enteró de la alerta. Cuando los gatilleros vieron el carro, a alguien se le ocurrió '¡es ése!' y abrieron fuego.

Cuando se dieron cuenta de quién era, reportaron el incidente y fueron a ver al Chapo."

Junto con Édgar fueron asesinados su primo César Ariel Loera y Arturo Meza Cázares, hijo de la Emperatriz, la operadora financiera del Mayo.

"Chapo confirmó el relato de lo que le dijeron, 'ni modo', dijo, fue un error, y todo ese grupo siguió trabajando", narró Gaxiola.

* * *

Gonzalo [Macho Prieto] era el que tenía más gente, era uno de los encargados de pelar y de todo ese tipo de cosas para mi padre. Él tenía a su cargo cerca de 200 personas.[12]

A él realmente lo que le gustaba es la transportación y todo lo relacionado con los compartimentos secretos para transportar la droga en pipas y camiones, pero también era muy "militar". Él era el que peleaba y podía entrar en cualquier lugar para capturar a los enemigos o a los que querían lastimarnos. De todas las personas que los enemigos han asesinado, su gente ha sido la que más ha muerto. Gonzalo era de Navolato y desde algún tiempo él ha tenido problemas con los Carrillo Fuentes. Ellos mataron a uno de sus hermanos, sobrinos y otros familiares que no tenían nada que ver con el negocio, gente que tenía sus propios negocios en orden. Algunos estaban dedicados a pintar automóviles, reparar carrocerías y garages. Y ellos [Carrillo Fuentes] los mataron a todos. Un día fueron al garage donde él pasaba tiempo, y sólo porque eran sus conocidos los mataron a todos. Incluyendo a gente que sólo estaba ahí, gente inocente que había llevado a reparar sus vehículos. Días después fueron a matar a sus primos que se dedicaban a la tapicería.

Y es por eso que le dijo a mi padre que él pelearía al lado de ellos, y que lo dejaran solo. Pero después estaba en muy mala situación, estaba muy involucrado en drogas [consumo] y se ponía muy mal. Incluso su propia gente le tenía miedo.

Lo que supe es que meses antes de que yo fuera arrestado, él estaba en Sonoyta [Sonora] y Mexicali. Mi padre me dijo que lo había visto algunos días antes. Y que Gonzalo le dijo que estaba buscando la manera de hacer algunos cruces de mariguana en la frontera y que él tenía a todo el gobierno protegiendo Sonoyta y que incluso los militares iban a ayudarlo a cruzar la droga. Que él ya tenía todo listo y que lo único que faltaba era terminar el cruce. Así es como Gonzalo manejaba las cosas.

* * *

En la Ciudad de México siguieron los asesinatos contra los narcopolicías. El 26 de junio de 2008 mataron a Igor Labastida, director de Tráfico y Contrabando de la PF.

Días después su abogada, Raquenel Villanueva —una reconocida litigante de Monterrey experta en causas penales de crimen organizado—, me confió que Igor estaba tratando de contactar a autoridades del gobierno de Estados Unidos con el propósito de volverse testigo protegido y revelar la corrupción de la AFI y la SSP de García Luna. Formaba parte del grupo corrupto desde hacía más de cinco años, era muy cercano a Millán, pero se quejaba de que García Luna y Cárdenas Palomino le dejaban el trabajo más sucio. Le dijo a Raquenel que García Luna y varios miembros de su equipo habían aceptado dinero de todos los grupos, pero sólo quedaban bien con el del Mayo.

Al mediodía, mientras Igor comía en una fonda de la delegación Miguel Hidalgo de la capital mexicana, un grupo de pistoleros lo acribilló. Curiosamente para él no hubo exequias de héroe.

A Raquenel la asesinaron en Monterrey en agosto de 2009. Murió conociendo de viva voz, por medio de policías y narcos, la profunda corrupción en el grupo de Genaro García Luna, la cual yo investigaba desde 2007.

El 19 de octubre de 2008 Édgar Bayardo y el nuevo comisionado de la PF, sustituto de Millán, Víctor Garay Cadena, realizaron un operativo para reventar una residencia ubicada en una zona boscosa al sur de la Ciudad de México conocida como el Desierto de los Leones.

Se supone que ahí estaría Arturo Beltrán Leyva y el narcotraficante colombiano Harold Poveda, su principal proveedor, en una fiesta privada. En el lugar estaba tocando música Luis Enrique Guzmán, hermano de la famosa cantante Alejandra Guzmán, de quien luego Poveda mostraría a sus amigos fotografías desnuda presumiendo que tenían una relación íntima. El operativo se dio por indicaciones del Mayo, como venía ocurriendo en los últimos meses.

Fue un desastre. Arturo no estaba y Poveda se escapó. Los policías torturaron, golpearon, robaron, y Garay Cadena organizó una orgía en el jacuzzi de la residencia con algunas de las prostitutas que estaban en el lugar. El propio Bayardo le había sugerido no hacerlo, pero el jefe policiaco se quedó hasta el día siguiente.[9] El único detenido importante fue el narco colombiano Mauricio Fina Restrepo. A Poveda finalmente lo detuvieron en 2010, por supuesto, en un operativo de policías federales que trabajaban para el Mayo.

Acusado de colaborar con el Cártel de Sinaloa, Garay Cadena comenzó a ser investigado por la subprocuradora Marisela Morales. Renunció pocos días después al cargo y después lo arrestaron por abuso de autoridad y protección al Mayo.

* * *

Me fui a Mazatlán algunos días después de que las cosas se pusieron realmente feas en Culiacán. Uno de los hombres a quien se había ordenado asesinarme había estado siguiendo a mi esposa durante días cuando ella iba a recoger a mi hijo a la escuela y ellos estaban pensando en levantarla, me refiero a secuestrarla y luego asesinarla. O matarme cuando yo saliera de casa. Cerca de 13 personas estaban en una locación a cuatro cuadras de mi casa. Ellos ya estaban siguiendo a mi esposa y estaban esperando la orden para que cuando me encontraran me asesinaran, incluso si iba con mi esposa asesinarnos a los dos. Mi esposa nunca supo esto. Yo no quise decirle. Esta información nos la dio el gobierno, así que yo debía ser cuidadoso por si esta información era verdadera y en verdad querían matarnos. El gobierno nos dijo el tipo de coche, el color, y a qué escuela llevaba mi esposa a mi hijo todos los días. Ellos incluso nos dieron la placa de la camioneta que la seguía. Es por eso que me llevé a mi familia a Mazatlán y metí a mis hijos en una escuela allá.[14]

* * *

Durante la guerra con los Beltrán Leyva, además de Macho Prieto, comandaban grupos armados el Mechudo y Benny. Y aunque Chino Ántrax inició con el Mayo trabajando en el transporte de la droga, en el tiempo de guerra también asumió el papel de guardaespaldas y pistolero.

* * *

Hay otra persona que también peleaba cuando era necesario. Su nombre es Luis Miguel, y le llaman el Artista. Él es parte de la Policía Judicial y al mismo tiempo está con mi padre. Él tiene su propia gente de forma separada.[15]

El otro es *M1*. Su nombre es Manuel Torres y él también tiene su gente. Tiene cerca de cien personas. Ellos también mataron a su hijo de 18 años, la gente de Arturo lo hizo, y es por eso que él comenzó a pelear al lado de mi padre aún más.

Así que son varios grupos coordinados. Todos estaban en contacto. Por ejemplo, cuando alguna persona encontraba una casa o vehículo sospechoso en las calles, se llamaban entre ellos para ver si esa casa o ese carro pertenecía a alguno de nuestros grupos, y si no pertenecía a nadie eso significaba que eran enemigos y comenzaban a vigilarlos.

Así es como funcionaba con aquellos que estaban en las calles peleando o localizando gente de los enemigos. Pero yo nunca participé en alguna de esas cosas, para eso estaban ellos.

Yo no tenía que estar involucrado en ningún evento o ponerme en riesgo. Mi padre tiene a su gente para eso. A pesar de esto, yo los conocía y podía darles órdenes a ellos de qué cosa hacer.

Como el hijo del Mayo, por supuesto, yo podía hacer lo que quisiera, pero siempre estaba encerrado en mi casa cuidando de mí mismo. Y sí, yo estaba al tanto de muchas cosas, pero nunca he matado a nadie y nunca he participado en ninguno de los operativos.

* * *

Para Rey la guerra con Arturo Beltrán Leyva y sus aliados fue mucho peor, pues se volvió una guerra fratricida.

"No puedo dar un número exacto, pero hubo mucha gente asesinada. Deben de haber sido cientos, cientos."[16]

"Fue más feo, más grande", dijo, comparando la guerra con los Arellano Félix y los Zetas. "Fue una guerra entre nuestra propia gente, entre sinaloenses, entre personas que eran de la misma ciudad, entonces se convirtió en algo muy triste."

Y más triste aún porque el 20 de octubre de 2008 fue arrestado. Ocurrió en una colonia de clase media de la Ciudad de México, en un operativo de agentes de la AFI que trabajaban para los Beltrán Leyva. Lo detuvieron junto a su hijo, Jesús Zambada Reyes, de 22 años de edad, y su hijastro, Richard Arroyo Guízar, de 31, hijo de su esposa Paty.

Nadie podrá decir que Rey no luchó hasta el final, como era su costumbre. Él y su gente combatieron a tiros alrededor de una hora. En la calle había oficiales de las AFI y policías de la Secretaría de Seguridad Pública de la Ciudad de México que pretendían detenerlo. En la azotea de la casa se hallaban elementos policiacos en la nómina del Mayo que querían proteger su huida y disparaban contra los otros policías. Entre ellos se encontraban Marco Antonio Valadez Rico, subinspector de la PF en el aeropuerto de la Ciudad de México, donde mandaba Rey; Carlos Gerardo Castillo Ramírez, adscrito a la Dirección General de Despliegue Regional de la AFI; José Guillermo Báez Figueroa, subdelegado adscrito al área de Inteligencia de la PF, y Francisco Montaño Ochoa, policía ministerial adscrito a Tlalnepantla.[17]

Desesperado, Rey llamó a su ahijado Bayardo, el jefe policiaco corrupto de la PF, quien apenas una noche antes había estado en el desastroso operativo del Desierto de los Leones. "¿Qué pasó, ahijado?

Ya nos estamos agarrando a chingadazos, nos están agarrando los contra", dijo el capo desesperado. "Ya voy, padrino, ya llego, ya llego", respondió Bayardo.

El Rey y su hijo Jesús se encontraban rodeados en la azotea de su residencia. El capo hizo otra llamada, esta vez a la SSP capitalina. "Oiga, ahijado, por favor mándeme a la pitufada, porque no sé si son contras o es el gobierno". La pitufada, es decir, los policías capitalinos, sí llegaron, pero no pudieron ayudarlo.

"¿Qué pasó, ahijado? ¿Qué paso?", le volvió a llamar a Bayardo, mientras un helicóptero sobrevolaba el lugar.

Desesperado, por radio, Rey le pidió un último favor a Bayardo: "Ahí le encargo a mis ahijados, me la voy a rifar, yo no voy a dejar que me agarren, y si no, me voy a matar". Rey se puso la pistola en la sien, pero su hijo Jesús se la quitó y le salvó la vida. Días después nadie podría salvar a Jesús: luego de haber declarado ampliamente contra los policías corruptos del equipo de García Luna, amaneció muerto colgado con una cinta amarrada al cuello en la casa de arraigo donde se encontraba detenido bajo la responsabilidad del gobierno de Calderón. La PGR dijo que se suicidó. Rey nunca lo creyó.

Rey y Richard se hicieron testigos protegidos de inmediato, el primero bajo el seudónimo de Rambo III y el segundo como María Fernanda. Rey proporcionó información sobre la corrupción en la PF.

A finales de ese año a Bayardo también lo arrestaron y se volvió testigo protegido bajo el nombre clave de Tigre. Declaró ampliamente contra Garay Cadena y otros altos funcionarios del despacho de García Luna. El 1 de diciembre de 2009 lo asesinaron en un Starbucks de la Ciudad de México a plena luz del día. Por su parte, a Garay Cadena lo "exoneraron" en 2012 y salió de prisión porque la PGR no pudo acreditar su complicidad con el cártel.

Siete años después, otro hijo de Rey, Vicente Zambada Reyes, sería acribillado en Culiacán como parte de las disputas entre los cárteles que aún continuaban.

Notas

[1] Texto escrito por Vicente Zambada Niebla, entregado por Fernando Gaxiola a la autora.

[2] Parte informativo del 21 de enero de 2008, causa penal 15/2008-I.

[3] Testimonio de Jesús Zambada García en la Corte de Distrito Este de Nueva York, 19/11/2018. La autora tiene la versión estenográfica oficial de la Corte.

[4] Texto escrito por Vicente Zambada Niebla, entregado por Fernando Gaxiola a la autora.

[5] *Ibidem.*

[6] *Ibidem.*

[7] Testimonio de Jesús Zambada García en la Corte de Distrito Este de Nueva York, 20/11/2018. La autora tiene la versión estenográfica oficial de la Corte.

[8] Texto escrito por Vicente Zambada Niebla, entregado por Fernando Gaxiola a la autora.

[9] Declaración de testigos de la fiscalía el 13 de noviembre de 2018, durante la apertura del juicio del Chapo.

[10] Carta enviada por Édgar Valdez Villarreal a la autora en noviembre de 2012, publicada en *Reforma.*

[11] Texto escrito por Vicente Zambada Niebla, entregado por Fernando Gaxiola a la autora.

[12] *Ibidem.*

[13] "La fiesta del jefe Garay", *Reforma*, 13 de diciembre de 2008.

[14] Texto escrito por Vicente Zambada Niebla, entregado por Fernando Gaxiola a la autora.

[15] *Ibidem.*

[16] Testimonio de Jesús Zambada García, 19/11/2018, *loc cit.*

[17] Expediente PGR/SIEDO/UEIDCS/350/08.

16

El presidente Calderón pidió un favor a mi padre

A partir de que comenzó la guerra, 20 personas estaban cuidándome, eran los que mi padre puso para mi protección. Había dos carros y algunas veces tres, con cuatro personas cada uno. No todos los 20 estaban conmigo al mismo tiempo, sino que tenían turnos. Diez trabajan durante 10 o 15 días, luego tomaban una semana de descanso y eran relevados por otros 10. Yo nunca los vi. Había algunos que ni siquiera conocía, aunque parezca mentira, es la verdad.[1]

El hombre que estaba a cargo de ellos le decían *Yipi*; él estaba a cargo de un grupo, y del otro un hombre llamado Ismael y el otro Keta.

Ésta es la forma en que yo siempre he manejado las cosas. Por ejemplo, la casa donde yo vivía o estaba con mi familia nadie sabía dónde era, sólo yo. Los que estaban a cargo de mi seguridad, ya fuera Yipi, Ismael o Keta, en caso de que necesitara algo en la noche, o cuando fuera, sabían dónde estaba, pero el resto no. Y en mi casa estaba yo, mi esposa, mis hijos, y gente de la limpieza.

Yo trataba de vivir en modo muy simple y no llamar la atención y vivir como una persona normal. Yo no iba a restaurantes, centros comerciales, teatros, fiestas ni ese tipo de cosas.

Por ejemplo, yo vivía en un conjunto residencial privado en Mazatlán. Los que me cuidaban tenían sus oficinas como a tres cuadras; en las mañanas, cuando mi esposa llevaba a los niños a la escuela, un coche la acompañaba. También hacía rondines de vigilancia por el lugar donde vivo. Luego cuando mi esposa salía a recoger a los niños también iban con ella. Pero ni mis hijos ni mi esposa se daban cuenta de eso. Yo avisaba a los hombres que me cuidaban de los horarios y esperaban en algún punto cercano del conjunto y la seguían, así ellos no sabían dónde vivía o cuando estaba saliendo de casa porque algunas veces yo iba a recoger a mis hijos a la escuela o a otro lugar.

Yo llamaba 15 minutos antes de salir a Yipi o a otro: "Voy a salir a dar una vuelta", y ellos sabían lo que tenían que hacer. Cuando dejaba mi casa o el condominio, ellos ya estaban esperando afuera. Cuando estaba regresando a casa les avisaba dos o tres cuadras antes que me dejaran ahí y de esta forma ellos no sabían dónde vivía.

Durante el día y durante la noche siempre había dos personas haciendo rondines por donde vivía en carros o motocicletas. Yo no sé quiénes son ni tengo contacto con ellos. Si hay algo, por ejemplo, si el gobierno está cerca, le notifican a Keta o Yipi. Quien notificaba era el Doctor [Roberto Beltrán Burgos] que trabajaba para Chapo y mi padre. Keta me llamaba si él les notificaba si el gobierno estaba preparando algún operativo.

Por ejemplo, él me llamaba para decirme: "Sólo para que sepas, los de la Policía Federal me informaron que van a estar en cierto sector de la ciudad. Sólo para que sepas". Y yo decía "ok". O, por ejemplo, ellos decían: "Ellos me informaron que van a hacer un cateo en una casa y quieren saber si es nuestra". Y yo decía: "Bueno, no, pregunta a los demás". Y es así como todo funcionaba. Pero yo nunca veía a los de la PF o a los militares del gobierno. Sé que quienes se encargaban de eso eran el Doctor y Keta.

Por ejemplo, cuando llegaba un nuevo comandante de la PF, el comandante que se estaba yendo introducía al que llegaba. Y cuando yo iba a Mazatlán o Culiacán yo informaba al encargado de mi vigilancia. Yo notificaba a Keta como media hora antes, así él podía checar con la PF que en la carretera todo estaba bien. Los de la PF se aseguraban que no hubiera retenes o militares en las casetas de la carretera. Mandaban un carro a la cabeza para decirles cómo estaba la carretera. Otros me seguían a la distancia, los dos carros que me escoltaban. Así funcionaba mi seguridad y ésta era mi forma de cuidarme.

* * *

En las filas de la Sedena también hubo división. Quienes antes servían a la Federación tuvieron que decidir de qué lado estaban. Uno de los que se hallaba en esa situación era el general Roberto Miranda Sánchez, que en 1998 tan amablemente había invitado a desayunar a Vicentillo a Los Pinos.

Entre 2001 y 2003 Vicentillo confirmó en Quebec la lealtad del militar con Vicente Carrillo Fuentes y su padre. Para 2008 las cosas cambiaron. Miranda, general de división, estaba como comandante de la III Región Militar con sede en Mazatlán, Sinaloa.

* * *

En 2007 o 2008 el general [Miranda Sánchez] fue enviado a Mazatlán. Para entonces la guerra con Arturo y Vicente Carrillo había comenzado. Y tan pronto como el general llegó a Mazatlán, la primera cosa que dijo en las noticias y también fue conocido por Chapo y mi padre, es que él iba a arrestar a Chapo y Mayo o verlos morir, y él [Miranda] comenzó una fuerte campaña contra nosotros, me refiero a Chapo y mi padre, pero toda la familia fue afectada. Mi madre, mis hermanas y mi casa fueron registradas cada semana durante todo 2008. Era puro acoso.[2]

Había otro general en Culiacán que era encargado de la IX Zona Militar. También conozco su nombre, lo diré después, pero también era gente de Vicente y Arturo. Ellos estaban pagados por nuestros enemigos. Ellos registraban nuestros ranchos, negocios y casas. Ellos robaban en todos los lugares donde hacían cateos. Ellos no dejaban ningún mueble o carro. Sólo robaban. Entraban sin ninguna orden de cateo ni nada, yo sé esto porque Chapo le dijo a mi padre que los dos generales eran de Vicente Carrillo.

A Chapo le dijo otro militar amigo suyo, y le dijo que debían tener mucho cuidado porque ellos estaban siendo señalados por los enemigos en todas partes y eso porque esos generales son corruptos. Uno, porque lo vi por mí mismo. Pero desde que sus lealtades estaban más con Vicente Carrillo, él estaba de su lado. Él general fue removido antes de que yo fui arrestado. Para entonces supe por mi padre y Chapo que Chapo estaba trabajando con sus amigos para moverlo.

Una de las cosas es que Chapo entregaba dinero a un coronel y a un teniente coronel, y ellos eran quienes le informaban de lo que los generales hacían. Ellos estaban recibiendo órdenes de sólo ir en contra de Chapo y Mayo. No ir a Navolato o alguna cosa relacionada con los Carrillo. Pero aun así ellos hicieron operativos en Navolato, los hicieron para mi padre y Chapo. Y los operativos eran hechos por el coronel por su cuenta.

Uno estaba a cargo del batallón en Guamúchil, por lo que sé, Dámaso era quien lo veía. No conozco el nombre del coronel que estaba en Culiacán, pero sé que Dámaso lo veía y estaba disponible para Chapo y mi padre. Mi padre y Chapo daban las coordenadas de casas y ranchos pertenecientes a los Carrillo. Ellos encontraron muchas armas, carros blindados y arrestaron a mucha gente. El general de Mazatlán [Miranda] se enojó mucho y regañó a los coroneles, pero no pudo hacer nada ya que las personas estaban arrestadas, muchas armas confiscadas, casas de seguridad, y salió en los periódicos. Así que no convenía a los intereses del general castigarlos porque habían hecho el trabajo que se supone debían hacer, atacar al crimen organizado. Pero el general [Miranda] estaba muy enojado porque habían hecho un operativo en Navolato sin su autorización porque el general era corrupto. Yo lo vi en Los Pinos y es conocido como gente de Vicente Carrillo.

* * *

De diciembre de 2007 a diciembre de 2010 el comandante de la IX Zona Militar con sede en Culiacán fue el general de división

Noé Sandoval Alcázar. Su último cargo fue como subsecretario de la Defensa de 2014 a 2016. Mientras que el general Roberto Miranda Sánchez dejó la III Región Militar en febrero de 2009. De 2009 a 2011 fue contralor general del ejército, y su último cargo fue como oficial mayor de la Sedena.

La guerra del Mayo y el Chapo contra los Beltrán Leyva-Zetas-Carrillo Fuentes no sólo causaba bajas en los ejércitos, las familias y en el gobierno, sino que también perjudicaba el negocio.

Las rutas que el Mayo solía usar, custodiadas por la PF o la AFI, se volvieron inseguras, principalmente la que venía del sur. Aun así, dos operadores del Mayo en Belice lograron coordinar el arribo de dos toneladas de efedrina que luego llevarían hacia Culiacán.

* * *

El Chapo ya había mandado gente para allá, para Belice, y que estaba listo el puerto para bajar ahí [la efedrina], pero no tenía cómo pasar la mercancía de Belice para el lado mexicano. Mi papá le dijo que de eso él se encargaba, que allá estaba Marcos en Chetumal y Chiapas, y que Marcos y Benny ya habían conseguido equipo y gente en Belice para pasar lo que fuera. Que consiguieron un rancho a las orillas de la frontera y que por el río se podía pasar en lanchas chicas, y que también ya habían conseguido equipo de lanchas para recibir ya sea lanchas o barcos en territorio de Belice o Guatemala.[3]

El Chapo le dijo a mi papá: "Ah, qué bueno que consiguió usted equipo, y yo consigo quién nos mande trabajo, lo que hacía falta era equipo". Eso fue lo que escuché.

A mediados de 2008 supe que Chapo recibió la mercancía [efedrina] por Belice, lo supe porque mi papá me dijo que localizara a Marcos y lo conectara con Dámaso [López Núñez], el encargado de Chapo, para que le ayudara a pasar a México unas cosas que le habían llegado a Chapo por Belice. Entonces yo le llamé a Marcos y le dije lo que mi papá decía y me dieron un número de Dámaso y se lo pasé a Marcos, para que ellos hablaran y se pusieran de acuerdo.

Como a los 10 días después yo ya vi a mi papá y me dijo que se había comunicado con su compadre Chapo y que las cosas que había recibido en Belice ya estaban acá en México y que las tenía guardadas Marcos y que si ya que bajaba yo de allá de la sierra donde fui a verlo, le podía hablar a Chepe o a José para que me mandaran al Arqui [Luis Alberto Cabrera Sarabia] con la pipa para allá, con Marcos, para que se trajera las cosas, yo le dije "ok".

"Así nomás dile, ellos saben qué hacer", me dijo mi papá.

Pero también me comentó que tenían miedo él y el Chapo de que se fueran a robar la pipa o secuestrarla los enemigos. Para ese entonces ya estaba la guerra con Arturo [Beltrán Leyva] y con los Zetas y Vicente Carrillo Fuentes. Los Zetas tienen todo controlado el sur y como Arturo y la gente de Arturo ya conocen la pipa, porque por mucho tiempo mi papá se la prestaba para lo mismo a Arturo, pues iban a saber que al andar allá para Chetumal, la pipa era que ya traía trabajo, y como los Zetas y Arturo se dedicaban a robar y a secuestrar, pues a lo mejor pasaba algo con la pipa, pero dijo que ni modo, que iban a mandarla y a ver qué pasaba.

Así fue, cuando bajé de la sierra le avisé a Chepe lo que le mandó decir mi papá. Como a los cuatro días me marca Chepe en la noche, que quiere hablar con mi papá, que es urgente, que si yo tengo cómo comunicarme con él. Le dije que sí, que por un radio. Me dijo Chepe que le dijera a mi papá que estaba hablando el Arqui y que tenían detenida la pipa en Tabasco, que para que supiera mi papá, pero que el Arqui ya estaba arreglando con los de la PFP para ver qué era lo que pasaba.

El Arqui es la persona que viene escoltando la pipa y pagándoles a las autoridades de cada estado para que no detengan la pipa, pero como estaba la guerra con Arturo y los Zetas, pues mucho gobierno estaba también a favor de ellos y el que tenía parada la pipa era gente de los Zetas. Él me mandó decir por medio de Chepe que ya estaba hablando con él y que le pedía 150 mil dólares para soltarla y no les avisaba a los Zetas ni a la gente de Arturo. Mi papá dijo que estaba bien, que se los diera.

Ya más tarde me habló Chepe, que ya habían soltado la pipa, pero que el Arqui veía gente sospechosa siguiéndolos, que más tarde se volvía a reportar ya que salieran del estado de Tabasco.

En la madrugada llamó Chepe, que le estaba llamando el Arqui. Entrando al estado de Veracruz en la primera caseta de cobro habían llegado dos pick up llenas de gente vestida de federales y se habían llevado la pipa junto con un chofer y otras dos personas de la papelería, y las guías de las pipas de la compañía de gas por cualquier cosa que se llegue a necesitar. Que se los llevaron a todos, pero que el Arqui había alcanzado a correr él con su chofer y se habían escapado. Ya nunca apareció la pipa ni la gente.

Días después mi papá y Chapo supieron que se la habían robado los Zetas con Arturo, y por lo que yo escuché del Chapo y mi papá, la pipa tenía dos toneladas de efedrina y 500 [kilos] de cocaína que había recibido el Chapo por Belice, que eso era lo primero que le mandaban por el puerto de Belice para calar y ver cómo salía todo, y que lo que menos esperaban es que se la robaran, pero qué más se podía esperar de los Zetas, si a eso se dedicaban y eso fue lo que supe y escuché.

Mi papá y mi compadre Chapo discutieron la posibilidad de montar un laboratorio para ellos, para procesar metanfetaminas, pero ya no supe si lo hicieron.

* * *

El Mayo perdía más droga con los robos de sus enemigos que en los aseguramientos del gobierno de Calderón. Así que en aquella época optó por la ruta marítima. Prefería perder la droga en un operativo de la Marina a que quedara en manos de los Beltrán Leyva.

Se ideó una ruta por mar desde Sudamérica hasta Sinaloa. Su poder corruptor llegó hasta un pequeño poblado de pescadores en el Pacífico a quienes convirtió en traficantes de la noche a la mañana.

* * *

En ese 2008 recibieron un trabajo por Culiacán y yo lo supe porque los lancheros o los que van a encontrarse con los barcos son gente de mi papá, son pescadores que viven pegados a la playa que se llama Altata, y al encargado de los lancheros o pangueros le dicen el Colas, no recuerdo cómo se llama, pero lo conozco desde hace años, pues tengo casa allá, y cuando iba los fines de semana él me ayudaba para lo que se me ofreciera, paseos en lancha, llevar a mis hijos a pasear y todo ese tipo de cosas.[4]

Ellos trabajaban en una cooperativa de pescadores, de eso vivían, y cuando mi papá ocupaba para otro tipo de trabajo pues los contrataba. Pero que yo sepa tenían años sin trabajar para mi papá porque todo se hacía por el sur, pero ahí estaban pendientes por cualquier cosa, ya eran gente de mi papá, y mi papá los ayudaba, y así cuando se volviera a ocupar pues ahí estaban listos.

* * *

Altata, "sitio donde abunda el agua", es un tranquilo puerto de cabotaje del Pacífico, localizado a 27 kilómetros de Navolato y a 62 kilómetros de Culiacán. Sus playas, en su gran mayoría vírgenes, contrastan con las dunas de arena. Se practica el canotaje, la pesca deportiva de dorado, marlín y pez vela. El sitio pertenece a un área de reserva natural protegida de más de 9 mil hectáreas donde hay manglares, arrecifes y se pueden avistar ballenas y delfines.

Hasta ese pueblo de pescadores que se dedican a la extracción de ostiones llegó la influencia del Cártel de Sinaloa, no sólo por las propiedades que poseen, sino por el trabajo extra que les dan a los pescadores.

* * *

Mi papá me dijo que le dijera al Colas que los ocupaba para un trabajo y que yo lo comentara con Dámaso para que se pusieran de acuerdo. Lo que hice fue conectar a los lancheros con Dámaso y ya ellos se pusieron de acuerdo por radio.[5]

Yo estaba en Mazatlán en ese tiempo, el Colas fue hasta allá, hasta Mazatlán, le dije lo que mi papá dijo y le pasé el número de Dámaso y ya se vino a verlo. Como al mes llegó el trabajo, fue gente de mi papá y Chapo a recogerlo. Como siempre, a mí me avisó el muchacho encargado "para avisarle al señor que ya nos desocupamos, que todo está bien", y que las cosas se las entregaron a Dámaso o a la gente de Chapo y que ya estaban guardadas.

Yo no miraba la mercancía, no sabía dónde se guardaba, el que se encargaba de todo eso era Juancho o ya sea Dámaso. Y ya seguía lo mismo de siempre, mi papá su parte la vendía ahí en Culiacán a Lamberto, Germán o al Juancho, o él hacía lo que quería con ella.

Como al otro mes estaba con mi papá en la sierra, fui a verlo, a veces me quedaba uno o dos días con él porque casi ya no lo veía. Yo vivía en Mazatlán y cada 20 días o un mes lo veía, aunque seguido sabía de mí y yo de él por medio de sus secretarios o por medio de su radio que yo tenía que agarraba señal con él en la sierra, pero era nomás para cosas urgentes o un saludo rápido, porque no hablábamos mucho por si lo interceptaba el gobierno. Por eso iba allá y me quedaba uno o dos días, como estaba lejos, a veces no me alcanzaba a regresar en el avión y menos en tiempos de lluvia. Era cuando me tocaba ver a Chapo allá con él, a veces se juntaban para saludarse o hablar ellos de sus cosas.

Ahí me enteré por ellos que venía un segundo trabajo, pero que lo habían agarrado en Huatulco, Oaxaca. Era un barco de cuatro toneladas, salió en las noticias y todo eso. Ahí le dijo Chapo a mi papá que era de ellos, pero que lo había remolcado la fragata a puerto y que le habían encontrado el clavo [compartimento secreto], pero que ni modo, y que ya estaba organizando otro que ya estaba listo para salir de allá de Colombia y mi papá le dijo que estaba bien, que lo que hiciera estaba bien.

Por lo que yo sé, Chapo es el que se encarga de trabajar, él ve a los colombianos y hace los negocios, y a mi papá le informa lo que está haciendo y mi papá le dice que para adelante, que lo que haga está bien.

* * *

El 4 de noviembre de 2008, muy cerca de la residencia oficial de Los Pinos, en plena Ciudad de México, se desplomó el avión donde viajaba el secretario de Gobernación Juan Camilo Mouriño, el colaborador más querido y cercano del presidente Felipe Calderón. También iba a bordo, entre otros, el subprocurador José Luis Santiago Vasconcelos.

Según la versión oficial del gobierno de Calderón, se trató de un accidente. Según familiares de Mouriño, fue un ataque ejecutado por órdenes del Mayo, un recordatorio al presidente de que debía hacer honor a sus compromisos. Y según Rey, no sabe qué pasó.

Rey contó la versión de que el Chapo quería matar a Santiago Vasconcelos desde 2005 porque era insobornable. Aunque en realidad el funcionario había sido muy amable cuando le regresó al Mayo el rancho de Establo Puerto Rico en 2001.

"Me pidieron que fuera parte del plan para ayudar a localizarlo y para que yo ayudara proporcionando seguridad a los pistoleros a quienes iban a usar para asesinarlo", dijo Rey.

"Mi hermano Mayo me dijo: 'Vamos a ayudar a mi compa Chapo. Chapo quiere matar a Vasconcelos, así que vamos a ayudarlo con eso'". No era inusual que el Mayo hiciera pasar como deseos del Chapo los suyos.

El infalible Mechudo, el asesino a sueldo del Mayo, recibió el encargo de asesinarlo. Ya lo tenía ubicado, pero Rey no quería participar, pensaba que habría muchos problemas si lo hacían, y le preocupaba que hubiera víctimas inocentes.

"Bueno, olvídalo. Si tú no quieres participar, olvídalo", le dijo el Mayo.

En 2008 Mechudo ya había matado eficazmente a altos funcionarios de la PF.

Rey dijo que el complot para matar a Santiago Vasconcelos nunca se concretó, pero él ya estaba fuera del plan y preso cuando el Learjet cayó en Paseo de la Reforma, ocasionando la muerte de los pasajeros y de cinco personas que iban caminando en la calle.

Pienso en la máxima dicha por Gaxiola: "En el Cártel de Sinaloa nadie sabe lo que no necesita saber, por eso sobrevive el cártel".

* * *

En octubre de 2008, antes del arresto de Rey, uno de los objetivos del Mayo era adquirir armamento más potente. Le interesaban en particular los fusiles M16 con lanzagranadas, un arma que además de disparar rápidamente, puede causar grandes explosiones.

Ese mes hubo una reunión entre el Mayo, Felipe Cabrera, Vicentillo, Juancho, el Chapo y Germán Magaña. Al encuentro, celebrado en uno de los ranchos de Vascogil, Durango, también acudió Margarito Flores, de Chicago. Él y su gemelo Pedro eran viejos clientes de Germán. El Mayo ahora quería conectarlos con Cabrera, quien a su vez buscaba ampliar su mercado de heroína en Chicago.

Cabrera era uno de los mejores clientes del Mayo, le compraba mucha cocaína que luego Cabrera distribuía por su cuenta. Así que, si ampliaba sus mercados, él sería beneficiado.

Vicentillo aprovechó para preguntarle a Margarito si ellos podían ayudarles a conseguir M16 con lanzagranadas en Estados Unidos. El gemelo dijo que sí. Pan comido. Durante un tiempo se perdió el contacto. Margarito lo buscó por teléfono, pero Vicentillo no quería responderle. Sin embargo, después de la detención de su tío y del avión desplomado, no hubo más remedio.

"¿Sigues interesado en las armas?", le preguntó Margarito a Vicentillo. Dijo que ya tenía a la persona que las consiguiera. "Sí, adelante", respondió Vicentillo. Ni él ni su padre sabían que para entonces los gemelos ya colaboraban con la fiscalía de Chicago y habrían grabado la conversación. Ésa y otras con el Chapo y su hijo Alfredo Guzmán Salazar, lo cual causaría problemas a todos en el futuro.

* * *

La guerra entre los miembros de la Federación se volvió un gran conflicto para el gobierno de Felipe Calderón. La violencia, fuera de control, se hizo cotidiana en distintos puntos del país: asesinatos de policías federales, estatales, municipales, tiroteos en las calles, cuerpos mutilados, calcinados, torturados y exhibidos en la vía pública como parte de la campaña de terror de uno y otro bando.

Ni siquiera en los peores años de la disputa entre la Federación y los Zetas se había llegado a un número tan alto de homicidios dolosos.

Durante el primer año de Calderón, 2007, mientras estaba en vigor la paz pactada entre la Federación, los Carrillo Fuentes y los Zetas, el número de homicidios dolosos en México fue de 8 mil 867. Para 2008, la cifra aumentó súbitamente a 14 mil 006 ejecutados. Principalmente hombres entre 20 y 44 años de edad.[6]

La comunidad internacional comenzó a girar su vista a México en 2008 por el acelerado crecimiento en los homicidios. Y eso que la peor parte aún no estaba por venir.

En 2009, el presidente Felipe Calderón, quien, según testigos de la fiscalía en el juicio contra Chapo recibió millonarios sobornos del Cártel de Sinaloa, envió un emisario al Mayo para pedirle ayuda. Vicentillo estuvo en el encuentro.

* * *

Un mes antes de que fuera arrestado, cerca de febrero de 2009, yo estaba en mi casa de Mazatlán y mi padre me llamó para ver si podía acercarme a Culiacán, que es donde él estaba en ese momento y donde podía verme antes de irse a la montaña.[7]

Me fui a Culiacán en ese momento, que eran como las nueve de la mañana. Me fui solo en mi coche con otros dos carros siguiéndome. Me dijo que fuera a un lugar que yo ya conocía, el cual está en [la sindicatura de] Costa Rica. Es un poblado cerca de Culiacán.

Antes de llegar al pueblo, cuando iba por la carretera, Casillas, el secretario de mi padre, me llamó y me dijo que antes de llegar allá pasara a recoger al doctor Colín. Esta persona es un amigo de mi padre y yo lo he conocido por años. Él era una gente de Amado Carrillo; estuvo en la cárcel por muchos años, pero recientemente había salido.

Casillas me pidió que lo fuera a recoger al hotel donde estaba hospedado y llevarlo a donde estaba mi padre. Tomando ventaja que ya iba en camino y porque lo conocía bien, fui a recogerlo al hotel. Ya estaba esperándome afuera del hotel y subió a mi carro. Él y otra persona. Un hombre con lentes, de cerca de 60 años o más, pero un hombre fuerte. Me saludó y sentí que ya lo conocía de antes, pero no recordaba de dónde o si lo había visto en otro lugar. Pero de cualquier manera lo dejé así.

Cuando llegamos con mi padre bajamos del coche. Colín y el hombre entraron y mi padre estaba sorprendido de verlo y mi padre le dijo: "¡Mi general, estoy sorprendido de verlo! No lo esperaba. ¿Cómo está? No sabía que venía". Por lo que vi, mi padre no sabía que esa persona iba con el doctor Colín. Y así se sentaron en la sala.

Yo me quedé cerca de ellos en el comedor. El general comenzó a decirle a mi padre que necesitaba hablar con él y con el Chapo. Que traía unos mensajes de una persona y necesitaba hablar con ellos. Comenzaron a hablar de cómo estaba el país, acerca de la violencia y los problemas que comenzaron con Vicente Carrillo, con Arturo Beltrán y los Zetas. Y esa clase de cosas. Mi padre me dijo que le llamara a Juancho [Juan Guzmán Rocha] para ver si él podía contactar a Chapo. Mi padre me dijo: "Llámale pronto porque mi compa Chapo está cerca de aquí ahora. Llámale antes de que se regrese a las montañas".

Le marqué a Juancho y le dije que mi padre necesitaba ver a Chapo. Juancho me dijo: "Ok, deja le llamo". Cerca de cinco minutos después Juancho me llamó y me dijo que sí iba, que a dónde debía acercarse. Yo le dije que a Costa Rica y que cuando estuviera cerca de algún punto yo enviaría a alguien a recogerlo para guiarlo a donde estábamos.

En cerca de 40 minutos Chapo llegó y saludó al general con un abrazo. El general y Chapo se veían contentos de encontrarse porque hacía mucho tiempo que no se veían. El general también estaba contento de ver a mi padre. Y el general dijo: "Estoy muy contento de verlos a los dos juntos. Ustedes siempre son muy amables y hombres de palabra". En aquel momento sólo estaban el general, mi padre, Chapo, yo y el doctor Colín.

* * *

El general al que se refiere Vicentillo era Mario Arturo Acosta Chaparro, a quien llamé *general X* en *Los señores del narco.* En su momento, el propio general habló con algunas personas sobre aquel encuentro. Fue cuando el Chapo le habría dicho que pagó un millonario soborno a Vicente Fox para que lo dejaran salir de prisión. Ciertamente no en un carrito de lavandería.

Acosta Chaparro era un militar de la vieja guardia. Duro y cruel con los guerrilleros y militantes de izquierda en la época de la guerra sucia en Guerrero, lo acusaron de haber desaparecido al menos a 20 personas. Flexible y conciliador con los narcotraficantes. Estuvo varios años preso en una cárcel militar por sus nexos con Amado Carrillo Fuentes.

Cuando inició la guerra del Mayo y el Chapo contra Arturo Beltrán Leyva fue justamente el gobierno de Calderón quien liberó al general. Lo condecoró y luego lo envió con el Mayo.

* * *

El general les dijo que estaba ahí a nombre del general Galván, el secretario de la Defensa Nacional [en el sexenio de Felipe Calderón], quien les enviaba el mensaje de que, por favor, ellos [el gobierno] "querían resolver las cosas con todos, así la violencia en México podía disminuir", porque el gobierno ya no sabía qué hacer.[8]

Que el secretario de la Defensa y el gobierno sabían que hubo una tregua en ese momento gracias a que mi padre había intervenido. Mi padre dijo que sí, que él había hablado con Arturo [Beltrán Leyva] para que todo pudiera calmarse. Y de hecho en realidad había sido Arturo quien lo había buscado para que pudieran hablar y que las cosas se calmaran. Y que de su parte, es decir, Chapo y mi padre, no había ningún problema porque el caos que había en el país no había sido causado por ellos. Que ellos sólo habían tenido que defenderse en contra de los enemigos en Culiacán, pero todo lo demás que estaba pasando en México no era a causa de ellos y que el gobierno lo sabía. Eso fue lo que mi padre le dijo al general.

"Pero ellos quieren acusarnos de todo a Chapo y a mí", dijo mi padre. "Lo sé", dijo el general. "Yo los he conocido por años y sé quiénes son. Todo esto es por las nuevas generaciones y otro tipo de personas, es por esto que el gobierno está llegando con ustedes. Porque ustedes son diferentes. Son fieles a su palabra."

Dijo que el gobierno mandaba decir a los dos que el secretario de la Defensa y el presidente Felipe Calderón querían ver si ellos [el Mayo y el Chapo] podían hacer una tregua y calmar todo. Que el gobierno estaba bajo mucha presión y no sabían qué hacer.

El mensaje del gobierno era que, si en un mes el gobierno veía que no había más violencia, ellos iban a retirar a todo el ejército y la Policía Federal de Sinaloa y de todos los demás estados.

Mi padre le dijo al general que no había ningún problema de su parte, pero que no podía responder por los demás. Que él y el Chapo estaban juntos y que no había problema para ellos. Pero los Zetas, Arturo y Vicente Carrillo, dependía de ellos.

El general le respondió que el gobierno entendía eso y ya se estaba haciendo cargo, que el día anterior había ido a Matamoros y había hablado con [Heriberto] Lazcano y [Miguel Ángel Treviño] Z40; y que ellos también habían aceptado la propuesta. Y que al día siguiente el general iba a encontrarse con Arturo en Cuernavaca para hablar con él, y luego iba a ir a Chihuahua para ver a Vicente Carrillo. Que él ya tenía las citas con ellos y tenía contacto con ellos, pero que primero querían hablar con ellos [el Mayo y el Chapo].

Mi padre y Chapo le dijeron que por ellos no había problema. Que lo último que mi padre y Chapo querían era la guerra que estaba en curso. Y fue así que terminó el encuentro con el general. Yo sé quién es. Yo tengo su nombre completo y se lo voy a dar en su momento cuando hable con la DEA porque esta persona es clave para dar con los Zetas y Vicente [Carrillo Fuentes], y en ese momento con todos ellos porque el general iba a verlos y probablemente continuaría viéndolos. El general siempre había sido amigo de Vicente Carrillo, de mi padre y Chapo desde hace años. Si ellos están interesados en saber quién es, bien, yo tengo su nombre.

* * *

El 20 de abril de 2012, luego de que Vicentillo reveló su nombre, Acosta Chaparro fue asesinado a las 18:15 en la colonia Anáhuac de la Ciudad de México. Tres disparos directos en la cabeza le detuvieron para siempre la respiración.

Desde 2010 revelé en *Los señores del narco* los encuentros del general con el Cártel de Sinaloa. Cuando lo mataron yo ya estaba en contacto con Gaxiola. Amigos del general me confiaron que él estaba en pláticas con la DEA y se había mostrado dispuesto a hablar de quiénes en la administración de Calderón estaban corrompidos por los cárteles. Allegados a él con los que volví a hablar sobre estos episodios me aseguraron que gente del gobierno de Calderón lo mandó matar.

En contra mía y de mi familia hubo muchos atentados desde la publicación de mi libro. A mediados de 2019 un funcionario del gobierno de Estados Unidos me confirmó que desde 2010 el grupo de policías corruptos encabezado por García Luna tiene un plan para asesinarme. Quien me lo dijo parecía sorprendido. Yo no, lo sabía desde finales de noviembre de 2010.

Notas

1 Texto escrito por Vicente Zambada Niebla, entregado por Fernando Gaxiola a la autora.

2 *Ibidem.*

3 Esta narración escrita de Vicente Zambada se complementa con su declaración en la corte de Nueva York.

4. Texto escrito por Vicente Zambada Niebla, entregado por Fernando Gaxiola a la autora.

5 *Ibidem.*

6 Consulta de defunciones por homicidio por año de registro, Inegi.

7 Texto escrito por Vicente Zambada Niebla, entregado por Fernando Gaxiola a la autora.

8 *Ibidem.*

17

Pacto con la DEA

Una semana después mi papá me mandó llamar otra vez y fui a la sierra a verlo. Me dijo que fuera yo solo, que querían hablar conmigo. Ahí estaban el Chapo y mi papá. El Chapo me empieza a platicar de todo lo que había pasado en Tijuana años atrás, desde que se fugó del penal, de cómo ya casi no quedaba nadie de los Arellano Félix. A todos los que habían agarrado: Cris, Efra, al Macumba, al Tigre, al Nalgón, y así a mucha gente de Tijuana. Yo ya sabía más o menos por parte de ellos, de mi papá y el Chapo, que ellos habían mandado gente a Tijuana, más bien gente del Chapo, pero mi papá estaba enterado de acabar con todos esos enemigos de Tijuana.

Y para que no hubiera guerras y muertes, que [para] todo lo que estaba haciendo el gobierno federal él estaba ayudando, que todas las detenciones eran por ellos [el Mayo y el Chapo] y no porque el gobierno lo haya hecho con esfuerzos y operativos, como decían en la tele. Que tenían arreglados a varios grupos de la PFP, pero que aparte de eso él tenía otra gente ayudándole, que todo se había hecho por el lado de su compadre Loya, que es al que él había mandado para allá y que él y el Chapo le pasaban toda la información a Loya y Loya y su grupo de actuación. Y que habían platicado él y mi papá de mi situación de que cada día me relacionan más con ellos, que yo era segundo de ellos y que cada día que pasaba, ellos sin querer me iban metiendo más en sus cosas, y que como yo siempre había querido vivir otra vida, que ellos querían lo mismo. Que había hablado con Loya, que ya desde tiempo atrás, para ver cómo podía yo solucionar mi vida y de zafarme de ellos, y ahí fue donde me dijo en realidad que estaba trabajando con la DEA.

* * *

Humberto Loya Castro, alias el *licenciado Pérez*, nació el 3 de marzo de 1957. Ahora tendría 62 años, si es que aún vive. Es un abogado originario de Sinaloa, amigo, socio y consejero de Joaquín Guzmán Loera desde al menos 1988, según él mismo narró en una carta fechada el 14 de julio de 2010, de la cual me dio copia Fernando Gaxiola. La carta ha estado oculta durante todos estos años y revela un episodio primordial para entender la historia del narcotráfico durante los últimos 20 años.

La existencia de Loya Castro la di a conocer en *Los señores del narco* en 2010. Fue de hecho una de las razones por las cuales Vicentillo pidió a Gaxiola contactarme, para describir las circunstancias de su juicio en Chicago y los acuerdos entre la DEA y el cártel. Por eso y porque fui una de las pocas periodistas que reveló la falsa guerra contra las drogas del presidente Felipe Calderón y la complicidad al más alto nivel del gobierno con el Cártel de Sinaloa.

En 2011 documenté estos acuerdos en la revista electrónica *Reporte Índigo*. Años después, otros medios de comunicación hablarían del tema como supuesta primicia. Lo que unos querían hacer ver como noticia nueva, para mí era antigua. Fui testigo en primera fila de algo que nadie podía imaginar que estaba sucediendo.

Señalé que cuando el Chapo pisó la cárcel en 1993, Loya Castro trabajó junto con su hermano Jesús para los hermanos Beltrán Leyva y para Amado Carrillo Fuentes, y de forma indirecta para el Mayo. En los expedientes de la PGR se afirmaba que él se encargaba de comprar las plazas de la Policía Judicial Federal y de poner a los comandantes en su nómina. Además, negociaba con los mandos militares involucrados en las redes de protección de Amado y repartía sobornos en distintos niveles de gobierno. Mientras el Chapo estuvo en prisión, Loya Castro lo iba a visitar y le enviaba mensajes de su primo Arturo.

Loya Castro escribió:

> En 1987 o 1988 conocí a Joaquín Guzmán Loera, conocido para mí como el Chapo, en relación a un asunto que él me pidió que yo manejara sobre la detención de dos personas. Eventualmente el Chapo y yo nos hicimos amigos y compadres en 1990.
>
> Conocí a Ismael Zambada García, conocido para mí como el Mayo, su hijo Vicente era un niño entonces, antes de conocer al Chapo, pero nunca he tenido tanta amistad con ellos como he tenido con el Chapo.
>
> Me convertí en consejero legal y confidente del Chapo y el Mayo y miembros del grupo conocido popularmente como el Cártel de Sinaloa. Llegué a conocer a otros miembros del cártel y era consejero legal de ellos. Sabía a qué se dedicaban y que estaban transportando drogas a los Estados Unidos de América.

* * *

[El Chapo dijo] que Loya estaba con la DEA con permiso de él y que todo lo que estaban haciendo, las detenciones [de los integrantes de grupos enemigos] y todo eso era por información de él y de mi papá, y que la DEA era la que actuaba con el gobierno mexicano. Que Loya estaba cooperando con permiso del Chapo para arreglar su situación legal en Estados Unidos y que Loya ya había arreglado con todo lo que había hecho en Tijuana y otras cosas que había ayudado a la DEA.[1]

Que la DEA había mandado decirle al Chapo por medio de Loya que de todos, yo era el único que podía arreglar, porque lo mío que tenía en Washington no era tanto problema y que lo habían fabricado unos testigos cuando yo tenía como 17 o 18 años, que no tenía fundamento y que ellos sabían que yo era tranquilo, que no tenía nada que ver con lo que estaba pasando o había pasado en toda mi juventud. Que era lógico, por ser hijo del Mayo, que mi papá lo hizo por protegerme. Los de la

DEA preguntaron si yo estaba en la disposición de acercarme al gobierno americano y ayudarlos a ellos y ayudarme a mí. Me dijo que el Chapo ya tenía tiempo trabajando con ellos…

* * *

En su escrito Loya señaló que en 1994 lo acusaron junto con el Chapo en la Corte Federal para el Distrito Sur de California (CR-95-0973), por tráfico de drogas. La misiva ofrece más detalles:

> En un esfuerzo por resolver la acusación formal, me reuní en Monterrey, México, con unos agentes de ICE en 1998. Los agentes de ICE me dijeron que, por mi relación con el Chapo y el Cártel de Sinaloa, el gobierno de Estados Unidos creía que yo podía darles información sobre el grupo de Vicente Carrillo Fuentes y el grupo de los Arellano Félix. Cada uno de ellos eran rivales del Cártel de Sinaloa. Yo les dije que necesitaba aprobación del Chapo. Recibí la aprobación del Chapo cuando éste estaba en prisión. Si yo hacía esto, dichos agentes me prometieron que me ayudarían para el desistimiento de la acusación formal.
>
> Me reuní de nuevo con los agentes de ICE en Monterrey, México, y en la Ciudad de México, y les di la información que recibí del Chapo sobre sus grupos rivales en México. Después los agentes me pidieron información del Cártel de Sinaloa. Me rehusé a darles información sobre cualquier persona del Cártel de Sinaloa y no lo he hecho hasta este día [14 de julio de 2010]. En el 2004 les proveí información adicional al gobierno de Estados Unidos de América sobre actividades de otros cárteles de narcotraficantes en México.

Cuando Gaxiola me mostró la carta, descubrí una historia inesperada, sobrecogedora, que hubiera sido difícil de creer si Gaxiola no me hubiera dado los contratos firmados entre Loya y la DEA, los cuales estaban en el expediente del juicio de Vicentillo en Chicago, entregados por la propia agencia en 2011.

* * *

Entonces yo le dije al Chapo que sí [colaboraría con el gobierno americano], que era lo que más quería en mi vida, vivir con mi familia en paz, y una vida diferente. Entonces mi papá me dijo que para adelante, que él quería lo mejor para mí como su hijo y que era la oportunidad después de mucho tiempo para hacer la vida que siempre había querido, que ellos no tenían problema, que yo me acercara al gobierno americano y que viera por mi vida y por mi futuro.[2]

El Chapo me dijo que Loya iba a venir a verme para platicar sobre todo eso y yo le dije que sí. Me advirtió que esto nadie lo sabía, que era muy delicado y era entre nosotros.

* * *

En 1998, mientras Loya se reunía con el ICE, el Chapo envió un mensaje a la oficina de la DEA en México para decir que quería hablar con ellos sobre los Arellano Félix, sus enemigos. Al encuentro acudieron Larry Villalobos, exjefe de Inteligencia de la DEA en México, y Joe Bond, supervisor de operaciones, quienes tenían muchos años investigándolo.

Dieciséis años después, Larry y Joe me contaron sobre aquel encuentro que se llevó a cabo en una oficina de la prisión de máxima seguridad en Puente Grande. Me dijeron que el Chapo les explicó que él ya no tenía gente afuera que trabajara para él, que ya no tenía ningún poder y que lo acusaban de haber participado en el asesinato del cardenal Posadas Ocampo, pero que eso no era cierto. Estaba furioso porque mientras él estaba en prisión, los Arellano Félix estaban libres.

"Lo que el Chapo quería era entregar a los hermanos", me dijo Villalobos.

—Tu consíguenos los datos, danos algo que nosotros podamos ver y a ver qué se puede hacer —le dijo Larry al Chapo al finalizar la reunión que duró más de tres horas.

—¿Nos vamos a ver otra vez? —preguntó el Chapo.

—Sí, nos vamos a ver otra vez.

Pero eso ya no ocurrió. En 2001 Guzmán Loera se escapó de la prisión. Por sus posiciones en México, Larry y Joe me aseguraron que tuvieron información de la salida de Guzmán Loera de Puente Grande en enero de 2001 y que hubo complicidad de funcionarios del gobierno de Vicente Fox, más allá de los que trabajaban en la cárcel. Eso coincidía lo que me estaba informando Gaxiola.

"Larry y yo coordinamos todo eso perfectamente. Supimos que en ese momento había una red de corrupción muy fuerte. Nosotros no pudimos verificar directamente quién fue la persona, pero obviamente hubo cooperación con unas personas que le dieron la oportunidad de salir del Cefereso de Puente Grande", dijo Joe.

Poco después de la fuga, el Chapo reestableció contacto con la DEA por medio de su pareja en aquel entonces: Griselda López. Por lo que entendí, Larry y Joe no siguieron en comunicación con el Chapo, pero evidentemente otros agentes sí.

Cuando el Chapo salió de Puente Grande, para Larry y Joe fue claro que el narcotraficante se había reinsertado rápidamente en el mundo criminal, pues contaba con la ayuda del Mayo, quien ponía a su servicio las conexiones que tenía con el gobierno al más alto nivel.

"Sabíamos que tenía una red de personas que lo iban a proteger en el gobierno [de México] y en otros gobiernos. Tenía cierta red en la cual iban a mover el dinero, la droga, el transporte, tenía las células muy bien establecidas", abundó Joe.

—¿Y él fue el ingeniero de esa estructura criminal? —le pregunté.

—Como sabemos, el Mayo Zambada era un maestro para ellos, él fue una influencia muy grande para el Chapo —respondió Joe y añadió—: todo el mundo cree que el Chapo era el jefe de todo, para mí era el Mayo, sigue siendo el Mayo.

No había duda, para los dos expertos de la DEA el Mayo siempre ha sido el capo más poderoso en México.

"El Mayo necesitaba una persona que fuera como el gerente, y sabía que el Chapo era inteligente, que tenía la capacidad de matar a quien fuera con sus órdenes, tenía unas personas muy leales a él. Y el Mayo no tenía que estar directamente involucrado en las decisiones que iban a ser muy fuertes."

En pocas palabras, el Mayo se escudaba en el Chapo, como aquella vez en 2003, en la ranchería Las Coloradas, de Tamazula, Durango, cuando pensaron que el helicóptero militar iba a capturarlos.

* * *

Vi a Loya, lo vi en Mazatlán. Me dijo que Chapo le había comentado de mi situación desde tiempo atrás y que él ya había hablado con la DEA y que aceptaron que yo me acercara y ayudara en lo que pudiera. Loya me dijo que él ya tenía años trabajando con ellos, no me dijo qué tantos años, pero yo me imaginaba que cuatro o cinco por todo lo que había pasado en Tijuana. Me dijo que a él ya le habían arreglado y que él estaba ahí platicando conmigo por orden de ellos, que ya estaban pidiendo permiso a Washington para hacer la cita conmigo, que ellos me avisarían y por lo tanto que me apartara lo más que pudiera de todos los negocios de mi papá o del Chapo. Que querían que les ayudara con los enemigos, que en ese entonces eran Arturo [Beltrán Leyva], los Zetas y Vicente Carrillo, que era lo que más les interesaba porque eran los que traían todo el desorden en el país. Que no me iban a pedir nada del Mayo y el Chapo, que lo que yo quisiera aportar, pero que les interesaba en ese momento Arturo y los Zetas.[3]

Para ese momento yo ya tenía varias cosas de ellos, yo andaba investigando todo lo que pudiera de ellos para cuando viniera con los de la DEA tener algo detallado por si llegábamos a algo en la plática. En esos días, antes de ver a Loya, había hablado Arturo, le había mandado a decir a mi papá que por favor le recibiera la llamada después de varios meses de guerra, ya habían pasado muchas cosas en Culiacán y en todo el país.

Mi papá le tomó la llamada y Arturo le dijo que por favor, que quería parar la guerra, que lo disculparan, que fue lo peor que hizo en su vida y que si se detenía la violencia, el gobierno iba a dejar de hostigarlo, que ya no se la acababa y que sabía que el Chapo "le traía campaña con el gobierno", que era él quien le estaba echando al gobierno, pero que ya quería tregua. Mi papá le dijo que por él no había problema, que era la mejor noticia que podía recibir ese día, y no de muertos y de balazos como los días pasados; que hasta dónde habían llegado las cosas y por nada, que él todavía no lo entendía, pero que nunca era tarde y que por él, o sea mi papá, ahorita le decía a su gente que se parara todo ahí en Culiacán, que porque él no tenía gente en ninguna otra parte más que ahí, en Culiacán, y que él respondía por el Chapo [porque era su jefe], que él ahorita le hablaba para decirle.

Pero que él [Mayo] no podía responder por todos los demás enemigos que se había echado Arturo encima. Que Nacho [Ignacio Coronel] y los de la Familia [Michoacana] eran amigos, pero ellos estaban en otro estado y que él no respondía por toda esa gente y menos con los de la Familia, que a ésos ni los conocía, le dijo mi papá. Que por lo pronto él respondía por el Chapo y que Arturo buscara la manera de mandar hablar con Nacho y los de la Familia.

Eso fue lo que le dijo mi papá a Arturo en esa llamada, yo estaba a un lado de él escuchando, y al último, cuando iban a colgar, Arturo le pregunto por mí, y mi papá le dijo: "Aquí está conmigo". Y me lo pasa y lo saludé. Colgué y ya, mi papá me dijo que a ver qué pasaba, que se le hacía raro que Arturo quisiera una tregua, pero que él lo hacía con mucho gusto con tal de que dejaran de matar a gente inocente y no inocente también.

Al otro día mandó un número de radio Arturo para cualquier cosa que pasara nos comunicáramos con él. Mi papá se lo dejó encargado a un secretario de él, para no traerlo él en mano, aparte de que en la sierra no agarraba. Era un radio Unefon. Yo anoté el número de radio y se lo pasé a Loya para que se lo diera a la DEA, y a mí me dijo el Chapo que la DEA le había dicho a Loya que el número les había servido mucho, que muchas gracias, y que lo de mi cita ya lo estaban arreglando.

* * *

"Durante los últimos 10 años, la distancia entre el gobierno de Estados Unidos y el Chapo ha sido un hombre", me dijo Gaxiola en 2012 refiriéndose a Humberto Loya.

En 2004 el agente del ICE Esteban Monk le pidió a Loya que se reunieran en Monterrey, según la carta firmada por Loya que tengo en mi poder. Al encuentro acudieron el agente de la DEA Eduardo Martínez, un hombre llamado David y un miembro del consulado de Estados Unidos, aparentemente también de la agencia antidrogas.

Loya escribió:

> En esa reunión con representantes de la DEA hablamos sobre mi acusación formal. La DEA me dijo que ellos podrían conseguir el desistimiento y quitarme de encima cualquier otro problema criminal que yo tuviera en Estados Unidos de América siempre y cuando yo les proveyera información real para la detención de individuos de otros cárteles y se consumaran los arrestos y decomisos de droga en México y el extranjero. Yo les dije que necesitaba la aprobación del Chapo y que cualquier cooperación tenía que ser bajo la condición y el entendido que yo no daría información sobre las actividades del Cártel de Sinaloa. Ellos estuvieron de acuerdo, así que le pedí al Chapo su aprobación y me la dio.

* * *

Todo ese año del 2008 yo viví en Mazatlán, yo ya casi ni miraba a Juancho ni a nadie. A mi papá iba y lo miraba cada 15 o 20 días, a veces hasta casi cada mes y medio duraba sin verlo. Con el tiempo, me mandó decir el Chapo que Loya quería hablar conmigo, que me lo iba a mandar a Mazatlán igual que la vez pasada.[4]

Lo recogí y lo llevé a una casa mía en Mazatlán. Me dijo que a los de la DEA ya les habían autorizado en Washington sus jefes, que todo iba bien, que no me preocupara, que él iba a ir conmigo, pero que no querían venir a Mazatlán porque había gente de ellos de la DEA y no querían que alguien se enterara, y si iban, tenían que avisarles. Así que lo mejor era que yo fuera a la Ciudad de México.

Le dije que iba a hacer lo posible, que con tal de arreglar mi situación que cómo no. Me dijo que él me avisaba por medio del Chapo el día de la cita, que me avisaba dos días antes para yo poderme mover a la Ciudad de México, pero que ya estaba la autorización del gobierno americano, que tenía que ser en la Ciudad de México porque al que iba a ver era al jefe de la DEA en Latinoamérica, un tal Carlos. Yo le dije que bien.

En esos días yo iba y veía a mi papá y el Chapo cada 25 días o si me mandaban llamar antes pues iba antes. El Chapo es el que estaba en contacto con ellos [DEA] y él me iba a decir el día de la cita y me iba a dar un teléfono de Loya para que me comunicara con él cuando llegara a la Ciudad de México.

* * *

Fernando Gaxiola me explicó que, gracias a la colaboración con la DEA, el Mayo y el Chapo habían logrado prácticamente exterminar a sus acérrimos rivales, los Arellano Félix, con lo cual se aplicaba el viejo refrán de "los enemigos de mis enemigos son mis amigos". Lo que no lograron solos el Mayo y el Chapo, lo lograron en mancuerna con la agencia antidrogas.

"Fueron ellos quienes fueron 'poniendo' uno a uno a los Arellano Félix a la DEA", dijo Gaxiola, refiriéndose a que dieron el paradero de los integrantes del clan.

En febrero de 2002 asesinaron a Ramón Arellano Félix en Mazatlán, se dice que por órdenes del Mayo y el Chapo. En abril de 2002 detuvieron a Benjamín Arellano Félix en Puebla. Y a Rafael, el hermano mayor, lo mató un hombre vestido de payaso mientras se encontraba en una fiesta infantil en Los Cabos en 2013.

"A Javier Arellano Félix lo arrestaron en agosto de 2006, lo agarraron los americanos en un muelle de Tijuana, era falso que lo capturaron en aguas internacionales como dijeron oficialmente", comentó Gaxiola. Cuando ocurrió la aprehensión, el Departamento de Justicia de Estados Unidos afirmó que se trataba del resultado de 14 meses de "trabajo de inteligencia" y que la detención había ocurrido frente a La Paz, en aguas internacionales.

Según la carta de Loya, en realidad lo primero que le informó a la DEA fue el paradero de Vicente Carrillo Fuentes, *el Viceroy*.

La primera pieza de información que le di a la DEA vino del Mayo a través del Chapo. Mayo le dijo a Chapo que Vicente Carrillo Fuentes

> estaba en Culiacán, le dio el número de teléfono y dijo que Carrillo Fuentes le llamaría al Mayo en Culiacán. Al próximo día, los agentes y yo fuimos a Culiacán para intervenir las llamadas del teléfono de Carrillo Fuentes, pero el esfuerzo no tuvo éxito porque el equipo que estaban utilizando las autoridades mexicanas no funcionó de manera apropiada.

A partir de las fechas señaladas por Loya en su carta, esto debió de ocurrir después de que el Mayo y el Chapo mataran a Rodolfo Carrillo Fuentes. El Chapo no tenía ningún parentesco o relación filial con el Viceroy, pero el Mayo sí, había traicionado a su ahijado.

La relación entre el Cártel de Sinaloa y los agentes de la DEA se convirtió en un toma y daca: no sólo era beneficiosa para el cártel porque se deshacía de enemigos, sino porque también recibía información de operativos por parte de los agentes.

* * *

> También escuché al Chapo decirle a mi papá cosas de las que hacía con la DEA. Que él le había mandado dinero a uno de ellos, que le mandó 20 mil dólares con Loya, que cuando iba Loya a ver al Chapo, ellos [los agentes de la DEA] sabían y que cuidaban para que Loya fuera y regresara con bien. Le dijo todo lo que habían hecho en Tijuana, que él [el Chapo] los había presentado a una gente que era gente de los Arellano antes, uno que le decían *Niño*, era gente del Mayer en aquellos tiempos y era el que le pasaba información al Chapo, y Chapo a la DEA, pero que mejor lo presentó directamente con los de la DEA y lo habían visto en Tijuana y que era el que les pasaba todos los datos.[5]
>
> A su vez Loya le daba a Chapo información de la DEA, cuando iba a haber operativo en Culiacán, cuando andaban los de la DEA en Culiacán y Mazatlán todo le informa Loya al Chapo, y la DEA está de acuerdo.
>
> Ya entrando el 2009 vi al Chapo, me dijo que esos días Loya le iba a mandar decir el día de la cita, que si yo estaba listo, que

si seguía todo igual con acercarme a ellos. Yo le dije que sí a él y a mi papá, y me decían que qué bueno, que ojalá reiniciara mi vida porque cada día andaba peor y que los de la DEA le habían mandado decir que qué bueno que yo quería acercarme a ellos y ayudar, porque en ese año estaban planeando acá en Estados Unidos sacar un cartelón o página de internet y ponerme como segundo del Mayo y el sucesor de él para presionar más a mi papá; y que por el lado del Chapo iban a poner a un hijo de él, a Édgar, como sucesor de él, así como habían sacado al sobrino de los Arellano.

Cuando sacaron al sobrino de los Arellano, Chapo ya sabía, Loya le dijo que lo iban a sacar a él, y así querían hacer con el hijo de Chapo y conmigo, pero no iban a sacar nada. Aparte, porque yo me estaba acercando voluntariamente al gobierno para ayudar y que me ayudaran a mí a rehacer mi vida.

Yo todo ese tiempo, como 10 meses atrás ya estaba investigando y sacando información de los enemigos, y otra que me estaba pasando el Chapo y mi papá, pues ellos saben más, para dársela a los de la DEA, y así llegó el día de la cita.

* * *

Por medio de los escritos de Vicentillo fue posible saber por primera vez que el Chapo pagaba sobornos a un agente de la DEA a cambio de información de operativos.

En el juicio contra Guzmán Loera en Nueva York, la fiscalía vetó, con el aval del juez, temas como los acuerdos entre la DEA y el Cártel de Sinaloa, en específico la relación de la agencia con el Chapo.

Así se corrobora en lo que escribió Loya, quien afirma que información proveniente del Cártel de Sinaloa habría resultado en arrestos concretos:

> Cuando estábamos en una de las reuniones en Hermosillo, Sonora, los agentes de la DEA me dijeron que cuando fuera a ver a Chapo le avisara con anticipación asegurándome ellos que no me seguirían a dicha reunión y que no interferirían en mis reuniones con

> el Chapo para que yo pudiera estar tranquilo y pudiera obtener la mayor información posible sobre los grupos rivales o cárteles. Yo le informé a Chapo que la DEA tenía conocimiento de que me iba a reunir con él.
>
> Después de esto yo tuve reuniones con la DEA cada mes y le di información que resultó en arrestos de numerosas personas en otros grupos, por ejemplo, Ricardo García Urquiza conocido como *el Doctor*, del grupo rival perteneciente en ese tiempo a Carrillo Fuentes, El Chris del grupo rival a Carrillo Fuentes de los Arellano Félix. Trabajé con Ed Martínez de la DEA por aproximadamente dos años; después Manny, agente de la DEA, sustituyó a Ed Martínez en el 2006 como mi contacto en la DEA.

Fernando Gaxiola revelaría después en una corte de Chicago que el nombre de Manny era Manuel Castañón.

"Mientras Manny trabajó conmigo hubo numerosos arrestos en otros grupos basados en la información dada por mí por el Chapo que venía en parte del Mayo y Vicente, según me informó el Chapo", escribió Loya.

El socio y abogado del Mayo y el Chapo aseguró que de 2007 a julio de 2010, cuando escribió la carta, habría hablado con agentes de la DEA en al menos 100 ocasiones, además de intercambiar con ellos numerosos correos electrónicos. Desconozco si la fiscalía proporcionó a los abogados de la defensa del Chapo en Nueva York copia de dichos mensajes. De acuerdo con las leyes americanas debió hacerlo.

En su carta Loya añadió que

> Durante ese periodo de tiempo una persona que decía trabajar para el gobierno de los Estados Unidos de América me dio información en relación al Cártel de Sinaloa. A cambio, Chapo me dio dinero para compensarlo a él por la información provista.
>
> Eddy Martínez de la DEA en alguna ocasión me dijo a mí que tuviera cuidado al hablar con el Chapo en el teléfono porque nos podían escuchar las autoridades mexicanas y que no fuera tan explícito en la información que yo le daba a Chapo por teléfono.

En ocasiones se me permitió estar presente durante conversaciones confidenciales entre agentes de la DEA sobre actividades concernientes al Cártel de Sinaloa cuya información se la pasé al Chapo.

Notas

1 Texto escrito por Vicente Zambada Niebla, entregado por Fernando Gaxiola a la autora.
2 *Ibidem.*
3 *Ibidem.*
4 *Ibidem.*
5 *Ibidem.*

18

La despedida

Como cinco días antes de irme a la Ciudad de México, fui a ver a mi papá y al Chapo, éste me dio el teléfono de Loya y me dijo que yo comprara un teléfono nuevo, que prefería Unefon, y que le avisara a Loya cuando yo ya estuviera en México y entonces les volví a decir que sí, que todo para adelante, y ellos me dijeron que como yo lo pensara, como yo lo sintiera, que tuviera mucho cuidado con los enemigos y del gobierno de México, aunque había una tregua, ellos sabían, así me dijeron los dos [el Mayo y el Chapo], que la tregua la habían hecho a propósito para que agarraran confianza ellos y ponerlos o entregarlos con el gobierno, que era lo que estaban tramando Arturo y Vicente Carrillo.[1]

Para entonces ya había pasado lo de mi tío Rey y que ellos lo habían entregado, lo habían puesto con los de la SIEDO.

Mi papá me dijo: "Pues ve y que Dios te bendiga, es por tu bien, arriésgate y ojalá que se pueda que tú hagas tu vida, es lo que siempre has querido y yo también. Así que vete y mucho cuidado". Y ese día fue el último día que vi a mi padre.

A los dos días de que los vi yo salí a la Ciudad de México, me fui de ahí de Culiacán. Mi esposa [Zynthia Borboa Zazueta] estaba operada del estómago y por eso me fui solo, pero yo siempre andaba con ella a donde sea. Fui y me despedí de mi mamá, ni ella ni nadie sabía a lo que iba a México más que mi papá y el Chapo. Yo le dije a mi esposa para que ella supiera por si pasaba algo. Me fui un domingo en la madrugada en carro [con] otro muchacho [que] iba manejando. Él y yo solos viajamos todo ese día.

Llegamos a la Ciudad de México como a las tres de la tarde, me reporté con Loya, le dije que ya me encontraba ahí. Me dijo que si podía verlo ese mismo día. Le dije que sí. Me citó en el Hard Rock Café de Polanco. Era de noche. Cuando estaba cerca del lugar yo le mandé un mensaje al teléfono y le dije que se cruzara a pie enfrente del Hard Rock Café, que ahí había un restaurante italiano y que ahí lo miraba. Llegamos casi al mismo tiempo.

Nos sentamos en una mesa, me dijo que ya les había avisado a los de la DEA, le dijeron que ellos le avisaban si la cita era al otro día o un día más adelante. Ese día era lunes 15 de marzo [de 2009], si mal no recuerdo.

Estuvimos en el restaurante como dos horas. Me dijo que todo estaba bien, que no me preocupara, que los de la DEA eran buenas gentes, que él ya los conocía bien, que iba a ser una primera plática y que ellos me iban a decir qué querían de mí, cómo le íbamos a hacer, y que yo preguntara todas mis dudas. Que ellos ya sabían que yo no iba a pasar información de mi papá ni de Chapo, que lo que querían era información de los enemigos, que con él así habían quedado. Dijo que no me preocupara, que todo estaba bien, que era el primer paso, pero que mi vida iba a mejorar, que era lo importante y lo que yo quería. Nos despedimos. Él me avisaría la hora de la cita, si era al otro día o si había un cambio.

* * *

La guerra del Mayo y el Chapo contra los Beltrán Leyva y Vicente Carrillo tuvo un costo muy alto para todos. Con su gran capacidad de fuego se producían múltiples bajas en uno y otro bando. Además, ambos grupos usaban a sus esbirros en la PGR, el ejército y la Secretaría de Seguridad Pública Federal para orquestar detenciones estratégicas contra sus adversarios.

De modo que el encuentro entre Vicentillo y la DEA se daba en un contexto, por decir lo menos, complicado: tres jefes policiacos de la PFP, Velasco, Millán y Labastida, habían sido asesinados al hilo en 2008, cada uno por guardar lealtad al bando equivocado. Las detenciones de los dos bandos habían sido dolorosas: Alfredo Beltrán Leyva (enero de 2008) y Jesús Zambada García (octubre de 2008). Ojo por ojo, diente por diente. Para rematar, el reciente avionazo de Mouriño había aumentado considerablemente la tensión.

Sobre la reunión de Vicentillo con la DEA, Loya puntualizó que

> en el 2007 le pedí a Manny que ayudara a Vicente obteniendo para él el mismo trato que me habían dado a mí. Vicente había sido acusado formalmente en el 2003 en Washington D. C. por crímenes de drogas junto con el Mayo. Vicente había dicho que estaba cansado de la vida que estaba viviendo, de estar evitando ser asesinado por rivales de su padre. Vicente dijo que sería feliz si continuaba pasando información a los Estados Unidos de América a cambio del mismo trato que yo había recibido.

En el Cártel de Sinaloa sólo el Mayo y el Chapo sabían lo que ocurría, que los otros supieran que el hijo del jefe iba a ser un soplón no convenía a nadie. Loya les había garantizado la seguridad de Vicentillo, quien entonces tenía 34 años. A él le había funcionado el esquema de haber trabajado para la DEA. En 2008 le anularon los cargos en la Corte del Distrito Sur de California, así que esperaba que lo mismo sucediera con el hijo del Mayo. Loya explicó en la misiva:

> En febrero de 2009 Manny me dijo que el fiscal en Washington D. C. había acordado que Vicente hiciera lo mismo que yo había hecho y que la DEA también estaba de acuerdo. Citamos una reunión en la Ciudad de México donde agentes de la DEA de Washington y México hablarían con Vicente y todos acordaríamos el mismo trato que tengo yo.

El Mayo no sabía, cuando abrazó a su hijo más querido, al que había condenado a la muerte o a ser un criminal, que sería la última vez que lo vería. Al menos dentro de los siguientes 10 años.

* * *

El día martes 16 de marzo, un día después de que cenamos, casi como a las 10 de la noche Loya me mandó un mensaje y me dice que vaya al hotel Sheraton, el que está por avenida Reforma frente al Ángel de la Independencia en la Ciudad de México (a un costado de la embajada de Estados Unidos en México).[2]

Salgo para ese lugar. Yo estaba en una casa que tenía rentada en la colonia El Pedregal. Salgo en mi carro, voy solo y atrás de mí otro carro con dos personas, las que me cuidan, escolta o como quieran llamarlo.

Llego al hotel Sheraton, me bajo de mi carro en la calle afuera del hotel y le digo a uno de los muchachos que venían conmigo que se lleve el carro y que me esperen por ahí en el lobby o en el Sanborns de la esquina, que yo les hablo por Nextel cuando salga. Ellos no sabían a qué iba ni con quién iba.

Entro al lobby y ahí ya me estaba esperando Loya. Lo saludo y nos dirigimos al elevador. Cuando se está cerrando la puerta le meten la mano y se vuelve a abrir y se sube una persona. Le pica a varios botones del elevador y yo volteo a verlo porque se me hizo algo raro, irregular. Loya y yo intercambiamos la mirada por lo que había hecho la persona, y de repente Loya me dice: "No se preocupe, él es uno de nosotros, es uno de los que viene a ver a usted". Ahí mismo en el elevador me lo presenta. Yo lo saludo.

Llegamos al piso indicado que íbamos, no sé cuál piso fue porque le picaron a todos los botones y no me di cuenta en cuál se paró el elevador. Llegamos a un cuarto, tocó la puerta la persona que iba con nosotros y abren la puerta. Se encuentra otra persona adentro de la habitación, entramos Loya, la persona que venía con nosotros en el elevador y cierran la puerta.

Antes de sentarnos, todavía en la entrada del cuarto, las dos personas se identifican, me enseñan unas placas, o "charolas", como decimos nosotros en México, y me dicen que son agentes de la DEA y me preguntan si traigo pistola o cualquier otro tipo de arma. Le digo que no. Me dicen que los teléfonos y Nexteles los vamos a dejar en el baño y ellos hacen lo mismo. Después pasamos a una sala pequeña del cuarto, era una mesa chica con dos sillas. Me siento en una, en la otra el que venía en el elevador de la DEA, no me acuerdo de su nombre, y en la cama se sienta Loya y el otro agente de la DEA que se llama Manny, bueno, eso recuerdo que me dijo. Terminamos los saludos, me dicen cómo estoy, que no me preocupe, que todo bien.

* * *

"Nadie quiere esta vida", me dijo Gaxiola en defensa de Vicentillo por la decisión extrema que había tomado de trabajar para la DEA y traicionar el mundo en que había nacido. "Vicente no tenía opción. Desde que lo intentaron matar a los 16 años nunca volvió a vivir. Su esposa Zynthia es su compañera desde siempre, era su novia y desde entonces siempre ha vivido escondida. Cuando salía a la luz pública debía hacerlo con nombres falsos".

Fernando Gaxiola realmente se preocupaba por Vicentillo, le tenía afecto, no quería hacerle ningún mal, pero quería que se supiera la verdad por medio de esta historia.

Loya escribió en su carta:

> El día de la reunión Manny me dijo que la reunión había sido cancelada por su jefe, el director general de la DEA en México, porque había aparecido un artículo de periódico que indicaba que había una posible fuga sobre la reunión. El contenido del artículo hablaba de contactos entre la DEA y líderes del narcotráfico. Insistí en que la reunión se llevara a cabo porque Vicente se había puesto en peligro al viajar a la Ciudad de México y que no le iba a caer bien esto al Chapo y Mayo si la reunión se cancelaba.

* * *

Me dice Manny que muchas gracias por haber asistido a la cita, que ellos sabían los riesgos y peligros que yo corría al moverme desde Mazatlán hasta la Ciudad de México y que por eso me estaban recibiendo, por mi buena intención y mi buena voluntad de acercarme a ellos, y por Loya, porque era muy amigo de ellos y para no quedarle mal.[3]

El motivo por el que me decían eso era porque la cita se había cancelado, que el jefe de ellos, el jefe de Latinoamérica de la DEA, que era con el que iba a hablar yo, había cancelado porque a última hora había habido una fuga de información de que la DEA iba a tener una reunión con alguien importante del cártel y que por eso se había cancelado y me preguntan que si yo sabía algo de eso o que si alguien más sabía de la reunión.

Yo le dije que de mi parte los únicos que sabían, y que ellos ya estaban enterados de eso, eran el Mayo, el Chapo y Loya. Me dijeron que no sabían cómo habían sacado esa nota o información en un periódico. Y me enseñaron un papel donde venía la información, y sí, decía que iba a haber una reunión en México de la DEA con una persona de algún cártel, pero no decía con quién, ni nombres.

Les dije que yo no sabía nada de eso y dijeron que ellos tampoco, pero que ya andaban investigando y que por eso no iba a poder venir su jefe ese día, pero que ellos me quisieron atender para explicármelo personalmente, que según su jefe no sabía que se estaban reuniendo conmigo en ese momento.

Yo les pregunté a ellos que por el lado de ellos quién más sabía de la reunión además de su jefe y de Washington. Primero me dijeron que nomás ellos, que eso era muy secreto. Yo les volví a preguntar si nadie del gobierno de México lo sabía y Manny me dijo que nada más una [persona]. Yo le pregunté quién era y por qué, ellos me dijeron que nadie más sabía, y me dijo Manny que lo sabía el procurador de la República, el licenciado Eduardo Medina Mora.

* * *

En su carta, bajo juramento, Loya afirmó:

> La reunión se llevó a cabo solamente con Manny y otro agente de nombre David. Manny le dijo a Vicente que recibiría el mismo trato que yo y que estaba aprobado por el fiscal de Washington y por la DEA, que los agentes de Washington estaban en el hotel. El subdirector regional de Latinoamérica Carlos N. también estaba de acuerdo con la reunión y él había autorizado que se siguiera con el mismo plan.
>
> Manny también dijo que tan pronto como todo se calmara tendríamos una reunión completa como había sido planeada. En la reunión Manny le dijo a Vicente y a mí que él recibiría crédito completo por la información que había previamente dado. También en la reunión Vicente dijo a los agentes de la DEA que les daría información sobre la localización de un fugitivo importante del cártel de los Arellano Félix que los Estados Unidos quiere que sea arrestado. Vicente les aclaró que ya les había pasado información a través de Chapo, Richard [Arroyo Guízar] y mi persona.

Richard Arroyo Guízar, como decíamos más arriba, fue detenido en octubre de 2008 junto con Jesús Zambada Reyes y su padrastro Rey, tras lo cual se acogió al programa de testigos protegidos de la PGR. Por lo que se entiende, Arroyo también habría compartido información con la DEA a petición de Vicentillo. Por ejemplo, cómo el cártel usaba la compañía aérea Aviones S. A., con sede en el aeropuerto de la Ciudad de México, para traficar drogas, y cómo la policía de García Luna les ayudaba a descargar y sacar la mercancía.[4]

Cuando Vicentillo supo que alguien más sabía de la reunión, se sintió inquieto.

* * *

> Entonces yo ya me sentí incómodo y les dije que según nadie sabía de la cita más que ellos y que no le iban a decir a nadie, y me dijo Manny que sus jefes acordaron avisarle al procurador, que estaba enterado y que no había problema, que no me preocupara.[5]

Me dijeron que iban a hablar con su jefe para ver si se reunía conmigo al otro día o uno o en dos días más para aprovechar que yo me había acercado, que ellos lo iban a convencer, que si me podía esperar un día más y que ellos me avisaban por medio de Loya si se llevaba a cabo la cita y si no para que yo me retirara y no estar esperando y hacer otro día la cita. Que si quería ir a la cita a otro lugar del país u otra ciudad que ellos se encargaban de todo, que no pasaba nada.

Que si quería en Estados Unidos que me cruzaban en carro por alguna frontera, o si en las Bahamas o Puerto Rico. Que ellos me llevaban en avión privado.

Yo les dije que luego les avisaba, que por mí no había problema, que yo había asistido por mi voluntad y que ellos me avisaran con Loya y que ojalá convencieran a su jefe de que de una vez ahí en México para aprovechar que yo ya estaba ahí.

Me preguntaron si yo podía ayudar con los Zetas, con Arturo [Beltrán Leyva].

Me enseñaron unas fotos que traían en una computadora. Eran fotos de toda mi familia, de mi mamá, de mis hermanos, de Manuel Torres Félix, hermano de Javier, de unos hijos de Javier Torres. Dijeron que lo que más les interesaba era Arturo y los Zetas, que ojalá les pudiera ayudar con información de ellos y que no me preocupara por mi caso en Washington, que ya lo habían hablado con sus jefes, que todo se iba a arreglar, que el caso era débil, que más bien fue fabricado para presionar a mi papá y que por unos testigos colombianos que decían que me conocían, pero que no era gran cosa.

Me platicaron todo lo que habían hecho en Tijuana, de todas las detenciones, y que era gracias a nosotros, más bien al Chapo y a mi papá, que ellos sabían que toda la información venía de parte de ellos.

Me platicaron cuando detuvieron al Tigre y al Nalgón en el yate. Me dijeron que si yo podía ayudar a agarrar al sobrino de los Arellano que también en ese momento era la prioridad. Me dijeron que cuando detuvieron al Tigre, también iba el sobrino en el yate, pero que ellos lo soltaron junto con la familia del Tigre.

Que en eso quedaron con el Tigre cuando se entregó con ellos, cuando lo tenían rodeado en el barco, pero que ya que platicara con su jefe ahí hablábamos.

Yo la verdad tenía muchas cosas con qué ayudar, pero no les dije nada porque la reunión se había cancelado, pero yo ya tenía los números de Nextel y el teléfono del Z40 de los Zetas, sabía dónde estaba Arturo, la Barbie y mucha gente, pero no quisieron que los ayudara. Esa noche me detuvieron, me traicionaron y no sé por qué, la verdad yo me acerqué por mi voluntad, con confianza, no sé lo que pasó.

* * *

"Vicente y yo dejamos el hotel, y pocas horas después de la reunión Vicente fue arrestado por las autoridades mexicanas", escribió Loya. "Hasta la fecha aún estoy en contacto con la DEA y continúo proveyéndoles información. Firmo la presente declaración bajo pena de perjurio de los Estados Unidos de América." La carta lleva la fecha del 4 de julio de 2010 y se firmó en la Ciudad de México ante la presencia de los licenciados Alan Paul Valenzuela Gaxiola y Jorge Alberto Félix Valenzuela.

* * *

Salí esa noche de la reunión del hotel, me despedí de Loya en el lobby, me dijo que me esperara, que iban a ver si la cita se llevaba a cabo y que él me avisaba.[6]

Yo me fui a la casa. Llegué y me subí a acostar. Eran como la una treinta o dos de la mañana. Le envié un mensaje a mi esposa que ya estaba en la casa y que todo bien, que al otro día le llamaba, que era nada más para reportarme que estaba bien. Me contestó, me dijo que qué bueno. Me desvestí y me acosté.

Como dos horas más tarde, eran como las tres y media, escuché que se quebraban los vidrios y tumbaban las puertas y muchos gritos. Yo me levanto corriendo y me dirijo a la entrada del cuarto y me asomo y veo a muchos militares con pasamontañas y apuntando a mi cuarto.

En eso yo abro la puerta y les digo que no había problema, que yo salía y ya me tumbaron al suelo, luego de rodillas. Así fue como me detuvieron y me tuvieron dos días incomunicado. No supe dónde. Me tuvieron vendado de los ojos y amarrado de pies y manos. Un día después en la noche me trasladaron a la SIEDO. Duré toda la noche ahí, hasta las siete de la mañana me presentaron a la prensa y televisión, me tuvieron todo el día en la SIEDO.

* * *

La mañana del 19 de marzo de 2009 el general Luis Arturo Oliver, subjefe operativo del EMP, anunció la captura de Vicentillo.

"La Secretaría de la Defensa Nacional informa que el día 18 del actual, personal militar logró la detención en esta ciudad de Vicente Zambada Niebla, alias *el Vicentillo*, hijo de Ismael Zambada García, alias *el Mayo Zambada*", dijo el general en conferencia de prensa en las instalaciones de la PGR, pero contó una versión falsa de la detención, porque en realidad los militares no contaban con orden de cateo para entrar en la casa donde Vicentillo dormía.

El general explicó que vecinos de Lomas del Pedregal denunciaron la presencia de vehículos con hombres armados, y que durante el operativo se localizó frente a la residencia número 279 de la calle Lluvia a "varios individuos portando armas en actitud sospechosa sorprendiendo en flagrante delito a Vicente Zambada Niebla, con cinco individuos más que fungían como su escolta personal".

Mientras Oliver leía el comunicado de prensa, Vicentillo, esposado con las manos a la espalda, permanecía erguido. Llevaba el cabello negro perfectamente cortado y peinado, la barba un poco crecida, pantalón de mezclilla, camisa blanca a rayas y una chaqueta oscura que dejaba ver su delgada figura. En una actitud desafiante miraba a las decenas de fotógrafos cuyos flashes no dejaban de relampaguear.[7]

El general aseguró que a Vicentillo se le atribuía la autoría intelectual de diversas ejecuciones contra autoridades e integrantes de cárteles enemigos. Ahí, de pie, exhibido como la mujer barbuda del circo, el hijo del Mayo transpiraba su enojo.

"El día que lo presentaron ante los medios estaba enojado, ya lo habían golpeado mucho, lo habían acosado, amagado", me explicó Gaxiola.

Así como el Mayo y el Chapo tenían sus contactos en el ejército y en la PF para arrestar o asesinar a sus enemigos, Arturo Beltrán Leyva tenía los suyos. Había comprado sus lealtades pagándoles años de sobornos. El arresto de Vicente fue prueba de eso.

El presidente Felipe Calderón se lavó las manos acerca de la división dentro de su propio gobierno. Aunque el general Oliver dijo que Vicentillo tenía acusaciones por varios delitos, el gobierno de México no le fincó ninguno. No abrió expediente criminal en su contra y justificó que su detención se debió a una orden de arresto con fines de extradición a petición de una corte en Estados Unidos. Y para no hacer enojar a su padre, permitió que Vicentillo, aun detenido, continuara sus encuentros con la DEA.

* * *

En la tarde fueron a visitarme Manny y otras cuatro personas, tres eran de la DEA y uno del FBI, yo hice como que no conocía a Manny para no echarlo de cabeza o que los demás no supieran de la cita del día anterior. Pero ya que nos sentamos, Manny me dijo: "¿Cómo estás? No te preocupes, ellos saben lo que estábamos haciendo contigo, están enterados de lo de tu plática". Y yo le dije "¿No que nadie sabía?" Y pues nomás se me quedó viendo.[8]

Estuvieron como dos horas ahí en la SIEDO. Me dijeron que ellos no sabían lo que había pasado, que ellos no tuvieron nada que ver, que lo sentían mucho, pero que no me preocupara y que el trato seguía igual, que hablaron con ellos, que ellos sabían de mi buena voluntad y que más adelante me iban a buscar para platicar conmigo, que iban a ver qué podían hacer por mí. Que no sabían cómo había pasado todo, que el gobierno mexicano fue el que hizo todo.

Yo les dije que no había necesidad de hacer eso, que yo me había acercado a su gobierno, que les hubiera podido ayudar más afuera. Ellos me dijeron que ellos lo sabían, pero que ellos no tuvieron nada que ver.

Me preguntaron que si todavía quería ayudarlos. Les dije que sí, pues para eso me acerqué. Les dije y nomás se rieron.

Les pasé un dato de los Zetas en ese momento. Fue lo único que les dije y me dijeron que después me buscaban.

Ya tengo dos años en este infierno y esto es un resumen más o menos de mi detención y las pláticas con la DEA [...] Como a los dos o tres meses fueron los de la DEA a buscarme al penal donde estaba.

* * *

Por la temporalidad que señala Vicente en el escrito redactado de su puño y letra, éste data de 2012, un año después de que me buscara por medio de Fernando Gaxiola.

Notas

1 Texto escrito por Vicente Zambada Niebla, entregado por Fernando Gaxiola a la autora.

2 *Ibidem.*

3 *Ibidem.*

4 Declaración ministerial de Richard Arroyo Guízar, 21 de noviembre de 2008.

5 Texto escrito por Vicente Zambada Niebla, entregado por Fernando Gaxiola a la autora.

6 *Ibidem.*

7 Video publicado por EjeCentral TV, disponible en https://youtu.be/1J-yAQFh6Eo.

8 Texto escrito por Vicente Zambada Niebla, entregado por Fernando Gaxiola a la autora.

19

Aliento de perro

El 22 de enero de 2010, después de 10 meses, ya como una costumbre, a las 5:30 de la mañana me levanté a esperar la lista, más bien, el pase de lista, que es a las seis de la mañana, pero siempre me levanto antes para poder cambiarme y arreglar la cama porque pobre de mí si en la cama hubiera alguna arruga en la cobija o mal acomodada. Y para quitarme el pants y ponerme el uniforme que realmente no me lo quitaba, me lo dejaba debajo del uniforme, nomás me fajaba bien y me lavaba la cara. Y es que dormía así porque en Toluca no hay día en que no esté fresco y más en el mes de enero.[1]

Estábamos a ocho grados bajo cero, dormía con los pants abajo, el uniforme arriba, la chamarra puesta y dos cobijas y así dormíamos todos los compañeros, en vez de celdas de cárcel parecen cuartos fríos para guardar fruta o carne, o algo para que no se pierda [para que no se eche a perder].

* * *

Después de su detención, a Vicente Zambada Niebla lo encarcelaron en el Centro Federal de Readaptación Social número uno, el penal de máxima seguridad mejor conocido como El Altiplano, en Almoloya, Estado de México. Un lugar ubicado apenas a 24 kilómetros de la ciudad de Toluca, capital del Estado de México.

En esa prisión estaba también encerrado su tío Rey. Y de ese mismo lugar escaparía su compadre Chapo en 2015. No resultaba imposible que su padre planeara una fuga para su hijo predilecto, pero Vicentillo ya no quería más problemas con la justicia. Desde los 16 años era un fugitivo de los enemigos de su padre, no quería seguir huyendo.

Aunque había enfrentado cosas difíciles en la vida, nunca había probado el sabor de la cárcel en su figura literal: uniforme, barrotes, soledad, comida de perros y frío.

Gaxiola me contó que el Mayo sufría por el encierro de su hijo, aunque evidentemente no podía entenderlo por más esfuerzo que hiciera, pues nunca lo había vivido en carne propia. A diario le mandaba abogados para que hablaran con él y confirmaran que no recibía malos tratos.

* * *

Para despertarnos a las 5:30, Rogelio, el compañero de la celda 4, era el que nos levantaba, era el único que tenía la alarma en su televisión y golpeaba la pared con seis o siete golpes al de al lado, y así el siguiente, y el siguiente hasta que llegaba conmigo, aunque casi siempre ya estábamos despiertos porque ya era una costumbre, pero por si las dudas, porque sí había veces que algún compañero se quedaba dormido o yo también ¡Y pobre del que no estuviera listo parado en la reja, bien fajado con las manos atrás y la cama hecha! Aparte de los gritos y regañada que te llevabas, era castigo. Eran 30 días sin visita familiar, sin llamadas telefónicas.[2]

Y ese día, hablando de llamadas telefónicas, me tocaba mi llamada con mi familia, la tenía para las 6 de la tarde. La llamada era cada 10 días, y pues eran ya como las 5:30 de la tarde, faltaba media hora para mi llamada, ya estaba nervioso y desesperado, pues aquí en este lugar así vivías siempre, con nervios o esperando que cualquier cosa desagradable ocurriera.

Si les daban ganas, no te daban la llamada. A mí, gracias a Dios nunca me pasó desde que me autorizaron la llamada. Hasta ese día, y no fue porque no hayan contestado en mi casa, o que según estaba ocupado, o se iba a buzón, como le decían a veces a varios compañeros que les tocaba la mala suerte, como si fueran ignorantes, les decían "se fue al buzón" siendo teléfono de casa, o a lo mejor el ignorante soy yo, pero los teléfonos de casa si no contestabas nunca salía una grabación diciendo el teléfono está fuera de servicio o de área, de servicio sí decía cuando estaba cortado, pero de área no, eso es de un cel.

* * *

El Mayo envió a un joven abogado de su confianza a hacerse cargo de las necesidades de su hijo en el penal. Óscar Manuel Gómez Núñez. Oscarín, lo llamaba Gaxiola.

"Óscar fue el abogado de Vicente, el encargado durante el arresto de Vicente en México, se encargó de cuidarlo dentro de la cárcel, pasaba mensajes", me dijo Gaxiola.

En 2012 Óscar fue abogado de otro socio del Mayo: Felipe Cabrera Sarabia. Y en 2014, cuando reaprehendieron al Chapo en Mazatlán, su abogado fue justamente Óscar, quien lo visitaba en el Cefereso, traía y llevaba mensajes. Lo hizo durante poco tiempo, pues en julio de 2015 el Chapo se escapó de nuevo de la prisión.

Meses después, en octubre de 2015, a Óscar lo arrestó el gobierno de Peña Nieto, acusado de ser cómplice en la fuga de Guzmán Loera. Por supuesto, no pasaría mucho tiempo en la sombra. En octubre de 2018 lo liberaron tras el pago de una fianza. Fue afortunado, porque su complicidad en la evasión quedó confirmada durante el juicio contra el Chapo en Nueva York que comenzó en noviembre de 2018.

Entre tanto, aquel 22 de enero de 2010 Oscarín ya no pudo ver a Vicentillo.

* * *

Bueno, en eso llega un oficial y me dice que me acerque a la reja y pensé que iba a la llamada, me dije: "¿Ese milagro que me la van a dar a la hora?" Pero no, me dijo: "Aliste todas sus cosas y luego en cinco minutos vienen por usted". Dije "¿qué pasará, a dónde iré?" Pensé que era un cambio de celda porque hacía días que estaban haciendo cambios, por si las dudas, me despedí de todos como era costumbre de todo al que movían por no saber a dónde vas, pues nunca te decían nada.[3]

Pues alisté todo de volada y llegó el comandante, que si ya estoy listo. Le digo que sí. Agarro todas mis cosas envueltas en una cobija, salgo al pasillo que me quedaba enfrente y veo que a mi tío Reynaldo Zambada, alias *el Rey*, también lo están checando con sus cosas, ya no me gustó, dije "¿qué pasará?", pues a él también lo estaban moviendo.

Nos trasladan al COC, así se llama uno de los módulos donde está enfermería y es donde te checan cuando vas de salida del penal. Fue cuando dije "nos llevan fuera de aquí". Me empezaron a entrar nervios porque ya sabía o me imaginaba el tipo de traslado, pues estando en México y tratándose de nosotros, "¡peor!" dije.

Pues nos checa de todo un doctor, de la presión, nos toman huellas digitales, otra vez, como cuando ingresas y nunca te dicen nada, es con la cabeza agachada y sin hablar ni hacer preguntas, y pues se acostumbra uno pues así es siempre desde que entré, no podías ni hablar ni ver a nadie.

Ya nos checaron, porque ya en eso estaba mi tío también, y aunque no lo miraba porque a él lo tenían en otro cuarto, pero oía su voz. Nos trasladan a la aduana. Ya estando en aduana veo como a 60 personas con cascos. Capuchas, macanas, como si fuera a haber una marcha o un mitin en donde iba a haber disturbios o algo así que en México son muy raros, casi nunca hay marchas, ja, ja, ja...

* * *

Aún en medio de la dificultad, en lo que Vicentillo escribió sobre aquel episodio se nota una actitud irónica, burlona. No sólo hacía escarnio de la circunstancia, sino de sí mismo. Es probable que desde ese momento haya nacido la imagen de sí mismo como un payaso, que después plasmaría en el crudo autorretrato que ilustra la portada de este libro.

Quienes han estado en la misma circunstancia me han dicho que este tipo de revisiones que se hacen en las cárceles de máxima seguridad mexicana son degradantes. Les revisan el recto y los obligan a hacer sentadillas para verificar que no ocultan algo dentro del cuerpo.

He sabido que los presos se ocultan desde droga hasta teléfonos celulares. La corrupción de Almoloya ha sido permanente: antes de la llegada de Vicentillo, durante su estancia y después de su partida.

* * *

Bueno, pues a empezar el infierno como cuando recién llegué. Te sacan a gritos, me quitaron toda la ropa tomándome video, fotos, ¡bueno! Esto ya después de haberme puesto la ropa, eso digo yo porque desde que estaba gritándome el oficial: que quítate esto, que da tres pasos adelante y que esto, ya estaban tomando video.[4]

Ya en eso veo que llegan con mi tío y lo mismo hacen. Nos esposan de manos y pies y nos vendan la cara. Me pusieron una venda y arriba de la venda cinta, bien vendado toda la cabeza entera, no nada más los ojos.

Me agarran y me suben a una van blanca porque la alcancé a ver antes de que me vendaran. Ya sabrán cómo me subí, pues sin ver, y amarrado de pies y manos pues no podía, y me ayudaron los señores. Pues como son "bien amables" me agarraron con la delicadeza con la que se agarra a un cerdo muerto que lo llevan al rastro del mercado para venderlo, ja, ja, ja, ¡órale!

Entre dos sentí cuando me levantaron y me aventaron. Caí dentro de la van. Después siguió mi tío, pero al otro lado, no junto conmigo, como que la van tenía una división en medio e íbamos a un lado cada uno. Salimos y en tres o cuatro minutos de avanzar se detienen y abren la puerta. Me agarran y me bajan y nos suben a otro lugar que pues no sabía en dónde o qué, pues iba vendado, doliéndome las manos por las esposas que iban bien apretadas.

Escuché que subieron a mi tío, ahora sí lo sentí cerca de mí y en 10 minutos más o menos supe que estábamos en un helicóptero, lo prendieron, escuché otro segundo, no sé, pero creo que eran dos. Se levantó y me llevaron agachado, aparte, como si pudiera ver, desde entonces la espalda me duele.

Después de como 30 o 40 minutos aterrizamos, pues me bajan igual a tientas, pisa aquí, pisa acá y oía cuando me tomaban fotos, oía los flashazos y me decían "sube la cara" y escuché seis flashazos. Al mismo tiempo nos subieron a un carro, más bien a un camión, o algo así, porque fueron dos o tres escalones para subirlo, me sentaron en medio de los asientos y dos federales a cada lado sentados agarrándome de los brazos.

Ahí me tuvieron arriba del camión como tres horas, ahí arriba, parado el camión, sin arrancar. Hasta los federales estaban renegando que qué pasaba, que ya no aguantaban el calor y de estar sin movernos.

Ya ahí ya se portaron como que más amables, ya no aguantaba el cuello de estar agachado, y me dijo uno de ellos: "¿Cómo te sientes, Vicente, estás cansado?" "Sí, no aguanto mi espalda", le dije. "Siéntate bien, no te preocupes, ponte cómodo", dijo, y le ordenó a otro quitarme las esposas para que esté cómodo, y a mi tío. Y pues ya descansé.

Después de tres horas, más o menos, me volvieron a esposar y agachar, que ya íbamos a arrancar. Pues arrancamos y desde que arrancamos fue de enfrenones y vueltas, brincamos las banquetas y topes a todo lo que daba el camión. Iba bien mareado, casi para vomitar, me aguanté, pero no sé cómo le hice, la verdad, yo creo que el miedo de la chinga que me iban a poner si los vomitaba, ja, ja, ja.

* * *

Vicentillo ya tenía un expediente criminal abierto en Estados Unidos desde enero de 2003 en la Corte de Distrito de Columbia, en Washington D. C. Le imputaban cargos de conspiración para importar cinco kilogramos o más de cocaína y para fabricar y distribuir cocaína con la intención y el conocimiento de que la droga se traficara a Estados Unidos. Estaba coacusado con su padre y Javier Torres Félix, colaborador del cártel.

Su nombre y los nombres de su esposa, Zynthia Borboa Zazueta, su madre, Rosario Niebla Cardoza, y sus hermanas, Maytecita, Midiam Patricia, Modesta y Mónica del Rosario, se publicaron en la lista negra de la OFAC como personas vinculadas con el Cártel de Sinaloa y con quienes en ese país está prohibido hacer negocios. Se publicaron también cinco compañías del emporio empresarial creado por el Mayo.

Y poco después de que lo arrestaron en México, el 23 de abril de 2009 se le abrió otro expediente criminal en la Corte del Distrito Norte de Chicago con dos cargos criminales por conspiración para traficar heroína y cocaína a Estados Unidos, así como para obtener armas y usar violencia para defender su negocio de tráfico de drogas.

* * *

Con las sirenas prendidas y el altavoz de la patrulla o patrullas que iban abriendo el paso, no dejaron de gritar desde que arrancamos quitando carros del camino hasta que por fin se detuvo.[5]

Me bajaron, que qué bueno que me llevaban agarrado de cada brazo y de los hombros porque me daba vueltas la tierra, no sabía de mí, de lo mareado y con la presión bien baja. Sudando. Escuché las turbinas de un avión y me dice el oficial: "Ten cuidado, por favor, vas a subir unas escaleras, pon tu pie en el primero, de éste en adelante cuenta 18 más para que te puedas guiar".

Pues ya subí el último, el 18, los iba contando. Me guiaban por el pasillo del avión y oí la voz de una mujer que les dijo: "A ver, tráiganlo hasta acá adelante", "aquí", les dijo, "mételo al fondo en el asiento de la ventanilla". Pues ya me senté, oí que a mi tío lo sentaron en la parte de atrás.

Ya después llega una mujer y me levanta la cabeza y le ordena a un oficial que me quite la venda. Lo primero que vi fue una mancha blanca y estrellitas y nublado, hasta que mi vista se aclaró y me dijo: "Levante la cara". Y me dijo: "Señor Vicente, está usted en el avión de la Policía Federal, no se preocupe, yo estoy a cargo del avión, está usted siendo trasladado a otro penal, no le voy a decir a dónde porque supimos que su vida corre peligro en el penal que estaba, y es por su seguridad el cambio, señor, no se preocupe, relájese. Veo que está mal, ¿se siente bien?".

"Pues más o menos", le dije. "Sí, lo noto", me dijo, "no se preocupe, aquí está el doctor".

Llegó una doctora y me tomó la presión y me dijo que la traía baja, que me relajara, y ordenó que no despegara el avión hasta que me tomara otra vez la presión. Le dije que ya estaba bien y en eso despegó el avión.

"Ok", me dijo la encargada, "no le voy a poner la venda, pero agache la cabeza, no vea a ningún lado, por favor".

* * *

El avión de la policía trasladó a Vicentillo al noreste de México, a Tamaulipas, donde su padre, el Chapo y Arturo Beltrán habían emprendido una feroz guerra contra el Cártel del Golfo y los Zetas para robarles su territorio y añadirlo en la lista de sus pasos fronterizos para traficar droga a Estados Unidos. No deja de ser irónico que lo hayan trasladado justamente ahí.

Lo llevaron al Centro Federal de Readaptación Social número tres, mejor conocido como Noreste, ubicado en Matamoros. Era la antesala de su extradición.

* * *

Después de como dos horas, a lo mejor antes, de repente aterrizó el avión. Lo sentí porque hicieron contacto las llantas con el pavimento, pero nunca anunciaron nada. Llegamos, se paró el avión, me vendaron otra vez y dijo la señorita: "No se baje nadie", ordenándole a los oficiales, porque el avión iba lleno de la PFP. Estuvimos arriba detenidos como dos horas.[6]

Nos bajan, nos entregan con los oficiales encargados del penal, me quitan las esposas y me ponen otras. Desde que me entregaron con ellos empezó el infierno, desde que me pusieron las esposas, que las pusieron lo más apretadas que pudieron, y empezaron a gritarme, me esculcaron todo. Yo traía un reloj en la camisa, pues en el avión lo habían echado los federales, y me dijo: "¿Este reloj es tuyo?" "Sí, señor", le dije, "ahí me lo echaron". No acababa de decirle cuando ya me estaba gritando en el oído. "Te pregunté si era tuyo, cabrón, contéstame sí o no, no más".

Me subieron a la camioneta, arriba me dijo: "Agáchate, dóblate todo para adelante como que te vas a tentar los pies", y me amarró de pies y manos juntas, así agachado, todo doblado, y la camioneta como que traía una argolla, algo así en el suelo, y ya estando todo amarrado de pies y manos, como cuando amarras a una vaca de manos y pies, así. Y agarra otras esposas y las mete entre la argolla del suelo y la amarra entre mis manos y los pies y quedo amarrado sin poder moverme para nada, así agachado.

Cuando arrancamos, ¡n'hombre!, a todo lo que daba, curvas, topes, hoyos, enfrenones, y no podía sostenerme pues iba amarrado de pies y manos juntas sosteniéndome con la pura fuerza de las piernas y más se apretaban las esposas y mi espalda ya no la aguantaba, llegó el momento en que ya no sentía ni mis piernas. A veces me recargaba con la cabeza en la camioneta, pero no podíamos hacer nada, nos iban grite y grite "no se muevan", "guarden silencio, no estén hablando". Nadie hablaba, nunca hablamos yo y mi tío, era nomás por ir gritándonos. Yo nomás escuchaba a mi tío por su resuello, como que iba igual que yo y ya no aguantaba, el pobre, también, no, es algo que no se lo deseo a nadie. Lo explico, pero yo que lo viví yo pensé que nos iban a matar, la verdad dije "estos nos van a entregar con otra gente", es que no era para pensar lo contrario.

Bajamos de la carretera por un camino de terracería, dije: "No, sí nos van a entregar con alguien", ja, ja, ja.

Se detuvo de repente, abrieron la puerta, nos aluzaron con un foco de mano [linterna] porque ya era de noche. Me imagino cómo nos mirábamos, como dos animales amarrados y vendados. Ya no aguantaba, no me interesaban los gritos, nada, si me pegaban o no, llega uno el momento en que ya lo que quieres es que pase lo que pase. En ese momento nos metieron a la aduana, supe porque ya nos bajaron, me bajaron a mí primero, pues como a un cerdo, a jalones. Me tiraron al suelo, uno me arrastró como un metro, me sentó, me dijo "abre las patas lo más que puedas", y ya con los pies abiertos me dijo "te voy a amarrar las manos por atrás", y me puso las esposas y me gritó "ahora agáchate hacia adelante lo más que puedas y así quédate, no quiero que te muevas". Y me pusieron un perro que me quería comer, ládreme y ládreme, así, pegado a mi cara, te lo ponen como a tres dedos de distancia de tu cara que quedas todo lleno de baba de perro. Y por el otro lado gritándote el oficial, que la verdad prefería al perro, le apestaba más el hocico al oficial que al perro, ja, ja, ja...

Me quitaron la venda y así agachado volteé los ojos hacia un lado y vi a mi tío tirado a un lado mío, también ladrándole un perro y ladrándole un oficial. Sentí tanto coraje y mucho sentimiento de tristeza de ver a mi tío así. Pienso que él pensaba lo mismo de mí, creo. Nos tuvieron así tirados como media hora, me levantan, miento, primero levantan a mi tío, yo me quedo así otros veinte o treinta minutos más, mientras a mi tío a gritos le ordenan que se quite toda la ropa y todo lo que tiene que hacer uno cuando ingresa a un penal de esos. Después sigo yo, me hincan, me ponen así en la pared, que abra la boca, te checan todo el cuerpo, si tienes cicatrices, te checa un doctor, todo esto a puros gritos. Llega el momento que te quedas sordo con un ruido, no, un zumbido en la cabeza, ya contestas por inercia nomás. No sentía mis manos, la espalda no la aguantaba, y en eso me da un vaso de agua el oficial, "¡ay, mira, qué amable!", me dije, ja, ja, ja, pero no, me dijo "voltea hacia el techo y abre la boca", y me avienta el agua dentro de la boca, "si te la tomas, agárrate, yo te voy a decir cuándo la tires, haz gárgaras". ¡N'hombre!, pues me ahogué, no aguanté y tiré el agua.

"¿Que no te dije hasta que yo te ordenara?", pues otro vaso de agua y ahí estoy otra vez ahogándome, pero pues ahí aguanté como pude, y ya me dio la ropa, me ordenó que me la pusiera. Yo era talla 32 de pantalón, pues me dio uno talla 42 y pues se me caía el pantalón. Así me llevaron adentro, con los brazos hacia atrás, agachado hacia adelante y corriendo, y si te caías, aparte de una chinga, te llevaban arrastrando. Ya lo que quería era llegar a la celda, ya no sentía las piernas, manos, espalda. No sé cómo iba parado, la verdad.

* * *

Más allá de las promesas que le hizo la DEA, lo que no le advirtieron a Vicentillo es que la fiscalía en Chicago le estaba engrosando el expediente. Para agosto de 2009 la fiscalía le aumentó los cargos y añadieron como sus coacusados a su padre, el Chapo, los hermanos Margarito y Pedro Flores, Juancho, Germán Olivares, Tomás Arévalo Rentería, entre otros.

Fue la primera vez que lo acusaron de ser un miembro de alto nivel del Cártel de Sinaloa, y responsable de muchas de sus operaciones y tareas de logística para el tráfico de drogas a Estados Unidos, así como de la recolección de las ganancias de sus clientes para llevarlas a México.

Aun así, Vicentillo estaba convencido de que aceptar su extradición y colaborar con el gobierno de Estados Unidos era la única forma de liberarse de una prisión mayor: la del Cártel de Sinaloa.

"A su padre le da tristeza que Vicente tuviera que hacer eso, sabe que es peligroso, pero no tenía opción", me dijo Gaxiola en una de nuestras primeras conversaciones en 2011.

* * *

Son las ocho de la mañana, llega un oficial y me dice: "Zambada, aliste todas sus cosas, tiene cinco minutos". "Ahora sí", dije, "¿a dónde más me pueden llevar que no sea para el otro lado?", pues era lo único que estaba esperando pues hacía un mes que ya estaba a cargo de la embajada, ya sabía que de un momento a otro me extraditaban.[7]

Hicieron todos los trámites de salida igual que cuando me trasladaron a Matamoros. Me sacaron en una van, igual, esposado de pies y manos, igual en tres o cuatro minutos se paró la van, me bajaron. Había muchos federales y personas de civil.

Me subieron a un helicóptero de color blanco, es lo que alcancé a ver, era un helicóptero grande. Me subieron en medio, eran cuatro asientos en medio, más tres atrás y tres adelante, por lo que alcancé a ver. Dos personas a mi izquierda y una a mi derecha. Enfrente se subió una mujer, era de Relaciones Exteriores, y otra persona junto con ella de derechos humanos. Atrás, dos agentes federales y un agente de la DEA.

Despega el helicóptero. Me pregunta el comandante de la PFP: "¿Cómo te sientes?" Le digo que bien. "Ok, no te preocupes, tranquilízate, todo está bien, siéntate derecho, alzada la cabeza, no hay problema, te voy a aflojar las esposas". "Sí, por favor", le dije, "que me están doliendo las manos". "Sí, ya me di cuenta", me dijo, y le habla a la licenciada y a la de derechos humanos. "Miren, dice", para que tomen fe, así ya venía de adentro." "No hay necesidad de esto", digo. Y es que traía las manos azules ya de lo apretadas que estaban las esposas.

Como a los treinta minutos, más o menos, veo que ya va descendiendo el helicóptero y veo que es un aeropuerto de Estados Unidos. Lo primero que vi fue la bandera de Estados Unidos.

El helicóptero desciende, se para y nos rodean muchos agentes de la DEA. Todos de civil con chamarras y chalecos que tenían insignias, por eso supe. El de la PFP le pregunta al de la DEA que si bajan con sus armas o las dejan en el helicóptero, le dice un agente de la DEA: "Tráiganlas, no hay problema". Y me bajaron.

Era una explanada grande. Voy caminando, era una fila larga entre agentes de la DEA checando y volteando a todas partes con sus armas en mano.

Me meten a una oficina, me entrega el comandante de la PFP, me agarra uno de la DEA, me meten en un cuarto, se ponen dos en la puerta a cuidarme. Llega el licenciado y me dice que acabo de ser entregado al gobierno americano, desde este momento estoy a cargo y al cuidado de ellos y me desea suerte. Me toma una foto antes de irse. Se van, ahí me quedo. Ya se siente otro ambiente, la verdad. Me preguntan si quiero ir al baño, si quiero algo de tomar o comer. Les digo que no, que en un rato más. Me dicen que está bien. Me pasan a otra oficina, me toman todos mis datos, mis huellas, firmo unos papeles y me dicen mis derechos.

Después como de cuatro horas les avisan a los agentes de la DEA que ya todo está listo, que ya me pueden llevar. Me levantan, me dicen que si quiero ir al baño antes de irnos, les digo que sí y me sacan otra vez a caminar en la explanada grande y ahí está un avión particular en medio de la explanada y agentes desplegados por todas partes. Me suben, se suben tres de la DEA junto conmigo, me sientan al fondo y me dicen que son tres horas a Chicago, que para allá me trasladan en ese momento, que me relaje y me tranquilice.

Llegamos a Chicago, aterriza el avión y se desliza despacio en la pista. Después de 10 minutos de avanzar entra a un hangar grande y ahí hay como seis carros y varios agentes de la DEA. Me bajan y me suben a una van, nada que ver con las de México, es una van normal de esas de lujo. Me suben al fondo, me sientan en medio de dos de la DEA. Otros dos adelante y el chofer y copiloto. Y en una caravana de cinco carros con las sirenas encendidas abriendo camino y pasando semáforos en rojo como si llegara no sé quién.

Después de 30 minutos por el freeway entramos al centro de Chicago. Me meten a un edificio y ya tienen la puerta abierta y por la calle dispersados patrulleros parando el tráfico. Entramos como a una bodega y me dicen: "Aquí permanece sentado, no te muevas".

Me dicen que estoy ingresando a una prisión federal. La Metropolitan Correctional Center (MCC) de Chicago, Illinois. Era jueves en la tarde, y que el martes 22 tengo mi primer corte y que mis abogados ya están enterados, que ellos ya les avisaron.

* * *

Uno de los abogados integrantes de la defensa en Chicago, preparado por su padre y su madre, con una artillería legal para cuidar los intereses de Vicentillo, era justamente Fernando Gaxiola.

El 23 de febrero de 2010 Vicentillo acudió a su primera audiencia en la Corte del Distrito Norte de Illinois, a las 11:05 de la mañana, ante el juez Rubén Castillo, quien fue el responsable de dirigir su juicio de principio a fin.[8]

Por parte de la fiscalía estaba el feroz Thomas D. Shakeshaft, y como cabeza de la defensa de Vicentillo el abogado de Nueva York George L. Santangelo y Edward S. Panzer. Vicente Zambada Niebla se declaró no culpable de los cargos.

* * *

Poco tiempo después de la extradición de Vicentillo, rompiendo la costumbre y sus propias reglas, el Mayo salió a la luz pública. Para Gaxiola fue un mensaje de solidaridad con su hijo. ¿O una amenaza a sus captores?

Luego de décadas de silencio, el capo le dio una entrevista al periodista Julio Scherer García, uno de los más memorables y respetados en la historia contemporánea de México, y quien tenía una regla profesional: "Si el diablo me ofrece una entrevista, voy a los infiernos".

La entrevista se publicó en *Proceso* el 3 de abril de 2010. El encuentro ocurrió pocos días antes. Fue extraño, con un diálogo muy breve. Al final no resultaba claro cuál había sido el propósito de conceder la entrevista. A cada pregunta de Scherer, el Mayo la esquivaba, se escabullía. Y tampoco dejó que su voz quedara registrada.

—¿Y Vicente? —le preguntó Scherer.

—Por ahora no quiero hablar de él. No sé si está en Chicago o Nueva York. Sé que estuvo en Matamoros —respondió el Mayo—. Sé que recibía mensajes y cartas de su hijo.

—He de preguntarle, soy lo que soy. A propósito de su hijo, ¿vive usted su extradición con remordimientos que le destrocen en su amor de padre? —continuó el periodista la conversación.

—Hoy no voy a hablar de mijo. Lo lloro —dijo el capo.

Lo demás fueron frases sacadas a tirabuzón. Hubo dos simbólicas:

—¿Lo atraparán finalmente?

—En cualquier momento o nunca —respondió el Mayo.

Luego provocó con una mordaz reflexión: "Un día decido entregarme al gobierno para que me fusile. Mi caso debe ser ejemplar, un escarmiento para todos. Me fusilan y estalla la euforia. Pero al cabo de los días vamos sabiendo que nada cambió".

Lo único cierto es que, hasta ahora, 3 de octubre de 2019, cuando estoy escribiendo estas líneas, el Mayo no ha sido arrestado. Nadie lo ha fusilado. Y sí, todo sigue igual, al menos para él.

* * *

"Vicente va a lograr el trato que quería cuando llegó al Sheraton aquel día y el gobierno de Estados Unidos se evitará un escándalo y seguirá teniendo la información que quiere. Se va a manejar algo en público y algo en privado", pronosticó Gaxiola en una de nuestras primeras reuniones.

—¿Este acuerdo pone nervioso al Chapo? —pregunté a Gaxiola.

—El gobierno de Estados Unidos lo lleva para allá —admitió el abogado—. El Chapo siente culpa, tiene una deuda con Vicente, tendrá que vivir con el miedo de que Vicente los traicione.

NOTAS

1 Texto escrito por Vicente Zambada Niebla, entregado por Fernando Gaxiola a la autora.

2 *Ibidem.*

3 *Ibidem.*

4 *Ibidem.*

5 *Ibidem.*

[6] *Ibidem.*
[7] *Ibidem*
[8] La autora tiene la transcripción oficial de dicha audiencia.

20

El juego

El 23 de febrero de 2010 a las 11 de la mañana Vicentillo fue presentado en la sala del juez Rubén Castillo, el único juez con raíces mexicanas en la Corte del Distrito Norte de Illinois, en Chicago, ubicada en un enorme rascacielos de vidrios polarizados en la zona centro. Debió de ser una mañana fría, habitualmente por esas fechas la temperatura en la llamada "Ciudad de los Vientos" oscila entre los 4 y los -7 °C. Se declaró inocente.

En la acusación criminal abierta en su contra desde 2009 están como acusados su padre, el Chapo, Alfredo Guzmán Salazar (hijo del Chapo), Tomás Arévalo Rentería, Benny (Armando Contreras Subías), Juancho (Juan Guzmán Rocha) y los gemelos Pedro y Margarito Flores. Los acusan de haber traficado de 2005 a 2008 cientos de kilogramos de heroína y cocaína a Estados Unidos.

El equipo de defensa de Vicentillo estaba integrado por los abogados George Louis Santangelo, Alvin Stuart Michaelson, Edward Sam Panzer y Fernando X. Gaxiola. Lo que seguiría en los siguientes meses sería un juego de fuerza entre el gobierno de Estados Unidos y el hijo de quien realmente ha sido y es el narcotraficante más importante de todos los tiempos. El único que ha tenido la inhumanidad, la frialdad, el dinero, la mentalidad y la complicidad de cientos para llegar ahí.

Inmediatamente después de entrar en el MCC de Chicago le asignaron el número de preso 22875-424, le pusieron un overol naranja, de esos que se usan sólo los presos de alta peligrosidad, y lo encerraron en una celda de la Unidad de Confinamiento Especial, sin poder hablar ni ver a ningún otro prisionero. Su celda no superaba los 15 metros cuadrados. Tenía una colchoneta, tres cobijas, dos sábanas, una almohada, un retrete, un lavamanos y un minúsculo escritorio donde pasó horas sentado escribiendo mucho de lo que he publicado aquí.

Le tenían asignadas cuatro celdas. Lo movían de celda en celda cada dos días, así que no podía esbozar siquiera un sentido de pertenencia detrás de los barrotes. Estaba prohibido que hablara con alguien o que alguien le dirigiera la palabra. Sólo podía hablar con su "consejero" y con el personal de prisiones que estuviera más allá del rango de teniente. Pero en el piso donde él estaba no había ni consejero ni personal de ese rango.

No recibía comida en el mismo horario que los demás presos. Se la daban dos o tres horas más tarde y generalmente fría. Su esposa Zynthia y su madre Chayito le escribían casi todos los días, pero las cartas le llegaban con meses de retraso. No tenía acceso a tomar aire libre. Los dorados rayos del sol de Sinaloa habían sido sustituidos por la fría luz de neón encendida sobre su cara las 24 horas del día. Sus lentes se rompieron y no le habían dado reemplazo. El único aire que respiraba era el reciclado dentro de la prisión.

En diciembre de 2010 publiqué *Los señores del narco*, cuando el abogado Fernando Gaxiola me contactó para contarme la historia de Vicentillo. Como decía líneas arriba, yo estaba amenazada por el secretario de Seguridad Pública Genaro García Luna por revelar su complicidad con el Cártel de Sinaloa, la suya y la de su círculo cercano. Sabía que algunos poderosos empresarios estaban muy inquietos por el contenido del libro y que habían pensado presentar demandas por difamación en mi contra, pero se lo pensaron mejor porque calcularon que yo tendría documentos y testigos para demostrar los señalamientos de su involucramiento con el narcotráfico.

Mi libro no era sobre el folklore del narco, sus canciones, sus mujeres, su ropa, sus pistolas, sus disparos, su violencia. Se trataba de evidenciar el problema de fondo: la complicidad con el Estado. La misma que les ha permitido a los criminales acumular durante años un poder tal que les da la capacidad de someter a poblados, ciudades y estados enteros, y hasta poner de rodillas al propio presidente de la República.

Fue ahí donde el camino de Gaxiola y el mío se cruzaron. Él quería contarme la historia de Vicentillo, sus arreglos con la DEA y la protección con la que ha contado el jefe mayor del Cártel de Sinaloa sexenio tras sexenio. Por mi parte, me interesaba tener más información sobre esa organización delictiva y conocer las entrañas de su funcionamiento, la fuente de su poder y también sus debilidades. Había cosas que sólo un capo podía contar de manera directa, y quería escucharlas.

Desde su extradición, la DEA no había querido hacer honor al acuerdo con Vicentillo, no querían admitir que el Cártel de Sinaloa había colaborado con ellos. Pero Vicentillo y sus abogados no estaban dispuestos a que lo trataran como a un criminal más, querían los beneficios que podría significar el tipo de colaboración que su padre y el Chapo habían ofrecido durante años. Él nunca lo supo sino hasta que, en aquel encuentro antes de ser arrestado, el Mayo y el Chapo se lo revelaron.

Cuando conocí a Gaxiola, ambas partes estaban en ese punto de inflexión. El abogado me contó una historia increíble. No hacía mucho había estallado el caso Rápido y Furioso, en el que se comprobó que el gobierno de Estados Unidos había autorizado el tráfico de armas a México para supuestamente descubrir las redes y rutas del armamento, permitiendo que más de dos mil armas entraran ilegalmente en territorio nacional. Muchas llegaron a manos del Cártel de Sinaloa. Ahora el abogado que tenía sentado frente a mí me aseguraba que la cúpula del Cártel de Sinaloa colaboraba con la DEA al menos desde 1998. Les daban información que la agencia usaba junto con el gobierno de México para combatir a los cárteles enemigos. A cambio, la agencia les daba protección.

En *Los señores del narco* ya había hablado sobre el caso Irán-Contra (1985-1986) y cómo el gobierno americano toleró que la CIA hiciera acuerdos con los cárteles colombianos y mexicanos para permitirles que su droga llegara a Estados Unidos, a cambio de que algunas de las ganancias llegaran a la Contra nicaragüense que luchaba para derrocar al régimen sandinista.

Estaba familiarizada con el pragmatismo americano, pero la historia que me contaba Gaxiola era casi inverosímil. Le dije que publicaría la historia si tenía pruebas de lo que estaba diciendo. Así, el 25 de marzo de 2011, cuando nadie más prestaba atención al caso de Vicentillo en la corte de Chicago, revelé que el juicio abriría una caja de Pandora sin precedente y publiqué el documento presentado por los abogados de la defensa, en el cual argumentaban que el gobierno de Estados Unidos no podía juzgar a su cliente porque éste contaba con "inmunidad y/o autoridad pública" del mismo gobierno para cometer los delitos de los que era acusado. Y que durante años los líderes del Cártel de Sinaloa habían tenido una relación con la DEA, el ICE, el FBI y otras instancias gubernamentales.

Quienes les habrían dado inmunidad habrían sido el asistente regional de la DEA en Sudamérica, el director general de la DEA en México, así como los agentes de la DEA adscritos a las ciudades de Monterrey, Hermosillo y la Ciudad de México.

Los abogados del hijo del Mayo habían sacado las garras, si el gobierno americano no quería respetar el acuerdo con Vicentillo, ellos revelarían todos los incómodos secretos.

* * *

La primera audiencia del juicio a la que asistí fue el 30 de marzo de 2011. En la sala semivacía del juez Castillo apareció el hijo del Mayo con grilletes en los pies, enfundado en el overol naranja. Había perdido 10 kilos desde que lo habían encarcelado en el MCC, así que el uniforme, de por sí más grande que su talla habitual, ahora parecía un traje de payaso, el mismo por el cual pienso que hizo aquel crudo autorretrato.

Los medios de comunicación locales e internacionales giraron su vista a la corte del juez Castillo.

La represalia de la fiscalía por el documento y por el artículo que yo había publicado no se dejó esperar. El 5 de abril aumentaron los cargos contra Vicentillo. Focalizaron más acusaciones sobre él. Lo señalaron como operador logístico del Cártel de Sinaloa y le sumaron cuatro cargos en contra.

El juicio debía iniciar en el segundo semestre de 2011, pero en medio de la tormenta que se avecinaba, la defensa y la fiscalía acordaron que era mejor seguir dialogando entre ellos y no en público, así que en junio el juez Castillo anunció que el proceso se aplazaría hasta febrero de 2012, por tratarse de un caso "muy complejo".

La batalla interna siguió. El gobierno de Estados Unidos se negaba a entregar a la corte los acuerdos firmados entre el abogado Humberto Loya Castro y la DEA que según la defensa de Vicentillo daban sustento a su argumento de "autoridad pública".

Muchos especularon que era un bluf de la defensa y que no podrían jamás probar lo que estaban diciendo. Durante meses la fiscalía no negó el señalamiento, pero su respuesta oficial en mayo de 2011 fue retar a la defensa a demostrar lo que afirmaba.

Pude ver desde la primera fila el juego de poder entre el hijo del amo del Cártel de Sinaloa y el gobierno de Estados Unidos. El pronóstico era reservado.

El 1 de agosto de 2011 revelé un nuevo documento en el que el propio Vicentillo narró al juez que el pacto entre la DEA y el cártel había ocurrido por medio de Humberto Loya. Y que el acuerdo consistía en que a través de este abogado el Cártel de Sinaloa enviaría información acerca de sus rivales a cambio de protección por parte de la agencia.

Por medio de Humberto Loya, abogado y operador Joaquín Guzmán Loera, el Cártel de Sinaloa ayudó a la agencia antidrogas a atrapar a miles durante más de una década.

"Nuestra información ayudó a la detención o muerte de miles de narcotraficantes rivales", afirmó el hijo del Mayo. Y señaló que era tal la relación entre la DEA y esa organización criminal que incluso varios de sus integrantes participaron en reuniones de trabajo de los agentes.

La fiscalía negó la historia de Vicentillo, pero al mismo tiempo se rehusaba a hacer públicos los documentos que la defensa afirmaba que existían. Finalmente, obligada por una orden del juez Castillo, el 9 de septiembre de 2011 la fiscalía tuvo que presentar los distintos acuerdos firmados entre la DEA y Humberto Loya. Mientras el gobierno de Estados Unidos decía que el Chapo era el más buscado, se sentaba con su abogado cotidianamente y sabía de sus encuentros con el capo, la hora y el día en que lo vería.

Los controvertidos acuerdos quedaron plasmados en blanco y negro en contratos suscritos por Loya y funcionarios de la DEA. Correspondían a los años 2005-2010 con vigencia hasta diciembre de 2011. De hecho, los acuerdos se habían firmado desde 1998 anualmente, a pesar de que Loya Castro tenía una orden de aprehensión en California.

La situación se tornó muy incómoda para el gobierno de Estados Unidos, pues no sólo podrían ventilarse los detalles de ese acuerdo, sino que además, si Loya Castro se presentaba a testificar, como lo exigía la defensa de Vicentillo, podría hablar sobre los presuntos episodios de corrupción en los que el Cártel de Sinaloa pagó sobornos a agentes de la DEA a cambio de información sobre operativos en su contra, como escribió el abogado en su carta.

La artillería de la defensa continuó. Aseguraron que, aunque la fiscalía había abierto cierta información, aún era muy poca en comparación con lo que existía. "Aunque hay disputas fácticas significativas que deben resolverse en una audiencia probatoria, la información producida por el gobierno corrobora muchas de las afirmaciones de hechos presentadas por la defensa. Dada la nueva información proporcionada por el gobierno, el señor Zambada Niebla volverá a contar los hechos y notará que son indiscutibles", dijeron en un escrito ante la corte.[1]

Asimismo, aseguraron que tanto en 2010 como en 2011 la DEA amenazó dolosamente a Humberto Loya para que no se presentara a declarar en la corte de Chicago. La primera advertencia a Loya habría sido en 2010, luego de que la defensa había solicitado en la corte que la fiscalía revelara los documentos que relacionaban a la DEA con el Cártel de Sinaloa. Poco después Loya llamó a la defensa y les pidió verlos urgentemente. El encuentro fue el 26 de octubre de 2010 en el lujoso hotel Four Seasons. Estuvieron presentes los abogados Michaelson, Panzer, Santangelo y Gaxiola, quien escribió el testimonio presentado ante la Corte de lo que había pasado en el encuentro.

> En la reunión el señor Loya Castro nos dijo que le era imposible testificar por la defensa. Dijo que Manny se había comunicado con él y, entre otras cosas, le comentó que los abogados estadounidenses estaban haciendo un mal trabajo defendiendo a Zambada. Que si fueran más despiertos verían que con lo que estaban haciendo muchas personas quedarían expuestas y eso causaría problemas para el señor Loya Castro y su familia, el Mayo y el Chapo, incluso los abogados americanos estarían en riesgo.
>
> También contó que Manny le dijo que, si la relación del cártel con él y con el gobierno de Estados Unidos era expuesta, y si eran expuestas las actividades del señor Loya Castro proporcionando información sobre otros líderes de cárteles rivales, no sólo sería malo para él, sino también para el gobierno de Estados Unidos, porque no quieren que nadie sepa de su relación con los líderes del Cártel de Sinaloa. Manny le pidió que le dijera al Chapo y al Mayo que las tácticas de los abogados podrían ponerlos en peligro.
>
> El señor Loya Castro también nos dijo que Manny le dijo que quería que [...] se reuniera con los agentes de la DEA involucrados en el caso de Zambada Niebla. Y le sugirió que hablara con Zambada Niebla para hacerlo cambiar y reevaluar la estrategia de defensa.
>
> El señor Loya Castro nos contó que estaba aterrorizado por la seguridad de él y su familia si la defensa exponía lo que estaba sucediendo y que sentía que él no podía testificar lo que había sucedido. El señor Loya Castro estaba visiblemente perturbado, sudando profusamente y temblando, y repitió que tenía miedo de presentarse en la defensa y no lo haría.

Más tarde, Loya cambió de opinión y aceptó presentarse a testificar. Sin embargo, volvió a cambiar de opinión luego de que la tensión creció en la corte a raíz de mi reportaje y de las mociones de ida y vuelta entre la defensa y la fiscalía.

> A principios de agosto [de 2011], el abogado defensor fue informado de que el señor Loya Castro había contactado al abogado mexicano del señor Zambada Niebla y le había informado que Manny lo había contactado de nuevo y le dijo que no podía testificar para la defensa.

> Le dijo de nuevo que si testificaba y exponía su rol de informante y la relación entre el gobierno de Estados Unidos y los líderes del Cártel de Sinaloa sería malo para él, para el gobierno de Estados Unidos, los líderes del cártel, que tanto ellos como él y su familia estarían en peligro.
>
> Les dijo que Manny le pidió que contara al Chapo y al Mayo que los abogados estadounidenses estaban haciendo lo incorrecto y deberían decirles que paren.

A Loya lo citaron en Estados Unidos para hablar con la DEA el 18 de agosto de 2011, pero no quiso ir.

Entretanto, la defensa del hijo del Mayo presentó diversos recursos de queja por las condiciones de encarcelamiento, y a fines de septiembre de 2011 declaró inconstitucionales algunas de las rígidas medidas adoptadas por la Agencia Federal de Prisiones del gobierno de Estados Unidos contra Vicentillo.

En enero de 2012 la fiscalía presentó una tercera actualización de la acusación contra Vicentillo. Los cargos que le imputaban significaban cadena perpetua si iban a juicio y no lo ganaban. Las dos partes tenían mucho que perder: la DEA y el gobierno de Estados Unidos una parte de la reputación de su "guerra contra las drogas", y el hijo del Mayo su libertad para siempre.

El juez Castillo pospuso el juicio de Vicente Zambada en al menos cinco ocasiones durante tres años. Había una razón. A ninguna de las partes le convenía estirar la liga hasta reventarla.

* * *

El caso quedó en suspenso. Nunca se fijó una nueva fecha para el juicio. Ya no había estruendos, pero la negociación entre ambas partes seguía siendo ríspida. El juez Castillo rechazó la moción de la defensa de cerrar el caso por el argumento de "autoridad pública".

Gaxiola me confió: "Cuando Vicentillo fue extraditado, habló varias veces con su padre desde Estados Unidos. La DEA le pidió que lo llamara y le dijera que se entregara", como una de las exigencias del gobierno americano. "Se mandó un mensaje a Sinaloa para que le dieran un teléfono y que su hijo pudiera llamarle. Vicente sabía que ponía en peligro a su papá, pero al final lo hizo, habló con él."

Gaxiola nunca me aclaró si a cambio de la entrega del Mayo, las autoridades estadounidenses ofrecieron liberar a Vicentillo. Si lo hicieron, el capo apreció más su libertad que la de su vástago preferido; por lo demás, desde el arresto de Vicentillo, el Mayo se había hecho cargo de los gastos de su nuera y sus tres nietos.

El hijo del capo, quien entonces tenía 37 años y una familia que lo esperaban afuera, se debatía en una constante lucha interna. No obstante, siempre estuvo dispuesto a sacrificarse para salvar a su padre. "Yo me quedo toda la vida en la cárcel, pero no voy a testificar contra mi padre ni contra mi compadre", dijo Vicentillo al abogado.

A inicios de 2012 Gaxiola viajó a Sinaloa. Se internó en los dominios del Mayo y llegó a uno de sus ranchos en Quilá. Ahí también se presentó el Chapo, de bigote y vestido como militar. En esa reunión, el Mayo y el Chapo le dieron permiso a Vicentillo de declarar todo lo que tuviera que declarar, y le mandaron decir que ellos sabrían cómo cuidarse a sí mismos.

Mientras tanto, las condiciones de cárcel mejoraron para Vicentillo. Ahora podía tomar sol y aire fresco cada tanto, también tenía papel y lápices de colores con los que hacía dibujos y diseños todo el tiempo. Chayito, su madre, esperaba con ansias sus cartas, y en un muro de su casa comenzó a colocar todos los dibujos que su hijo le iba haciendo. Si Vicentillo tenía talento artístico o no es algo de lo que no habla en sus narraciones ni en su diario.

Gaxiola me mostraba los dibujos que enviaba a sus hijos. Casi todos eran de superhéroes. No entendí si era para complacer a sus tres varones o si era porque en el fondo seguía siendo el niño que a los 16 años los Arellano Félix quisieron asesinar en Tijuana.

Finalmente, Vicentillo aceptó un acuerdo con los americanos. En julio de 2012 hizo su primera declaración jurada y contó algunos secretos de los socios, compradores y asistentes de su padre. Compartió mucha información sensible, pero en realidad nunca dijo nada que pusiera en peligro irremediable a su padre, por eso el Mayo sigue libre.

"Mi padre ha sido uno de los principales líderes del Cártel de Sinaloa durante toda mi vida", inicio su relatoría firmada, no sin antes asegurarse de que el gobierno americano cumpliera totalmente con una condición irrenunciable.

* * *

A principios de marzo de 2012 Zynthia Borboa Zazueta y sus hijos abordaron un avión oficial de Estados Unidos para establecerse en ese país bajo la protección del gobierno americano. Era parte del acuerdo del Vicentillo para colaborar y garantizar la seguridad de su familia.

Me encontré con Gaxiola pocas horas después de la partida en un hotel de la Ciudad de México. Se veía satisfecho. Me aseguró que Zynthia viajó con más de 3 millones de dólares en efectivo, con autorización, para sistematizar su nueva vida allá.

El abogado me dijo que desde ese día Vicentillo desaparecería de los registros públicos de la Agencia Federal de Prisiones. Y efectivamente, durante algún tiempo su número de preso en el registro indicaba que estaba en el MCC, pero a partir de ese momento, cuando lo intenté ingresar, ya no apareció más. Se había esfumado de la base de datos en donde por ley se registran la fecha de ingreso de los prisioneros, la prisión donde se encuentran y la fecha en que son liberados. Al hijo del Mayo lo recluyeron en una prisión especial para testigos protegidos y consiguió que su familia lo pudiera visitar una vez a la semana.

Gaxiola también me habló de las negociaciones que en el pasado hicieron otros capos, por ejemplo, Osiel Cárdenas Guillén. En 2010 una corte federal en Houston condenó al líder del Cártel del Golfo a 25 años de prisión. Al mismo tiempo, el capo comenzó a colaborar para desmantelar al peligroso cártel y a los Zetas. "En los próximos años seguramente la condena se reducirá a 15 años", dijo Gaxiola sobre Osiel. "Le quitarán 54 días por año de sentencia por buena conducta, [en total] le quitarán 610 días, prácticamente dos años, por lo que sólo tendrá que estar 13."

Por otra parte, el defensor señaló que "Loya va a seguir siendo 'bisagra' entre la DEA y el Cártel de Sinaloa, es gente del Chapo y nunca lo delató. Loya va a salir de su escondite pagado por el Chapo, él le pagó la casa y la seguridad para ocultarse".

Gaxiola me aseguró que el Departamento de Justicia y Vicente ya iban avanzados, "pero el proceso es largo y faltan cosas. Tiene que probar que da información valiosa que repercuta en un arresto importante, una vez que él ayude a hacer capturas, el proceso irá avanzando".

En ese momento el abogado me mostró el esquema de lo que Vicentillo revelaría meses después: había muchos nombres, algunos conocidos públicamente, pero una buena parte no: Macho Prieto, Pacheco, Jorge, Mongol, Manuel Torres Félix (M1), Benny, Perales, Ulises, Kiki, Felipe Cabrera Sarabia, Lamberto Verdugo, Nene Jaramillo, Marisquero, Polo.

"¿Por qué?", le pregunté sobre haber cedido al acuerdo y no haber peleado por la "autoridad pública". Gaxiola me dijo que al final el gobierno americano es el gobierno americano, no era prudente confrontarse con ellos.

Como periodista, como mexicana, me hubiera gustado ver el juicio en el que salían a relucir los acuerdos inconfesables entre el gobierno americano y los cárteles de la droga mexicanos. Al parecer eso sucederá, tal vez, en otra ocasión. Vicentillo y su defensa no podían arriesgar la cadena perpetua. Entendí que si colaboraba, recibía la promesa de que no estaría en prisión para siempre. Así fue.

* * *

El 3 de abril de 2013 Vicentillo firmó un acuerdo de culpabilidad negociado con el fiscal del Distrito Norte de Illinois, Gary Shapiro. Estuvo sellado durante un año y no fue hasta 2014 cuando se abrió.

La admisión de culpabilidad de Zambada Niebla evitará que se lleve a cabo el juicio, muchas veces pospuesto por el juez Rubén Castillo, y que se ventilen los supuestos acuerdos que hubo entre el Cártel de Sinaloa y la DEA, en los cuales se basaba la estrategia de la defensa.

Según el texto de admisión de culpabilidad, sobre la base de una "cooperación completa y continua de Zambada Niebla", el gobierno americano se compromete a adoptar las medidas adecuadas para atender cualquier preocupación de seguridad que pueda afectar al Vicentillo y su familia como resultado de su colaboración. Incluyendo la permanencia de Zambada Niebla y su familia en territorio estadounidense.

En el documento Zambada García se declara culpable de uno de los dos cargos que se le imputaban relacionado con la posesión y distribución de cinco kilogramos o más de cocaína y un kilo o más de heroína, de mayo de 2005 a diciembre de 2008, junto con sus coacusados, entre ellos el Chapo y el Mayo. Además, se identifica a "Zambada Niebla como miembro de alto nivel del Cártel de Sinaloa y la facción que controla su padre Mayo Zambada. Zambada Niebla fue responsable de muchos aspectos de la operación del cártel".

"El acusado se declarará culpable porque de hecho él es culpable del cargo número uno de la tercera actualización de cargos", señala el acuerdo. Esta parte era fundamental para la fiscalía, la DEA y otras agencias, pues así formalmente quedaban enterrados los argumentos de "autoridad pública" y los acuerdos entre la DEA y el Cártel de Sinaloa.

Y se declaró culpable de haber pagado directamente sobornos, a nombre de su padre, a funcionarios locales, estatales y federales del gobierno de México para apoyar las actividades del negocio de narcotráfico.

"Vicente Zambada Niebla es la persona de más alto nivel que el gobierno de Estados Unidos tiene [del Cártel de Sinaloa], ellos saben que no era un gran operador, pero saben que era muy cercano a su papá, que se escondía con su papá y sabe todo", me dijo Gaxiola en una de nuestras primeras reuniones. "Vicente está poniendo a los *brokers* y a sus operadores, está dando toda la información de ellos. Colabora con la DEA y el FBI."

A partir de que Vicentillo comenzó a colaborar con la fiscalía a finales de 2011, se dio una cadena de detenciones de importantes miembros del Cártel de Sinaloa. Algunos murieron durante el operativo. Contra otros se iniciaron acusaciones penales en diversas cortes de Estados Unidos o por primera vez se identificaron y boletinaron a miembros del Cártel de Sinaloa como Felipe y Alejandro Cabrera Sarabia, Chino Ántrax y muchos otros.

Gaxiola comentó que, aunque Vicentillo dejó de tener noticias frescas del Cártel de Sinaloa desde que ocurrió su detención en 2009, su padre le mandaba información para que él la presentara y ocurrieran las detenciones que se tomarían en cuenta en su colaboración para reducir los años de condena.

* * *

En noviembre de 2013 detuvieron a Serafín, hermanastro de Vicentillo, en la frontera entre Nogales y Tucson, Arizona, acusado por narcotráfico en la Corte de Distrito Sur de California.

Un año después, en otro noviembre maldito para la familia Zambada, arrestaron a otro hermanastro, Ismael Zambada Imperial, *Mayito Gordo*, en El Álamo, sindicatura de El Salado, en Culiacán, en los dominios de su padre, durante un operativo de la Marina. Se quejó de que lo golpearon durante su detención. También era buscado por la Corte del Distrito Sur de California, coacusado con su hermano Ismael Zambada Sicairos e Iván Archivaldo Guzmán Loera, hijo del Chapo.

"El Mayo está muy molesto por lo que está pasando con Vicente, acaban de agarrar a Serafín y estaba muy enojado con todos", me contó Gaxiola, quien escuchó al Mayor decir: "Yo les digo que no, que no tienen necesidad y no se ayudan y se meten en el negocio". "Hasta a Emiliano, el más pequeño del Mayo, le va a pasar lo mismo", sentenció el abogado.

> Serafín y Mayito Gordo no tienen contactos de importancia en el mundo criminal porque trabajaban fuera de la organización, lo hacían a espaldas de su padre. Vicente era el encargado de asegurarse de que sus hermanos no se metieran en eso, ellos no forman parte del cártel, no los dejó mover ni una grapa. Todo el orden se rompió cuando atraparon a Vicente.

Añadió Gaxiola, para quien Vicentillo era más inteligente, más carismático, y tenía más don de mando que sus hermanastros.

En septiembre de 2018 Serafín fue puesto en libertad luego de haber cumplido una corta sentencia de cinco años y medio de prisión. Su madre Lety ha dicho que no volverán a México. Mientras que en abril de 2019 a Mayito Gordo lo sentenciaron en un tribunal de Jalisco a 10 años de prisión por portación de armas de uso exclusivo del ejército, y está encerrado en la cárcel de máxima seguridad Cefereso 2, en Puente Grande, Jalisco.

* * *

El 22 de febrero de 2014 al Chapo lo arrestaron en Mazatlán, Sinaloa. El operativo comenzó varios días antes y en apariencia él no era el primer objetivo.

"Desde mediados de febrero hubo redadas en Culiacán y un grupo especial de la Marina irrumpió en una residencia en la colonia Guadalupe, en Culiacán, para atrapar al Chapo, ahí se encontraba el Mayo con él", me narró Gaxiola. Dijo que en el operativo, coordinado por la DEA, "pensaron que los iban a capturar a los dos, pero no".

No era la primera vez, aseguró el abogado. Habían logrado escapar los dos porque las autoridades mexicanas alcanzaron a darles el pitazo y les dieron tiempo de escapar antes de que llegara el operativo.

"Un día, por ejemplo, estaban Mayo y Chapo en una casa cercana a un restaurante llamado Ramón, estaban tomando y alguien del gobierno de México les avisó, saltaron de la mesa y se fueron."

Ese día al Chapo lo acompañaba la diputada local Lucero Guadalupe Sánchez, de 25 años de edad, con quien tenía una relación sentimental que la llevó a ganar el Distrito 16 de Cosalá como candidata de la alianza Partido Sinaloense, PRD, PT y PAN. Gaxiola no aclaró si durante el operativo el Mayo también estaba acompañado de alguna mujer o estaba solo.

"El Mayo estaba en la misma casa, pero se movió más rápido y logró escapar sin dejar rastro. Más vivaz se ocultó en la sierra." Mientras que al Chapo lo capturaron pocos días después en la Torre Miramar, en Mazatlán, acompañado de su concubina Emma Coronel y sus dos hijas gemelas.

Víctor J. Vázquez, supervisor de la DEA adscrito a la embajada de Estados Unidos en la Ciudad de México desde 2008, explicaría después lo que pasó esos días. Dijo que el operativo se coordinó desde Baja California Sur con un equipo de la Marina. "Sacamos a la Policía Federal de la escena. Sólo involucramos a marinos mexicanos. Implicó que fuéramos al territorio y e ir proporcionando y asesorando con información actualizada al minuto." La decisión de no tomar en cuenta a la PF se debió al "nivel de corrupción", "usarlos de nuevo no iba a funcionar".[1]

Vázquez aseguró que el primer objetivo era detener al Mayo en un rancho cercano a Culiacán, donde se encontraba según los informes con los que contaban. El 13 de febrero de 2014 aterrizaron junto con 40 marinos cerca de la propiedad. Cuando llegaron ya no encontraron a nadie, sólo a un velador y 100 rifles de asalto.

Durante dos días siguieron la búsqueda y detuvieron a gente del Mayo que señaló una casa en Culiacán donde se supone que iba a estar el capo. Cuando irrumpieron ya tampoco había nadie, sólo encontraron sus gorras de beisbol. Después del fracaso, Vázquez decidió dejar de buscar al Mayo y fueron tras el Chapo, ya que un informante indicó cinco casas donde podía estar.

Durante tres días la DEA y la Marina irrumpieron en las cinco propiedades con más de 100 elementos. En una encontraron una fotografía de Ovidio Guzmán López y su hermano Joaquín, hijos del Chapo. En otra descubrieron el túnel por donde escapó con la diputada Lucero. Así le siguieron los pasos al Chapo hasta que lo capturaron en Mazatlán.

El Chapo permaneció un año y medio en prisión. En julio de 2016 se escapó con la colaboración de sus abogados, sus hijos Iván Archivaldo, Alfredo y Ovidio, y Emma Coronel, según afirmó Dámaso López Núñez, quien hasta entonces era brazo derecho de Guzmán Loera.

Vicentillo y su compadre Chapo se encontrarían un año y medio después en la Corte Federal del Distrito Este de Nueva York.

Notas

1 Documento "Defendant Jesus Vicente Zambada-Niebla's reply memorandum to the government's opposition to his motion to dismiss based on immunity".

2 Testimonio de Víctor J. Vázquez en la Corte de Distrito Este de Nueva York, 22 y 23/01/2019. La autora tiene la versión estenográfica oficial de la Corte.

21

¿El traidor?

¿Cómo está? Espero que se encuentre bien usted y todos los que lo rodean, le mando estas pocas letras para desearle todo lo mejor en estas fechas. Quiero decirle que lo extraño mucho, no se imagina cuánto, no se preocupe por mí, estoy bien por el momento. Ahí la llevamos, el tiempo pasa, no se puede detener, si Dios quiere, pronto nos damos un fuerte abrazo, por favor, cuídese mucho, salúdeme a todos por allá y acuérdese que soy el mismo y estoy con usted. Que pase una feliz Navidad con los que lo rodean y un próspero feliz año.[1]

Gracias por todo su apoyo, no olvide lo mucho que lo quiero y lo respeto. Le mando un fuerte abrazo. Quisiera hacerle muchas hojas, pero no puedo.

Que Dios lo bendiga

Su sobrino.

* * *

Esta carta estaba entre los documentos a los que Gaxiola me dio acceso. Era una carta que Vicentillo envió a su padre en clave, con motivo de la Navidad, cuando aún estaba recluido en el MCC de Chicago. Ya había tomado la decisión de colaborar y había comenzado a compartir información. Éste era un mensaje para dejarle claro que lo amaba y que lo protegería, "acuérdese que soy el mismo…" ¿Lo será ahora?

En 2013 Gaxiola me comentó que el gobierno de Estados Unidos había rentado un departamento a Zynthia que no estaba a su nombre para ella y sus hijos. Mientras tanto, él podía hacer llamadas telefónicas y hablaba con Chayito, su madre.

> Vicente está de buen ánimo, su preocupación más grande es la seguridad de su familia, el futuro de sus hijos. Él cayó en la trampa de seguir los pasos de su padre, la vida lo fue empujando, su padre en realidad no quería que se metiera, pero las circunstancias lo empujaron. Vicente no quiere que eso les pase a sus hijos y decidió cortar de tajo porque era la única manera. Él lo está haciendo por sus hijos.

Me dijo el abogado al explicarme la decisión que había tomado su cliente.

"Ahora ve a su familia con frecuencia. Se sienta con sus hijos a comer papas y beber refrescos en las máquinas despachadoras de la prisión", me contó Gaxiola con emoción, en realidad lo apreciaba y le daba gusto que su vida recobrara algo de normalidad:

> Lo que más extraña Vicente es a su padre, a su madre, a sus hermanas, está estudiando, pero hay pocas clases, pinta, le gusta mucho leer, de ficción y no ficción, biografías, historia...
>
> A su padre le da tristeza que Vicente tenga que hacer esto, sabe que es peligroso, pero no tenía opción.
>
> Si se sabe que Vicente es un soplón no recibirá más información. A través del cártel él sigue recibiendo información. Si la gente del cártel se entera de que él está poniendo el dedo a todo el mundo, sin importar talla, color o sexo, habrá saña contra su familia.
>
> Los hemos protegido hasta donde hemos podido, ya no se puede.
>
> Cuando todo termine él se va a quedar como residente legal al igual que su familia, tendrá realmente la oportunidad de tener la vida que deseaba.

Mi último encuentro con el abogado fue el 20 de mayo de 2015. Me encontraba en Berkeley, California, dedicada a la investigación sobre la desaparición de los 43 estudiantes de Ayotzinapa. Fernando

Gaxiola me había llamado varias veces durante ese año, me había pedido que fuera a verlo lo antes posible porque le quedaba poco tiempo de vida. Él quería terminar de contarme y de darme documentos. Me pidió que publicara la historia porque estaba convencido de que así la gente podría entender que el Mayo era el cártel, es el cártel y será el cártel. De hecho, el capo ironizaba con el abogado cuando se reunían: "¿Cártel? ¿Cuál cártel?, sólo somos mi compadre Chapo y yo."

Durante cuatro años Gaxiola fue la bisagra entre padre e hijo. Él era quien iba y venía con la información para que Vicentillo siguiera colaborando y, sin quererlo, para que el Mayo despejara su propio camino.

Ésa fue la última vez que lo vi, el cáncer con el que había luchado exitosamente durante algún tiempo hizo metástasis. Pero siempre se mantuvo fuerte, con el semblante pleno, jamás me pareció un hombre que estuviera al borde de la muerte.

* * *

El día que temían llegó. Vicentillo debía testificar en contra de Joaquín Guzmán Loera, el padrino de bautizo de su hijo menor. Al Chapo lo habían reaprehendido el 8 de enero de 2016 en Los Mochis, Sinaloa, y un año después lo extraditaron a Estados Unidos para ser juzgado en la Corte del Distrito Este de Nueva York, donde estaba coacusado con Ismael Zambada García, quien hasta ahora nunca ha pisado la cárcel.

Al Chapo le imputaron una carrera criminal de más de 20 años en los que habría traficado al menos 150 toneladas de cocaína y otras drogas ilegales, uso de armas de fuego, lavado de dinero, más de 33 homicidios. Asimismo, se ordenó la incautación de una fortuna de al menos 14 mil millones de dólares. La sentencia de culpabilidad estaba prescrita.

Era una mañana fría en Nueva York. El 3 de enero de 2019 a las 9:30 horas se reinició el juicio del Chapo tras el receso de las fiestas decembrinas. La sala de la corte ubicada en Brooklyn la presidía el juez Brian M. Cogan. Era el vigesimosegundo día del juicio. Los medios de comunicación y los propios abogados de la defensa habían convertido la corte en un show, y la presencia cotidiana de Emma Coronel era la cereza en el pastel.

Por parte del gobierno de Estados Unidos estaban la fiscal Amanda Liskamm, Andrea Goldbarg, Gina Parlovecchio, Michael Robotti y Patricia Notopoulos. Por la defensa estaban Jeffrey Lichtman, Eduardo Balarezo y William Purpura.

"Buenos días, feliz año nuevo —saludó el juez Cogan—. Dejemos entrar al jurado... Ok, todos en sus asientos. Buenos días, damas y caballeros, los mejores deseos para este año nuevo. Sé que todos están descansados y listos para iniciar, así que lo haremos."[2]

Probablemente era un feliz año nuevo para muchos de los ahí presentes, pero no para el Chapo. Sin duda tampoco era un buen día para Vicente.

La jornada comenzó con la insípida declaración de America Pina (*sic*), la responsable de grabar las llamadas de Guzmán Loera en el MCC de Nueva York. Al terminar su testimonio, el juez invitó al jurado a salir de la sala y sacó a todos. "Vamos a necesitar hacer unos pocos arreglos en la sala. Si pueden esperar en el *hall*, los voy a traer de regreso en 90 segundos", dijo Cogan. "El gobierno puede traer a su próximo testigo, por favor."

Entró Vicente Zambada Niebla, quien miró a su compadre Chapo y le hizo un saludo.

"Ok, todos sentados, vamos a tener una plática paralela, no abierta al público", dijo el juez, pues los abogados de la defensa querían hacer una protesta. Por separado, sin que la audiencia escuchara, el abogado Balarezo pidió al juez:

> Solo quiero pedir a la corte que le pida al gobierno decir a sus testigos que no hagan ningún tipo de señales o gestos al señor Guzmán. Rey Zambada, como el señor Cifuentes, y ahora este caballero miran al señor Guzmán y sonríen. Este hombre Zambada que está en el estrado ahora mismo, acaba de guiñar un ojo y hacer gestos al señor Guzmán. Así que sólo le pido al gobierno que sus testigos no hagan ningún gesto o cualquier otra cosa al acusado.

El abogado habló a nombre del Chapo, a quien al parecer no le había gustado la actitud de Vicentillo.[3]

"Mire, la solicitud llega un poco tarde —dijo Cogan—, hubiera sido bueno saber eso antes de que tuviéramos al testigo en el estrado y al jurado presente. De aquí en adelante. Entiendo que no se lo dirán ahora."

"De cualquier forma, creo que este testigo simplemente asintió ante el acusado, en el mejor de los casos", dijo la fiscalía.

El juez prometió que le pediría a Vicentillo no hacer más señas al Chapo.

"El próximo testigo del gobierno, por favor", dijo Cogan ante la sala.

"Su señoría, el gobierno llama a Vicente Zambada Niebla, quien testifica bajo juramento. Por favor, diga y deletree su nombre para el registro", dijo la fiscal Liskamm.

"Vicente Zambada Niebla, V-i-c-e-n-t-e Z-a-m-b-a-d-a N-i-e-b-l-a", respondió Vicentillo de pie, vestido con un uniforme carcelario azul. Tomó asiento. Iba a comenzar su interrogatorio para hacer trizas al Chapo.

—Buenos días, señor Zambada.

—Buenos días, buenos días a todos —dijo el hijo del Mayo, saludando a los presentes.

—¿Quién es su padre?

—Ismael Zambada García.

Vicentillo ya no era el joven que a los 23 años ordenó la primera ejecución de su vida. Ahora faltaban semanas para que cumpliera 44 años y estaba ahí para pelear por la libertad, aunque eso significara el fin del Chapo.

Por su parte, el Chapo sabía, o al menos lo recordó esa mañana invernal, que Vicentillo siempre había querido ser libre. Ahora lo sería a costa suya.

Presentaron a Vicentillo tres días consecutivos. En el show del llamado "juicio del siglo" narró partes de lo que ya había escrito en su diario, en sus confesiones juradas al gobierno de Estados Unidos y en otros escritos redactados por él mismo que forman parte de este libro.

A diferencia del tono que había usado en su diario y en sus escritos, donde se refería a Joaquín Guzmán Loera simplemente como Chapo, durante el juicio, de manera repetitiva y casi insoportable, se refirió a él como "mi compadre Chapo". Quizás pensaría que eso suavizaría el proceso de traición que culminaba esos días.

Fueron varias horas de un interrogatorio que se extendió durante dos días más. El último día, acosado por la defensa, Vicentillo confirmó lo que Gaxiola me había dicho años atrás: "[El Chapo] sabía que testificaría porque me declaré culpable cuando él estaba libre con mi padre y me comprometí a cooperar con la fiscalía. No veo el futuro y no sabía que mi compadre Chapo estaría aquí. No es mi enemigo".[4]

Balarezo enumeró una larga lista de detenidos, incluyendo a su cliente, en la que evidentemente no estaba el Mayo.

—Mi papá no ha sido arrestado ni en México ni en los Estados Unidos.

—Los amigos de él no tienen tanta suerte —ironizó el abogado.

—¡Qué le digo! —reviró Vicentillo en el mismo tono.

Balarezo lo cuestionó si en las más de 100 sesiones con fiscales y agentes estadounidenses había proporcionado información sobre su padre, entre otros narcotraficantes. Vicentillo aseguró que como parte del acuerdo proporcionó información sobre casas, escondites, pistas de aterrizaje, oficinas y coordenadas del Mayo Zambada.

—Pero, a pesar de esos datos, el Mayo sigue libre...

—Que no haya sido detenido mi papá no es mi culpa. ¿Yo tengo la culpa de eso?[5]

Sé que durante cuatro años de esa colaboración, mientras Gaxiola fue la bisagra, el Mayo monitoreaba lo que su hijo decía. No era Vicentillo quien tenía el poder de traicionarlo, pero él desde afuera sí tenía la capacidad de influenciar su colaboración. Vicentillo nunca habló con el gobierno de Estados Unidos de las empresas de su padre, de sus socios en empresas legítimas a gran nivel, ni de la fortuna legal que había construido su familia teniendo como fuente los fondos ilegales de su padre. Al menos no lo hizo en ninguno de los escritos a los que me dio acceso Gaxiola.

* * *

El testimonio de Vicentillo estuvo truqueado. Desde un inicio el Juez Cogan vetó los temas más sensibles a petición de la fiscalía: los acuerdos del Cártel de Sinaloa con la DEA, los pagos del Chapo a agentes antidrogas americanos y la corrupción presidencial en México. Dos temas que el hijo del Mayo conocía mejor que ninguno de los testigos presentados durante los tres meses de juicio contra el Chapo.

El juez consideró que en la culpabilidad del Chapo no impactaba el que hubiera una corrupción monumental en México, aunque fueran los propios testigos de la fiscalía quienes conocían o habían visto los pagos de sobornos del Mayo y el Chapo a presidente tras presidente. Se prohibió que se hablara directamente de los pagos a Felipe Calderón y a Enrique Peña Nieto, quien estaba en funciones cuando inició el juicio en noviembre de 2018. Cuando Lichtman intentó hacerlo en la apertura del juicio lo censuraron. Cuando en los contrainterrogatorios intentaron arrancar algunas cosas a los testigos, la fiscalía decía que era una pregunta inválida y el juez le daba la razón.

En la apertura del juicio, Lichtman argumentó ante el jurado:

> Como dije antes, este equipo de fiscales de Estados Unidos les dirá que Joaquín Guzmán Loera es el más grande vendedor de drogas de la historia. Pero ustedes van a conocer en este caso, a través de los testigos del gobierno, que él no es siquiera el más grande narcotraficante de México. ¿Pero quién sí lo es? Un hombre del que no hacen programas de televisión, no tienen su cara en loncheras, no se reúne con Sean Penn, no cantan de él los músicos, él no escapa de la prisión porque nunca ha estado en una, un hombre que tiene 70 años de edad y ha operado el narcotráfico en México durante 55, sin nunca ser arrestado, pese a haber sido imputado con cargos en una corte americana hace 40 años, un hombre del que nunca han escuchado hasta hoy [en Estados Unidos]: un hombre llamado Ismael Zambada, o Mayo para abreviar, Mayo Zambada.
>
> ¿Cómo ha logrado ser el narcotraficante más grande del planeta un hombre del que nunca han escuchado? Les voy a decir por qué:

> él ha pagado por eso. Él ha sobornado a todo el gobierno de México, incluyendo muy arriba: el actual presidente de México [Enrique Peña Nieto]. Y para una medida conservadora, al previo también [Felipe Calderón Hinojosa]. Voy a decir esto con más énfasis: el presidente actual y el expresidente de México recibieron cientos de millones de dólares en sobornos del Mayo, de acuerdo con los testigos del gobierno.[6]

Aunque fuera histriónico, aunque fuera para defender a un criminal como el Chapo, Lichtman tenía razón.

El día 14 de noviembre, en una conversación restringida, luego de que la fiscalía pidiera eliminar los alegatos de la defensa en la primera audiencia, el juez advirtió a la defensa del Chapo que la promesa de presentar pruebas al jurado no la iban a poder cumplir. Había testimonios de los testigos de la fiscalía que confirmaban lo dicho por Lichtman, y ellos no podían mentir pues quedarían arruinados. El Chapo no pudo presentar eso en su defensa porque no se lo permitieron, no porque no existiera.

En el año 2000, tras 70 años en el poder, el PRI perdió por primera vez la presidencia ante el candidato panista Vicente Fox, lo cual significó una profunda debacle para ese partido político. Doce años después regresaron al poder con el joven Peña Nieto, cuya campaña política estuvo plagada de escándalos relacionados con su financiamiento inexplicable, similar a lo que ocurrió con Fox. En 2012 el tope de gastos era de 366 millones de pesos y, según las investigaciones de una comisión especial que se creó en la Cámara de Diputados, el priista gastó más de 4 mil millones, administrados en una parte importante por Monex, una empresa financiera que ha sido señalada en Estados Unidos por lavado de dinero.

Si alguien sabía de los pagos del Cártel de Sinaloa a Peña Nieto era el hijo del Mayo.

"Vicente sabe que hubo dinero a la campaña presidencial de Enrique Peña Nieto", me dijo Gaxiola. Pero no fue Vicentillo quien habló de eso, fue un socio muy cercano de su padre: Álex Cifuentes, cuando la defensa del Chapo maniobró para hacerlo repetir lo que ya había testificado en secreto a la fiscalía. El mandatario habría recibido al menos 100 millones de dólares en sobornos por parte del cártel. Cuando la información se hizo pública, Peña Nieto lo negó.

La defensa de su "compadre Chapo" tampoco le podía preguntar a Vicentillo sobre García Luna, los hijos de Marta Sahagún y muchos otros. Con todo, al final Vicentillo saldría bien librado del juicio del Chapo, tal como lo reconocería posteriormente la fiscal. Después de cooperar al menos ocho años con el gobierno estadounidense, tendría su recompensa.

* * *

"Antes de comenzar, déjenme decir que en verdad voy a pedirles a los miembros de la audiencia que respeten los procedimientos que se están llevando a cabo aquí. Éstos son episodios reales, no son episodios de algún tipo de telenovela, por lo que espero y exijo que las personas se comporten de forma adecuada en la sala de la corte", afirmó severo el juez Rubén Castillo. Así inició el 30 de mayo de 2019, a las 10:31, la audiencia en la Corte del Distrito Norte de Chicago, donde luego de años delación y colaboración, Vicentillo recibió su sentencia.[7]

Ahí estaba el hijo del Mayo. Ya no con el mameluco naranja de payaso. Por parte de su defensa se presentaban Frank Pérez, Alvin Michaelson, Ed Panzer y George Santangelo. A Gaxiola le hubiera gustado estar ahí y ver el final de la historia.

Erika L. Csicsila comenzó por parte de la fiscalía:

> No hay duda de que la conducta del acusado ha causado un daño inmenso, daño a personas en México, pero también en esta ciudad y en todo Estados Unidos, y es una conducta grave que justifica una sentencia grave. De no ser por la colaboración del acusado, y como la corte acaba de señalar, la conducta del acusado exigiría una cadena perpetua según las directrices.

A continuación, intervino Amanda Liskamm, la dura integrante de la Fiscalía General Adjunta que fue parte del equipo que hundió al Chapo en el juicio de Nueva York:

> La corte, como saben, debe considerar el panorama completo, que incluye la conducta del acusado, disculpe, la colaboración, y esa colaboración fue amplia, ha sido extensa, y también debe considerar su actuación y la historia y las características de este acusado en particular.
>
> Y en ese aspecto, algo que dice mucho sobre las características del acusado es cómo surgió esta colaboración. El acusado se acercó a la DEA para colaborar hace aproximadamente 10 años, y después de que fue arrestado y extraditado a Estados Unidos, comenzó a colaborar ampliamente con el gobierno. Esa colaboración ha sido continua y constante, y el gobierno espera plenamente, y la defensa ha declarado y el acusado ha declarado, que esa colaboración continuará después de la sentencia que se dé hoy aquí.
>
> Fui miembro del equipo judicial que procesó al Chapo Guzmán, y el señor Zambada fue uno de los testigos que presenté en el juicio.
>
> En mi trayectoria como fiscal, él es una de las personas más cooperativas con las que he trabajado, y creo que la corte debe ser consciente de eso al emitir una sentencia.

De nuevo tomó la palabra Csicsila:

> El acusado ha colaborado de forma continua y siempre lo ha hecho a un nivel extraordinario. Esto no ha ocurrido sin ningún costo. Por lo tanto, el gobierno cree que es necesario que la sentencia incentive de diversas maneras a otros delincuentes involucrados en el tráfico de drogas que están considerando la posibilidad de colaborar con el gobierno y cambiar su estilo de vida. Ellos pueden ver a este acusado y saber que el cambio es posible y que pueden corregir los errores y también ser tratados por el gobierno y el sistema judicial de manera justa y oportuna al recibir una sentencia por sus acciones.

Durante la audiencia se dijo que el primogénito, Vicente Ismael Zambada Borboa, de 25 años de edad, recientemente se había graduado de la universidad con un título de técnico en diseño automotriz y también en bienes raíces. Hecho que conmovió a Vicentillo. "Cuando tenía 11 años le dispararon a mi abuela y le dispararon a mi madre. Atentaron contra mi vida por primera vez cuando tenía 16 años. Ésa fue la primera vez de muchas. Estoy muy feliz de que mi hijo esté aquí y de que tenga una vida diferente", habría dicho a sus abogados. Cuando testificó contra el Chapo declaró que tenía miedo por las represalias.

Aquel 30 de mayo en la Corte del Distrito Norte de Illinois, Vicentillo no era el mismo de tiempo atrás. La pintura, que en un inicio había sido su pasatiempo, se convirtió en una disciplina. De manera autodidacta aprendió a tocar el piano y la guitarra. Y se dice que había leído cerca de 400 títulos durante nueve años de reclusión en Estados Unidos.

"Fue muy, muy difícil para él ser testigo contra su propio padre", dijo el abogado Pérez, de la defensa, aunque en realidad el Mayo nunca estuvo en el banquillo de los acusados. "Entró en conflicto. Después de su testimonio, se enteró de los artículos, sobre un hijo que traiciona a su padre, y hasta el día de hoy, todavía lidia con eso, y es una situación muy difícil de manejar."

Llegó el turno del Vicentillo. "Buenos días", dijo saludando al juez Castillo. Hacía nueve años que se había presentado ahí para declararse inocente. Muchas cosas habían pasado.

* * *

En primer lugar, me gustaría agradecerle por tenerme aquí hoy, en este día que recibiré mi sentencia. He esperado mucho tiempo para que llegue este día, y hoy estamos aquí gracias a usted. Por eso, en primer lugar, me gustaría agradecerle.[8]

También quisiera agradecer la oportunidad de expresar todo mi remordimiento y arrepentimiento por las malas decisiones que tomé en el pasado. Y creo que la mejor manera de comenzar es pidiéndole perdón a todas esas personas que, de alguna u otra forma, lastimé directa o indirectamente. También me gustaría pedirles perdón a mis hijos, a mi esposa y a la mujer que me dio la vida [Chayito], que es mi madre, porque también han sufrido mucho por todo lo que hemos estado pasando.

Creo que cada hombre o cada persona cambia su vida o conduce su vida sobre la base de buenas o malas decisiones. Como decía hace un momento, tomé algunas malas decisiones, sobre las cuales sigo aceptando toda la responsabilidad y realmente me arrepiento de haberlas tomado.

Me gustaría decirle, su señoría, que este arrepentimiento no se produjo ayer, ni se produjo hoy porque estoy frente a usted a punto de recibir mi sentencia. Me gustaría decirle respetuosamente que este sentimiento de arrepentimiento o remordimiento ha estado conmigo durante años, y creo que las personas a mi lado, el gobierno y mis abogados, no me permitirán mentirle, pues he demostrado mi arrepentimiento con acciones o hechos y no sólo con palabras.

Como dije antes, todavía tengo a mis hijos, a mi esposa, a quienes amo con todo mi corazón y son las cosas más importantes para mí, ellos y los miembros de mi familia más cercanos son los que me han apoyado con mucha fe y mucha esperanza para seguir adelante, y también para ser una mejor persona…

He sacrificado mucho al irme y sacarlos del mundo en el que vivíamos. Me gustaría decirle, su señoría, sin dudarlo, que esto lo volvería a hacer mientras pudiera verlos felices, libres de todo temor, verlos vivir una vida en paz y, sobre todo, una vida feliz. Creo que todos merecen una segunda oportunidad. Hoy, esa oportunidad la tiene en sus manos.

* * *

En respuesta a la apelación del hijo del Mayo, el juez Castillo pronunció un discurso significativo. Un retrato sin retórica del narcotráfico:

> Según el gobierno, en su solicitud de una sentencia de 17 años, afirma que más o menos entre 1996 y 2008 usted supervisó envíos masivos de narcóticos desde Centro y Sudamérica a México y finalmente a Estados Unidos. Y entiendo que la forma en que llegó a hacerlo se dio en las circunstancias de la familia en la que nació. No es que de pronto haya decidido que quería unirse a esta organización. En efecto, nació en la organización que ya existía.

Muchas de las personas que usted conoció, muchas de las personas que sus familiares conocen, han muerto de forma violenta, y sé que su familia ha sufrido. Y es vergonzoso que estas guerras contra las drogas continúen y que el valor de la vida en un país que personalmente quiero muchísimo no signifique nada. Muchos en Washington quieren construir un muro, cuando la mayoría de estas drogas están llegando de una forma en la que un muro no hará nada, nada.

He estado involucrado en el frente de la llamada guerra contra las drogas. Personalmente he arriesgado mi vida al tratar con narcotraficantes colombianos, y sería el primero en admitir aquí en un juicio abierto, para que quede constancia, después de 25 años de ser un juez federal, que, si hay una llamada guerra contra las drogas, la hemos perdido. La hemos perdido.

Ese término, *colaboración*, se ha convertido de repente en este país en algo despreciado. Y, francamente, no lo entiendo. En este país, de 20 a 30% de todos los casos procesados en la justicia penal, el sistema depende de individuos que colaboran. Si no tienes colaboración, no puedes tener una acción judicial exitosa, pero aun así vemos a personas de arriba en Washington, D. C., a personas de esta ciudad, hablando de la colaboración como si fuera algo malo.

No voy a decir su nombre, pero alguien en Washington, D. C. dijo que la conversión [*flipping*] debería estar prohibida, que alguien que colabora con el Departamento de Justicia es una rata.

Es triste que la cobertura de su caso, señor Zambada Niebla, vaya en este tenor, éste fue el titular del periódico del domingo: "El chico del cártel que vendió al Chapo". En lo que a mí respecta, usted no vendió al Chapo. Creo que fue al revés. Colaboró con los Estados Unidos de América. Eso fue lo que pasó. Y si no tenemos colaboración, si no tenemos colaboración, el Departamento de Justicia simplemente no gana casos.

Tal vez hemos perdido la guerra contra las drogas, pero no podemos darnos el lujo de perder la guerra contra el crimen.

Y así, después de evaluar muy cuidadosamente los dos alegatos de la defensa, del gobierno, considero que la sentencia adecuada para usted es de 15 años.

Tras hablar con crudeza y sin cortapisas, el juez Castillo le dijo a Vicentillo que tomaría en cuenta el año que había estado prisionero en México, así que le restarían cuatro años en prisión. Según los cálculos del abogado penalista Stephen G. Ralls, a quien entrevisté en Tucson, con los diversos beneficios que le corresponden por buena conducta y demás, Vicentillo muy probablemente ahora ya esté en libertad.

Después de ser puesto en libertad, Vicentillo estará bajo supervisión durante cinco años en los que no podrá consumir drogas ilegales ni alcohol, y para eso deberá presentar rutinariamente un análisis de sangre. En Estados Unidos "deberá buscar y trabajar a conciencia en un empleo legal o seguir a conciencia un programa de estudio o capacitación laboral que lo prepare para el trabajo".

En las directrices de la sentencia había una cláusula donde se decía que "no se reunirá ni se comunicará intencionalmente con ningún miembro o asociado del Cártel de Sinaloa". Pero la fiscalía pidió no aplicarla por la ambigüedad que habría en la propia definición de lo que se considera "un miembro del Cártel de Sinaloa". Eso significa que se abre la posibilidad de que Vicentillo vea de nuevo al Mayo, el único y verdadero líder de la organización.

* * *

Ismael Zambada García ha llevado más de 50 años de carrera criminal con una frialdad absoluta. Ha matado a sus mejores amigos, a sus socios y a sus competidores. Y en muchos sentidos ha traicionado a su hijo más querido, Vicentillo, quien, aun siendo prisionero durante 10 años, le siguió siendo útil en su negocio criminal para deshacerse de aquello que le estorbaba.

Vio a sus tres hijos en la cárcel: Vicentillo, Serafín y Mayito Gordo y ni siquiera así ha sido capaz de detenerse. Su carrera criminal es más fuerte que cualquier otro sentimiento e interés.

Desde la investigación que hice para *Los señores del narco*, el Chapo me pareció un hombre mucho más pequeño que aquel "gran capo" y "principal narcotraficante de todos los tiempos" que los gobiernos estadounidense y mexicano construyeron. Escribí su historia para hacer ver que él no tenía la inteligencia, personalidad o poder para guiar ese conglomerado de criminales que conforman el Cártel de Sinaloa, y que era la corrupción lo que había gestado al Chapo, él sólo era un reflejo.

En la historia que reconstruí del Cártel de Sinaloa había piezas que faltaban en el rompecabezas. Algo no cuadraba. Sólo cavando muy adentro se podía entender cuál era la pieza faltante: el Mayo y su permanente base de operaciones en Los Ángeles, que es tan importante como la de Culiacán. El rey que desde hace décadas decide quién vive y quién muere dentro de su organización. Cuándo inicia una guerra y cuándo termina. El que decide desde su trono a dónde, cómo y cuándo se envía la droga. El que tiene negocios legales que le dejarán ganancias millonarias a él y su familia por generaciones, como dijo Gaxiola. El Mayo no tiene que vivir agazapado en la montaña, sino en su verde reino construido en El Dorado, Costa Rica, Quilá y El Salado, ahí, en Culiacán.

Cuando terminó el juicio del Chapo, diversas fuentes de la DEA comentaron que el Mayo estaba fortalecido y operando más que nunca, y que no pensaba en su jubilación. En 2017, en un breve saludo con Lety, la mamá de Serafín, le pregunté por la salud del capo. Hay quienes especulan que está viejo, enfermo y piensa retirarse. Ella me dijo que, aunque tiene problemas en una rodilla, está perfectamente sano y fuerte.

Por ahora el Mayo no debe preocuparse de ser perseguido. En términos reales, para el gobierno de Estados Unidos no es un objetivo, y en el discurso del presidente Andrés Manuel López Obrador es inexistente.

Ya no está el Chapo para jalar los reflectores, pero está Nemesio Oseguera, el líder del Cártel Jalisco Nueva Generación, cuya violencia los pone en el blanco, y están cuatro vástagos de los 18 de Joaquín Guzmán Loera: Iván Archivaldo y Alfredo Guzmán Salazar, y sus hermanastros Ovidio y Joaquín Guzmán López, cuyo carácter impulsivo los hace ideales para jugar de carnada. Los cuatro administran lo que quedó de los negocios criminales de su padre, muy distantes de lo que su progenitor había logrado.

* * *

El jueves 17 de octubre de 2019 hubo un parteaguas en Culiacán, matriz del Cártel de Sinaloa. Poco después de las tres de la tarde, los niños salían de las escuelas, sus madres iban por ellos o estaban de compras para preparar la comida del día. Los empleados tomaban el descanso de mediodía y los restaurantes estaban llenos. En ese momento, en un lapso de no más de 30 minutos, Culiacán se convirtió en un campo de guerra.

Civiles armados que circulaban en camionetas y autos de lujo quemaron vehículos, bloquearon caminos y aterrorizaron a la población. Las imágenes dieron la vuelta al mundo. Se supone que Ovidio, el hijo del Chapo, estaba detenido por el ejército y el objetivo de aquel grupo era liberarlo. Al final el ejército recibió la orden de liberarlo por parte del gabinete de seguridad pública que preside Alfonso Durazo, secretario de Seguridad y Protección Ciudadana, y que integran el secretario de la Defensa, Luis Crescencio Sandoval; el secretario de Marina, José Rafael Ojeda Durán, y el comandante de la Guardia Nacional, Luis Rodríguez Bucio, con el argumento de que las huestes de los Chapitos, como les llaman, habían sido más fuertes que el Estado.

El presidente López Obrador dijo que la orden se dio para salvar vidas humanas. Los más de nueve mil elementos que hay en Culiacán pertenecientes a la IX Zona Militar, a la policía estatal, municipal, ministerial y federal, y más de 200 elementos de la Guardia Nacional que habían llegado los días previos, dice el gobierno, no fueron suficientes.

A esas mismas horas, en una caseta de peaje de la carretera que comunica a Culiacán con la sindicatura de Costa Rica, donde se encuentran los dominios del Mayo Zambada, apareció un convoy de camionetas de lujo con personas vestidas de civil y armadas hasta los dientes. Similares al grupo que estaba haciendo desmanes en la ciudad. Se acercaron a un retén militar con varios elementos armados quienes los vieron llegar sin sorpresa. Uno de los civiles, alto, robusto, que destacaba entre todos, se acercó a saludar a los militares.

Hubo abrazos, choque de manos, sonrisas, y luego el hombre corpulento, vestido de civil, se apartó detrás de un camión junto con quien se puede imaginar era el jefe de los militares.

El sexenio había cambiado, había un nuevo mandatario, pero la escena remitía a los episodios del pasado narrados a detalle por Vicentillo en sus escritos o en su diario.

¿En realidad el Estado fue superado en número por los narcos? ¿O los narcotraficantes pudieron actuar de manera simultánea, coordinada y sin fallas porque una parte del Estado estuvo de su parte, como ha ocurrido desde hace décadas?

Ese día en Culiacán los narcos no habrían podido actuar con rapidez y eficacia sin la complicidad de una parte de las instituciones responsables de proteger a los ciudadanos. Tal como ocurrió el 30 de abril de 2008, cuando se desató la guerra en Culiacán del Mayo y el Chapo contra los Beltrán Leyva-Carrillo Fuentes-Zetas.

La verdadera disyuntiva no es si el Estado se enfrenta a balazos con los narcos y pone en riesgo la vida de las personas, como dijo López Obrador, generando un falso debate. Lo verdaderamente sustantivo es si el presidente está dispuesto a usar la fuerza del Estado para romper las décadas de complicidad entre el Cártel de Sinaloa y las instituciones de gobierno, que es lo que hace fuertes a los criminales.

Para lograrlo, en primer lugar, debe arrestar a los funcionarios y políticos corruptos que han estado y están en la nómina del Cártel de Sinaloa, que han asistido durante años a las fiestas de sus capos como si fueran de su propia familia, incluyendo algunos que en la actualidad forman parte de Morena, el partido político del presidente. Debe confiscar las empresas ligadas directamente al Mayo Zambada y al Chapo, boletinadas por el gobierno de Estados Unidos desde hace más de una década, que siguen funcionando como empresas fachada para traficar droga o para lavar dinero.

El poder económico es lo que permite al cártel pagar los sobornos a los servidores públicos, comprar armas, balas y pagar los salarios de los sicarios que durante más de ocho horas aterrorizaron a la población en Culiacán.

Pero el Cártel de Sinaloa y el Mayo Zambada no son invencibles, no son más listos, no son más fuertes, es sólo que cuentan con la protección de una parte del Estado y juegan con los dados cargados a su favor.

* * *

"El Mayo va a morir convertido en una leyenda y sin haber pisado jamás la cárcel", escuché decir a un funcionario del gobierno americano en los últimos días. Es octubre de 2019. Otro exclamó: "Él es el jefe de todos, siempre lo ha sido".

Mientras el Chapo comienza a contar cada día en la celda, casi un pozo sin ventanas, sin aire, sin sol, el Mayo ahora tiene nuevos socios. Ésos siempre son reemplazables, Amado y Vicente Carrillo Fuentes, Arturo Beltrán Leyva, Guzmán Loera...

Los actuales hombres más fuertes a su lado son cinco: Mauricio Gastélum Hernández, de quien Vicentillo no habló jamás. Alfonso Limón Sánchez, quien se fugó de la prisión de Culiacán en 2017, y probablemente no sepa que fue el propio hijo de su socio, Vicentillo, quien lo delató con los gringos y les dio santo y seña para que lo arrestaran. Gabriel Valenzuela Valenzuela, que se fugó de la cárcel junto con Limón. Hildegardo Gastélum García, originario de Sinaloa, quien es padrino de Vicentillo. Y Javier León Pérez, cuyo poder económico le permite ser una especie de banco para los integrantes del Cártel de Sinaloa.

Gastélum Hernández nació el 22 de septiembre de 1975. Dicen que en el mundo del narcotráfico se le considera un hombre muy poderoso. Algunas veces él dice que es originario de Culiacán y otras, de La Angostura. En la información dada en el Registro Público de la Propiedad asegura vivir en la calle Estero Barrón, número 3216, en un fraccionamiento de clase media llamado Pradera Dorada, en Culiacán. Como a su socio, le gusta hacerse pasar por empresario. De hecho, también lo es. Tiene diversas empresas: Transportes Refrigerados TRG (2000), Desarrollo Inmobiliario Financiero Gasbel (2006), Nikao Proyectos Inmobiliarios (2008), Servicios Johema (2006), Constru GAZHMA (2007), y Culiacán Technology Park (2009), entre otras.

Estas compañías se dedican al transporte "de todo tipo de mercancías en el interior del país y en el extranjero", así como a la compra, venta y arrendamiento de vehículos de transporte, construcción de obras privadas y públicas (habitacionales, oficinas, comerciales, industriales, agrícolas, bodegas marítimas, fluviales, lacustres, perforación de pozos, presas, acueductos y canalizaciones), a la comercialización, urbanización, promoción y gestoría de vivienda, e incluso se registra una concesión de expendio de gasolinas, diésel y lubricantes de Pemex.

En algunas empresas Gastélum Hernández aparece como socio directo y en otras usa prestanombres y él funge como administrador único. Las personas que aparecen como socios son: Mauricio, Héctor Hugo y José Manuel Gastélum Beltrán, Marcelino Gastélum Rubio y María Dolores Hernández Juárez.

No se puede decir que sea un hombre sin buen humor, sobre todo tomando en cuenta el negocio alterno al que se dedica. En 2010 creó con su hermano Julio César Gastélum Hernández la empresa Naturalezas del Cielo, dedicada a la "compraventa, producción, multiplicación y comercialización con todo tipo de plantas, incluyendo plantas de ornato". Cerró en 2019.

La empresa Gasbel comenzó a llamar la atención pública cuando se descubrió que era una de las propietarias del terreno en el que el gobierno de Mario López Valdez planeó construir el nuevo Hospital General de Culiacán, el cual hasta ahora tiene ya más de 50% de avance. En aquel entonces el doctor Jaime Otáñez García, quien era socio del Mayo en una de sus empresas lecheras, tenía un puesto directivo en la Secretaría de Salud.

A inicios de 2019 Gasbel comenzó su proceso de liquidación. También liquidó en julio de 2019 la empresa Nikao.

Mauricio Gastélum ha venido a sustituir a otros proveedores de servicios del Mayo. A través de sus negocios se encarga del transporte terrestre de drogas de Centroamérica y México. Se afirma que, en sustitución de Marisquero, ahora es él quien hace ese trabajo para muchos en Sinaloa, pero principalmente para el Mayo.[9]

En tanto, a Hildegardo Gastélum García lo detuvieron en 2015 en un operativo realizado por la Marina en Mazatlán. No obstante, en un giro de fortuna inesperada lo dejaron ir porque nadie ubicaba quién era, ni su importancia en el Cártel de Sinaloa. Hoy está sentado a la derecha del Mayo y lo consideran el "rey" en Honduras.

Los socios de Ismael Zambada García vienen y van con el paso de los años, el único que permanece siempre es él. La pregunta es si Vicentillo será capaz realmente de cortar la relación con su padre, o irá a reclamar su trono. La distancia entre padre e hijo son sólo cinco años más, o el resto de su vida.

Notas

1 Texto de una carta escrita por Vicente Zambada Niebla a su padre, la cual fue mostrada por Fernando Gaxiola a la autora el 20 de mayo de 2015, y ella transcribió en su libreta.

2 Versión estenográfica oficial de la sesión en la Corte de Distrito Este de Nueva York, 3/01/2019.

3 *Idem.*

4 Agencia EFE, "Vicentillo Zambada se despide del Chapo: No es mi enemigo, pero tampoco un mito", 7 de enero de 2019.

5 David Brooks, "*El Vicentillo* visitó al jefe del EMP de Zedillo por 'mal trato a su familia' ", *La Jornada*, 5 de enero de 2019.

6 Versión estenográfica oficial de la audiencia de apertura en la Corte de Distrito Este de Nueva York, 13/11/2018.

7 Versión estenográfica oficial de la audiencia del en la Corte del Distrito Norte de Illinois, 30/05/2019.

8 *Idem.*

9 Información obtenida de fuentes del gobierno de Estados Unidos que tienen bajo investigación a Mauricio Gastélum Hernández.

Anexos

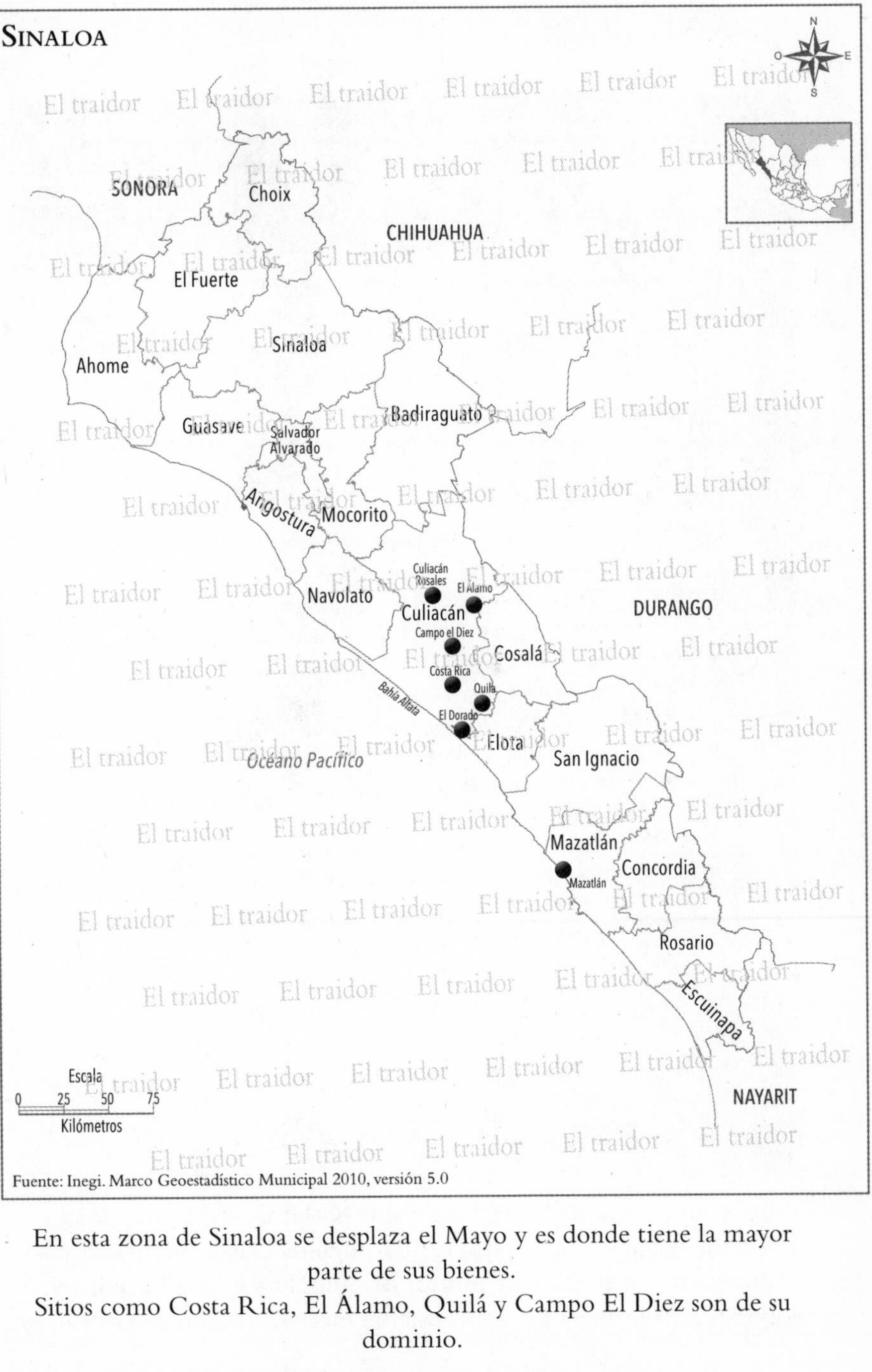

Fuente: Inegi. Marco Geoestadístico Municipal 2010, versión 5.0

En esta zona de Sinaloa se desplaza el Mayo y es donde tiene la mayor parte de sus bienes.
Sitios como Costa Rica, El Álamo, Quilá y Campo El Diez son de su dominio.

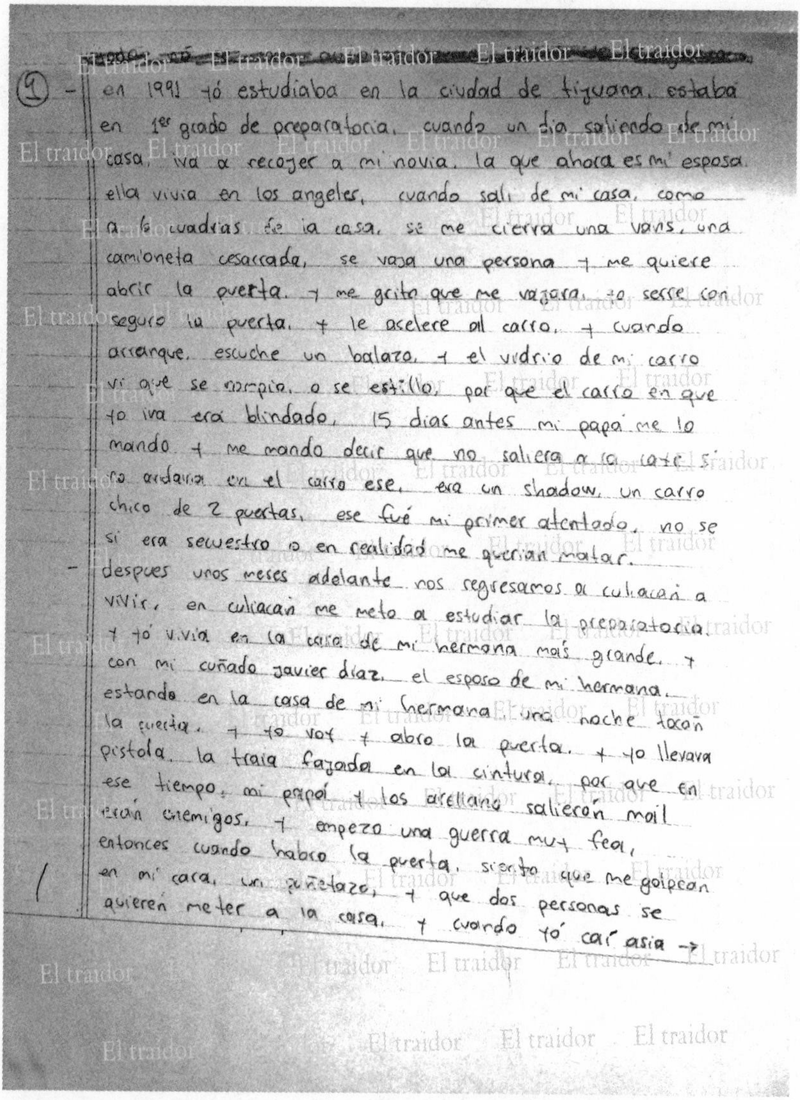
[redacted]
① - en 1991 yó estudiaba en la ciudad de tijuana. estaba
en 1er grado de preparatoria. cuando un dia saliendo de mi
casa. iva a recojer a mi novia. la que ahora es mi esposa
ella vivia en los angeles. cuando sali de mi casa. como
a 6 cuadras de la casa. se me cierra una vans. una
camioneta cesarrada, se vaja una persona y me quiere
abrir la puerta. y me grito que me vajara. yo serre con
seguro la puerta. y le acelere al carro. y cuando
arranque. escuche un balazo. y el vidrio de mi carro
vi que se rompio. o se estillo, por que el carro en que
yo iva era blindado, 15 dias antes mi papá me lo
mando y me mando decir que no saliera a la calle si
no andaria en el carro ese. era un shadow. un carro
chico de 2 puertas. ese fué mi primer atentado. no se
si era secuestro o en realidad me querian matar.
- despues unos meses adelante nos regresamos a culiacan a
vivir. en culiacan me meto a estudiar la preparatoria.
y yó vivia en la casa de mi hermana mas grande. y
con mi cuñado javier diaz. el esposo de mi hermana.
estando en la casa de mi hermana. una noche tocan
la puerta. y yo voy y abro la puerta. y yo llevava
pistola. la traia fajada en la cintura. por que en
ese tiempo. mi papá y los arellano salieron mal
eran enemigos. y empezo una guerra muy fea,
entonces cuando habro la puerta. siento que me golpean
en mi cara. un puñetazo, y que dos personas se
quieren meter a la casa. y cuando yó cai asia →

Entre los escritos de Vicente Zambada Niebla a los que tuvo acceso la autora están los diarios que realizó durante las negociaciones para colaborar con el gobierno norteamericano. En esta página narra el episodio de la primera vez que quisieron matarlo, cuando tenia 16 años.

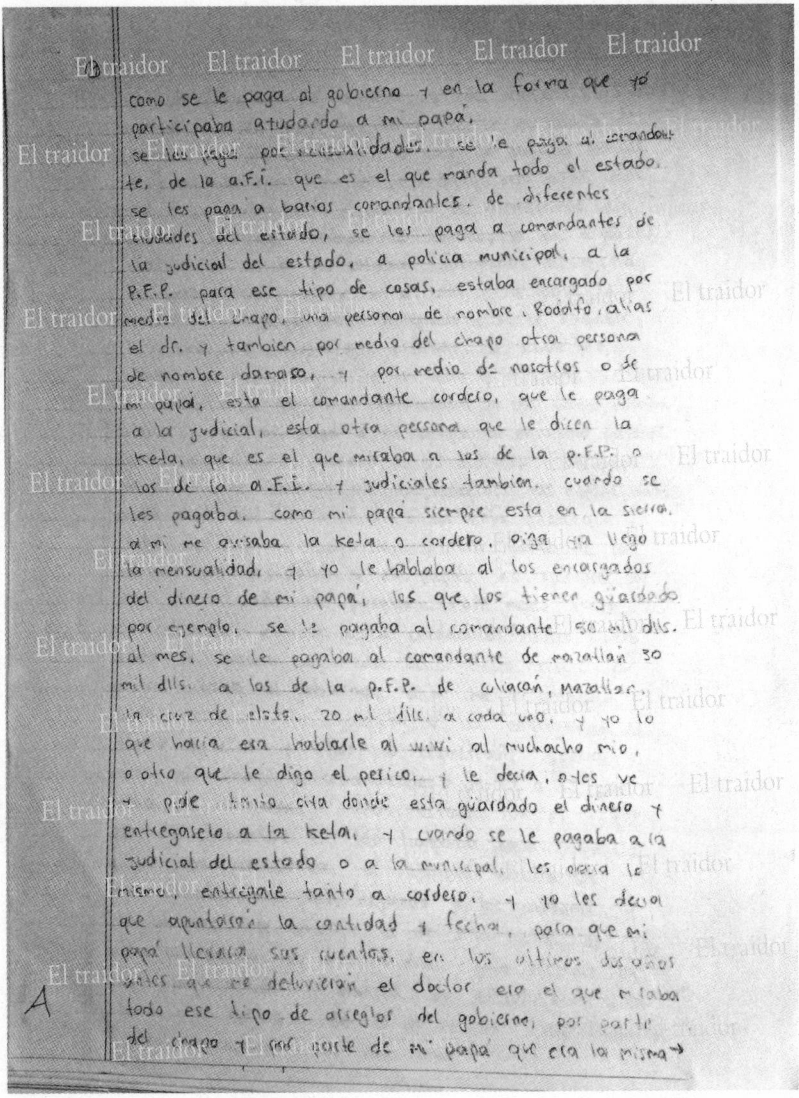

como se le paga al gobierno y en la forma que yo
participaba ayudando a mi papá,
se les paga por mensualidades. se le paga al comandante, de la a.F.i. que es el que manda todo el estado.
se les paga a barios comandantes. de diferentes
ciudades del estado, se les paga a comandantes de
la judicial del estado, a policia municipal, a la
P.F.P. para ese tipo de cosas, estaba encargado por
medio del chapo, una persona de nombre, Rodolfo, alias
el dr. y tambien por medio del chapo otra persona
de nombre damaso, y por medio de nosotros o de
mi papá, esta el comandante cordero, que le paga
a la judicial, esta otra persona que le dicen la
keta, que es el que miraba a los de la p.F.P. o
los de la a.F.I. y judiciales tambien. cuando se
les pagaba. como mi papá siempre esta en la sierra.
a mi me avisaba la keta o cordero, oiga ya llegó
la mensualidad, y yo le hablaba al los encargados
del dinero de mi papá, los que los tienen guardado
por ejemplo, se le pagaba al comandante 50 mil dlls.
al mes. se le pagaba al comandante de mazatlán 30
mil dlls. a los de la p.F.P. de culiacán, mazatlan,
la cruz de elota. 20 mil dlls. a cada uno. y yo lo
que hacia era hablarle al wiwi al muchacho mio,
o otro que le digo el perico. y le decia, o les ve
y pide tanto cita donde esta guardado el dinero y
entregaselo a la keta. y cuando se le pagaba a la
judicial del estado o a la municipal. les decia lo
mismo, entregale tanto a cordero. y yo les decia
que apuntaran la cantidad y fecha, para que mi
papá llevara sus cuentas. en los ultimos dos años
antes que me detuvieran el doctor era el que miraba
todo ese tipo de arreglos del gobierno, por parte
del chapo y por parte de mi papá que era la misma→

A

Vicentillo redactó un largo documento donde describe con detalle cómo se pagan los sobornos a funcionarios públicos federales.

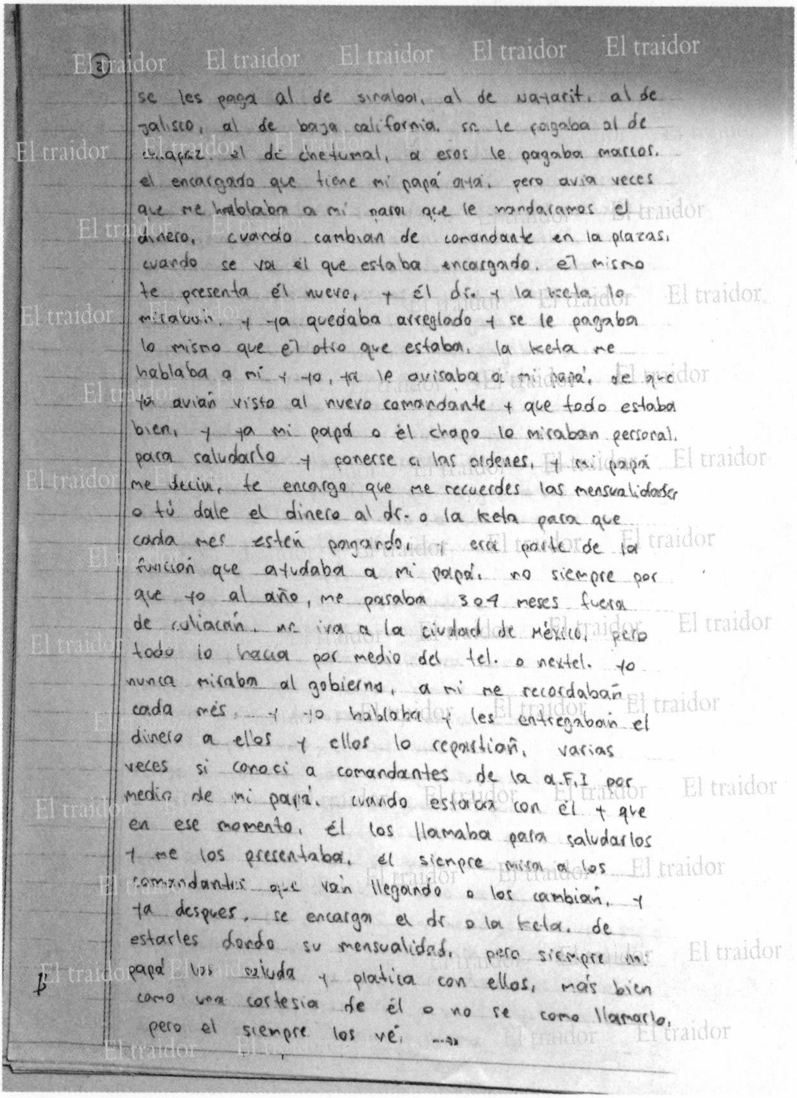

(2)
se les paga al de sinaloa, al de nayarit, al de
jalisco, al de baja california. se le pagaba al de
chiapaz. el de chetumal, a esos le pagaba marcos.
el encargado que tiene mi papá allá. pero avia veces
que me hablaban a mí para que le mandaramos el
dinero, cuando cambian de comandante en la plazas.
cuando se va el que estaba encargado. el mismo
te presenta él nuevo, y él dr. y la keta lo
miraban. y ya quedaba arreglado y se le pagaba
lo mismo que el otro que estaba. la keta me
hablaba a mí y yo, ya le avisaba a mi papá. de que
ya avian visto al nuevo comandante y que todo estaba
bien, y ya mi papá o él chapo lo miraban personal.
para saludarlo y ponerse a las ordenes, y mi papá
me decia, te encargo que me recuerdes las mensualidades
o tú dale el dinero al dr. o la keta para que
cada mes estén pagando. esa parte de la
función que ayudaba a mi papá. no siempre por
que yo al año, me pasaba 3 o 4 meses fuera
de culiacán. me iva a la ciudad de méxico, pero
todo lo hacia por medio del tel. o nextel. yo
nunca miraba al gobierno, a mí me recordaban
cada mes. y yo hablaba y les entregaban el
dinero a ellos y ellos lo repartián. varias
veces si conocí a comandantes de la a.F.I por
medio de mi papá. cuando estaba con él y que
en ese momento. él los llamaba para saludarlos
y me los presentaba. él siempre mira a los
comandantes que van llegando o los cambian. y
ya despues. se encarga el dr o la keta. de
estarles dando su mensualidad. pero siempre mi
papá los saluda y platica con ellos, más bien
como una cortesia de él o no se como llamarlo.
pero el siempre los vé. ...

Aquí el hijo del Mayo Zambada explica cómo su padre se reunía directamente con funcionarios de la Agencia Federal de Investigaciones cuando era encabezada por Genaro García Luna.

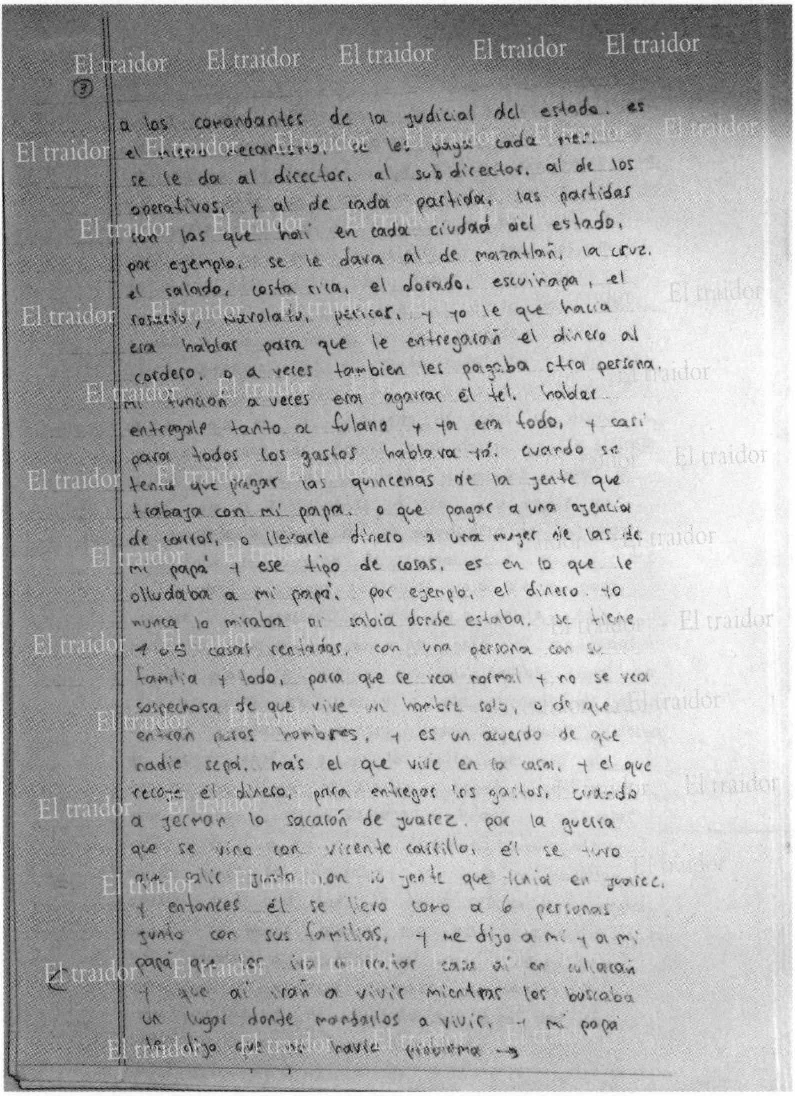

③

a los comandantes de la judicial del estado. es el mismo mecanismo. se les paga cada mes. se le da al director. al subdirector. al de los operativos, y al de cada partida. las partidas son las que hai en cada ciudad del estado. por ejemplo. se le dava al de mazatlan, la cruz. el salado, costa rica, el dorado. escuinapa, el rosario, navolato, pericos. y yo le que hacia era hablar para que le entregaran el dinero al cordero. o a veces tambien les pagaba otra persona. mi funcion a veces era agarrar el tel. hablar entregale tanto a fulano y ya era todo, y casi para todos los gastos hablava yó. cuando se tenia que pagar las quincenas de la jente que trabaja con mi papa. o que pagar a una ajencia de carros, o llevarle dinero a una mujer de las de mi papá y ese tipo de cosas. es en lo que le olludaba a mi papá. por ejemplo, el dinero yo nunca lo miraba ni sabia donde estaba. se tiene 4 o 5 casas rentadas. con una persona con su familia y todo, para que se vea normal y no se vea sospechosa de que vive un hombre solo, o de que entran puros hombres, y es un acuerdo de que nadie sepa. más el que vive en la casa. y el que recoje el dinero, para entregar los gastos. cuando a jerman lo sacarón de juarez. por la guerra que se vino con vicente carrillo, él se tuvo que salir junto con la jente que tenia en juarez. y entonces él se llevo como a 6 personas junto con sus familias, y me dijo a mi y a mi papá que les iva a rentar casa ai en culiacan y que ai irán a vivir mientras les buscaba un lugar donde mandarlos a vivir. y mi papa le dijo que no havia problema →

Vicentillo explica cómo se utiliza el mismo método de pago de sobornos a funcionarios locales.

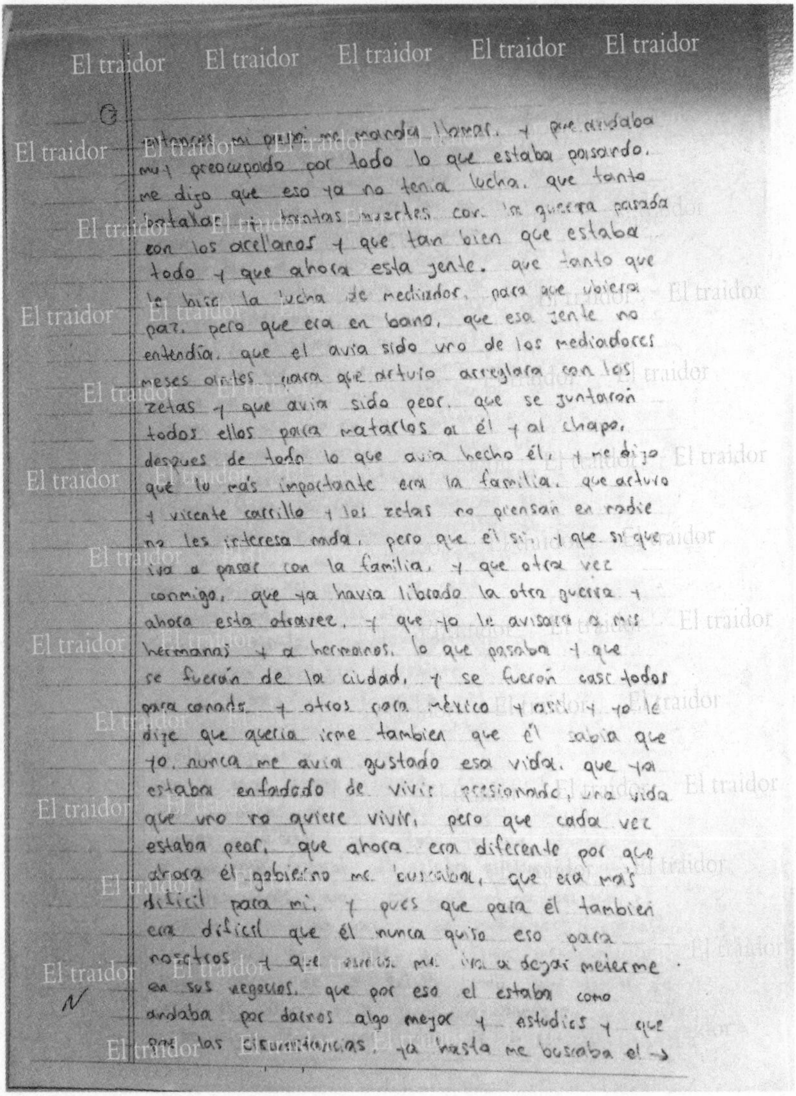

entonces mi papá me manda llamar. y que andaba
muy preocupado por todo lo que estaba pasando.
me dijo que eso ya no tenia lucha. que tanto
batallar y tantas muertes con la guerra pasada
con los arellanos y que tan bien que estaba
todo y que ahora esta jente. que tanto que
le hizo la lucha de mediador, para que viviera
paz. pero que era en bano, que esa jente no
entendía. que el avia sido uno de los mediadores
meses antes para que arturo arreglara con los
zetas y que avia sido peor. que se juntaron
todos ellos para matarlos a él y al chapo.
despues de todo lo que avia hecho él, y me dijo
que lo más importante era la familia. que arturo
y vicente carrillo y los zetas no piensan en nadie
no les interesa nada, pero que él sí, y que si que
iva a pasar con la familia, y que otra vez
conmigo, que ya havia librado la otra guerra y
ahora esta otravez. y que yo le avisara a mis
hermanas y a hermanos. lo que pasaba y que
se fuerón de la ciudad. y se fuerón casi todos
para canada y otros para méxico y así. y yo le
dije que queria irme tambien que él sabia que
yo. nunca me avia gustado esa vida. que ya
estaba enfadado de vivir presionado, una vida
que uno no quiere vivir, pero que cada vez
estaba peor. que ahora era diferente por que
ahora el gobierno me buscaba, que era más
dificil para mi. y pues que para él tambien
era dificil que él nunca quiso eso para
nosotros y que nunca me iva a dejar meterme
en sus negocios. que por eso el estaba como
andaba por darnos algo mejor y estudios y que
por las circunstancias. ya hasta me buscaba el →

Ante la guerra inminente con los Beltrán Leyva en 2008 el Mayo ordenó a Vicentillo avisar a hermanas y hermanos que debían salir de Culiacán. La gran mayoría se fue a Canadá, otros a la Ciudad de México.

#4

April 30 of 2008 was when the war with Arturo Beltran began. We already knew what his intentions were months before. By then, they had already hired a lot of people and were allied with the Zetas and Vicente Carrillo. They owned and rented houses throughout Culiacan and they had armed people there to kill us and they were planning everything they were going to do in Culiacan. By then, as I already explained in previous pages, Chapo and my father told me and Juancho to get people to investigate where the houses and the armed people were because they had decided that they were going to help the P.F.P.[1] with some raids so that they could arrest them. That they did this in order to fight as little as possible and so there wouldn't be so much violence. Because if they sent their own people for the arrests in the offices, the war would be even worse. There would be a lot of dead and even innocent people would pay and they didn't want that much less in Culiacan where they controlled everything. And so that not so much government would be involved. And Chapo and my father told me and Juancho to check out all the addresses we could get on the enemy because a lot of people needed to know this and that's why they were telling us. Because they were going to work with the federal government and they didn't want the information to get filtered. They would get work as well as not have as much violence and death. And once we had the addresses, as many as we could get, to give them to the Lic.[2] Damaso, and that he would give them to the P.F.P group. Chapo said he had already talked to them and they said they would take care of the searches and raids. Around 3 days before April 30, we gave the addresses to Damaso. The federal forces were already in Culiacan. But that they didn't really know their way around Culiacan. That in addition to the addresses, they wanted us to lend them people that knew where the addresses were and that way they wouldn't fail. And as far as I know, that's what happened. Chapo lent them some of their people and they dressed as P.F.P. and they went along with the federal agents and on that day, April 30, the P.F.P. raided the addresses that were given to them. That they went to around 5 at the same time. And in all those houses, they got people in 4 and they didn't resist and in each one there were about 6 or 9 people and many weapons and cars. There was a confrontation with the P.F.P. at the last house. The confrontation lasted around 4 hours with the military and the P.F.P. and they finally surrendered and there they arrested 13 people and many weapons and cars. And on that same day around 3 hours later, there were other confrontations but with our people. On April 30, they celebrate the Dia del Niño (Day of the Child) in Mexico. I was on the outskirts of Culiacan in a country house that I have and I was celebrating the day with my children and their cousins and my brother in laws and other friends. The people that guard me are always checking the surrounding area

[1] P.F.P – Policia Federal Preventiva – Federal Preventive Police
[2] Lic. - A lawyer or holder of a licentiate/ bachelor's degree. Used most frequently with lawyers.

Vicentillo narra el crudo episodio de cuando comenzó la guerra con los Beltrán Leyva en Culiacán el 30 de abril de 2008. Con la ayuda de la Policia Federal, que estaba al servicio del Cartel de Sinaloa, reventaron casas de seguridad de los Beltrán Leyva. Policías y narcos unidos en un solo ejército.

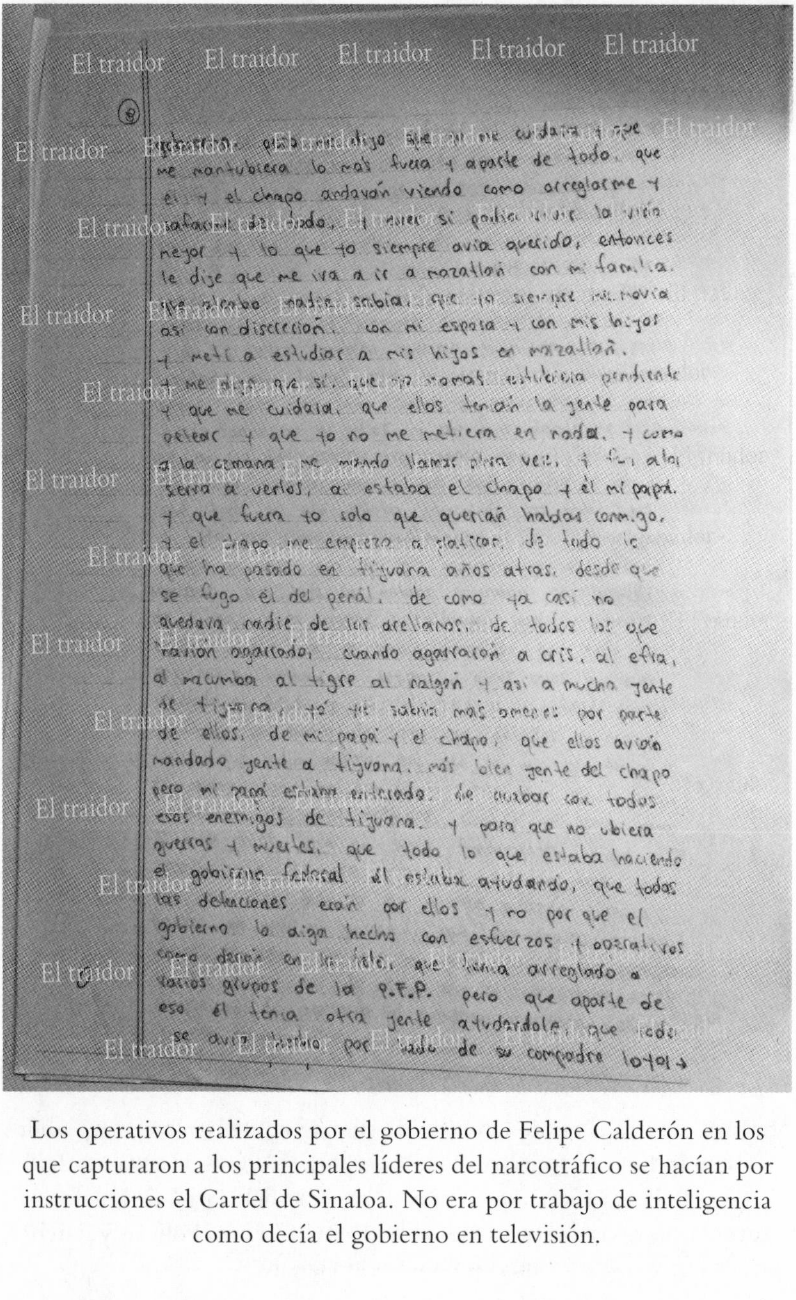

(8)

[illegible] dijo que me cuidara y que
me mantubiera lo más fuera y aparte de todo. que
el y el chapo andaván viendo como arreglarme y
[illegible] si podia vivir la vida
mejor y lo que yo siempre avia querido, entonces
le dije que me iva a ir a mazatlań con mi familia.
que [illegible] nadie sabia. que yo siempre me movia
así con discreción. con mi esposa y con mis hijos
y metí a estudiar a mis hijos en mazatlań.
y me dijo que sí. que [illegible] estubiera pendiente
y que me cuidara. que ellos tenían la gente para
pelear y que yo no me metiera en nada. y como
a la semana me mando llamar otra vez. y fui a la
sierra a verlos, ai estaba el chapo y él mi papá.
y que fuera yo solo que querián hablar conmigo.
y el chapo me empezo a platicar. de todo lo
que ha pasado en tijuana años atras. desde que
se fugo él del penál. de como ya casi no
quedava nadie de los arellanos. de todos los que
havian agarrado. cuando agarraron a cris. al efra.
al macumba al tigre al nalgon y asi a mucha gente
de tijuana. yo ya sabia más omenos por parte
de ellos. de mi papá y el chapo. que ellos avian
mandado gente a tijuana. más bien gente del chapo
pero mi papá estaba enterado. de acabar con todos
esos enemigos de tijuana. y para que no ubiera
guerras y muertes. que todo lo que estaba haciendo
el gobierno federal él estaba ayudando, que todas
las detenciones erań por ellos y no por que el
gobierno lo aiga hecho con esfuerzos y operativos
como decián en la tele. que tenia arreglado a
varios grupos de la P.F.P. pero que aparte de
eso él tenia otra gente ayudandole, que todo
se avia [illegible] por lado de su compadre [illegible] →

Los operativos realizados por el gobierno de Felipe Calderón en los que capturaron a los principales líderes del narcotráfico se hacían por instrucciones el Cartel de Sinaloa. No era por trabajo de inteligencia como decía el gobierno en televisión.

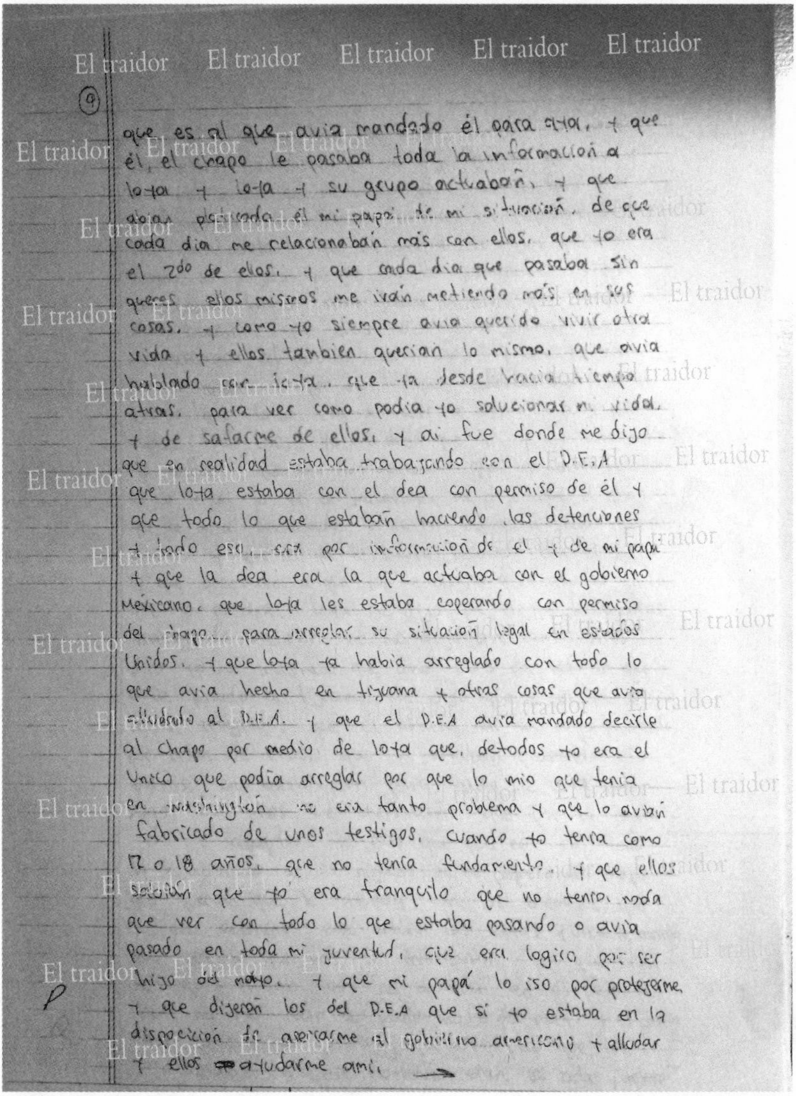

(9)
que es al que avia mandado él para aya, y que
él, el chapo le pasaba toda la información a
loya y leya y su grupo actuabañ, y que
[illegible] él mi papá de mi situacioñ. de que
cada dia me relacionabañ más con ellos. que yo era
el 2do de ellos. y que cada dia que pasaba sin
querer ellos mismos me iváñ metiendo más en sus
cosas. y como yo siempre avia querido vivir otra
vida y ellos tambien querian lo mismo. que avia
hablado con loya. que ya desde hacia tiempo
atras. para ver como podia yo solucionar mi vida.
y de safarme de ellos. y ai fue donde me dijo
que en realidad estaba trabajando con el D.E.A
que loya estaba con el dea con permiso de él y
que todo lo que estabañ haciendo. las detenciones
y todo eso... era por informacioñ de el y de mi papá
y que la dea era la que actuaba con el gobierno
Mexicano. que loya les estaba coperando con permiso
del chapo... para arreglar su situacioñ legal en estados
Unidos. y que loya ya habia arreglado con todo lo
que avia hecho en tijuana y otras cosas que avia
[illegible] al D.E.A. y que el D.E.A avia mandado decirle
al Chapo por medio de loya que. detodos yo era el
Unico que podia arreglar por que lo mio que tenia
en washingtoñ no era tanto problema y que lo avian
fabricado de unos testigos. cuando yo tenia como
17 o 18 años. que no tenia fundamento. y que ellos
sabian que yo era tranquilo que no tenia nada
que ver con todo lo que estaba pasando o avia
pasado en toda mi juventud. que era logico por ser
hijo del mayo. y que mi papá lo iso por protegerme.
y que dijeroñ los del D.E.A que si yo estaba en la
disposición de acercarme al gobierno americano y alludar
y ellos ayudarme ami. →

El Mayo y Chapo le rebelaron a Vicentillo que estaban en contacto con la DEA desde hacía años, colaborando para arrestar a sus enemigos.

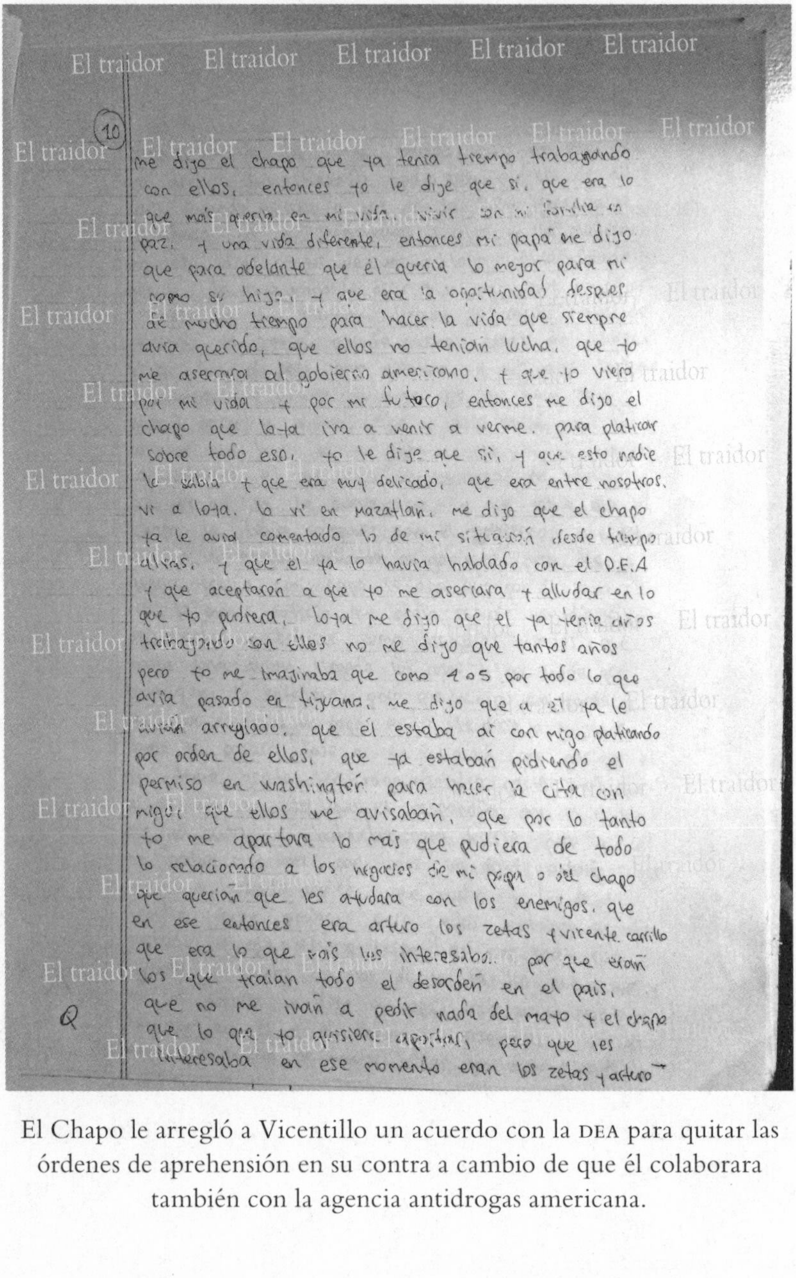

(10)
me dijo el chapo que ya tenia tiempo trabajando
con ellos. entonces yo le dije que si. que era lo
que más queria en mi vida. vivir con mi familia en
paz. y una vida diferente. entonces mi papá me dijo
que para adelante que él queria lo mejor para mi
como su hijo. y que era la oportunidad despues
de mucho tiempo para hacer la vida que siempre
avia querido. que ellos no tenian lucha. que yo
me asercara al gobierno americano. y que yo viera
por mi vida y por mi futuro. entonces me dijo el
chapo que loya iva a venir a verme. para platicar
sobre todo eso. yo le dije que si. y que esto nadie
lo sabia y que era muy delicado. que era entre nosotros.
vi a loya. lo vi en mazatlan. me dijo que el chapo
ya le avia comentado lo de mi situación desde tiempo
atras. y que el ya lo havia hablado con el D.E.A
y que aceptarón a que yo me asercara y alludar en lo
que yo pudiera. loya me dijo que el ya tenia años
trabajando con ellos no me dijo que tantos años
pero yo me imajinaba que como 4 o 5 por todo lo que
avia pasado en tijuana. me dijo que a él ya le
avian arreglado. que él estaba ai con migo platicando
por orden de ellos. que ya estaban pidiendo el
permiso en washingtón para hacer la cita con
migo. que ellos me avisaban. que por lo tanto
yo me apartara lo más que pudiera de todo
lo relacionado a los negocios de mi papá o del chapo
que querian que les ayudara con los enemigos. que
en ese entonces era arturo los zetas y vicente carrillo
que era lo que más les interesaba. por que eran
los que traian todo el desorden en el país.
Q que no me ivan a pedir nada del mayo y el chapo
que lo que yo quisiera aportar, pero que les
interesaba en ese momento eran los zetas y arturo →

El Chapo le arregló a Vicentillo un acuerdo con la DEA para quitar las órdenes de aprehensión en su contra a cambio de que él colaborara también con la agencia antidrogas americana.

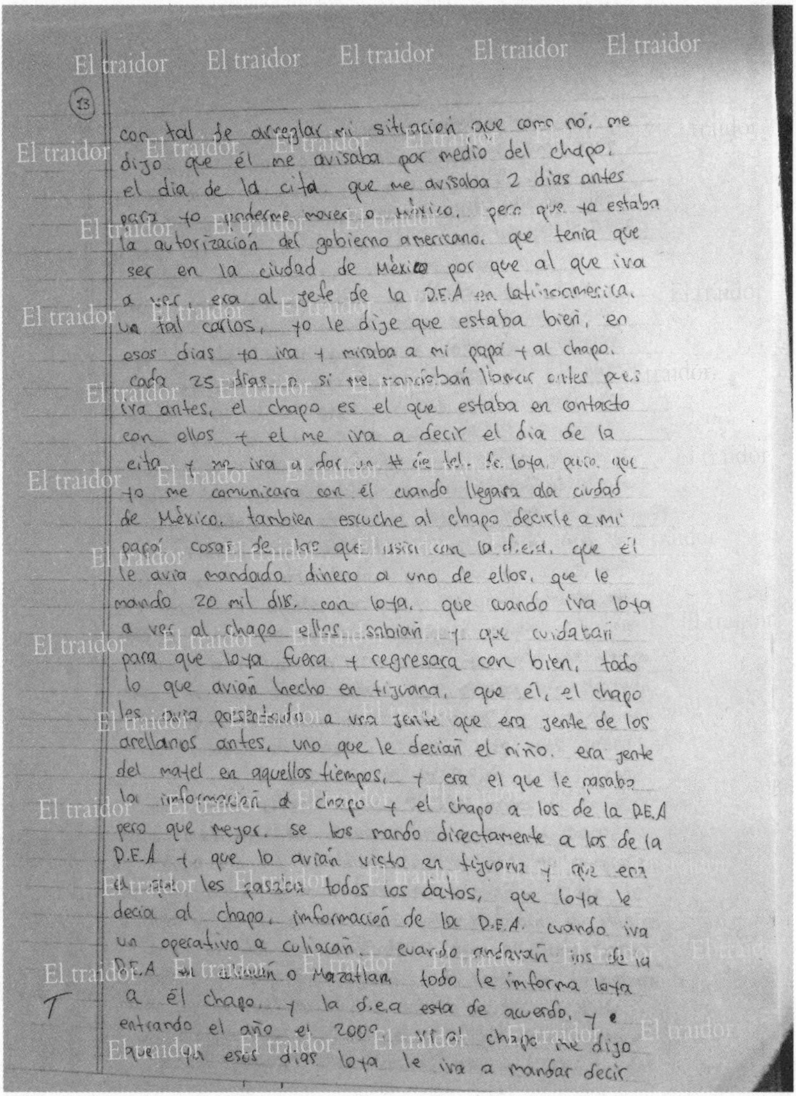

(13)
con tal de arreglar mi situación que como no. me
dijo que él me avisaba por medio del chapo.
el dia de la cita que me avisaba 2 dias antes
para yo ponerme mover a México. pero que ya estaba
la autorización del gobierno americano. que tenia que
ser en la ciudad de México por que al que iva
a ver, era al jefe de la D.E.A en latinoamerica.
un tal carlos, yo le dije que estaba bien, en
esos dias yo iva y miraba a mi papá y al chapo.
cada 25 dias o si me mandaban llamar antes pues
iva antes. el chapo es el que estaba en contacto
con ellos y el me iva a decir el dia de la
cita y me iva a dar un # de tel. de loya. para que
yo me comunicara con él cuando llegara ala ciudad
de México. tambien escuche al chapo decirle a mi
papá cosas de las que vivia con la d.e.a. que él
le avia mandado dinero a uno de ellos. que le
mando 20 mil dls. con loya. que cuando iva loya
a ver al chapo ellos sabian y que cuidaban
para que loya fuera y regresara con bien. todo
lo que avian hecho en tijuana. que él, el chapo
les avia presentado a una jente que era jente de los
arellanos antes. uno que le decian el niño. era jente
del mayel en aquellos tiempos. y era el que le pasaba
la información al chapo y el chapo a los de la D.E.A
pero que mejor. se los mandó directamente a los de la
D.E.A y que lo avian visto en tijuana y que era
el que les pasaba todos los datos, que loya le
decia al chapo. información de la D.E.A. cuando iva
un operativo a culiacán. cuando andavan los de la
D.E.A en culiacán o Mazatlan todo le informa loya
T a él chapo. y la d.e.a esta de acuerdo. y
entrando el año el 2009 [illegible] el chapo me dijo
que en esos dias loya le iva a mandar decir

Agentes americanos le daban información sensible al Cártel de Sinaloa de cuándo iba a haber operativos en su contra.

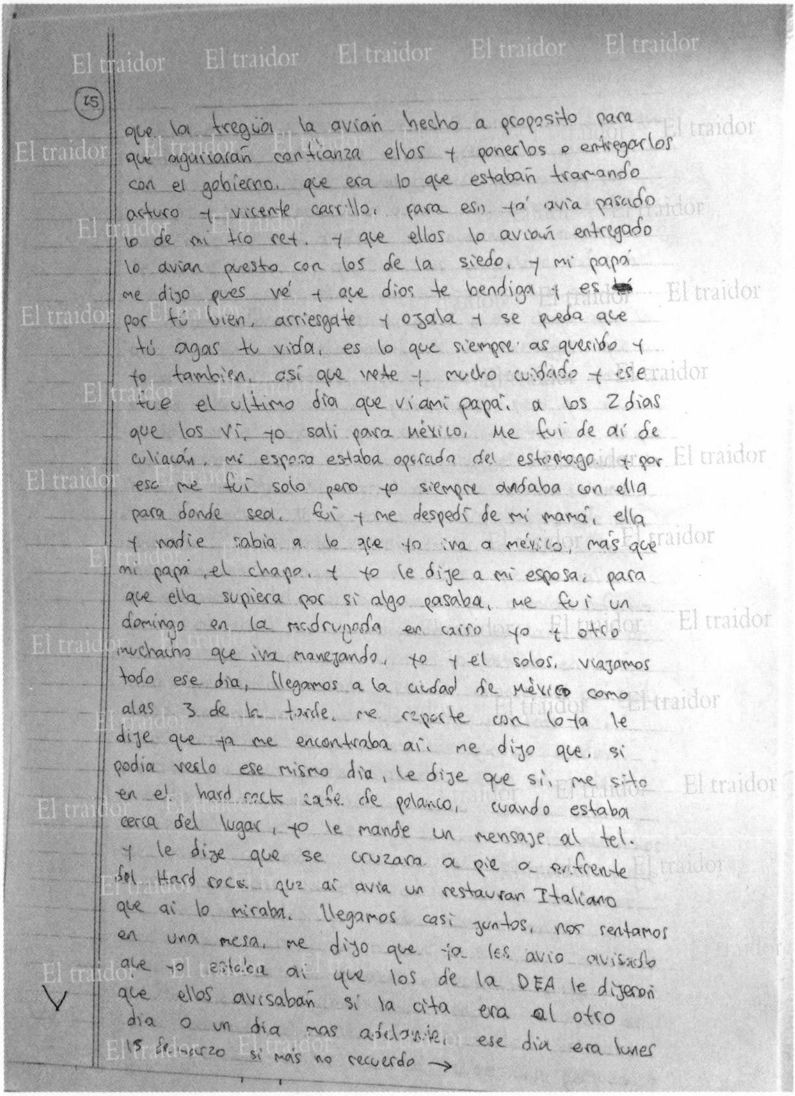
(15)
que la tregüa la avian hecho a proposito para
que agarraran confianza ellos y ponerlos o entregarlos
con el gobierno. que era lo que estaban tramando
arturo y vicente carrillo. para eso ya avia pasado
lo de mi tio rey. y que ellos lo avian entregado
lo avian puesto con los de la siedo. y mi papá
me dijo pues vé y que dios te bendiga y es
por tu bien, arriesgate y ojala y se pueda que
tú agas tu vida. es lo que siempre as querido y
yo tambien. así que vete y mucho cuidado y ese
fue el ultimo dia que vi a mi papá. a los 2 dias
que los vi, yo sali para méxico. me fui de ai de
culiacán. mi esposa estaba operada del estomago y por
eso me fui solo pero yo siempre andaba con ella
para donde sea. fui y me despedí de mi mamá. ella
y nadie sabia a lo que yo iva a méxico, más que
mi papá, el chapo. y yo le dije a mi esposa. para
que ella supiera por si algo pasaba. me fui un
domingo en la madrugada en carro yo y otro
muchacho que iva manejando, yo y el solos. viajamos
todo ese dia, llegamos a la ciudad de méxico como
alas 3 de la tarde. me reporte con loya le
dije que ya me encontraba ai. me dijo que. si
podia verlo ese mismo dia, le dije que si, me cito
en el hard rock cafe de polanco, cuando estaba
cerca del lugar, yo le mande un mensaje al tel.
y le dije que se cruzara a pie a enfrente
del Hard rock que ai avia un restauran Italiano
que ai lo miraba. llegamos casi juntos, nos sentamos
en una mesa. me dijo que ya les avia avisado
que yo estaba ai que los de la DEA le dijeron
que ellos avisaban si la cita era al otro
dia o un dia mas adelante. ese dia era lunes
15 febrero si mas no recuerdo →

Se arregló una cita entre Vicentillo y la DEA. La última vez que vio a su padre éste le dijo "ve y que Dios te bendiga..."

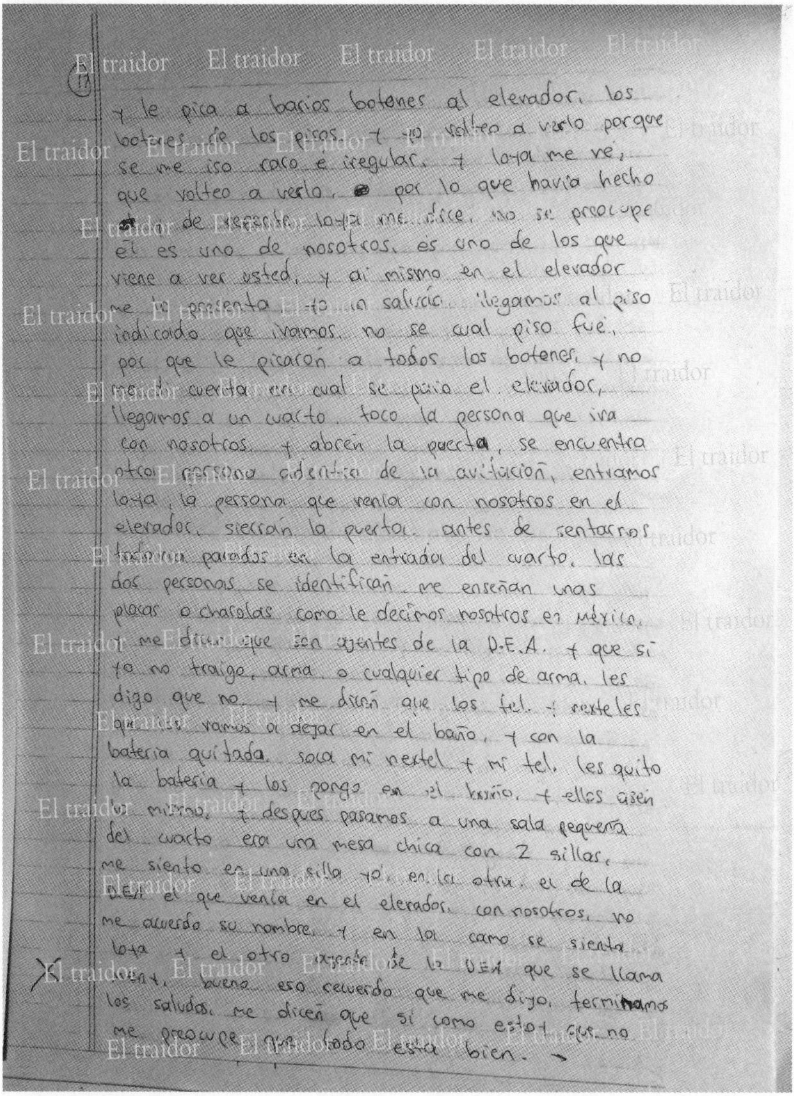

(17)

y le pica a barios botones al elevador, los
botones de los pisos. y yo volteo a verlo porque
se me iso raro e iregular. y loya me ve,
que volteo a verlo, por lo que havia hecho
de repente. loya me dice, no se preocupe
el es uno de nosotros. es uno de los que
viene a ver usted, y ai mismo en el elevador
me lo presenta y lo saludo. llegamos al piso
indicado que ivamos. no se cual piso fue,
por que le picaron a todos los botones, y no
me di cuenta en cual se paro el elevador,
llegamos a un cuarto. toco la persona que iva
con nosotros. y abren la puerta, se encuentra
otra persona adentro de la avitación, entramos
loya, la persona que venia con nosotros en el
elevador. sierran la puerta. antes de sentarnos
todavia parados en la entrada del cuarto. las
dos personas se identifican. me enseñan unas
placas o charolas como le decimos nosotros en méxico.
me dicen que son agentes de la D.E.A. y que si
yo no traigo, arma. o cualquier tipo de arma. les
digo que no. y me dicen que los tel. y nexteles
que los vamos a dejar en el baño, y con la
bateria quitada. saco mi nextel y mi tel. les quito
la bateria y los pongo en el baño. y ellos asen
lo mismo. y despues pasamos a una sala pequeña
del cuarto era una mesa chica con 2 sillas,
me siento en una silla yo. en la otra. el de la
D.E.A el que venia en el elevador. con nosotros. no
me acuerdo su nombre. y en la cama se sienta
loya y el otro agente de la DEA que se llama
[illegible]. bueno eso recuerdo que me dijo. terminamos
los saludos. me dicen que si como estoy que no
me preocupe que todo esta bien. →

Vicentillo, quien tenía orden de arresto en Estados Unidos se reunió con el abogado del Chapo, Humberto Loya Castro, y agentes americanos en el hotel Maria Isabel Sheraton de la Ciudad de México, a un costado de la embajada americana. Fue arrestado esa misma noche.

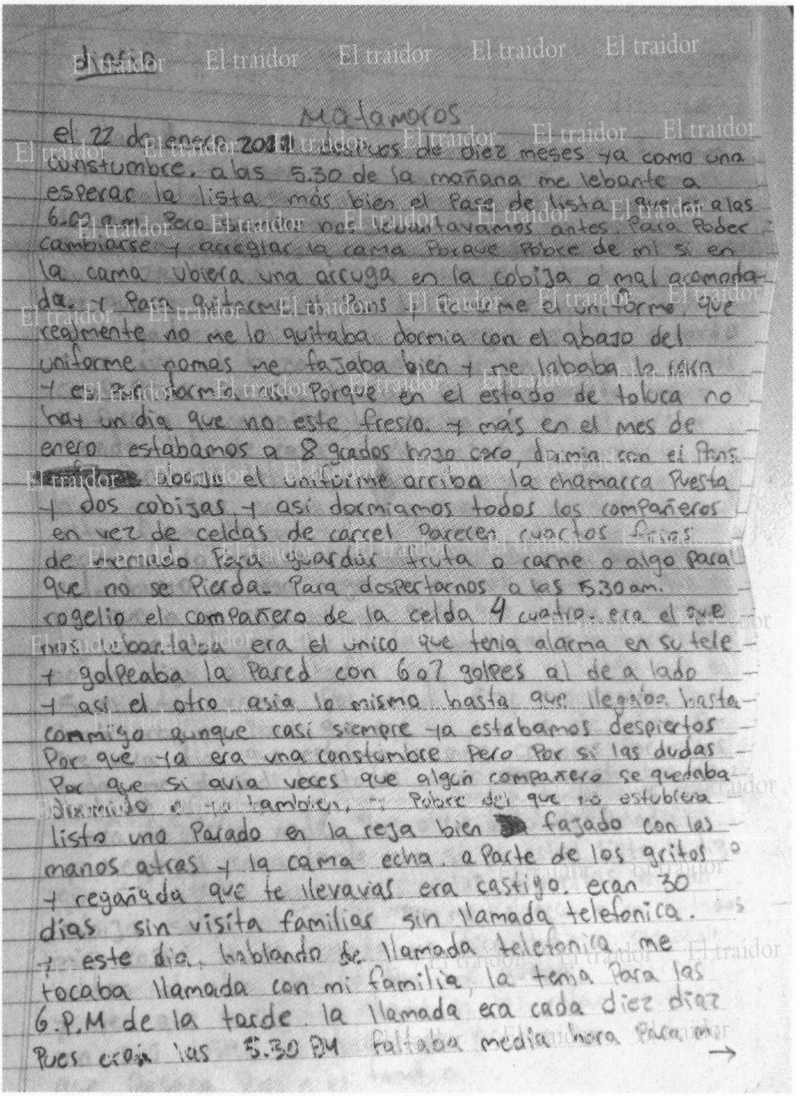

diario

Matamoros

el 22 de enero 2011 despues de diez meses ya como una constumbre. a las 5.30 de la mañana me lebante a esperar la lista más bien el Pase de lista que es a las 6.00 a.m. Pero siempre nos lebantavamos antes. Para Poder cambiarse y arreglar la cama Porque Pobre de mi si en la cama ubiera una arruga en la cobija o mal acomodada. y Para quitarme el Pans y Ponerme el uniforme, que realmente no me lo quitaba dormia con el abajo del uniforme nomas me fajaba bien y me lababa la cara y el uniforme así. Porque en el estado de toluca no hay un dia que no este fresco. y más en el mes de enero estabamos a 8 grados bajo cero, dormia con el Pans debajo el uniforme arriba la chamarra Puesta y dos cobijas. y así dormiamos todos los compañeros en vez de celdas de carcel Parecen cuartos frios de mercado Para guardar fruta o carne o algo para que no se Pierda. Para despertarnos a las 5.30 am. rogelio el compañero de la celda 4 cuatro. era el que nos lebantaba era el unico que tenia alarma en su tele y golpeaba la Pared con 6 o 7 golpes al de a lado y así el otro asia lo mismo hasta que llegaba hasta conmigo aunque casi siempre ya estabamos despiertos Por que ya era una constumbre Pero Por si las dudas Por que si avia veces que algun compañero se quedaba dormido o yo tambien, y Pobre del que no estubiera listo uno Parado en la reja bien fajado con las manos atras y la cama echa. a Parte de los gritos y regañada que te llevavas era castigo. eran 30 días sin visita familiar sin llamada telefonica. y este dia. hablando de llamada telefonica me tocaba llamada con mi familia, la tenia Para las 6.P.M de la tarde. la llamada era cada diez diaz Pues eran las 5.30 PM faltaba media hora Para [illegible] →

El hijo del Mayo narra en primera voz el traumático cambio de cárcel en 2010.

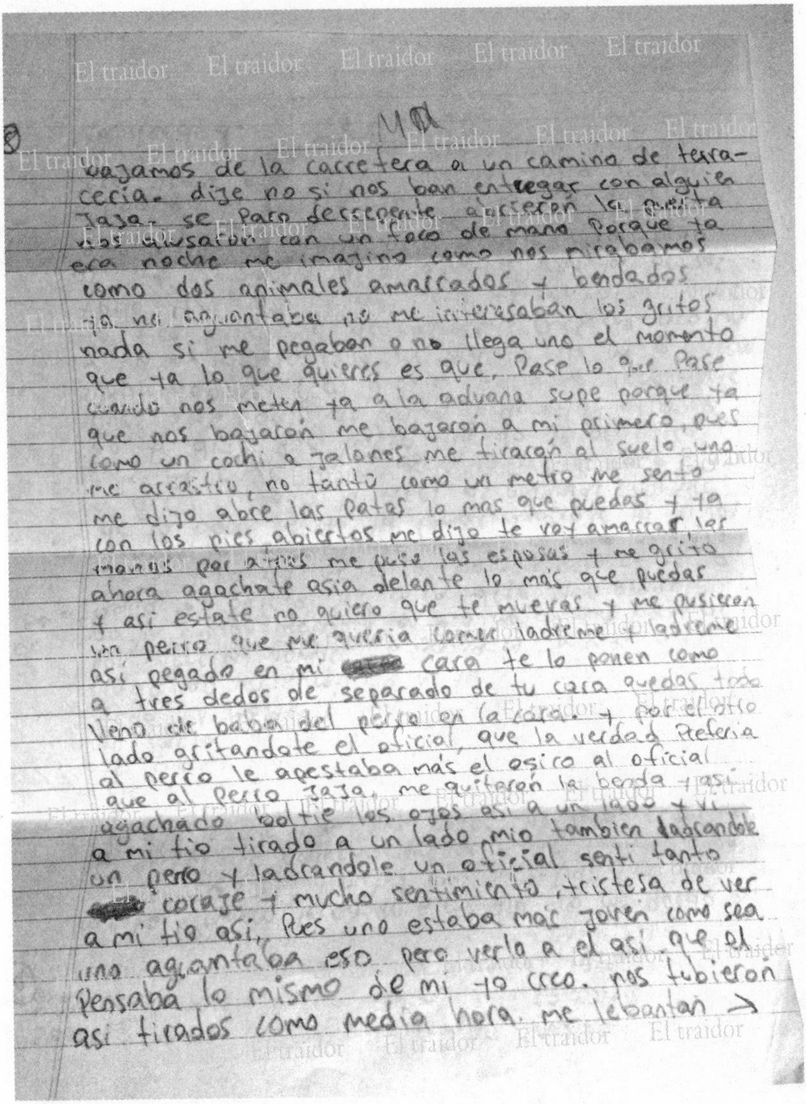

(8) MA

vajamos de la carretera a un camino de terracería. dije no si nos ban entregar con alguien
Jaja. se paro derrepente abrieron la puerta
nos alumbraron con un foco de mano porque ya
era noche me imagino como nos mirabamos
como dos animales amarrados y bendados
ya no aguantaba no me interesaban los gritos
nada si me pegaban o no llega uno el momento
que ya lo que quieres es que, Pase lo que Pase
cuando nos meten ya a la aduana supe porque ya
que nos bajaron me bajaron a mi primero, pues
como un cochi a jalones me tiraron al suelo uno
me arrastro, no tanto como un metro me sento
me dijo abre las patas lo mas que puedas y ya
con los pies abiertos me dijo te voy amarrar las
manos por atras me puso las esposas y me grito
ahora agachate asia delante lo más que puedas
y asi estate no quiero que te muevas y me pusieron
un perro que me queria comer ladreme ladreme
así pegado en mi [redacted] cara te lo ponen como
a tres dedos de separado de tu cara quedas todo
lleno de baba del perro en la cara. y por el otro
lado gritandote el oficial, que la verdad Preferia
al perro le apestaba más el osico al oficial
que al perro Jaja, me quitaron la benda y así
agachado boltie los ojos así a un lado y vi
a mi tio tirado a un lado mio tambien ladrandole
un perro y ladrandole un oficial senti tanto
[redacted] coraje y mucho sentimiento, tristesa de ver
a mi tio así, Pues uno estaba más joven como sea
uno aguantaba eso pero verlo a el así. que el
pensaba lo mismo de mi yo creo. nos tubieron
así tirados como media hora. me lebantan →

En tono mordaz Vicentillo habla de los malos tratos de los policías mexicanos y su aliento peor que el de un perro.

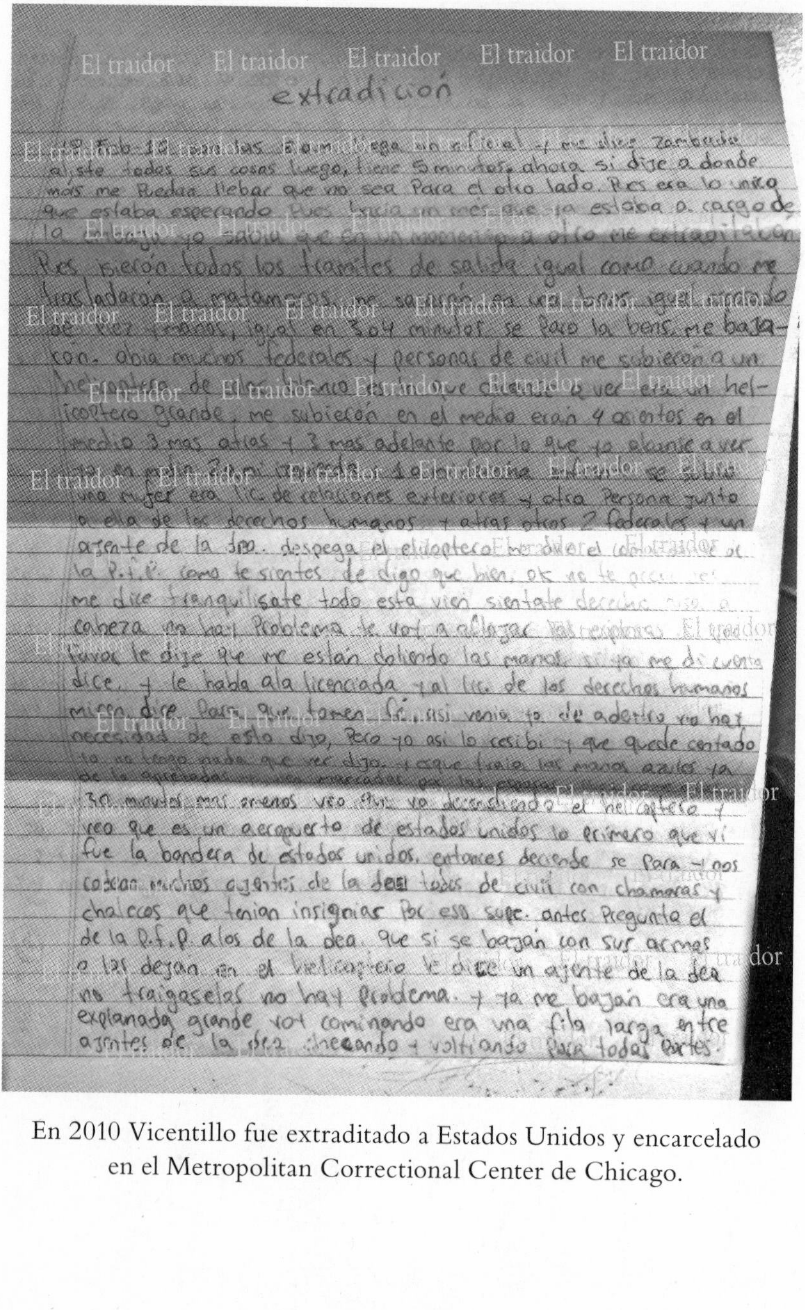

extradición

[illegible] Feb-1[illegible] [illegible] [illegible] un oficial y me dice zambada aliste todos sus cosas luego, tiene 5 minutos. ahora si dije a donde más me puedan llebar que no sea para el otro lado. pues era lo unico que estaba esperando pues hacia un mes que ya estaba a cargo de la [illegible] yo sabia que en un momento a otro me extraditarian pues [h]icierón todos los tramites de salida igual como cuando me trasladarón a matamoros. me sacarón en una [illegible] igual [illegible] de diez [illegible], igual en 3 o 4 minutos se paro la bens. me bajarón. abia muchos federales y personas de civil me subierón a un helicoptero de [illegible] blanco [illegible] que [illegible] a ver era un helicoptero grande, me subierón en el medio erán 4 asientos en el medio 3 mas atras y 3 mas adelante por lo que yo alcanse a ver yo en medio [illegible] mi [illegible] 1 [illegible] se subio una mujer era lic. de relaciones exteriores y otra persona junto a ella de los derechos humanos y atras otros 2 federales y un ajente de la dea. despega el elicoptero [illegible] el [illegible] de la P.F.P. como te sientes le digo que bien. ok no te [illegible] me dice tranquilisate todo esta vien sientate derecho [illegible] a cabeza no hay problema te voy a aflojar [illegible] favor le dije que me están doliendo las manos. si ya me di cuenta dice. y le habla ala licenciada y al lic. de los derechos humanos miren dice para que tomen [illegible] asi venia yo de adentro no hay necesidad de esto dijo, pero yo asi lo resibi y que quede contado yo no tengo nada que ver dijo. y es que traia las manos azules ya de lo apretadas y [illegible] marcadas por las esposas [illegible]

30 minutos mas o menos veo que vo[y] decendiendo el helicoptero y veo que es un aeropuerto de estados unidos lo primero que vi fue la bandera de estados unidos. entonces deciende se para y nos [illegible] muchos ajentes de la dea todos de civil con chamarras y chalecos que tenian insignias por eso supe. antes pregunta el de la P.F.P. alos de la dea. que si se bajan con sus armas o las dejan en el helicoptero le dice un ajente de la dea no traigaselas no hay problema. y ya me bajan era una explanada grande voy caminando era una fila larga entre ajentes de la dea checando y voltiando para todas partes.

En 2010 Vicentillo fue extraditado a Estados Unidos y encarcelado en el Metropolitan Correctional Center de Chicago.

II. MEMBERS AND ASSOCIATES OF THE SINALOA CARTEL

A. Members and Associates of the Sinaloa Cartel Generally Associated with Mayo Zambada

1. Gonzalo INZUNZA-Inzunza ("Macho Prieto" or "Once")

I have known Gonzalo Inzunza-Inzunza, who I also know as "Macho Prieto" and "Once," since approximately 1999. I first met Gonzalo on behalf of my father. In 1999 Gonzalo already had his own drug trafficking organization consisting of approximately 50 people. Gonzalo and his people were involved in a lot of confrontations and violence in and around Culiacan at the time, so my father asked me to set up a meeting with him to determine why these confrontations were occurring. I first met with Gonzalo without my father being present. A few days later, I took Gonzalo to a ranch to meet with my father. During this meeting, Gonzalo explained to my father and me that he was currently having problems with a group of people led by a man I knew as "Negro Maere." My father asked Gonzalo to curb some of his violence because he was drawing too much attention from Mexican military and law enforcement officials. Gonzalo agreed to do what he could to reduce his confrontations and also offered his services to my father and the Sinaloa Cartel. Specifically, Gonzalo offered the use of his transportation infrastructure to move drugs and money throughout Mexico, and offered to fight for my father against the Arellano-Felix Organization with whom the Sinaloa Cartel was engaged in a war at that time. Over the course of time following that meeting, Gonzalo became an integral member of the Sinaloa Cartel.

As a member of the Sinaloa Cartel, Gonzalo oversaw two distinct groups of people that were responsible for very different tasks within the cartel. The first group of people were involved in the storage and transportation of drugs, money, and weapons throughout Mexico, and the crossing of drugs from Mexico into the United States, as well as the crossing of money and weapons south across the border from the U.S. to Mexico. The second group of people under Gonzalo acted as "pistoleros" or "sicarios" — gunmen paid by the cartel to protect the cartel's assets, territory, and people, and to wage war against enemies of the cartel. Although I am aware of numerous acts of violence carried out by Gonzalo and his pistoleros on behalf of the Sinaloa Cartel, I had limited contact with the pistoleros themselves and I am generally not aware of their real names or identities.

Gonzalo's logistics and transportation infrastructure was among the largest and most extensive system used by the Sinaloa Cartel. I had a great deal of contact with Gonzalo and his people responsible for transportation. Gonzalo's primary method of transporting drugs, money, and weapons was to use semi-trucks to haul gasoline tankers with hidden, trap compartments inside of the actual gasoline tank itself. Gonzalo began using these tanks in approximately 2004. By the time of my arrest in March 2009, Gonzalo had approximately seven or eight tanker trailers with traps that could hold between one to one and a half tons of cocaine each. The tankers were also used to transport loads of methamphetamine, money,

-4-

Vicentillo llegó a un acuerdo con el gobierno americano y comenzó a hacer revelaciones traducidas al inglés por sus abogados sobre la estructura y operación del Cartel de Sinaloa.

protect. My father gave Pariente additional money to buy armored cars and regular cars for his men. Finally, my father provided Pariente and his men with guns. In short, my father fully outfitted Pariente and his crew to serve as muscle for the cartel. Pariente had direct lines of communication to Gonzalo, M-1, and other enforcers for the cartel who I discuss below, including "Chino Antrax," "Damaso," "Fantasma," "Keta," and "Bravo." To my knowledge, Pariente did not serve any other role in the cartel other than acting as a pistolero and overseeing his crew of pistoleros.

b. Ignacio Last Name Unknown-Fernandez ("Nachito")

Kiki has another relative named Ignacio Last Name Unknown-Fernandez, who I knew as Nachito. Kiki and Nachito are first cousins. I have known Nachito since the late 1980s. As long as I have known him, Nachito has worked with Kiki and on his own to buy and sell cocaine and marijuana. Nachito bought cocaine from my father and others in Culiacan, and then sold it to his own customers in the United States. By cartel standards, Nachito bought relatively small quantities of cocaine, approximately 50 kilos on average. For a short period of time, Nachito worked with Benjamin Jaramillo-Felix, who I discuss later, to buy cocaine in Mexico and sell it in the U.S. Nachito had his own methods to transport cocaine and marijuana from Culiacan to Nogales at the U.S. border, as well as his own means to cross the drugs into the U.S. Nachito had approximately four or five people who worked for him. Nachito's workers were armed and could assist the other groups of pistoleros when necessary.

6. The CABRERA-Sarabia Brothers

In approximately 2006, my father was introduced to the Cabrera-Sarabia brothers. The Cabrera-Sarabias were from the mountains in between Sinaloa and Durango and were engaged in narco-trafficking at multiple levels. The Cabrera-Sarabias had their own operation to grow marijuana and poppies that they processed into heroin. The Cabrera-Sarabias then sold the marijuana and heroin to their customers in Mexico and the United States, including in Chicago. In addition to the heroin and marijuana they produced, the Cabrera-Sarabias also purchased cocaine in Mexico from my father and others that they in turn sold to their own customers in the United States. I first met Felipe Cabrera-Sarabia in Culiacan and then met the rest of the Cabrera-Sarabia brothers at the same time during a meeting at one of their ranches in approximately 2007. At this time, my father was hiding at the Cabrera-Sarabias' ranch under their protection. From my interactions with the Cabrera-Sarabia brothers, I am aware that they coordinated their narcotrafficking actions with each other and had significant overlapping responsibilities; however, each brother specialized in certain aspects of the Cabrera-Sarabias' operation.

a. Felipe CABRERA-Sarabia ("El Inge," or "Uno")

Felipe Cabrera-Sarabia was in charge of the Cabrera-Sarabias' organization. Felipe

-15-

Reveló los pormenores de los hermanos Cabrera Sarabia que estaban asociados al Cartel de Sinaloa...

other people grew when the Cabrera-Sarabias needed more marijuana and poppies then they could grow themselves. Alejandro served this role because his general expertise in agriculture allowed him to determine the quality of the other people's crops before purchasing them.

I have been shown the photo labeled "Grand Jury Exhibit Alejandro," which truly and accurately depicts Alejandro Cabrera-Sarabia.

e. Guadalupe Last Name Unknown ("Lupe")

Felipe's primary lieutenant was a person I knew as Guadalupe or "Lupe." I believe that Guadalupe was this person's real first name, but I do not know his last name. I met Lupe at the same time I met all of the Cabrera-Sarabia brothers. My father got close to Lupe during the time that he was at the Cabrera-Sarabia's ranches. Lupe began to accompany my father when he went to other locations and served various functions such as carrying the radios my father used to communicate.

7. Ramon VERDUGO

In the late 2000s, one of my father's largest cocaine customers was Lamberto Verdugo. Lamberto purchased cocaine from my father in Culiacan and then sold it to his own customers in the United States. Lamberto's primary lieutenant was his brother, Ramon Verdugo. Ramon was in charge of keeping Lamberto's records for money and drugs and arranging for cocaine to be transported and stored in various locations until it was delivered to Lamberto's customers. Lamberto was killed by the Mexican military in approximately January 2009. Following Lamberto's death, in approximately 2009, Ramon came to my father and told him that he had a detailed knowledge of all the various facets of Lamberto's operation. Ramon informed my father that he wanted to continue to purchase cocaine from my father and sell it to Lamberto's customers in the same manner as when Lamberto was alive. I was detained shortly after this conversation between Ramon and my father and I am unaware of whether my father continued to supply cocaine to Ramon as he had previously to Lamberto.

8. Jose Rodrigo ARECHIGA-Gamboa ("Chino Antrax")

Jose Rodrigo Arechiga-Gamboa, who I also knew as "Chino Antrax," grew up with my younger half-brother, Ismael Zambada-Imperial, who is known as "Mayito Gordo." In approximately 2004, Chino began working for the Sinaloa Cartel at a very low level, generally limited to driving Gordo around and running various errands. Chino continued in this role until approximately 2008, when he began to take on more responsibilities following the start of the war with the Beltrans, Zetas, and Carrillos. Chino began to act as a bodyguard for Gordo. Chino was provided with weapons and given the authorization to bring other people on to help guard Gordo. After a period of time guarding Gordo, Chino began to guard me. I got Chino a bullet-proof Jeep so that he could get around and I authorized Chino to

-17-

Habló sobre Jose Rodrigo Arechiga, *el Chino Ántrax*, transportista y líder de sicarios.

hire approximately 20 people to work for him. Chino and all of his workers were paid by my father.

After he became more involved in the Sinaloa Cartel by guarding Gordo and me, Chino told me that he also had been working since approximately 2007 to set up a method of transporting drugs from Culiacan to the border and money back to Culiacan. Chino intended to use this system to move other people's drugs and money and charge them a fee. Chino's system only took drugs to the border, where the drugs were turned over to someone else to cross them. Chino told me that he generally returned the drugs he had transported to the same clients who paid Chino to bring the drugs to the border. The clients were then responsible for crossing the drugs themselves. Chino informed me that he had two refrigerated semi-trailers that he used for this operation. Chino had a source inside the company "Bachaco," which is a legitimate company that transports chickens, eggs, and other items in Mexico. Chino's corrupt source inside the company was able to provide Chino with the appropriate paperwork and cover load of frozen chickens necessary to move the drugs up to the border from Culiacan. Chino specifically told me that he had a system of hiding marijuana inside the pallets used to transport the frozen chicken. Chino stated that each trailer could hold approximately two tons of marijuana.

Chino was acting as my bodyguard when I went to one of the Cabrera-Sarabias' ranches in approximately 2009. During this visit, I brought Chino to see my father to discuss Chino's method of transporting marijuana. As I discussed previously, at that time, my father and Chapo bought a very large harvest of marijuana that they intended to send to the United States, in part through the new border crossing that Gonzalo set up in Sonoyta. Because of the very large quantity of marijuana involved, my father needed several transportation methods to get the marijuana to the border. During the meeting at the Cabrera-Sarabias' ranch, Chino told my father that he was working with the chicken company and that he could send four trailers that could each hold two tons of marijuana. Chino told my father that he had done several runs and that they had all been successful. Chino explained that the marijuana would have to be brought to the company so that it could be hidden inside the pallets. Chino further explained that because the trailers were going to legitimately transport chickens for the company, Chino would not be able to set the schedule for the trailers movements. Rather, the trailers carrying the marijuana would travel on the schedule set by the company. My father told Chino that these arrangements were fine and agreed to use Chino's trailers to transport marijuana.

Following this meeting between Chino and my father, I am aware of three loads of marijuana that were sent to the border using Chino's method. Specifically, Chino transported six tons of marijuana that belonged to the Cabrera-Sarabias. Chino was put in touch with Felipe and Felipe's worker Lupe to work out a way to receive the marijuana at the chicken company. Shortly thereafter, the marijuana was transported from the Cabrera-Sarabias' ranch to Culiacan in planes and delivered to Chino's people. I am aware from my discussions with

-18-

Vicentillo narró al gobierno americano que una de las formas para transportar droga a la frontera de Mexico y Estados Unidos era a través de camiones que transportaban pollos de Bachoco.

Chino and my father that all of the marijuana was successfully delivered to the border. The marijuana was delivered to Pacheco in Mexicali for storage and safekeeping, but I do not know who was responsible for crossing the marijuana into the U.S. From my conversations with my father, Chino, Felipe, and others, I am aware that the ultimate plan was to deliver the six tons of marijuana to Felipe in California; however, I do not have any direct knowledge of the what happened to the marijuana after it reached Pacheco at the border.

In addition to moving marijuana to the border, Chino used the chicken trailers to move money back to Culiacan from the border. Because the six-ton load was so successful, my father wanted to set up a second six-ton load to be sent to the border. However, I was detained before this load was completed.

Even after Chino began his transportation operation, he continued in his role as a bodyguard and pistolero for the cartel. Prior to my arrest in 2009, Chino had direct lines of communication with M-1 and others, and Chino and his people were available to fight against rival cartels when needed.

I have been shown the photos labeled "Grand Jury Exhibit Chino 1" and "Grand Jury Exhibit Chino 2," both of which truly and accurately depict Jose Rodrigo Arechiga-Gamboa.

9. Antonio BELTRAN ("El Toni")

I have known Antonio Beltran, who I also knew as "El Toni," since the 1990s. Toni worked with another person I knew as "Yiyo" to cross drugs into the United States. I have known Yiyo since approximately late 2006 or early 2007, but I do not know Yiyo's real name. I am aware from my conversations with Toni, Yiyo, and others, that Toni and Yiyo crossed cocaine and marijuana into the U.S. through a system of tunnels and cars with hidden trap compartments. In addition to crossing drugs, Toni also had cocaine customers in California. Toni often coordinated with Juancho to distribute drugs to Juancho and Toni's customers in California. In approximately 2009, Toni and Yiyo asked my father for his help in corrupting Mexican government and law enforcement officials in the state of Sonora, specifically with the federal police in Nogales. I asked a person named Rodolfo Beltran-Burgos, who I will discuss later in this statement, whether he knew federal police in Nogales. Beltran-Burgos stated that he did. I then put Beltran-Burgos and Toni in contact with each other. Beltran-Burgos then introduced Toni to the commander in charge of the federal police at that time and Toni began paying the commander a monthly corruption payment.

10. The LIMON-Sanchez Brothers

The Limon-Sanchez brothers, Alfonso and Oscar, are associates of the Sinaloa Cartel. They have another brother named Ovidio who I do not remember meeting. I also know Alfonso by the nickname "Poncho." I met Alfonso and Oscar in approximately 2006 through a mutual friend at a horse race. In approximately 2007, my father learned from a corrupt commander in the Mexican Attorney General's Office, which is commonly called PGR, that

-19-

the Limon-Sanchez brothers were being investigated as being associates of my father. I brought Poncho to see my father and my father explained what he had learned about the investigation. At the time of the meeting, I do not believe that the Limons did any criminal business with the Sinaloa Cartel; however, following that meeting, the Limon-Sanchez brothers slowly took on an increased role in the Sinaloa Cartel's drug trafficking activities. The Limons built up their own infrastructure to both move drugs throughout Mexico and to cross them into the United States. The Limons purchased cocaine from my father in Culiacan on multiple occasions. On approximately four occasions in 2008, my father asked me to instruct Monito to deliver cocaine to the Limons that they had purchased from my father. Of these four transactions, I ordered Monito to deliver approximately 500 kilos of cocaine to the Limons two times, and approximately 300 kilos the other two times. Monito reported back to me after the kilos had been successfully delivered. I was present with my father when Poncho informed my father that these loads of cocaine were destined for California to be distributed to the Limons' customers in the United States. Poncho later informed my father and me that one of the 500 kilo loads was seized by Mexican authorities near Hermosillo, Sonora before it could be crossed into the U.S. The load was seized because the Limons had failed to pay off the authorities in Sonora. My father told Poncho that they should always pay the bribes in the future to prevent the risk of seizures.

In approximately 2009, the Limons played an active role in the one-ton cocaine transaction I previously discussed in which one ton of cocaine was delivered from my father to Felipe in Chicago. Specifically, Oscar and Poncho worked with Pacheco to cross approximately 300 kilos from Mexicali across the border into Calexico, California. Once the kilos has arrived in Mexicali, I called Pacheco by radio and relayed an order from my father for Pacheco to give Oscar and Poncho 300 kilos to cross. Pacheco and the Limons then coordinated for their respective workers to break down the kilos and move them across the border in smaller increments. I was present with my father and German when my father asked German to receive the cocaine in Los Angeles after it was crossed so that German's people could deliver the cocaine to Chicago. I am aware from my subsequent conversations with my father and German that all of the cocaine crossed by the Limons was successfully received in Los Angeles and moved to Chicago where it was delivered to Felipe's people.

11. Roberto Last Name Unknown

Another associate of the Sinaloa Cartel is a man I only knew as Roberto. I met Roberto in approximately 2005. I know from my conversations with Roberto, Juancho, and my father that Roberto had customers for cocaine in California. At times, Roberto worked with Juancho to sell cocaine that Juancho had already transported to California. Roberto also purchased cocaine from my father in Culiacan. I know from my conversations with my father and Roberto that Roberto generally purchased approximately 300 to 500 kilos of cocaine in each transaction with my father. Roberto had his own transportation infrastructure, but at times would use Gonzalo's tankers to move cocaine from Culiacan to

-20-

Gracias a las confesiones de Vicentillo fueron detenidos los hermanos Limón, principales colaboradores del Mayo.

B. Members and Associates of the Sinaloa Cartel Generally Associated with Chapo Guzman

1. Damaso LOPEZ-Nunez ("Licenciado," "Lic.," or "Belisardo")

Damaso Lopez-Nunez, who I also know as "Licenciado," "Lic.," and Belisardo," was one of Chapo's primary lieutenants. I first met Damaso in approximately 2003, but I have been aware of him for some time before. On behalf of Chapo, Damaso interacted with Chapo's and my father's Colombian sources of supply. Specifically, Damaso was responsible for coordinating with the Colombians to establish a rendezvous between the boats and submarines that carried cocaine up from Colombia and the boats sent from Mexico to bring the cocaine back ashore. I am aware from my conversations with my father, Chapo, Damaso, and others that between 2003 and 2009, Damaso regularly coordinated the receipt in Mexico of multi-ton shipments of cocaine from Colombia. I am further aware that the vast majority of this cocaine was ultimately distributed in the United States. Damaso played an important role in coordinating the movement of cocaine throughout Mexico and into the United States on behalf of Chapo.

For example, in approximately 2008 my father and Chapo negotiated the receipt of approximately 20 tons of cocaine from their sources of supply in Colombia. I am aware from my discussions with my father, Chapo, and others that Damaso was responsible for coordinating the receipt of the cocaine from the Colombians. Damaso worked with a person I knew as "Capi Beto," to have two boats with hidden trap compartments come through the Panama Canal. In addition, Damaso sent two more boats through the Panama Canal on his own. Damaso coordinated a rendezvous at sea between these four boats and boats that left from Choco, Colombia carrying portions of the 20 tons. Once the cocaine was transferred into the boats that had come through the Panama Canal, Damaso arranged for the boats to come up the coast of Mexico to Sinaloa. When the boats were off the coast of Sinaloa, Damaso coordinated with a person I knew as "Colas" to send a number of smaller boats to rendezvous with the boats carrying the cocaine. The smaller boats then brought the cocaine ashore at beaches or secluded locations in Sinaloa. Once the cocaine was ashore, Damaso contacted people who worked for my father and Chapo, including Monito and a person I knew as "Keta," who brought some the cocaine to various safe houses and warehouses in and around Culiacan. Cocaine was also stored by Damaso in warehouses or safe houses in El Dorado and Culiacan. Most of the 20 tons of cocaine were brought to Mexico in this fashion. The remainder of the cocaine was sent in a submarine directly from Colombia to Sinaloa. When the submarine arrived off the coast of Sinaloa, Damaso arranged for the smaller boats to meet it and bring the cocaine ashore in the same way. After the cocaine was transferred off the submarine, the submarine was sunk and the Colombian transport crew were taken to Damaso.

-22-

Habló también del brazo derecho del Chapo, Dámaso López Nuñez alias *el Licenciado*.

I have been shown the photo labeled "Grand Jury Exhibit Fantasma," which truly and accurately depicts the person I know as Fantasma. I have also been shown the photo labeled "Grand Jury Exhibit Negro," which truly and accurately depicts the person I know as Negro and Bravo.

6. *Alberto or Humberto ZAZUETA ("Capi Beto")*

In approximately 2006, I met a person I knew as "Capi Beto." I believe that Capi's real name was Alberto or Humberto Zazueta. In approximately 2008, as I described in connection to Damaso above, Chapo and my father began an operation in which the Sinaloa Cartel purchased boats in the Gulf of Mexico, had hidden trap compartments installed, and then brought through the Panama Canal to the Pacific side. The person in charge of this operation was Capi, who acquired the boats and crews to pilot them through the canal. Once the boats were on the Pacific side of Mexico, Capi coordinated with Damaso on behalf of Chapo and Mayo to rendezvous with the boats bringing cocaine up from Mexico. I am aware that the cocaine brought into Mexico on the boats coordinated by Capi and Damaso was eventually distributed in the United States.

In approximately 2006, Capi was involved in a seizure near Panama in which approximately 10 tons of cocaine were seized. Prior to the seizure, Capi provided my father with a container ship to be used to smuggle cocaine from Central or South America to Mexico. The ship was tied to a business in Panama that appeared on paper to own and operate the ship. The company was in the business of shipping various goods, such as fertilizer, cement, and rubber, to Mexico from Central and South American countries, including Brazil. In 2006, Arturo Beltran-Leyva was still a part of the Sinaloa Cartel. Arturo was working with Colombian sources of supply to bring cocaine up to Mexico. Arturo asked my father to borrow the container ship. My father agreed and put Capi in charge of coordinating the use of the ship with Arturo and others. Arturo, Capi, and others finished their preparations and were ready to move the cocaine. The front person of the Panamanian company then came to see my father to tell him about some changes in the cover loads and structure of the front business. The front person explained that the load of cocaine would be brought to the ship while it was at sea, placed into containers, and that new customs seals had been obtained to put on the containers after they were opened to insert and remove the cocaine. The plan was to have the container ship bring the drugs close to Mexico and then rendevous with other boats to which the cocaine would be transferred and then brought ashore. Capi, Arturo, and others had already determined the coordinates for this rendevous. Through Capi, Arturo, and others, my father and I learned that the boat had been stopped while leaving Panama and that all of the cocaine had been seized.

I have been shown the photo labeled "Grand Jury Exhibit Capi," which truly and accurately depicts the person I knew as Capi Beto.

-27-

También lo hizo de Capi Beto, uno de los principales transportistas del Cartel de Sinaloa que había traicionado al Mayo y al Chapo.

MARIO ISMAEL ZAMBADA GARCIA

Nombre: Mario Ismael Zambada García y/o Gerónimo López Landeros y/o Javier Hernández García y/o Ismael Mario Zambada García y/o Mario Zambada y/o Jesús Loaiza Avendaño y/o Javier García Hernández e Ismael Higuera Rentería. (a) El Mayo Zambada o (a) El Quinto.

Fecha y lugar de nacimiento: Poblado "El Alamo", Sindicatura de Costa Rica, Culiacán, Sinaloa; debido a sus alias y pseudónimos registra varias fechas de nacimiento, de las cuales se mencionan el 27 de Julio de 1927, 1 de enero de 1948, 23 de mayo de 1949, 30 de enero de 1950, 21 de julio de 1951, 21 de marzo de 1952 y 27 de Julio de 1956. Se estima que su edad aproximada es entre 48 y 56 años.

Grupo delictivo al que pertenece: Organización denominada "La Federación"

Zona de influencia: Opera principalmente en el centro y norte del estado de Sinaloa. Su organización maneja también las operaciones de lavado de dinero, en tanto que su ex-esposa, Rosario Niebla Cardoza es dueña y presidenta del Consejo de Administración de la empresa "Lechera Santa Mónica".

Domicilios registrados:

- Calle Hermosillo No. 1168, Fracc. Las Quintas, Culiacán, Sinaloa.
- Hacienda "Los Alamos", ejido Los Alamos, Culiacán, Sinaloa.
- Cerro de la Campana No. 360, colonia San Miguel, Culiacán, Sinaloa.
- Av. Vallarta No. 41, Fracc. Las Quintas, Culiacán, Sinaloa.
- Monterrey No. 1304, Fracc. Las Quintas, Culiacán, Sinaloa.
- Laguna Salada No. 1298, Fracc. Las Quintas, Culiacán, Sinaloa.
- Cd. Merida No. 1199, Fracc. Las Quintas, Culiacán, Sinaloa.
- Morelos No. 680-5 Sur Altos, colonia Almada, Culiacán, Sinaloa.
- Av. Manuel Vallarta No. 2141, colonia Centro, Culiacán, Sinaloa.

Ficha de Ismael el *Mayo* Zambada de áreas de inteligencia del gobierno de México que contiene información valiosa, fotos y los diversos alias que usa.

- Dr. Mora y Xicotencatl, colonia Las Quintas, Culiacán, Sinaloa.
- Av. Boulevard Madero No. 730 Pte., entre Teofilo Noriz y Rodolfo G. Robles, Culiacán, Sinaloa, "HOTEL EL MAYO".

Bienes:

El 21 de junio del 2005 dentro del operativo "México Seguro" la P.G.R. realizó el cateo de 9 domicilios en la ciudad de Culiacán, Sin., presuntamente vinculados con la organización de **Joaquín Guzmán Loera "El Chapo Guzmán"** e **Ismael Zambada Garcia "El Mayo Zambada"**, entre los que se encontraban los siguientes:

- Calle Segunda # 2549, colonia Diez de Abril, municipio de Culiacán, Sin., lugar donde localizaron documentos y un equipo para detectar comunicaciones.
- Calle Secofi # 1615, colonia FOVISSSTE Humaya, municipio de Culiacán, Sin., se aseguraron 2 vehículos, cartuchos calibre .223'' y documentos.
- Calle Prof. Josefina Chang # 975, colonia Juan de Dios Batiz, municipio de Culiacán, Sin., se localizaron cartuchos de diversos calibres, 5,028 dólares y documentos varios.
- Calle Canario # 1626, colonia Sinaloa, municipio de Culiacán, Sin., se localizó una pistola calibre 9 mm., un vehículo modelo Stratus y documentación.
- Priv. Monte Carpatos # 1031, Fracc. Montebello, municipio de Culiacán, Sin., se aseguraron una camioneta Cherokee blindada, un fusil AR15, cargadores, numerario y documentos.
- Calle Pablo Macias Valenzuela # 245, colonia Ampliación Buenos Aires, municipio de Culiacán, Sin., donde fueron localizados diferentes documentos.
- Calle Paris # 5136, Fracc. Villaverde, municipio de Culiacán, Sin., se localizó una pistola calibre 0.22'', así como una camioneta modelo Jeep Liberty con reporte de robo.
- Calle Fray Andrés Pérez Rivas # 3896, colonia Guadalupe Victoria, municipio de Culiacán, Sin., se aseguró documentación y una camioneta tipo Jeep Grand Cherokee.
- Calle San Antonio # 4013, municipio de Culiacán, Sin., no se hallaron indicios relacionados con los hechos que se investigaban.

Actividades relevantes:

- En los años ochentas surgió a la luz pública una relación de compadrazgo con el narcotraficante Miguel Ángel Félix Gallardo; por órdenes de éste, "El Mayo", encabezó una organización dedicada al narcotráfico, con sede en

Culiacán, Sin., con influencia en toda la costa del Pacífico. Mantenía relaciones de tráfico de drogas con el llamado "Cartel de Medellín".

Antecedentes de mandamientos judiciales y/o ministeriales

- Esta relacionado por la PGR con el llamado "MAXIPROCESO".
- Cuenta con orden de aprehensión girada el 18 de enero de 1998, derivada de la A.P. SCGD/CGI/008/97, causa auxiliar 4/98.
- Tiene órdenes de aprehensión en procesos, como el del grupo financiero "Anáhuac", radicado en el Juzgado Undécimo de Distrito en Materia Penal.
- Esta relacionado con el A.C. PGR/SIEDO/UEIDCS/AC/169/2006.
- Asimismo, Se encuentra relacionado con las siguientes Averiguaciones Previas:
    - A.P. 123/MPFEADS/97.
    - PGR/UEDO/266/2004
    - PGR/SIEDO/UEIORPIFAM/010/2005.
    - PGR/SIEDO/UEIDCS/261/05.
    - PGR//SIEDO/UEIDCS/329/2004.
- SE/001/95, se le relaciona con los hechos ocurridos el 24 de mayo de 1993, así como vínculo de los Hermanos Arellano Félix.
- PGR/UEDO/016/99, es señalado como el encargado de controlar el estado de Sinaloa, dentro le la organización de Amado Carrillo Fuentes.

- DII/095/VER/02, es señalado como integrante de la organización de Amado Carrillo Fuentes.
- PGR/SIEDO/UEITA/001/2005, es señalado como uno de los integrantes que quedo al frente de la organización cuando murió Amado Carrillo Fuentes.
- PGR/UEDO/087/2000.

En Estados Unidos:

- Orden de arresto en su contra por traficar cocaína.
- El Juez Tercero de Distrito de la Ciudad de México, dentro del expediente 03/2003-III, ordenó la detención provisional con fines de extradición de ISMAEL "EL MAYO" ZAMBADA y de su hijo Vicente Zambada Niebla "El Mayito", correspondiente al Proceso 03-034 de la Corte Federal del Distrito de Columbia, con sede en Washington.
- Se tiene registro de tres Mandamientos Judiciales con los siguientes datos:
    - Proceso 29, juzgado 1° de Distrito en materia de Procesos Penales Federales en el Estado de México, con fecha 9 de abril de 2002 con orden aprehensión

por el delito Asociación delictuosa y delitos contra la salud.

- Causa 3/1998, dentro del proceso 12/1998, ante el Juzgado 5° de Distrito en Materia Penal,

Relaciones de primero y segundo círculo: Uno de los principales enlaces de Mario Ismael Zambada (a) Mayo Zambada, con Vicente Carrillo Fuentes, es Juan José Esparragoza Moreno (a) El Azul.

Índice onomástico

El traidor de Anabel Hernández
se terminó de imprimir en diciembre de 2019
en los talleres de
Impresora Tauro, S.A. de C.V.
Av. Año de Juárez 343, col. Granjas San Antonio,
Ciudad de México